新 潮 文 庫

自壊する帝国

佐 藤　優 著

新 潮 社 版

8549

目次

第五章　反逆者たち　217

第六章　怪僧ポローシン　278

※本文中に登場する人物の肩書きは、特に説明のない限り当時のものです。

自壊する帝国／主な登場人物

ズデニェク・マストニーク

ロンドンの古本屋店主。BBC の謀略放送リポーターも務める亡命チェコ人。

アレクサンドル・カザコフ（サーシャ）

モスクワ大学哲学部学生。沿バルト三国ラトビア共和国出身で金髪の美青年。

レーナ

サーシャの恋人。身長180センチ弱の長身の美女で、モスクワ大学哲学部学生。

カーチャ

サーシャの妻。サーシャの中学時代の担任教師で、16歳年上。

ビクトル・アルクスニス（「黒い大佐」）

空軍大佐。国家主義的なソ連維持運動の中心的人物。

セルゲイ・フルシチョフ

物理学者。フルシチョフ元ソ連共産党第一書記の息子。

ロイ・メドベージェフ

『ソ連における少数意見』（岩波新書）などの著作で知られる反体制歴史家。

ビャチェスラフ・ポローシン

神父。身長185センチ体重150キロの巨漢。政界に進出し、最高会議幹部となる。

ブラジスラフ・シュベード

リトアニア共産党第二書記。後にロシアの極右政党・自由民主党の副総裁に就任。

ゲンナジー・ヤナーエフ

ソ連副大統領。1991年８月のクーデター未遂事件の首謀者の一人とされ失脚。

ビタウタス・ランズベルギス

ソ連からの分離独立運動指導者。リトアニア最高会議議長となる。

アレクサンドル・ソコロフ

ロシア共産党中央委員会書記。ロシア国家院スポーツ観光委員会委員長に就任。

アレクセイ・イリイン

ロシア共産党第二書記。ソ連崩壊後も守旧派幹部としてのプライドを守り通す。

ゲンナジー・ブルブリス

冷徹な戦略家。国務長官として初期エリツィン政権の知恵袋となるが……。

ソビエト連邦地図（1991年クーデター未遂事件頃まで）

＊白ロシア共和国は現在のベラルーシ共和国、モルダビア共和国はモルドバ共和国。

地図製作　ジェイ・マップ

自壊する帝国／関係年表

988年	ロシアへのキリスト教導入
1812年6月	ナポレオンのモスクワ遠征
1917年11月	ロシア革命によりソビエト政権誕生
1924年1月	レーニン死去
1939年8月	独ソ不可侵条約（モロトフ・リッベントロップ協定）締結
1940年8月	トロツキー亡命先のメキシコで暗殺される
1941年6月	ドイツ、ロシアへ侵攻。大祖国戦争（独ソ戦）始まる
1945年2月	ヤルタ会談
5月	ドイツ降伏
8月	ソ連対日参戦
	日本降伏。第二次世界大戦終結
1953年3月	スターリン死去
8月	ソ連水爆開発に成功
1956年2月	第20回党大会でフルシチョフ第一書記がスターリン批判の秘密報告
1961年4月	ガガーリンがボストーク1号で地球一周
1964年10月	フルシチョフ失脚。後任の第一書記にブレジネフ就任
1968年8月	ソ連・東欧5カ国の軍隊がチェコスロバキアに侵攻。「プラハの春」終わる
1975年7月	全欧安保協力会議で東西のデタント、武力不行使、科学・人間の交流の協力などを謳ったヘルシンキ宣言が採択される
10月	サハロフ博士、ノーベル平和賞受賞
1979年12月	ソ連軍、アフガニスタンに軍事侵攻
1980年1月	サハロフ博士がゴーリキー市に流刑となる
1982年11月	ブレジネフ書記長死去
1985年3月	ゴルバチョフ書記長就任
1986年4月	チェルノブイリ原発事故発生
1987年11月	保守派、エリツィン・モスクワ市共産党第一書記を解任

1988年2月	アゼルバイジャン共和国のナゴルノ・カラバフ自治州で民族対立による緊張高まる
4月	ゴルバチョフ書記長、ロシア正教会首脳と会談
5月	アフガニスタン駐留ソ連軍の撤退開始
6月	第19回共産党協議会。政治改革方針を決定
10月	沿バルト三国でソ連からの分離独立を目指す人民戦線結成
1989年2月	アフガニスタンからのソ連軍撤兵完了
3月	複数候補制によるソ連人民代議員選挙が実施される
6月	中国北京で天安門事件が起こる
8月	独ソ不可侵条約締結50周年に際して、沿バルト三国で「人間の鎖」
11月	ベルリンの壁崩壊
12月	マルタ島で米ソ首脳会談。冷戦終結を宣言
	チェコスロバキアで「ビロード革命」。ハベル大統領就任
	ソ連共産党ロシア・ビューロー（後のロシア共産党）創設。ソ連共産党から守旧派が分離の動き
	サハロフ博士急死
1990年3月	リトアニア共和国独立宣言
	ゴルバチョフ大統領就任
5月	ロシア共和国人民代議員大会でエリツィンが最高会議議長に選出される
12月	シェワルナッゼ外相、人民代議員大会で突然辞任表明
1991年1月	リトアニアで軍・治安部隊と市民が衝突
6月	ロシア大統領選挙が実施され、エリツィンが圧勝
8月	ヤナーエフ副大統領、パブロフ首相、プーゴ内相、クリュチコフＫＧＢ議長ら守旧派幹部によるクーデター未遂事件発生
	エリツィン大統領、共産党の活動停止を命令
9月	ソ連、沿バルト三国の独立を承認

12月	ロシア、ウクライナ、ベラルーシ、独立国家共同体（ＣＩＳ）設立協定に調印
	ゴルバチョフ大統領辞任。ソ連消滅、ロシア連邦発足
1993年10月	「モスクワ騒擾事件」勃発。反エリツィン派、市庁舎やテレビ局などを占拠。エリツィン大統領は反対派の拠点だった「ホワイトハウス（国会議事堂）」を戦車で砲撃し制圧

自壊する帝国

序章「改革」と「自壊」

国家は崩壊することがある。

外国に征服された結果、国家が解体されてしまうこともあるが、国家が内側から自壊してしまうこともある。六十一年前に連合国によって解体された大日本帝国が前者の例で、十五年前に自壊したソビエト社会主義共和国連邦が後者の例だ。

一九九一年八月十九日から二十一日までの三日間、時のゴルバチョフ・ソ連大統領が守旧派に軟禁されたクーデター未遂事件の最中《さなか》、私は朝晩、ソ連権力の中心となっていたソ連共産党中央委員会の建物があるモスクワの「スターラヤ・プローシャジ（旧《ふる》い広場）」周辺を車から観察していた。

中央委員会前の地下鉄「ノギナ広場」駅とそこから少し離れたKGB（ソ連国家保安委員会）に近い「ジェルジンスキー広場」駅から、午前九時頃になると官僚たちが、「あたかも何事もなかったが如《ごと》く」中央委員会建物に向かって通勤していく。また、午後五時過ぎには中央委員会建物から、官僚たちが無表情に地下鉄の入り口に吸い込まれていく。

そこから約四キロメートル離れた「ホワイトハウス(ロシア国会議事堂・政府建物)」には、バリケードが築かれ、エリツィン・ロシア大統領を中心に数千名の市民が籠城《ろうじょう》し、その外側にはソ連軍の戦車と装甲車が、突入命令を待っている緊張した状況と全く無関係に、共産党中央委員会の官僚たちは日常業務を続けていたのである。

八月二十一日夜、クーデター計画が失敗したことが明白になり、多くの市民がKGB本部を取り囲んだ。大規模な騒擾《そうじょう》事件になるのではないかと緊張していた私はKGB本部に電話をしてみた。しかし、その晩当直をしていた職員は冷静に私の質問に答えた。

「クリュチコフKGB議長が逮捕されたという報道がなされています。事実でしょうか」

「確認できません」

「いま多くの群衆がKGB本部建物を取り囲んでいると承知していますが、不穏な状態に発展するのでしょうか」

「わかりません。われわれは通常通りに任務を遂行しています」

今になって振り返ってみると、他の日本人外交官の常識から私がずれ始めた原点は、クーデター未遂騒動のときのソ連のエリート官僚の姿を目撃した体験にあるのだと思う。

核兵器をもつ巨大な軍隊、国内に張り巡らされた秘密警察網、子供の頃から叩《たた》き込まれたイデオロギー教育もソ連帝国の崩壊を防ぐことができなかったのである。

ソ連は帝国であった。通常、帝国は宗主国と植民地をもつ。イギリス本国とインド、フランス本国とアルジェリアというように本国と植民地は、地理的な概念で、一目瞭然《りょうぜん》に区別することができた。ソ連は帝国だったが、目に見える宗主国はなかった。ロシアが宗主国で、ラトビア、リトアニア、ウクライナ、ウズベキスタンなどのロシア以外のソ連邦構成共和国が植民地であったとの見方は間違っていると私は思う。ロシア人の血が入っておらず、ひどい訛《なま》りのロシア語を話したスターリンがソ連の最高権力者であったという事実からして、ロシア人が少数民族を抑圧していたという単純な図式では説明できないソ連という国家体制の、複雑さを如実《にょじつ》に示していた。

ソ連帝国の中心は、ロシア人を含む全《すべ》ての民族を抑圧したのである。そして、その中心がソ連共産党中央委員会だった。中央委員会は絶大な権限をもつが、絶対に責任を負わない。

一例をあげよう。中央委員会には国際部がある。国際部が「対日関係を改善しろ」という指令をソ連外務省に出す。外務省が実際の外交交渉で成果を上げれば、その成果を国際部と外務省で分配する。もし、外務省が失敗すれば、国際部は「なぜ中央委員会の指示を適確に遂行しないのか」と叱責《しっせき》し、外務省に責任を押しつけ、国際部自体は絶対に責任をとらない。ソ連制度では、共産党中央委員会に関しては徹底的な無責任体制が築かれていた。

東京に帰ってきてから、外務本省で勤務を始めたとき、この無責任体制が霞《かすみ》が関《せき》にも深く浸透していることに私は気付いた。私だけでなく、ソ連崩壊前後にモスクワに勤務した経験をもつ幹部外交官や若手キャリア外交官も、同じ危機意識を共有していた。

こうした外交官たちは、冷戦終結後の日本外交を、日米同盟の基礎の上で、日米中露四カ国が互いにバランスをとってアジア太平洋地域に新秩序を構築する地政学的発想によって進めようとした。その試みは、日露間の懸案である北方領土問題に対する新たなアプローチという形で具体化した。

日本国家が生き残るためには、今後、国力を増大し、自己主張を強める中国を牽制《けんせい》する必要がある。そのためにはロシアとの関係を改善することが日本の国益に適《かな》うはずだと、地政学的発想に立つ外交官たちは考えたのである。この考えは、橋本龍太郎《りゅうたろう》、小渕《おぶち》恵三《けいぞう》、森喜朗《もりよしろう》という三代の内閣総理大臣によって支持されたため、人数こそ少なかったが、地政学論者の影響が外務省内で拡大した。

しかし、一方でこの傾向を危惧《きぐ》する外務官僚も少なからず存在した。路線と人事を巡る抗争が複雑に絡《から》み合い、水面下では様々な駆け引きが行なわれた。そして、二〇〇一年に小泉純一郎政権が誕生したことをきっかけに、事態は急展開する。田中眞紀子女史が外務大臣に就任し日本外交が迷走し始めるのと同時に、外務省内部の権力闘争がこれまでの枠組みを超えた「仁義なき戦い」となった。そのことにより、日本政府の対露新外交戦略は内側から崩壊してしまったのである。

この経緯については前著『国家の罠《わな》—外務省のラスプーチンと呼ばれて』（新潮社）に記した通りである。私は過去四、五年間の日本の外務省における内部抗争は、ゴルバチョフ時代のソ連共産党中央委員会内部での足の引っ張り合いとよく似ていると考えている。

エリツィン政権初期の国務長官で、実質的にソ連崩壊のシナリオを描いたブルブリスに、あるとき私は「結局のところ、ソ連はどうして崩壊したのでしょうか」と尋ねたことがある。ブルブリスは少し考えてから「ソ連帝国は自壊したんだよ。あのクーデター未遂事件は政治的チェルノブイリ（原発事故）だった」と答えた。

二〇〇五年末、いわゆる耐震強度偽装問題が露見し、日本全国を揺るがす大問題になった。一連の報道を読みながら、前述したブルブリスのことばが甦《よみがえ》ってきた。

耐震強度を偽装した設計士が構造設計したマンションは、広く、快適で、見た目もきれいだが、内側の最も重要な部分がスカスカになっている。ちょっとした地震でマンションが内側から崩れてくるかもしれない。ソ連国家がさながらチェルノブイリ原発のごとくなっていたように、日本国家そのものが耐震強度偽装マンションのようになっているのではないかという印象が私の頭から離れないのである。

ソ連帝国は自壊した。しかし、その過程でロシア国家とロシア人の本源的な力が、生命力を失なったソ連という外皮を超克していったのである。ブルブリスは私にこうも告げた。

「ゴルバチョフが一九八五年に権力の座に就いたとき、既にソ連は崩壊していたんだ。俺の貢献はエリツィンにその現実を理解させたことだけだ。崩壊したソ連の汚染物を処理しながら、新しいロシアという国家を建設しなくてはならないのが、現在この国が直面している困難なんだよ」

「改革」は現下の日本において流行となっている。戦前に活躍した右翼思想家の大川周明は、「いかなる世、いかなる国といわず、改造又は革新の必要は、国民的生命の衰弱・退廃から生まれる。生命の衰弱・退廃は、善なるものの力弱り、悪なるものの横行跋扈《ばっこ》することによる。故《ゆえ》にこれを改造するためには、国民的生命のうちに潜む偉大なるもの・高貴なるもの・堅実なるものを認識し、これを復興せしむることによって、現に横行しつつある邪悪を打倒しなくてはならない。簡潔に言えば、改造又は革新とは、自国の善をもって自国の悪を討つことでなければならぬ」（大川周明『日本二千六百年史』第一書房、一九三九年、十三―十四頁《ページ》、表記を一部改めた）と強調した。

ソ連が自壊しても、ロシアという復興の核となる原理があった。六十一年前、戦争に敗れた大日本帝国は崩壊した。国土はほとんど廃墟《はいきょ》と化したが、日本という国民国家を形成する共通意識は残り、戦後それを発展させて日本人は国家と社会を再建し、世界第二位の経済大国となった。

しかし、もし国民国家として純化した今の日本がガラガラと崩れていったとしても、もはや内側から復興の核となる原理は見つからないだろう。おそらく日本人の大部分は、日本が崩壊するはずはないと思っているだろうが、国家というのはある日、突然に崩壊することもあるのだ。

国家の崩壊は、その領域に生きる人々に多くの痛みと禍《わざわい》をもたらす現実を私はこの目で見た。真の改革のためには大川周明が言うように「国民的生命のうちに潜む偉大なるもの・高貴なるもの・堅実なるものを認識し、これを復興せしむること」だと私も思うのだが、現代の日本人にとってそれが具体的に何であるかまだ私には見えてこない。ソ連崩壊の過程で、あの地に生きたロシア人、リトアニア人、ラトビア人などが発見した「国民的生命のうちに潜む偉大なるもの・高貴なるもの・堅実なるもの」から、現下日本人が学び取っていけるものがたくさんあると私は考えている。

私が見たもの、聞いたことを、可能な限り正確に記録したいと思う。

第一章　インテリジェンス・マスター

見習外交官

私が外務省に入省したのは、一九八五年四月のことだった。今から振り返ってみると、この年は現代史の大きな節目だったと言えよう。九月にはニューヨークで開催された先進五カ国蔵相会議において、各国の協調介入によるドル高是正が合意された。いわゆる「プラザ合意」である。これにより、円高不況の発生が懸念《けねん》された日本では金融緩和が始まり、結果としてそれが空前のバブル経済を招くことになった。一方、話は前後するが、三月にはソ連でゴルバチョフがソ連共産党中央委員会書記長に選出され、ソ連の国内体制、さらには東西両陣営の関係も大きく変化していく出発の年となった。

ただし、そんな時代だったからと言って、私自身に何か外交分野で大きな仕事をしたいという大望があったわけではない。そもそも、私は外交官に憧《あこが》れて外務省の門を叩《たた》いたわけですらなかった。正直に言うと、八五年四月一日に霞が関の桜並木の下を通って、外務本省で行なわれた入省式に参加するとき、「こんなはずじゃなかった」と少し後悔すらしていたのである。

私は、京都の同志社大学神学部と大学院で、組織神学を学んだ。組織神学といっても読者には馴染《なじ》みがないと思うが、キリスト教と他の宗教や哲学を比較して、キリスト教がいかに正しいかを証明し、他者に説得する「護教学」という学問の現代版である。

この学問は、まず、正しい結論があって、その結論に向かって議論を組み立てていくというものだ。だから、真理を探究していく一般の学問とは性質がかなり異なる。私の具体的な研究対象は、「チェコスロバキアの社会主義政権とプロテスタント神学の関係について」だったが、このことについては、後章でもう少し詳しく説明する。

私が研究していたチェコ人神学者のヨセフ・ルクル・フロマートカという人物は、チェコスロバキアでは反ソ主義を標榜《ひょうぼう》した反体制派とみなされていたので、当時、この神学者に関する研究を目的として、チェコスロバキアに留学することは不可能だった。神学部の指導教授は一計を案じて、スイスのチューリヒかバーゼルに留学して、ときどきチェコに調査旅行に行くことを勧めたが、私は現実に存在する社会主義社会で生活し、皮膚感覚で民衆の宗教観に触れたいと主張し、このスイス行きの提案を断った。

私は、チェコに観光客として入り、その後、神学校か教会に潜り込むことができないかという、無謀な計画を立てていたのだが、ちょうどその頃、大学の掲示板に外務省専門職員の募集要項が貼《は》ってあるのが目についた。研修語学にチェコ語があったのだ。要項をよく読むと、国のカネで二年間研修できるようだ。しかも、給料と別に三十万円近い「研修手当」というお小遣いも出るという——。

まさに渡りに船だった。なんて素晴らしい話なんだと、飛び上がらんばかりに興奮したのを覚えている。それまで、官僚になるなどということは考えたことすらなかったが、さっそく、外務省の専門職員（ノンキャリア）に応募することにした。

神学部では、法律や経済学の授業はない。そのため、試験勉強は全《すべ》て独学となったが、聖書の注解書を読む方法や組織神学で敵対する思想の内在的論理をつかみ取る訓練を積んでいたことが役に立ち、外交官試験に合格することができた。

当時は、合格予定者に外務省人事課幹部が家庭訪問をする慣行があった。そのとき私は人事課調査官から、「チェコ語の研修を命じられることになるだろう」と言われた。しかし、三月の内示でロシア語研修を命じられた。人事課としては、アカデミズムへの志向が強い大学院卒業生を採用しても、二年間の研修終了後、退職されてしまうのではかなわないと考えたのであろう。外務省に入ってから知ったことだが、チェコ語の研修者は特に離職率が高かったのだ。当然、チェコ語志望の私に対して、採用担当者が強い警戒感を持ったことは言うまでもない。

梯子《はしご》を外された形となった私は、ほんとうにガッカリして、一時は入省を辞退しようかとも考えた。しかし、すでに大学院博士課程の試験は終わり、留学も断ってしまったので、いまさら行き場もない。一年間を無駄にするくらいなら、とりあえず外務省に勤めてみて、肌合いが合わなければ辞めて京都に戻ってくればいいじゃないかと腹を括《くく》ったのだった。それにモスクワで研修すれば、少なくとも社会主義というものを肌に感じることはできる。また、プラハも飛行機で三時間足らずなので、暇を見つけて研究も続けられると勝手な見通しを立てていたのである。

しかし、私は半年もしないうちに外務省が好きになってしまった。より正確に言うならば、外務省という組織ではなく、外務官僚に魅了されてしまったのである。これには、いくつか理由があった。

まず第一に、私の抱いていた官僚像があまりに貧弱だったことだ。当時、同志社大学から中央官庁の公務員になる学生はあまりいなかった。「良民は官吏にならず」という雰囲気が強かったのだ。国家は神のような神格性を帯びやすい存在なので、官僚になることはあまりよい選択ではないというのが古今東西のキリスト教神学の最大公約数的な考え方だ。「国家公務員は権力の濫用《らんよう》と出世しか考えない連中だ」というのが私の官僚に対するイメージだった。

しかし、当然のことながら、実物の外交官はそれほどステロタイプな人たちではない。

特に若手ともなれば、仕事への情熱は皆人一倍だ。日本国家と日本人のため、世のため人のために大真面目《おおまじめ》に働いている先輩たちの姿を見て、意外な印象を持つとともに、感動すら覚えてしまったのだ。そもそも、期待値が低かったことによる反動が大きかったことも否《いな》めないが、とにかく私は外交官という職業に、本気で取り組もうと決意したのだった。

入省後、外務省研修所での一カ月の研修を終え、五月一日に研修生（見習外交官）として欧亜局ソビエト連邦課の扉を開けたときのことを、私は今も鮮明に記憶している。ソ連課の扉の横には呼び鈴があり、「御用の方は、このベルを押してください」とロシア語と英語で書いてあった。このような呼び鈴が設置されているのはソ連課だけだった。実際はソ連人が外務省に立ち入るときは玄関から外務省員が同行するので、このベルを押す人はいない。しかし、「この部屋には勝手に入ってくるな。われわれは緊張した環境で仕事をしているのだ」という雰囲気を外務省の同僚にさりげなく伝える効果があった。

当時のソ連課長は野村一成氏（前ロシア大使）で、首席事務官は宮本雄二氏（現中国大使）だった。外務省では課や室のナンバー2を首席事務官という。当時から二人とも能力が高い外交官として一目置かれていたが、同時に人間としてもきめ細かい気配りをするので課員から信頼されていた。

野村課長からは、「佐藤君はいつも恐《こわ》い目で俺を睨《にら》んでいるけれど、私の心理がどう動いているか観察しているんじゃないか」と冗談とも牽制《けんせい》ともとれることを何回か言われた。私の研修生時代にスパイ事件で在京のタス通信記者が摘発された。野村課長はソ連側に厳重に抗議し、毅然《きぜん》たる態度をとったが、同時に冷え切った日ソ関係を解きほぐしていくために水面下で努力を重ねることも忘れなかった。

たとえば、八三年には大韓航空機〇〇七便がサハリン上空でソ連の戦闘機に撃墜され、乗客・乗員が全員死亡するという大惨事が起こったが、北西太平洋のソ連領空でこうした事故が再発することを防ぐために日米ソの三国協議が当時、祝田橋《いわいだばし》にあった外務省分室で密《ひそ》かに開かれたことがあった。私は、外務本省と祝田橋分室の連絡係として書類運びや英文書類の作成を手伝ったが、野村氏の緊張した面持ちを今でも鮮明に覚えている。

また、野村課長時代に十年振りに日ソ外相会談が再開され、シェワルナッゼ外相が日本を訪れた。その後、安倍晋太郎《あべしんたろう》外務大臣が中華レストランで慰労会を開き、私たち研修生も招かれた。宴席の半ばで野村氏は安倍外相を研修生や庶務の若手職員の円テーブルに案内して、私たちに大臣と話をする機会をつくってくれた。

安倍外相は、「あなたたちの努力が今後の日本外交を支えるのですよ。頑張ってください」と声をかけてくれた。その後、十分ほどだが、私たち研修生は紹興酒を飲みながら大臣と歓談したのだった。末端の研修生にも日本外交の最前線にいるのだという雰囲気を実感させるように野村氏が配慮したのだ。

後に私たちがイギリスで研修しているときには、野村氏はすでにソ連課長職を離れていた。にもかかわらず、出張でロンドンにやってきたときに、私を含めロシア語の研修生たちを招いてイタリア・レストランで一席設けてくれたこともあった。

一方、宮本首席事務官は、よく大きな声を出して課員を叱責《しっせき》することがあった。私は最初、なぜ感情を抑えられないのかと不思議に思った。しかし、よく観察していると、宮本氏が大きな声を出すことで、課員が課長から叱責されないような環境を作っているということが分かった。政治家や官僚が怒鳴り声を上げるのは、それなりの計算に基づいているということを私は宮本氏から学んだ。

あるとき仕事で徹夜になった。研修生の私などはとても戦力にはならないが、コピー取りしたり、ワープロがない時代だったので、浄書（清書）係として他の数名の課員とともに徹夜仕事につき合ったのである。朝九時に私は宮本氏から「ちょっと朝メシを食おう」と誘われ、外務省北館八階の食堂「グリーンハウス」でモーニング・サービスを奢《おご》ってもらった。

「大学院から乱暴な場所に来て驚いただろう。しかし、短気を起こして辞めたらダメだぞ。最低限、研修を受けて元を取り返すことを考えろ」

下働きばかりで私がへこんでいるのではないかと考えた宮本氏は、わざわざ気を遣ってくれたのだ。

さらに、「外務省は思ったよりも実力社会だ。まず語学をきちんと勉強して、ソ連に関する知識をつければ、専門家として納得できる場所が確保できるよ。問題意識をあまり先行させないで、とにかくロシア語の勉強に徹することだ」とアドバイスしてくれた。

食事が終わると宮本氏は、「今日はもう帰って、家で寝てこい」と言った。私はその言葉に甘えて帰宅したが、宮本氏はソ連課にもどり、再び仕事を始めた。

ソ連課での人間関係は恵まれていたと、いまでもつくづく思う。帰宅はほとんど深夜だったが、先輩が食事に連れ出してくれる。キャリア・ノンキャリアの分け隔ては、仕事を離れると全くなかった。

私たち研修生が食事代を払おうとすると、先輩に「お前、僭越《せんえつ》だ」と叱《しか》られた。そして「お前が先輩になったら、後輩に返せ」と言われた。バブル以前には国家公務員の給与は低かった。私の初任給は八万七千円でそこから税や共済組合費が引かれると、手許《てもと》には六万円強しか残らない。

大学院生時代に日本育英会奨学金が月六万円あり、さらに両親から十万円の仕送りを受けて暮らしていたのと較《くら》べると、収入が半分以下になった計算だ。先輩の金銭的な心遣いもうれしかったが、それよりも飲み食いしながらさりげなく得られる助言が何より私にとってはありがたかった。

「ロシアスクールでもいろいろな人がいる。ソ連課にいるのは主流派だけど、それ以外には腹にイチモツ持っているヤツもいるから、よく気をつけて話をしろ」

「モスクワでトラブルを起こしたら、公使とか参事官とか、いきなり大使館幹部に相談するなよ。ほんとうに信頼できる少し上の先輩に相談しろ。一人か二人でいいからほんとうの友人を外務省に作っておけ」

後に私は、これらの先輩が何を言いたかったのかがわかった。外務官僚に魅了されたと先程述べたが、外務官僚たちには別の顔があることをその後、私も気づかされた。もっとも、その頃には、私自身も複数の顔をもつようになっていたのであるが——。

ソ連課にはキャリア、ノンキャリアの研修生が一人ずつ配置された。私と机を並べたキャリアは武藤顕《あきら》氏（現欧州局ロシア課長）だった。武藤氏は東京大学経済学部出身の秀才で、イギリスで中学校を出たのできれいなクイーンズ・イングリッシュを話す。武藤氏が一浪一留。私は一浪だが、大学院に行って計三年回り道をしているので、学年は武藤氏より一つ上になる。

知り合ったばかりの頃、武藤氏は私の顔に見覚えがあると言った。私は埼玉県立浦和高校の出身で、武藤氏は神奈川県立湘《しよう》南《なん》高校の出身だ。学校も違うし、学年もずれている。それなのになぜと考えて、思い当たったのは、両校は毎年春に交互に遠征して定期戦を行なっていたことだ。実は、私は高校時代、応援団で旗手を務めていたのだ。武藤氏は、ライバル校の旗手だった私を覚えていたのである。

浦和高校は男子校だったが、湘南高校は共学校なので、定期戦は浦高生にとってはラブロマンスが生まれる貴重な機会だった。また、運動部だけでなく、文化系のクラブの交流会も同時に開かれた。私は、応援団以外に文芸部と新聞部にも所属していたので、ほんとうは文化系の方も参加したかった。しかし、応援団の旗手は定期戦の初めから終わりまで旗を掲げているのが仕事なので、正直に言えば、毎年、悔しい思いをしていたのだった。

武藤氏の父親は外務省のヒンディー語の専門家で、インドやバングラデシュに関しては外務省のみならず日本の第一人者だった。父親がノンキャリアの外交官なので、武藤氏は外務省の表と裏を知り尽くしていた。

私たちは波長が合って、ソ連課を離れてイギリスで研修した時期にもよく飲み歩いた。さらにモスクワでも一緒に仕事をしたが、その頃、二人の仕事のスタイルに違いができた。

「佐藤ッチが仕事で評価されるのは僕も嬉《うれ》しいよ。ただ政治家との付き合いに深入りするのは危ない。国会議員に利用されないように気をつけたほうがいい」と何回か真面目な忠告を受けたことがある。

二〇〇二年二月、鈴木宗男疑惑に関連し、外務省内に調査チームが作られた。なんとその責任者に武藤氏が選ばれ、「佐藤優の悪行の数々」を調査することになった。〇三年十月八日に保釈されてから数カ月経《た》って、来日したロシア外務省の幹部たちが、少し遅れた「出所祝い」をしてくれたことがある。その時、ロシア側は武藤氏についてタフネゴシエーターだが有能で、人間的に信頼できる人物という評価をしていた。私もその話を聞いて、とても嬉しかった。しばらく武藤氏の話が続いた後で、私は何気なく

「私について調査、告発する作業の責任者を外務省は武藤氏にやらせるんですよ」と言うと、ロシア人たちは「エッ」と驚いて、しばらく黙り込んでしまった。それから、おもむろに口を開くと、こんなことを教えてくれた。

「ソ連時代の共産党中央委員会やＫＧＢにそっくりですね。ＫＧＢでは誰かを断罪するとき、その人と親しかった人物にその作業をさせるのですよ。何よりの踏み絵になるからね」

イギリス陸軍語学学校

当初、私は東京から直接モスクワに赴き、二年間研修することを希望した。正直に言えば、モスクワにいればプラハに行きやすいと考えたのだが、この希望は上司に反対さ

れてしまった。

「佐藤のロシア語は中途半端《はんぱ》だ。モスクワで生活をするには問題ない。しかし、高度な実務に対応できる能力をつけるためには、イギリスかアメリカの陸軍語学学校でロシア語の基礎を徹底的に叩《たた》き込んだ方がいい」

　第二章で詳しく述べるが、モスクワ国立大学には、資本主義国の外交官のためにわざとロシア語を上達させないようにする特別コースがある。少しでも西側陣営の外交・諜《ちょう》報《ほう》活動を妨害するための工作の一種なのだが、そんな外交の最前線の厳しさを、当時の私は想像すらしていなかった。

　結局、私はイギリスへ行くことになった。ロンドンとオックスフォードの中間よりも少しロンドン寄りにベーコンズフィールドという街があるのだが、そこの旧市街にあるイギリス陸軍語学学校に入学したのである。

　陸軍の学校だが、海軍、空軍の軍人や、外国の軍人も学んでいる。英語コースの他、外国語としては、ロシア語、アラビア語、ドイツ語コースがある。一九八二年にイギリスとアルゼンチンの間でフォークランド戦争が勃発《ぼっぱつ》する前に、両国の関係が緊張したときには急遽《きゅうきょ》、スペイン語コースが設けられた。要するにイギリスの潜在敵国の言語を効率的に習得させる学校なのである。

英語コースには中東、アフリカ諸国の留学生が多い。私は、オマーン王国の留学生ラッシード・アルマタエニと親しくなった。よく一緒にロンドンのレバノン・レストランに食事に出かけたり、紅茶を飲みながらオマーン人の文化や中東情勢について話を聞いた。

ラッシードは、「イギリスは帝国だよ。僕らに本気で英語を叩き込もうとしているわけじゃない。何となくイギリス生活を楽しく送らせ、アラブ世界に時間をかけて人脈を築いていく。そして、いざイギリスのために必要となればその人脈をフルに稼働《かどう》する。リビアの最高指導者カダフィ大佐もこの学校で学んでいるんだぜ。イギリスはリビアとの間にも、この学校を通じて、太い人脈を築いているよ」と強調していた。

二〇〇一年九月十一日の米国同時多発テロ事件後、アメリカとリビアの関係が急速に改善したが、舞台裏でイギリスが大きな役割を果たしたという分析ペーパーを読みながら、私はラッシードとの会話を思い出した。

陸軍学校の授業は厳しかった。一日二十五から三十個の単語と五から七のフレーズを暗記しなくてはならない。午前八時から正午までが文法の授業、午後一時から四時までが会話、その後、こなすのに四、五時間はかかる宿題が毎日出る。週に一回単語テスト、月に一回文法・解釈・作文のテストがあり、百点満点で八十点以下を二回取ると退学になる。

陸軍学校の敷地内には、将校、下士官、兵卒の宿舎がそれぞれ別々に建てられ、私たち日本外務省の研修生は陸軍中尉《ちゆうい》扱いで将校宿舎（オフィサーズ・メス）に住んだ。三食は将校食堂で食べるのだが、朝食でもジャケット、ネクタイの着用が義務づけられ、それが厳守されていたので、とても窮屈だった。

ロシア語は二十五人程度のクラスが二つあったが、私のクラスからは四名が学業不振で退学になった。卒業試験で私は二番だった。その後、同級生だった英国軍人のうち二人がモスクワのイギリス大使館に武官として赴任したが、一人は赴任後一年もたたないうちに「資格にふさわしくない活動」を理由に、ソ連から国外追放にされた。

亡命チェコ人の古本屋

語学学校の生活はそれなりに充実していたが、神学や哲学について話す機会があまりないので、多少、知的欲求不満にかられるようになった。それで、私は学校の授業がない水曜の午後と土曜日に、ロンドンやオックスフォードまで出向いて本屋巡りを始めた。ロンドンとオックスフォードを結ぶ高速道路M40がベーコンズフィールドを経由していたので、移動にはコーチ（長距離バス）を使った。ロンドンへは約四十分、オックスフォードまでは一時間余りだった。

ただし、この長距離バスは一日四往復しかないので、ロンドンに行くときは旧式の郊外電車を使うこともあった。陸軍学校と駅は二キロメートルくらい離れているが、イギリス人将校は平気で歩く。私は横着をしてモペット（原付）を買い、将校宿舎から駅まで移動した。当時、ベーコンズフィールドの街で原付に乗っているのは私だけだったので、最初、好奇の目で見られたが、半年も経つと駅のそばの広場に原付が十台以上並ぶようになった。

あるとき中古車店の店長から「あなたはこの街にモペットを普及させた」と言われた。

旧式の鉄道はロンドンのマルルボーン駅に着く。ここはひどく薄汚れた、人気のない駅だが、キオスクでなぜかイギリス共産党機関紙「モーニング・スター」とソ連共産党中央委員会機関紙「プラウダ」の英抄訳版が売られているので、いつも買って電車の中で読んでいた。

あるとき親しくしている海軍将校と一緒に電車でベーコンズフィールドに帰るとき、私がいつものように「モーニング・スター」と「プラウダ（真理）」を読んでいると、

『プラウダ』はともかく、『モーニング・スター』は人前で広げない方がいい。イギリス共産党のシンパと思われ、警察に通報されると面倒なことになる」と言われた。

ちなみに、もちろん日曜日も学校は休みなのだが、書店はどこも閉まっているので、仕方なく、寮で読書をするか、気が向けば近所の教会の礼拝に出かけた。

オックスフォードに「ブラックウエル（Blackwell）」という書店があったが、そこでは新刊書のみならず古本も扱い、さらに出版部門をもっていた。店内に「世界中の本を集めます」という張り紙を見つけたので、試しに日本でどうやっても入手できなかった、チェコのプロテスタント系出版社が出している神学書を数冊注文した。すると、二週間後に「御注文の書籍が手に入りました」という知らせが、ブラックウエルから届いたので、取りに行った。

私は日本にいたときに、このチェコの出版社へ直接手紙を書いたのだが、返事すら来なかった。いったい、どうやって手に入れたのかと店員に尋ねると、ロンドンのブライス通り（Blythe Road）二〇六番に「インタープレス（Interpress）」という古本屋があり、ここを通じると東欧社会主義国の稀覯本《きこうぼん》が手に入るということだった。

さっそく、私はインタープレスを訪ねた。ブライス通りは民家と事務所が混在している一帯で、インタープレスは民家の一階と地下を改造した古本屋だった。主人の他に店員が三人いるごくありふれた店構えだ。

書棚には、チェコ語、スロバキア語の書籍を中心に、ポーランド語、ハンガリー語はもとより当時はまだ鎖国状態になっていたアルバニア語の書籍もあった。さらに、エストニア語、ラトビア語、リトアニア語の書籍も扱っている。また、カナダの「68出版所」やドイツの「インデックス」など、亡命チェコ人がやっている出版社の書籍も並んでいる。

私は、しばらく本棚を探して、フロマートカの著作『人間形成途上における福音』やスモリークの著作『福音解釈に関する現代の試論』などのチェコ語の神学書を見つけたので、本棚から抜き、主人のいるレジまで持って行った。値段も一冊二ポンド程度で、とてもリーズナブルだ。主人は身長一六五センチくらいで小太り、白髪の六十歳くらいの男性だ。

「ムルビーテ・チェスキ(チェコ語を話しますか)」

「トゥロフ・ムルビーム(少しだけなら話します)」

「日本の東京からいらっしゃったんですか」

「なぜ、私が日本人だとわかるのですか」

「実は最近、チェコ神学に関する本の注文をオックスフォードの書店から受けたのですが、神学書の注文はとても珍しいので、どういう人かと訪ねたら日本人の学者らしいということだったので、きっと、あなたのことだと思いました。私はズデニェク・マストニークと申します」

このマストニーク氏こそ、チェコ思想史だけではなく、インテリジェンスに関する私の最初の師匠になった人物なのである。

マストニーク氏は、チェコスロバキア中南部モラビア生まれの生粋《きっすい》のチェコ人だ。一九四七年に留学するためにイギリスへ渡航したが、四八年に祖国が共産化し、帰国を断念した亡命チェコ人だ。現在はイギリス国籍をもっている。

私は、マストニーク氏が優れた知識をもっている人物であることに気付いたので、この古本屋に頻繁に通い、チェコの歴史、思想史の講義を受けた。インタープレスには滅多にお客が訪れない。店の奥にある机に座って、二人でコーヒーを飲みながら、私は講義の内容をノートにとった。

あるときマストニーク氏から「今度、妻を紹介したい。いちど家で夕食を食べないか」と誘われた。もちろん、わたしは快諾した。

マストニーク氏の住居は、インタープレスから五分くらい歩いたところにある高層アパートだった。同じ階に二つ部屋をもっていて、一つはお客さん用にしているので、いつでも泊まりがけで遊びに来て良いと言われた。部屋ではオイルフォンデューが準備されていた。ヘレナ夫人が自ら料理を用意してくれたのだ。ヘレナ夫人も亡命チェコ人で、現在はケンブリッジ大学のチェコ語専任講師だった。さらに、イギリス外務省研修所のチェコ語講師も務めていた。

マストニーク氏には、古本屋の店主とは別の顔があった。英国放送協会（ＢＢＣ）国際放送チェコ課のキャスターを務めていたのだ。ジャーナリストとして記事も書くが、アナウンサーや現場リポーターもこなす。

有名な一九六八年の「プラハの春」が、ソ連を中心とするワルシャワ条約五カ国軍の戦車によって踏みにじられたときには、オーストリアのザルツブルグに臨時放送局を設け、マストニーク氏は連日、チェコ情勢と世界の反応について放送した。文字通り、東西冷戦下の情報宣伝戦争の最前線で働いていた人物なのである。

「どうして大学の先生にならなかったのですか」

私はマストニーク氏に尋ねた。

「学業も中途半端だったし、そもそも大学には性格が向いていないので、ジャーナリストとして生きることになった。私たちには子供ができなかった。ただ、生きていた意味を残したいと思い、ヘレンカ（ヘレンの愛称）は大学や外務省で、イギリス人のチェコ専門家を養成することに生きがいを見いだした。私は共産圏から書籍を救い出すことにした」

社会主義国の図書館や書店には、閲覧や販売を認められていないか奨励されない書籍がたくさんある。たとえばチェコスロバキア共和国初代大統領トマス・マサリクの体系的なマルクス主義批判書『社会問題』やロシア思想史研究書『ロシアとヨーロッパ』は限られた図書館でしか閲覧できない。劇作家バーツラフ・ハベル（後のチェコ大統領）や小説家ミラン・クンデラなど「憲章77」に関与した反体制派の書物も販売を禁止されている。

しかし、共産圏の政府はこれら「悪書」を廃棄せずに、密《ひそ》かに西側に輸出していた。その代わり西側から物々交換で科学技術書や辞書を入手する。共産国政府としてはこれで貴重な外貨を節約することができる。その窓口となっていたのが、インタープレスなのである。マストニーク氏は東側諸国から救出した書籍を米国議会図書館や大英博物館、ケンブリッジ大学、プリンストン大学などの図書館に納本し、これら知的遺産が断絶しないようにする事業に従事していた。

「サトウさん、チェコ人は狡猾《こうかつ》だ。ロシア人は何かを信じているが、チェコ人は何も信じていないし、信じることができないんだ。チェコの共産主義は神も無神論も信じていない。だから、宗教書についても、わざわざ国家が発行するんだ」

私には、マストニーク氏が何を言っているのか、とっさに理解できなかった。私が怪《け》訝《げん》そうにしているのを見て、彼は書斎に招き入れ、タイプ打ちの謄写版《とうしゃばん》刷りを仮製本した神学書をいくつか本棚から取り出して、手渡してくれた。『教会史』や『新約聖書ギリシア語・チェコ語辞典』などだった。

「それぞれ何冊くらい印刷されたと思うかい」

「想像できません」

「百部から二百部だよ」

「それだけですか。採算が取れないじゃないですか」

「採算は関係ないよ。国家が行なうことだから。出版は国家の事業で、紙は人民の所有物だ。宗教を信じている遅れた人々の存在は認める。しかし、人民の財産を迷信のために浪費することはできない。そこで、神学校の教育に必要な百から二百部の出版を認める。国際的には神学書の発行点数も年数十点あるので、信教の自由のみならず高度な神学教育までもが認められていると主張できる。ソ連や東ドイツでは、少しでも政府の方針に合致しないと神学書は発禁にされる。しかし、そのために地下出版や海外出版が生まれ、かえって騒音が立つことになる」

そこまで言うとマストニーク氏は、しばらく黙り込んだ。それから、「ロシア人はウオトカを飲むけれど、チェコ東部に住む僕たちモラビア人はそれよりも強いスリボビッツェを飲む」と言って、プラムのブランデー「エリニークのスリボビッツェ」をショットグラスに注いだ。それを一気に飲み干してから、冗談交じりにこう言った。

「チェコの秘密警察は怖いよ。ナチスのゲシュタポの伝統とソ連のKGBの伝統の両方を引き継いでいる」

旅立ち

私邸を訪問してから、私とマストニーク氏の関係はさらに親密になった。

あるときマストニーク氏に、「チェコスロバキア・クラブ」へ行ってみないかと誘われた。

「それは何ですか」

「第二次世界大戦中のチェコスロバキア・ロンドン亡命政府のクラブだ。いまも亡命系チェコ人のセンターになっている。プラハ政権（チェコスロバキア社会主義共和国）の連中は絶対に足を踏み入れない場所だよ」

私は二つ返事で、招待を受けた。

「チェコスロバキア・クラブ」は、ロンドン北部の地下鉄駅ハムステッド・ヒースから歩いて三分くらいの高級住宅地のなかにあった。外から見ると邸宅の一つと見間違えてしまう。表札に英語とチェコ語で「チェコスロバキア・クラブ」と小さな文字で書いてあった。

クラブの中に入ると、エリザベス女王、チャーチル首相、マサリク・チェコスロバキア初代大統領の肖像画が掲げられている。マストニーク氏は、クラブの成り立ちと亡命チェコ人の歴史について解説してくれた。

「一九三八年のミュンヘン協定で、ズデーテン地方のドイツへの割譲にイギリス、フランスが同意した結果、チェコスロバキア国家の解体は時間の問題になった。そのとき、ナチスがチェコを占領すれば、弾圧を受けることになるユダヤ系チェコ人たちがロンドンに逃げ出した。

翌三九年にチェコスロバキアが解体され、民主政権の人々もロンドンに逃げ、チェコスロバキア亡命政府を樹立した。当時、この建物は亡命政府の付属クラブだった。チェコ人は対ドイツ航空戦の最前線で戦った。また、戦車兵になってアフリカに渡った者も多い。イギリスは狡猾だ。ロンドンに亡命した家族や同胞の生活を保証することの引き替えにチェコ人の命を最大限に活用した。もっともイギリス人も命をかけて戦ったけどね。

戦後、ロンドン亡命政府とモスクワ亡命政府の連立政権が樹立され、一時はチェコスロバキアは中立国として発展する可能性があったんだけど、四八年二月の共産党クーデターで潰《つぶ》されてしまったよ。

ここに集まる人たちは、現在はみんなイギリス人として生活している。しかし、どうしてもイギリス人になりきれない。チェコ人としての血が騒ぐんだ。そういうときはここに来て、チェコ・ビールやスリボビッツェ、ビヘロフカを飲む。飲み物だけは社会主義チェコスロバキアから輸入している。故郷の酒を飲むと、少し落ち着くんだ」

ビヘロフカとは薬草の入ったカルロビバリ特産のリキュール酒だ。マストニーク氏はレストランで、アヒルのローストに、キャベツにライ麦をたくさん加えたチェコ風ザワークラウト、さらにクネドリキという蒸しパンを付け合わせにした料理を注文した。それから、寂しそうにこうつぶやいた。

「チェコでは家庭ごとに独特のクネドリキの作り方がある。ここに来ると母親のことを思い出すよ。小民族に生まれ、僕たちは結局、運がよくなかったのだと思う」

マストニーク氏と知り合ってから、私がイギリスを去るまでの期間は十カ月足らずだったが、その間に私はこの古本屋店主兼BBCの謀略放送専門家から、貪欲《どんよく》に知識を吸収しようと努めた。こうした熱意に応《こた》えて、マストニーク氏もヘレン夫人も、私を身内のように可愛《かわい》がるとともに、厳しく教育してくれた。

マストニーク氏は、哲学史や言語哲学、人類学にも通暁《つうぎょう》していた。一種の「歩く百科事典」のような人物だ。同時に本に関してマストニーク氏は独自の哲学をもっていた。チェコの政治思想史や神学、哲学、歴史のみならずアルバニアの歴史や、スラブ諸語の比較文法などのさまざまな学術書を私に勧めてくれた。

「あなたに関心があるならもっていきなさい」

そう言って、決して代金をとらないのである。私がいくら金を払おうとしても、ガンとして受け取らない。

「サトウさん、本には一冊、一冊の運命があるんだよ。私にはそれぞれの本がいちばん幸せな運命をたどって欲しいと思っている。サトウさんのところに行けば、幸せになりそうな本を勧めているんだよ。商売は米国議会図書館や大英博物館を相手にきちんとやっているから心配ないよ。それに、あなたの方から注文した本に関してはきちんと代金をもらうから、気にしないでくれ」

一九八七年八月末に私はロンドンからモスクワに向けて転勤することになった。出発の二日前にマストニーク氏が「チェコスロバキア・クラブ」で一席設けてくれた。そこでマストニーク氏は、ソ連での生活の心得について話してくれた。

「ソ連にも良い人間もいれば、悪い人間もいる。その比率はチェコスロバキアでもイギリスでもアメリカでも一緒だ。ただし、ソ連やチェコスロバキアでは、国家の方針により、良い人間も悪い人間にならざるを得ない状況がある。モスクワに行ってからも良いロシア人と付き合うことだ」

「どうやったら良いロシア人を見分けることができますか」

「それは、良い日本人やイギリス人、チェコ人を見分けるのと同じだ。あなたには人間の心理を摑《つか》む力がある。それから文章の行間や沈黙の意味も理解する力がある」

「それは過大評価です。そんな力はありません」

「これはお世辞じゃないよ。その力を仕事、つまり日本の国のために使うとともに、ロシア人のために使うことを考えればよい。まずはロシア人の生活の文法を摑むことだ。モスクワ大学での研修は一年間だったかい」

「実際は九カ月です」

「大学の寮に住むのか」

「寮に住むことをソ連当局が認めないので、外国人用住宅に住みます」

「外国人用住宅は二十四時間監視されているので、不自由だね。ロシア人の生活の文法、内在的論理といってもいいんだけれど、それを摑むためには、できるだけ普通のモスクワ市民に近い生活をすることだ。モスクワ大学に留学している間は、自家用車はなるべく使わないで、地下鉄やバスなどの公共交通機関を利用することだ。買い物も外貨ショップではなく、一般の店でもすることだ。もちろん無理をする必要はない。時には外貨ショップを利用してもいい。ただ、ロシア人がどういう生活をして、何が欠乏し、どういうことで喜び、怒るのかについて、皮膚感覚で捉《とら》えることができるようになることが大切だ」

「私にそれができるでしょうか」

「できるよ。サトウさんが今プラハで勤務しても三カ月も経《た》てばチェコ人はあなたを身内として扱ってくれるよ。プラハでできることはモスクワでもできる。それは私が保証する」

「ズデニェク、あなたはモスクワに行ったことがあるんですか」

「一回だけある。大昔のことだけど、BBCでロシア人とはよく一緒に仕事をした」

「亡命ロシア人とですか」

「亡命ロシア人だけじゃない。ソ連人とも仕事をしたよ。ロシア人は約束を守る。ただし、なかなか約束をしないけどね。だから、私もロシア人とした約束は必ず守ることにしている。そのおかげで、沿バルト三国の図書館と私は書籍の交換を続けることができる。ほんとうに信頼できるロシア人の友だちができれば、内側からソ連が見えてくるよ。ロシア人からサトウさんが相談を受けるようになったら、社会に入り込むことができたと考えてもいいだろう」

「モスクワにも古本屋はあるんですか」

「たくさんあるよ。ただし古本屋は反体制派とつながっているので、外交官が接触するとリスクがあるかもしれない。現地の空気をよく見て自分の勘をたいせつにすることだ。理屈と勘がぶつかった場合は、勘を重視することを勧める。サトウさんの場合、モスクワ大学に行けば、自《おの》ずからインテリの人脈は広がるよ。それから、何かの機会を見つけて科学アカデミーの学者と親しくなることだ。ソ連の場合、知的エリートは科学アカデミーに集まっている。これは帝政ロシアのときからの伝統だ」

「それ以外に注意しておくことがありますか」

「新聞を馬鹿《ばか》にしないことだ。『プラウダ』(ソ連共産党中央委員会機関紙)と『イズベスチヤ(ニュース)』(ソ連政府機関紙)に掲載される共産党中央委員会や政府の決定、社説については、どんなに内容が退屈でも、必ず赤鉛筆で重要事項をチェックしながら読むことだ。

そうそう、モスクワではチェコスロバキア共産党機関紙『ルデー・プラーボ（赤い正義）』も購読できるので、同じように赤鉛筆を持ちながら読むことだ。半年もすれば新聞の行間から何が実際に起きているのかが読み取れるようになる」

マストニーク氏からこの晩に聞いた助言は、モスクワで私がロシア人と付き合い、ロシア人の内在的論理を理解する上でとても役に立った。

八七年八月末、私を乗せた英国航空機は、モスクワ・シェレメチェボ第二空港に到着した。空港ビルを出ると質の悪いガソリンと小便のアンモニアと腐ったタマネギが混ざったような、何とも形容しがたい嫌な臭《にお》いがした。

ここから私の七年八カ月に及ぶモスクワ生活が始まったのだ。その時点では、私自身がソ連の崩壊過程を目撃することになろうとは夢にも思わなかった。

第二章　サーシャとの出会い

モスクワ、雀《すずめ》が丘

モスクワ国立大学（MGU）は、モスクワ市南部の雀が丘（バラビヨフスキエ・ゴールィ）にある。ここからモスクワ市内を一望することができる。

正面手前にモスクワ川が流れ、そのすぐ向こうにノボデビッチ修道院の赤い建物が、その右奥にロシア外務省の摩天楼が見える。さらにその先に、現在はプーチン大統領が執務するクレムリンが、少しだけ緑色の屋根をのぞかせている。遥《はる》か北方にそびえ立つ五四〇メートルのオスタンキノ・テレビ塔は霞《かす》んでいる。

一八一二年の戦争のときフランス軍は、この雀が丘に本陣を置いた。ロシアの冬将軍に敗れたナポレオンが退却を決定したのもこの丘だと言われている。ソ連時代にはレーニン丘と改称されたが、ソ連崩壊後、再び雀が丘に戻された。

モスクワ大学がこの場所に移転したのは一九五三年のことだ。それまで大学はクレムリンの真向かいにあった。第二次世界大戦が終わるとスターリンはモスクワ市内に七つの摩天楼を建設することを命じた。その内、最大の建物がモスクワ大学だが、現在この摩天楼には大学事務室と学生寮しか入っていないので、ここで授業は行なわれていない。東西南北四つの入り口があって、民警（警察官）が二十四時間、学生の出入りをチェックしている。学生寮はベッドが備え付けになった六畳ほどの部屋が二つ続きになっており、そこに洗面所とシャワーがついている。学部別の男女混合なので、最初に割り当てられた部屋をうまく融通し合って、恋人同士で同棲《どうせい》している。正式に結婚すると「夫婦寮」があてがわれるが、同じ学部の友だちと生活を共にしたいので、独身寮を融通することを好む学生が多い。雀が丘を背にして摩天楼の右側が理科系学部のキャンパス、左側が文科系学部のキャンパスである。

私は、一九八七年九月から八八年五月までモスクワ国立大学言語学部に留学し、ソ連崩壊後、九二年九月から九五年二月まで哲学部宗教史宗教哲学科で教鞭《きょうべん》をとった。日本の外交官でモスクワ大学で教鞭をとったのは私が初めてだった。

言うまでもなく、ソ連は社会主義国家であり、科学的無神論を国是としていた。マルクスが「宗教は人民の阿片《アヘン》である」と言っている以上、大学で宗教のようなくだらないことを研究するわけにはいかない。しかし、人間社会には宗教現象は存在するので、最高学府であるモスクワ大学でもそれを批判的に研究する必要がある。そこでソ連当局は哲学部に「科学的無神論学科」を設けたのだった。宗教でなく、無神論を研究するという建前で、実際は神学や宗教学を研究していたのである。

今になって考えると、八七年十月初め、人文系学部棟十一階西端の科学的無神論学科事務室の扉を叩《たた》いたときから、私の運命は他の日本人外交官とずれていったのだといえよう。

ソ連建国の父レーニンは、西側の外交官はすべてスパイであると考えていた。語学力が弱くてはスパイとしては使い物にならない。従って、〝スパイの卵〟である日本外務省の研修生が、できるだけロシア語が下手になるような特別コースがモスクワ大学には用意されていた。

私たち外務省研修生には、ロシア語の基本文法をシステマティックに学ぶ予科や、外国人へのロシア語教育を専門にするプーシキン大学への入学が認められず、中級程度のロシア語の知識があることを前提とする言語学部人文系外国人用ロシア語学科にしか受け入れられなかった。人文系学部棟八階の東端にある外国人用ロシア語学科以外の授業を聞くことをソ連当局は認めなかったのだ。ここでは、とても奇妙な授業が行なわれていた。例えば、自由討論のテーマは以下のようなものだ。

「イラン・コントラ疑惑（CIA〈米中央情報部〉が国交を断絶しているイランに密《ひそ》かに武器を売却し、ニカラグアの親米反政府組織『コントラ』の支援資金にしていたという事件）におけるアメリカとその同盟国の二重基準を批判しなさい」

「日本におけるアメリカの少数派差別と、それに対していかなる政治勢力が果敢な闘争を行なっているかについて論じなさい」

この自由討論のクラスメートは、東ドイツ、ブルガリア、シリアの学生で、私以外の資本主義国出身者はノルウェーの大学助手だったが、彼女はノルウェー共産党員だったので、授業では私だけが吊《つる》し上げられることになる。

ちなみにモスクワ大学の日本人同級生は日本共産党中央委員会機関紙「赤旗」の研修生、今は無き労働組合「総評」の留学生だった。これら同志的・友好的日本人留学生は予科で学ぶことも、他学部の授業を聞くことも可能だ。しかし、私のような外交官は授業で何ともいえない疎外感《そがいかん》を味わうのである。

当然、授業が面白くなくなり、大学から足が遠のく。外交官の卵たちは家庭教師からロシア語を学ぶことになるが、この家庭教師がクセ者だ。外交官が家庭教師を雇うときは、必ずソ連外務省付属外交団世話部（ウポデカ）を経由しなくてはならない。外交団世話部というのはKGB（国家保安委員会＝秘密警察）とほぼ一体の組織であり、家庭教師兼監視が仕事となる。また、家庭教師は一人の例外もなく共産党員だ。

秘密警察であろうが共産党員であろうが、ロシア語を教えるのがうまければそれでよいのだが、プロとしての教授法を学んだ人はほとんどいない。従って、外交官としてモスクワで研修しても、相当の工夫をしない限り、ロシア語はほとんど上達しない。

私がモスクワで研修する十数年前に家庭教師の女性を孕《はら》ませてKGBに脅された外交官がいた。また比較的近い過去では、「赤の広場」横の「ホテル・ナツィオナーリ（ナショナル）」でKGBの売春婦に引っ掛かり、急遽《きゆうきよ》帰国した外交官もいた。

ちなみにソ連崩壊後、BBC（英国放送協会）の旧ソ連のスパイ工作特集で、このKGB工作員の売春婦が告白発言を行ない、日本人外交官の実名をあげ、インテリジェンスのプロの間では大きな話題になったが、幸い日本のマスコミは気づかなかったので、外務省人事当局が胸をなで下ろしたことがあった。

GRUの陰謀

私がモスクワに赴任する数日前に、在モスクワ日本大使館の防衛駐在官（駐在武官）が国外追放になった。

駐在武官二人が観光で黒海沿岸のオデッサに行ったときのことだ。オデッサには「ポチョムキンの階段」という観光名所がある。この階段は上から見ると踊り場しか見えず、下から見ると階段しか見えないという不思議な作りになっている。映画好きの読者ならばご存知だと思うが、エイゼンシュテイン監督の「戦艦ポチョムキン」で乳母車が転がり落ちていくシーンで有名な場所だ。

二人の駐在武官がこの階段の上に立つと、下から数名の若いロシア娘たちが近寄ってきて、「写真をとってちょうだい」と頼んだ。言われるままに武官が写真をとった途端、屈強な数名の男たちに囲まれ、「いま何をとったんだ。ちょっと話を聞きたいので同行してもらいたい」と言われた。

武官たちは何も悪いことはしていないので「何かの勘違いだろう。事情を説明すればわかってもらえる」と思って、素直に同行してKGBの建物に行った。KGB係官は「フィルムを出せ」と言うので、お人好《ひとよ》しの武官は「フィルムを出せば、誤解も解ける」と思って、提出した。すると、ロシア娘たちをとった背景の海にソ連海軍の潜水艦が写っていたのである。

KGBはこれを口実に、二人の武官が「軍事偵察活動を行なっていた」との罪状を作り上げ、その内、一人に速やかな国外退去を求めた。それと同時に在モスクワの三菱商事次長も国外退去となった。

この事態に日本側も対抗措置として、東京のソ連通商代表部員に国外退去を求めたのだった。

この時期、ゴルバチョフのペレストロイカ政策が軌道に乗り始め、ソ連とアメリカ、ヨーロッパの関係は劇的に変化するのだが、この追放劇を契機として日ソ関係は冷却化していくことになる。後に私が調べたところ、この事件は北方領土問題でゴルバチョフが日本に対して譲歩する可能性があるという危機意識をもったソ連軍参謀本部諜報《ちょうほう》総局（ＧＲＵ）が対日関係の悪化を目論《もくろ》んで仕組んだ謀略だった。

日本ではソ連の秘密警察というとすべてＫＧＢと考えられているが、そう単純なものではない。

まず、ＫＧＢにもいくつかの部局がある。

ＫＧＢで、ソ連国内で外国人の動向を監視する第二総局は、防諜（カウンター・インテリジェンス）の専門家集団だ。異性関係のスキャンダルや交通事故の揉《も》み消しで大使館員、商社員、新聞記者を協力者に仕立て上げていくのは第二総局所属の機関員の仕事だ。

先に述べた外交団世話部（ウポデカ）にも第二総局の機関員が少なからず存在した。それから、学者を擬装する機関員もいる。擬装といってもインチキ学者ではなく、大学教授として通用する学識と能力をもっている人物がほとんどだ。

たとえば、ソ連科学アカデミー東洋学研究所のキリチェンコ国際学術協力部長は、シベリア抑留問題の国際的権威だ。シベリア抑留問題がスターリン主義の「負の遺産」であることを認め、情報公開に努力した。しかし、この学者にはもう一つの顔があった。彼はＫＧＢ第二総局の日本部員で、日本大使館担当課長だったのである。

日本人外交官、さらに専門調査員として大使館に出向している学者の個人データを集め、弱点を摑《つか》み、工作をかけるのがキリチェンコ氏の仕事だった。階級はKGB大佐。ソ連崩壊後、キリチェンコ氏は、元KGBの機関員であったことを告白し、話題となった。

第二総局が「守り」であるのに対し、外国の情報を収集し、工作を仕掛けるのが第一総局だ。KGB自体がソ連のエリート組織だが、第一総局には「エリート中のエリート」が集まる。

第一総局の機関員は、外交官、通商代表部員、ジャーナリストを擬装して外国で勤務する。ジャーナリストを擬装する場合でも、二、三年間の本格的な訓練を受けて、本物のジャーナリストになるのだ。一九七九年、アメリカに亡命したレフチェンコ氏は「ノーボエ・ブレーミャ（新時代）」の東京特派員、また中国人協力者の獲得工作が露見して、急遽、日本を離れたプレオブラジェンスキー氏は国営タス通信社の記者を擬装していた。

第一総局と第二総局の間では人事交流がない。それに施設も第一総局がモスクワ南部の「ヤーセネボ」にあるのに対して、第二総局はクレムリンすぐそばの「ジェルジンスキー広場」（ジェルジンスキーはKGBの前身「チェ・カー〈Ch.K.＝非常事態委員会〉」の創設者。現在、ルビヤンカと改称）にある。

第一総局の機関員は給与も第二総局より数倍よく、外国勤務の機会も多いので、第二総局の連中は嫉妬《しっと》に近い感情をもっている。もっとも国内政治に与える影響は第二総局の方が圧倒的に強い。ソ連崩壊後、第一総局は対外諜報庁（SVR）となり、第二総局は連邦保安庁（FSB）となったが、実態はソ連時代とそれ程変化していない。プーチン大統領はKGB第一総局の出身だが、エリツィン大統領時代にFSB長官をつとめたので、SVR、FSB双方の内情に通じるという稀《まれ》な経歴をもっている。このことがプーチン大統領の重要な権力基盤になっているのである。これらKGBは、国際スタンダードでのインテリジェンスの訓練を受けた精鋭集団だ。これと比較するとGRUの文化はかなり異質なものだ。

GRUには、旧日本陸軍の関東軍のような気質がある。クレムリンの指示にも、国防相や参謀総長の指示にも面従腹背で、自己のグループの利益を優先する。

KGBが大学時代から要員をリクルートして、十年近くの特殊教育と訓練をもとに諜報要員を作るのに対して、GRUは若手将校の中から諜報に適性がありそうな人材を推薦し、一年くらいの速成教育で諜報要員にしてしまうので、KGBと比べるとどうしても工作が乱暴になる。それ故《ゆえ》にソ連（そして現在のロシア）絡《がら》みのスパイ事件で、GRUが関連する事件が摘発される可能性が高くなる。

さらにGRU出身の駐在武官は同時に兵器販売の全権代表でもある。ロシアの兵器が売りさばかれている国々では、そこからピンハネをしているので、豊富な裏金を持つことができるのだ。

KGBが、アメリカ、西欧、中国、日本・フィリピン・インドネシアなどのアジアの島国というような地域別の部局、さらに大量破壊兵器不拡散、科学技術などの機能別の部局に分かれているのに対し、GRUは全《すべ》て国別の地域局しかない。例えば、イラク戦争については中東担当、北米担当、西欧担当などの部局が、横の調整をせずに情報収集を行なっているので、重複が多い。官僚機構で重複が生じると、部局間で競争意識が強まるので、仲が悪くなる。しかも、人事が上司の推薦によって語学別に行なわれるので、派閥ができやすい。

GRUの日本担当は、戦前からの対日警戒心と戦後の冷戦思考が合わさり、北方領土問題については、「領土は血である。ロシア人が血を流して獲得した土地は絶対に手放すべきではない」という神話の信奉者がほとんどだ。

あるとき、私がGRUの将校に「一九四五年に北方四島が占領された際にロシア人の血は一滴も流れていないのに、なんで北方四島を血で獲得したという無理な議論をするのか」と尋ねた。その将校はこう答えた。

「北方四島も千島列島も一体で、シュムシュ島（千島列島の最北端）の戦いで、ソ連兵の血が大量に流れたので、それが史実としては十分な根拠になる」

これは相当無理なこじつけだが、「血の神話」がひとたび形成されてしまうと、それを外部から崩すのは至難の業だ。ゴルバチョフのペレストロイカ政策が日本に対して適用されることで、北方四島を手放すことになってはならないと「血の神話」を信じるGRU将校たちがさまざまな画策をしたが、その一つが前述したオデッサの事件で、それにうまくKGBが乗ったというのが真相のようである。

科学的無神論学科との出会い

さて、話をモスクワ大学に戻そう。一九八七年十月初め、ロシア語の自由会話の授業で、イラン・コントラ疑惑を巡るアメリカのダブルスタンダード、そのようなアメリカと軍事同盟を結んでいる日本政府はケシカランという話を散々聞かされた私は、不愉快になり、次の時間に予定されていたロシア語文法の授業はパスすることにした。日本外務省研修生にロシア語を学ぶ意欲を減退させるというソ連当局の思惑は、こうして徐々に成功していくのである。

モスクワ大学人文系学部棟の八階が言語学部で、十一階が哲学部だ。何気なく十一階の哲学部掲示板を見ていると科学的無神論学科の講義カリキュラムが貼《は》ってあった。「ブルトマンの聖書の非神話化仮説に対する批判」、「キリスト教的終末論の諸類型とその階級的特質」、「ニコラス・クザーヌスの全一性概念に対する批判的検討」、「解放の神学とカトリック教会の教権制度」などといった、私が同志社大学神学部で学んだ事項とかなり重なるテーマが掲げられている。好奇心を抑えることができなくなって、十一階西端の科学的無神論学科の事務室の扉を叩いた。

扉が開き、出てきたのは、三十代半ば、一七五センチくらいで、少し痩《や》せた、立派なあごひげを生やした男だった。私はたどたどしいロシア語で自己紹介し、日本外務省の留学生だが、大学・大学院ではプロテスタント神学を専攻したので、ソ連の無神論研究にも関心をもっていると説明した。

その人物は、哲学部専任講師のアレクサンドル・ポポフと名乗った。

ソ連崩壊後、私はモスクワ大学哲学部の客員講師になり、宗教史宗教哲学科と改称されたこの学科で九二年から九五年まで教鞭をとることになり、ポポフ先生とは共著をロシア語で刊行することになる。しかし、もちろんこの時点ではそんな可能性など夢にも考えていなかった。また、後で述べるように、このモスクワ大学の人脈が後に私の外交官としての情報活動を支える基盤になるのだが、そのような計算をしてこの扉を叩《たた》いたわけでもなかった。

知り合ってからだいぶ経《た》って信頼関係が構築されたところで、ある大学院生が打ち明けてくれたことだが、私が無神論学科に出入りし、学生の間にネットワークを作っていることをKGBが気にして、いろいろなシグナルを出してきたという。しかし、科学的無神論学科のドンでモスクワ大学共産党支部書記のイーゴリ・ヤブロコフ教授が、私のことを気に入っていたので、KGBも手をつけられなかったということだった。ソ連の大学は二重構造になっており、大学の学長よりも共産党組織のトップである書記の方が強い権限をもっていたのである。

徐々に内情を詳しく知ることになるが、科学的無神論学科はソ連の二重構造が集約されているような場所だった。

ソ連は極端な中央主権国家で、それは教育にも反映されていた。モスクワ大学にはエリート中のエリートが集まっている。モスクワ大学は五年制。これは旧《ふる》いドイツの大学システムを踏襲したものだった。

大学五年生の前期に卒業論文を出すが、質量ともに日本の修士論文のレベルだ。科学的無神論学科の場合には、それ以外に日本の卒業論文レベルの副論文を二通出すことが義務づけられていた。五年生の後期に学生は地方の大学（中学校や高校ではない）で教育実習を行なうが、モスクワ大学の学生たちは、地方大学の助教授相当の扱いを受ける。

エリート学生には、表面上は控えめであるが、負けず嫌いで、集中して机に向かうことができるという共通の気質があった。しかし、モスクワ大学生の場合、いわゆる優等生の枠におさまらない。ロシア・インテリゲンチヤ（知識人）として真理を追求していくことに文字通り命を懸けている、何かに取り憑《つ》かれた学生が何人かいる。多数派である党官僚志望や大学教師志望のごく普通の学校秀才型の学生たちも「取り憑かれた学生」には敬意を表し、友人関係は一生続くことになる。

また、反体制派の知識人を、KGBの検閲官や共産党中央委員会の文化官僚やイデオロギー官僚が庇《かば》ったりすることも、頻繁にあった。もっとも、そうした出来事は外部からは見えにくい形で行なわれていたのだが。

マルクスは「宗教は人民の阿片《アヘン》である」と言った。ソ連共産党は無神論を基本イデオロギーとし、キリスト教などの信者は入党できなかった。ソ連国家も国家と教会の分離、教育と宗教の分離を原則とする無宗教国家を標榜《ひょうぼう》していた。

しかし、ソ連社会でも宗教は現実に存在する。宗教という虚偽のイデオロギーからソ連国民が離れていくことを促進するためには、「科学的な知識」を広めていけばよいというのが共産党の基本方針だった。だから、ソ連憲法では信教の自由とともに無神論宣伝の自由が保障されていた。

モスクワ大学哲学部科学的無神論学科は、無神論研究の最高権威で、卒業生のほとんどは共産党のイデオロギー要員や大学教員になった。ここでは聖書を読むことも自由にできたし、また一般では読むことのできない欧米の神学書や宗教学研究書、さらに一九三〇年代初頭までにロシア、ソ連で出版されたマルクス・レーニン主義イデオロギーに合致しない書籍も読むことができた。

ポポフ先生が科学的無神論学科について、説明するなかでこう語った。

「科学的無神論というのは、わたしたちが宗教にアプローチする際の立場を言っているのです。神の存在を前提とするのではなく、物質的なこの世界の論理で宗教現象を見ていくということで、欧米の宗教学や宗教史と同じことをやっています。哲学部には現代ブルジョア哲学批判学科というのがありますが、ここでは現象学や言語哲学を扱っています。そうだ、これから哲学部のいくつかの学科が合同で特別ゼミを行なうので、あなたも参加しませんか」

私は喜んでこの招待を受けた。ここで一人の学生と出会うのだが、この人物が私の人生に大きな影響を与えることになるのである。

反体制派の演説

ポポフ先生と私は、階段で十階に降りていき、演習室に入った。横に長い教壇には、十人ほどの哲学部の教師たちが並んで座っていた。演習室に集まった学生は約三十人。そのなかには女子学生も五人くらいいたと記憶している。

トップバッターの学生が「ペレストロイカにおける科学的無神論宣伝の課題」というような、共産党の決定とゴルバチョフ演説をちりばめた政治的発表をした。学生たちは退屈そうな顔で聞いている。私にとっては、社会主義国の反宗教宣伝戦略についてはじめて聞く機会だったので、それなりに興味深かったのだが、ロシア人は社会主義とか、マルクス、レーニンというと「もううんざり」という顔をする。

三、四人の学生が発表を終えた後に、ポポフ先生が私に自己紹介を求めた。私は日本外務省の研修生であるということには触れず、「現在、言語学部でロシア語を研修しているが、日本ではプロテスタント神学を学び、チェコスロバキアにおける国家と教会の関係について研究したので、科学的無神論にも関心をもっている」と述べた。学生たちは驚いていた。席に戻ると隣の学生が小声で「日本人とは思わなかった。アゼルバイジャンかタジキスタンからの転校生と思った」と声をかけてきた。

モスクワ勤務中に私は日本人と思われず、ソ連の少数民族と勘違いされることがよくあった。あるとき形質人類学に詳しい学者に「なぜ勘違いされるのか」と質《ただ》した。「サトウさんの鼻筋が高く、瞳《ひとみ》が大きいので、ソ連内の少数民族ではタジク人やその辺境のゴルノバダフシャン人に近く見られるのですよ」

その後、ロシア人から「どこから来たのか」と問われて、私が冗談で「ゴルノバダフシャンから来た」と答えると、疑われたことは一度もなかった。ゴルノバダフシャンは山奥で、ロシア語を苦手にする人々も多い。

大使館に勤務してから、ときどき地下鉄やトロリーバス、あるいは白タクに乗って、市場やデパートに行き、ビアホールに立ち寄って偶然に出会う普通のロシア人と話をして、国民の皮膚感覚をつかむようにつとめた。そのときには必ずソ連製のスーツを着るようにした。

ソ連製のスーツであっても決してみすぼらしいわけではない。違いは背広のボタンの付け方にある。日本製の背広は並行する形でボタン穴に糸をつけているが、ソ連製はクロスする形でつけている。このようなほんの小さな違いが、現地人と外国人を区別するときの指標になる。

もっともこのような行動はソ連の秘密警察を刺激したようで、あるとき知り合いの共産党幹部から「サトウさんが少数民族を擬装して民情視察をしているという報告書をKGBが作っているよ。あいつらは冗談から引っかけて話を作っていくから気を付けろ」と警告された。

私が自己紹介を終えた後に、ポポフ先生が「サーシャ、それじゃ君の発表だ」と言った。ロシア語の名前には愛称がある。アレクサンドルの愛称がサーシャだ。このサーシヤこそ、私の人生を一変させた人物なのだが、今は話を急ぐまい。

サーシャは身長一八〇センチ、スポーツマンタイプの美男子で、あごひげをたくわえている。

教壇に出てくると、サーシャは早口でまくし立てた。当時の私のロシア語力では内容を十分に理解することはできなかったが、相当、衝撃的な内容であるということはわかった。

サーシャは二十世紀初めの「道標派（ベーヒスティ）」と呼ばれる哲学者たちについて話した。「道標派」はレーニンが最も嫌悪《けんお》した思想家のグループで、当時、ソ連では禁書になっていた。日本でも有名なニコライ・ベルジャーエフ、セルゲイ・ブルガーコフが「道標派」の代表者だ。

彼らは、十九世紀のロシアにマルクス主義を導入した大学教授たちだ。日露戦争に行き詰まったロシアでは一九〇五年に一種の市民革命が起きるが、そのときにベルジャーエフらは論文集「道標」を出版。そのなかでロシアの病理現象は腐敗した体制だけでなく、全ての問題を社会のせいにして人間性に潜む悪を直視しないマルクス主義者や革命思想家にもあると批判し、ロシア土着の保守思想を構築する必要を訴えた。いわば転向者である。

サーシャは、ベルジャーエフ、フランクの論議に即しながら、ゴルバチョフのペレストロイカ路線、特にインテリやモスクワ市民から人気の高いエリツィン(当時、モスクワ市共産党第一書記、後のロシア大統領)をこきおろした。

「共産主義体制下でロシア人は、『どれだけ分け前を得られるか』という分配にしか関心をもたない。急進ペレストロイカ派で鳴らしているエリツィンにしても、共産党官僚の特権打破というスローガンでポピュリズムに訴えているが、国家に訴えれば何かが出て来るという発想自体が間違いだ。ロシア人はもう一度生産に目を向けなくてはならない。そのためには、マルクス・レーニン主義という腐り切ったイデオロギーと一日も早く訣別《けつべつ》し、ロシア正教の伝統に則《のっと》った保守主義を復活させなければならない」

私がソ連で初めて聞いた反体制派の演説だった。教師も学生も緊張してサーシャの話を聞いている。サーシャの発表は二十分くらいで終わった。終わった瞬間に、杖《つえ》をついた五十代後半の女性が立ち上がり、声を震わせて怒鳴り上げた。科学的無神論史の国際的権威であるタジュリージナ教授だ。

「サーシャ、あんたが今、ここで引用した本は、特別保管庫(スペツフラン)の本だろう」

特別保管庫とは、イデオロギー上の理由で、一般に閲覧が認められていない図書のことだ。

「そうです」

「誰がこれらの本を読んでいいと許可した」

サーシャは答えない。タジュリージナ教授は声を張り上げる。

「規律違反は断じて認められない」

気まずい沈黙が続いた。そこでポポフ先生が「今日のゼミはこれで終わりにする」と閉会を宣言した。

私は好奇心からサーシャに近づいていった。

教授たちはそそくさと演習室を出ていった。サーシャの周辺を数名の学生が取り囲み、しばらく声をかけることができなかった。どうやらサーシャの発表の内容について議論を掘り下げているようだ。それが一段落したところで、サーシャの方から私に声をかけてきた。

「何か用かい？」

「私は日本の大学と大学院でプロテスタント神学を勉強したのですけれど、その中で『道標派』、特にベルジャーエフのプロテスタント神学に与えた影響についても勉強しました。あなたの今の発表を聞いて、とても興味をもちました。少しお話をしたいのですが……」

「それじゃ二階のカフェに行こう。あそこなら本物のコーヒーがあるかもしれないから」

当時、モスクワでは物不足が深刻化し、コーヒーが街から消えていた。その代わり、藁《わら》と麦を煎《せん》じ、それに牛乳を入れて煮込んだ代用コーヒーが大学の食堂やカフェでは出されていた。厚手のグラスに入れるが、澱《おり》が三分の一くらい下の方に沈む。うわずみだけを飲むのである。日本のコーヒー牛乳のような風味で私は好きだったが、ロシア人のインテリたちはこの代用コーヒーを嫌っていた。

サーシャと同じくらいの身長の大柄な女子学生、それに身長一六五センチくらいの小柄でニキビ面《づら》の男子学生がひとりついてきた。エレベーターがなかなか来ないので、私たちは階段で二階まで降りていった。

残念ながら、カフェに本物のコーヒーはなかった。私たちは代用コーヒーと白パンにサラミソーセージがのったオープンサンドウイッチを頼んだ。アレクサンドル・ユリエビッチ・カザコフがサーシャのフルネームだった。お互いに自己紹介を済ませると、サーシャはこう言った。

「敬語ではなく、学生ことばの『ナ・ティ（俺・お前）』でいこうぜ」

「わかった。サーシャ、それからマサルという日本人の名前は奇異な感じがするだろう。だからミーシャと呼んでくれ」

「それはわかりやすい。ゴルバチョフと同じだな。それじゃ日本のミーシャと呼ぼう」

ミーシャはミハイルの愛称だ。ゴルバチョフの氏名はミハイル・セルゲービッチ・ゴルバチョフだ。イギリス陸軍語学学校時代の私のコード名が「ミーシャ」だったので、それをモスクワでも、ちょっとした洒落《しゃれ》のつもりで使い続けた。もっとも、これも後に秘密警察から「サトウマサルはなんでロシア風の偽名を名乗っているのか」と疑惑の眼で見られる理由になるのだが。

「サーシャの発表は面白かった。正直言って、ソ連で『道標派』について、ここまで自由な議論ができるとは思っていなかった。文献をよく手に入れることができたな。ベルジャーエフやフランクの著作はパリのYMCA出版からしか出ていないだろう。禁書じゃないのか？」

「禁書でも読むことができるさ。ここにいるディーマがうまく手に入れてくれる」

ニキビ面の学生に話を振った。

「俺の親父《おやじ》はソ連共産党中央委員会の総務部に勤めている。だから共産党中央委員会図書館の特別保管庫の本でも引っ張り出せるんだ。パリのYMCA出版から出ている本ならば、外に持ち出してもそう大きな問題にはならない。ただし、フランクフルト・アム・マインのポセーフ出版所の本はヤバイな。国民労働運動という反ソ組織をもっているからな。いちばん安全なのは、一九二〇年代までにロシアで出た本だ。ソ連になってからも最初の十年くらいはドサクサで結構いい本が出ている。それなら個人で持っていても、何のおとがめも受けない。もっともブラックマーケットでしか買えず、ひどく高いけどな」

ディーマは少し得意げに、そうまくし立てた。

「そうか。サーシャはディーマから本を融通してもらったのか」

「それだけじゃないよ。僕はリガ（ラトビア共和国の首都）出身なんだけど、あっちの古本屋はモスクワと違って、反ソ文献がけっこう入ってくる。それに値段も安い」

「それにしても、あのオバサン教授はひどいな。『誰がこれらの本を読んでいいと許可した』なんて詰問《きつもん》するのは、大学教授じゃなくて検閲官の仕事じゃないか」

サーシャはニタニタしながら「外国人にはわからないのかな」と呟《つぶや》いた。

「わからないな。どういうことだい」

「タジュリージナ教授は僕たちの味方なんだぜ。今日の発表も彼女が勧めたんだぜ」

「それなら何で君を怒鳴りつけるんだい」

「僕の今日の発表は、明らかにモスクワ大学の公式の場で許される範囲を超えている。それに資本主義国から来た君もいる。共産党員である教授陣としては、保険のために公式の立場で僕を叱責《しつせき》しておかなくてはならない。それであいう態度をとった。しかし、僕が発表したことで、学生たちは『道標派』について、これまでの公式の話とは違うことを聞いた。これでいいんだよ」

「君だって共産党員だろう。処分されないのか」

「僕は共産党員ではない。それどころかコムソモール（共産青年同盟）のメンバーでもない」

「えっ、そんなことが可能なのか。モスクワ大学の学生は全員コムソモール員だと聞いていたぞ」

サーシャに代わってディーマが答える。

「サーシャはラトビア出身だろう。沿バルト諸国出身者にはときどき非コムソモール員がいるけどね。もっとも、その場合、成績が抜群じゃないと入学できないけどね。サーシャは天才だよ。教授陣も一目置いている」

「サーシャ、ディーマ、君たちは（キリスト教の）信者かい」

二人は「もちろんだ」と答えた。女子学生も「最近洗礼を受け、信者になった」ということだった。

「いったいぜんたい、どうなっているんだい。君たちは将来、反宗教活動の指導者になるんだろう。その君たちが信仰をもっているというんじゃ根本的な矛盾じゃないか」

「矛盾だよ。それで何か問題があるかい」

「教授たちは、君たちが信者だということを知っているのか」

「恐らく気付いているだろう。しかし、見て見ぬふりをしている」

「共産党がそれで黙っているのか」

「ヤブロコフ教授（科学的無神論学科学科長）はモスクワ大学の共産党支部トップだぜ。党にチクる奴《やつ》もいるだろうが、ヤブロコフ教授が握りつぶす」

「いったいどうなっているんだ」

「どうもこうもないよ。宗教をまともに勉強できるのはここくらいさ。だからここに来る学生はほとんど隠れ信者だ。教授も半分は信者だ」

私は彼らの話に混乱し、わけがわからなくなっていた。

モスクワ大学の二重構造

その後、サーシャたちと二、三カ月つき合って、ようやくモスクワ大学のからくりがわかったが、全《すべ》ての面で二重構造になっているのだった。

たとえば、経済学部には資本主義経済学科と社会主義経済学科がある。名称に誤魔化されてはならない。資本主義経済学とはマルクス経済学のことで社会主義経済学とは近代経済学のことなのである。

資本主義経済学では資本主義社会の根本矛盾とその崩壊の必然性を研究するのでマルクス経済学を適用する。これに対して社会主義経済学では、資本家階級が廃絶され、搾《さく》取《しゅ》関係がない社会主義社会において経済をいかに発展させるかが主要な研究課題になるので、ここではブルジョア経済学（近代経済学）の成果を批判的かつ弁証法的に活用するということになる。

ちなみにロシア人は、何か面倒なことがあると「弁証法的に（ディアレクティーチェスキ）」と言って誤魔化す。「弁証法」という言葉が出てきたときは、何か嘘《うそ》が潜んでいるので要注意なのである。

モスクワ大学で、現象学や構造主義などの現代哲学の研究が進んでいることにも驚かされた。哲学部にブルジョア哲学批判学科があるが、ここは最難関で、英語、ドイツ語、フランス語に堪能《たんのう》な教授陣と学生が集まっている。しかし、発表される論文の結論を見るとレーニンの引用が続き、紋切り型の評価で終わっていて知的刺激を全くうけない。これにも実はからくりがあった。

序文では、ペレストロイカになってもイデオロギー闘争は重要だということを書き、現在、欧米で以下のような看過できない思想潮流があると書く。そして、その後、欧米の言説をできるだけていねいに紹介する。最後に共産党の決定やレーニン全集からの引用をちりばめて、いかにこのようなブルジョアイデオロギーがけしからんものであるかをできるだけ説得力がない形で書く。

このようにして、ソ連では知らされていない欧米の思想を結果として流通させるのがよい書き手なのだ。読者もこのような本をどう読んだらいいか心得ているので、禁じられた思想がこのようにしてソ連社会に流通していったのである。

サーシャ自身の専攻はビザンツ（東ローマ帝国）哲学史だった。ロシアの独自性を知るためには、ロシアが東ローマ帝国から何を受け継ぎ、何を拒絶したのかを明らかにする必要がある。そうしなくては、深いところでロシア精神を理解することができない、というのがサーシャの根本的なスタンスだった。

ロシア語では、「われわれの側の善い概念」と「奴らの側の悪い概念」がすぐにわかるようになっている。

ソ連や社会主義国の人民の側に立つ「善い警察」は「ミリツィヤ（民警）」で、資本主義国の人民を抑圧する「悪い警察」は「ポリツィヤ」になる。ソ連の宇宙飛行士は「コスモナフト」だが、アメリカの宇宙飛行士は「アストロナフト」だ。ソ連の人類進歩と平和に貢献する人工衛星は「スプートニク」だが、アメリカの軍事目的が背後に潜んでいる悪辣《あくらつ》な人工衛星は「サテリート」だ。

このような二分法を子供の時から学校教育で徹底的に叩《たた》き込まれる。しかし、ソ連人はこのような二分法が嘘であるということにも子供の時から気付いている。そして、公《おおやけ》の場で言ってよいことと悪いことについては、幼稚園時代に身に付けてしまうのである。

だから、この「公の顔」をしたロシア人と付き合っていてもちっとも面白くない。前にも述べたように、レーニンは外交官は全てスパイであると考えていたので、ロシア人は資本主義国の外交官になかなか素顔を見せないのであるが、私はキリスト教神学という特別の切り口があったので、たいした苦労もなく、ロシア人の内側の世界に入ることができたのだと思う。

代用コーヒーを二杯飲んで、一時間くらい話したところで、サーシャが「今日はこれから用事があるからこの辺にしよう。ミーシャ、また会おう。僕の寮には電話がないので、ディーマの家に電話してくれ。但《ただ》し、ミーシャの家の電話は盗聴されているから、必ず公衆電話を使ってくれ。外交官住宅や大使館のそばの公衆電話はやはり盗聴されているからダメだ。それ以外なら大丈夫だ」と言った。

私は「そうする」と答えた。別れ際《ぎわ》にサーシャは私にひとことアドバイスした。

「言語学部の外国人用ロシア語学科にはあまり出入りしない方がいいよ。あそこの講師たちは定期的に学生の動向をKGBに通報している。余計なことを話すとミーシャのファイルが厚くなるだけだ」

たしか私の女性の担当講師は夫が外交官だと言っていたが、KGB職員は外交官を擬装して海外赴任することが多い。用心に越したことはない。自然と私の足は言語学部から遠ざかり、哲学部に向かうようになった。

外務省の先輩外交官たちもモスクワ大学で学んでいたが、誰に聞いても「モスクワ大学は共産主義イデオロギーで汚染されていて、学問的レベルが低くて話にならない。ロシア語のコースもしっかりしていないので、大学には行かないで、家庭教師で勉強した」という反応ばかりだった。モスクワ大学を表面的にしか見ていなかったのである。

サーシャとの出会いは、私にとって大きな発見だった。大使館には外交官の卵たちの相談相手兼監視役の研修指導官という上司がいる。私の時代にはロシア語の達人で、実務能力にも優れた専門家が研修指導官だった。

既に役所の釜《かま》のメシを二年半食べている私は、官僚としての狡《ずる》さを身に付けていたので、正式の相談という形をとらずに、ウオトカが入ったときに近況として、哲学部のゼミに出て、面白い話を聞いたという話をした。研修指導官が顔を曇らせた。

「普段だったらいいんだけどなぁ。今は日ソ関係が緊張しているからな。ロシア人とは付き合わないというのが大使館の方針なんだ。何かトラブルに巻き込まれると、今の大使館の上は研修生を守ってくれないからね」

「しかし、ロシア人と付き合わないで、どうしてロシア事情を知ることができるでしょうか。それにウポデカ（外交団世話部）を通じて、ロシア語の家庭教師を申し込んでいるんですけど、返事が全然ありません」

私は九月初めに外交団世話部に家庭教師を申し込んだのだが、十月になっても返事が来ないままだった。大使館から督促したのだが、返事もない。前に述べたオデッサのスパイ事件後、日ソ関係は「不信のスパイラル」に入っており、ソ連側は在モスクワ日本大使館に組織的な嫌がらせをしていたのである。

私は研修指導官に言った。

「要するに全てはオウン・リスク（自己責任）でやれということですね」

「そうじゃない。この国では何かあると自己責任ではとどまらなくなる。大使館の立場としては『余計なことは何もするな』ということだ。ソ連側は研修生を東大に派遣したがっているのだが、日本側が拒否して、東京外国語大学に窓口を限定している」

「どうしてですか」

「東大でソ連側が工作活動をすると面倒だからだ。東京外大ではソ連人学生も外国人用日本語コース以外、受講できないように縛りがかかっている」

「ソ連側は何も言ってこないのですか」

「特に言ってこない。ソ連人の研修生は、モスクワで日本語を相当仕込んでから赴任するので、実際には東京の大使館で仕事をしている。まあ闇《やみ》勤務なのだが、その辺は目をつぶっている。佐藤がモスクワ大学で派手に活動すると、嫌がらせでソ連側が同じ便宜を東京で求めてくるかもしれない。だから『余計なことはするな』というのが大使館の公式の立場だ。ただし、あなたがモスクワ大学で何をしているかについて僕は特に知りたいと思わない。わかるかな。要はうまくやることだ」

「わかりました」

私は研修指導官が黙認のサインを出したと受け止めた。ソ連社会と同じような二重構造、二重基準が日本大使館の中にもあることを知り、不思議な気持ちがした。

アルコールへの驚くべき執念

それから私は頻繁にサーシャと会うようになった。当時、ゴルバチョフ・ソ連共産党書記長は「反アルコール・キャンペーン」を精力的に繰り広げていた。朝から飲んだくれている労働者が多いので、酒の販売を午後三時以降にし、レストランでも午後五時まで酒が出なくなった。酒屋でウオトカが売り出されることは稀《まれ》になった。ワインを求めて午前十一時頃から長蛇の列ができている。四時間待って、やっとワインが一本買えるのだ。もっともワインは一時間くらいで売り切れてしまうので、午前中に行列につかないと酒を手にすることができない。

市内のビアホールもほとんど閉じられてしまった。モスクワ市役所の前の坂道を降りたところに「ヤーマ（穴蔵）」と通称される老舗《しにせ》ビアホールがあったが、ここの行列も平均三、四時間とのことだった。

ウオトカなくしてロシア人は生きていくことができない。当局が節酒キャンペーンを展開したのに対し、市民は自衛策をとるようになった。

まず食料品店から砂糖とイースト菌が消えた。砂糖を溶かして、それにイースト菌を入れて醱酵《はっこう》させ、密造酒（サマゴン）を作るのだ。一般的なウオトカのアルコール濃度は四十度だが、密造酒は六十から七十度にもなる。ちょっと臭《にお》いが鼻につくが、慣れるとこれがなかなか美味《おい》しい。

街中から砂糖が消えると、次はジャムとジュース類が消えた。同じく密造酒を作るのだ。さらにジャムやジュースも消えると果物の缶詰、瓶詰も消えた。そして歯磨き粉まで消えた。歯磨き粉でも酒をつくることができるのだ。この辺までは人体に悪影響がない。

しかし、これらの材料も消えてしまうと、ロシア人たちはとてつもないことを始めた。街の化粧品店からオーデコロンが消えたのだ。半ばアル中の人たちがオーデコロンを飲み始めた。それで死者まで出た。さらに驚いたことに靴クリームが街から消えた。アル中の連中が靴クリームを食うようになったという。

どうやって靴クリームを食べるのかサーシャに聞いてみた。

「黒パンの上に靴クリームを山盛りにする。それで半日そのままにしておく。パンの中に靴クリームのアルコールがよく染《し》みるので、クリームがのった上の方のパンを切って捨てて残りを食べる。これはなかなか酔う」

「サーシャは試したことがあるのか」

「あるよ」

「大丈夫か」

「死にはしないよ」

ロシア人のアルコールに対する執念が尋常でないことを思い知った。今になって考えてみると、この反アルコール・キャンペーンでゴルバチョフは一般の勤労大衆から徹底的に憎まれるようになったのである。

ソ連時代、モスクワ駐在の外交官は格安でウオトカを買うことができた。ボリシャヤ・グルジンスカヤ通りに「ベリョースカ（白樺《しらかば》）」という外交官専用店があり、ここでは外交官専用の金券でしか買い物ができない。

ソ連外国貿易銀行が発行する金券はルーブルで表示されているが、ドルよりも強い。この金券は外交官しか購入できない。街の酒屋で、それこそ稀な機会にしか手に入れることができず、一本七ルーブル（約一千七百五十円）するウオトカが、「ベリョースカ」では、わずか一ルーブル二十コペイク（約三百円）で販売している。しかも購入本数の制限もない。モスクワでは、冬季用のフロントガラスのウオッシャー液がなかなか手に入らないので、ウオトカで代用するという贅沢《ぜいたく》をしている外交官も多かった。

もちろん、外交官免税で販売しているアルコール類を転売することは禁止されている。ただし、ウオトカやコニャックを外交官がロシア人に与えても、対価としてカネやモノを受け取らなければ問題視されることはまずない。

ゴルバチョフの反アルコール・キャンペーンのおかげで、ウオトカの価値が高まった。配管工や電気工にしても、労働の対価として支払われるルーブル紙幣よりも、「友情の徴《しるし》」としてのウオトカを好む。そこでウオトカなど全く飲まない外交官の家でも、最高級ブランドのウオトカ「スタリチュナヤ（首都）」が箱詰めにされているのが常態になった。

モスクワ大学の学生たちも深刻なウオトカ不足に悩んでいたので、私はウオトカ調達係になった。学生寮の酒盛りにも頻繁に招かれるようになった。サーシャの女友だちの一人が料理が上手なので、それをつまみに、十五畳くらいの五人部屋に十数名の学生が集まり、政治、哲学、文学の話をしながら酒を飲む。

ここで気づいたのだが、ロシアのインテリは酒を飲みながら人相見をする。要するに素面《しらふ》のときと酔ったときで言うことがブレないかよく観察しているのだ。

ロシアでは、ウオトカやコニャックなどの強い酒をちびちび飲むのはルール違反だ。必ず一気に飲み干さなければいけない。そして乾杯の前には必ず口上を述べなくてはならない。こうして気の利《き》いたテーブルスピーチに慣れていくのだ。

ウオトカをショットグラスに注ぐ。ロシアでも手酌は厳禁だ。必ず誰かに注いでもらう。そのときグラスをテーブルの上に置いておかなくてはならない。そうしないと幸せが逃げるという。日本人は、酌のときにグラスを持ち上げる癖があるので、これが日本人慣れしていないロシア人にはとても奇異に映る。

それから、ウオトカをジュース、水、ソーダで割ることはまずない。外国人が水割りやソーダ割りを作るのを見ると、多くのロシア人は「度数の低いアルコールを作るのは簡単なんだぜ。なんで苦労して作ったウオトカをわざわざ薄めるんだ」と顔をしかめた。

ソ連時代、オレンジは高級品で、オレンジジュースも高かった。ウオトカをオレンジジュースで割ってスクリュードライバーを作っていると、ロシア人はニヤニヤ笑いながらこう言う。

「おい、お姉ちゃんでも騙《だま》して、一発やろうとしているのか。卑怯《ひきょう》な手を使うなよ。正面からきちんと口説け」

そう言われてみれば、モスクワ出身の女性やインテリ女性はウオトカをあまり好まない。その代わりシャンペンをよく飲む。当時、カクテルは、外国人用ホテルに出入りする売春婦用の飲み物という印象が強かった。スクリュードライバーは「狼男《おおかみおとこ》」の小道具と見られているので、せっかく作っても、女子学生は口をつけない。

そこで私は「ベリョースカ」から大量のシャンペンや甘口のグルジア赤ワインも調達して、学生寮に参上するようにした。

サーシャの周辺には、崇拝者の女子学生が何人もいる。その内の一人がカスピ海に面したアゼルバイジャン共産党幹部の娘なので、キャビアも山盛りだ。

キャビアはチョウザメの卵だ。チョウザメには小柄なセブリューガ、中くらいのアセトリーナ、大きなベルーガがあり、キャビアもこの順番で卵が大きくなる。ベルーガがいちばん高く、茶匙《ちゃさじ》一杯で四千円くらいする。アセトリーナは三千円、セブリューガは二千円くらいだが、味はアセトリーナがいちばんよい。

ちなみに本物のキャビアは黒色ではない。セブリューガ、ベルーガが濃い灰色、アセトリーナは少し緑がかった若布《わかめ》のような色をしている。学生食堂のスープ皿に、時価で計算すれば五十万円くらいになるアセトリーナのキャビアが山盛りになっている。

私はサーシャの女友だちの部屋で、何度もたらふくキャビアを食べた。ウオトカを飲みながら、サーシャが十九世紀から二十世紀初頭のロシア思想史の系譜、さらにソ連で公式には認められていない宗教思想や観念論思想が、インテリの中でどのように根づいているかについて早口で話していく。

取り巻きの学生がいろいろ質問をし、サーシャがそれに答えていく。

そして、最後は「腐りきった共産主義体制を一日も早く叩《たた》き潰《つぶ》し、ロシアの伝統的価値を復活させるのだ」という結論になるのだった。

私は、欧米や日本でのロシア思想研究や社会思想研究について話をする。哲学部の学生たちは私の話を聞いて、「ポーランドの影響が強い感じがするな。ポーランドの知的風土はロシアと全く異なって、結構、マックス・ウエーバーやカール・マンハイムの社会学の影響が強いからな」などと実に的確なコメントをする。

大学のゼミよりも学生寮での飲み会の方がずっと真剣な研究の場なのである。もっともそのような経験を私はその後学者のアパートの三畳足らずの台所や、郊外の別荘（ダーチャ）で何度も経験することになる。学生、社会人、学者を問わず、知識人（インテリゲンチヤ）という人々は、知と本気で取り組んでいるということを私はロシアで実感した。

レーニンは、インテリゲンチヤは一つの階級であると規定したが、この認識は正しいのだ。

最初、ショットグラスで乾杯を重ねているのだが、だいたい十五、六回乾杯を終えると一人あたり五〇ccのウオトカを一本飲んだことになる。この辺でやめておかないとピッチが急に上がる。そして必ず飲み比べということになる。コップにウオトカを二〇〇グラム（ちなみにロシアではウオトカを重さで量る）入れて、一気飲みする。そのときはだいたい右腕をお互いに絡《から》ませ、グラスを干す。これをブンデルシャフト（友人の乾杯）という。普通、ロシア語で口上の後に続く乾杯の音頭《おんど》は「ナ・ズダロビィエ（健康のために）」だが、このときは「ダ・ドゥナー（底まであけろ）」と言う。文字通り乾杯だ。

そしてその後、男同士であっても右頰、左頰、唇にキスをする。父なる神、子なる神、聖霊なる神に三回キスするのだという。この儀式が済むと、ロシア人の間では酒飲み友だちと認知される。

私は幸い体質的に二、三本ならばウオトカを飲んでもそれほど体調を崩さないが、あまりアルコールの強くない日本人はブンデルシャフトをすると気絶してしまうことがある。ロシア勤務を経験した外交官や新聞記者で酒は飲むのだが「ウオトカだけはどうも……」と言って断る人がよくいるが、それはウオトカで何度か酷《ひど》い目に遭って、身体《からだ》がウオトカを受け付けなくなっているのだ。

週十六回のセックス

サーシャとは何度もへべれけになるまで飲んだ。サーシャは酒に強く、ウオトカ三本くらいまでは乱れない。酔っぱらうとお互いに素面ではしない話もする。

「日本人は週に何回セックスをするんだい」

「そうだな、相性にもよるけれど、週二、三回というところだろう」

「それでよく相手が文句を言わないな」

「ロシア人は何回するんだい」

「人によるな」

そこに白ロシア（現在のベラルーシ共和国）共産党幹部の娘が割り込んでくる。

「理想は週十六回よ」

「十六回、どういう計算なんだい」

「朝、仕事に行く前に一回、夜一回、これで週十四回になるでしょう。土日はさらに昼一回が加わるから、週十六回になるでしょう」

サーシャは神妙な顔をして聞いている。

この十六回という話を私はその後何度も聞いた。ソ連時代、ポルノが厳禁され、ヌード写真が掲載された雑誌の持ち込みすらできなかった。裏返して言うならば、「プレイボーイ」や「ペントハウス」をモスクワにうまく持ち込めば、末端価格三百ルーブル

（約七万五千円）くらいで捌《さば》くことができた。労働者の平均月収が二百五十ルーブル（約六万二千五百円）くらいなので結構いい商売になる。

少し機転の働く者はヌード写真を自分のカメラで撮り、白黒写真にして密売する。ただし、この種の商売が摘発されると社会秩序紊乱《ぶんらん》、投機行為、資本主義幇助《ほうじょ》といった罪状がつけられ、シベリアの矯正収容所に四、五年送られる危険があるのでハイリスク・ハイリターン・ビジネスだ。

もっとも、胸やアンダーヘアが写っていない水着の写真ならば、「芸術作品」として大目に見られる。そこでわが日本大使館は知恵を出して、日本の生命保険会社と掛け合って、生保レディーが配っている名刺大の水着カレンダーを大量に入手して、モスクワ生活を円滑にする小道具にしていた。ちょっとした交通違反の揉《も》み消しくらいは、このカレンダーで十分可能だった。

ソ連時代の運転免許証は冊子型だったので、あらかじめ免許証に水着カレンダーをはさんでおく。交通警官に停車を命じられると、黙って免許証を渡す。交通警官はカレンダーだけを抜き取って免許証を返し、おとがめなしで、警官も大使館員もハッピーになるというからくりだ。

しかし、このような厳しい公《おおやけ》の倫理とはかけ離れた生活をロシア人（正確に言うとソ連人全《すべ》て）は送っていた。ソ連にラブホテルは全くなかったし、普通のホテルに泊まる場合もパスポート（ソ連人は全員国内パスポートをもっている）の提示が義務づけられているので、痕跡《こんせき》が残ってしまう。しかし、しけ込む場所に困ることはない。公園のベンチに腰掛けている老夫婦に近寄り、小金を握らせるとアパートの鍵《かぎ》を貸してくれる。三ルーブル（約七百五十円）も握らせれば十分だ。

それにしても、週十六回というノルマをこなし続けるのはたいへんだ。ロシア娘は十七、八歳のときは誰でもとてもきれいだが、三十代になると体重も三桁《けた》、つまり一〇〇キロを超える者が少なくない。どうしてそんなことが起きるのか。理由は簡単だ。

若い頃は、カロリー計算をして体重をきちんとコントロールしていたのが、あるタイミングで面倒になり、欲望のおもむくままに食べるようになるからだ。科学アカデミーのある学者が「人間の欲望の総量は一定なので、性欲が満たされないと食欲に向かう」と言っていたが、その要素も確かにあると思う。

もっとも、ロシアの家庭用体重計は一二〇キロまで目盛がついているので、この範囲でおさまれば、極度の肥満とは言えない。さらに肥《ふと》って、一二〇キロを超える人はどうやって体重を量るのかというと、二つの体重計にそれぞれ片足ずつ乗っけて、合算するのだ。

結婚して二、三年もすれば、だいたい男の方は週十六回のノルマをこなしきれなくなる。それでも毎日一回、手抜きをせずにセックスをしていれば、パートナーも大目に見てくれるが、それがこなせなくなると恋人や妻には浮気をする権利が生まれる。

ロシアでは夏休みを二カ月とる。夫婦は通常異なる職場で働いているので、休みの時期も異なる。このときに黒海沿岸のソチやヤルタをはじめとする保養地のホテル（ロシア語ではサナトリウムというが療養所ではない）でセックスパートナーを見つけて、思い切り充電してくるのだ。

ロシアでは「川を三つ越えれば、誰も浮気をとがめない」と言う。「旅の恥はかきすて」ということだ。二カ月間、充電すれば、モスクワに戻ってから十カ月間セックスレス生活が続いても耐えられる。保養地での浮気は夫婦の間でも黙認されるという文化だ。ただし、保養地での関係をモスクワに持ち込むと血の雨が降る。住所や電話番号を教えずに、「避暑地のセックス」を楽しむというのが正しい作法だ。

ブレジネフ時代、「サモツヴェーティ（宝石）」というソビエト・ロックバンドが歌う「私の住所はソ連邦」という歌が流行《はや》ったことがある。第二シベリア鉄道建設に向かう青年をモデルにした歌で、「私の住所は、建物の番号でもなければ通りでもない。私の住所はソ連邦だ」というリフレインを何度も叫ぶ歌だが、実は「私の住所はソ連邦」というのは、避暑地でいいことをした女性に住所を尋ねられたとき、逃げ口上で男が使う言葉なのである。ソ連の二重構造は、ポップスの世界も例外ではない。

サーシャの私生活は実に奇妙なものだった。寮の六人部屋をうまく調達して、五人の女子学生と同棲《どうせい》生活をしているようだ。サーシャは、適宜、みんなとセックスもしているようだけれど、乱交パーティーをするわけでもなければ、いわゆるセックス系カルトとも雰囲気が違う。女子学生たちもしっかりした自我をもっており、サーシャを尊敬してはいるが、無条件に崇拝しているわけではない。

また、この部屋では難解な哲学書、思想書の研究会がいつも行なわれていた。ベルジャーエフ、ブルガーコフ、フランク、イリインといった当時禁書になっていた反共系哲学者の本についてお互いに感想を述べ合ったり、論文を書いて批評し合うのだ。サーシャの「講義」は大学院の演習よりも高いレベルだった。それを最側近の五人の女子学生を常連とする十人くらいの学生が熱心に聞いている。その後、白熱した討論が始まるのである。

サーシャ以外の学生の出自は皆ひじょうによい。共産党幹部の子弟で、彼／彼女らには将来ソ連体制エリートの座が保証されているのであるが、反体制思想について熱心に勉強している。ある女子学生が「私のアパートは日本大使館のすぐそばよ」と言うので、少し話を聞いていると、大使館から三分くらいの並木道沿いにある共産党幹部の特別住宅に住んでいることがわかった。父親はフロロフ「プラウダ」（ソ連共産党中央委員会機関紙）編集長だった。

「サーシャはクリスチャンだろう」

「そうだ」

「ロシア正教では、結婚は神によって定められた特別の秩序（サクラメント）だよな。一夫一婦制も厳守だよな」

「そうだ」

「いったいどうするつもりだ。誰と結婚するのか。それともブレヒトみたいな独自の共同体をつくるか」

ブレヒトとはドイツの劇作家で、ナチスに追われてアメリカに亡命したが、戦後、東ドイツに帰国した。常に数名の女性とともに共同生活をしていた。

白ロシア共産党幹部の娘が言う。

「サーシャはブレヒトにはなれないの。だってもう結婚しているんだもの」

「エッ、誰と結婚しているんだい。君とかい」

「残念ながら違うわ。サーシャの奥さんはリガにいるの。だから私たちは誰もサーシャを独り占めにすることはできないの」

「サーシャ、奥さんは、この生活についてどう言っているんだい」

「何も言わない。何も話していないから」

「それで済むのか」

「それで済ませる。洗いざらい話すのは誠意でもなければ愛情でもない」

わかったような、わからないような答えだが、これ以上続けても酒がまずくなるので、私は話題を変えた。

対話の意味

サーシャをはじめとする学生たちとの付き合いとは別に私は科学的無神論学科の教官室をときどき訪れ、ヤブロコフ教授やポポフ専任講師の指導を受けるようになった。ポポフ先生はマルクス主義者とキリスト教徒との対話プログラムに関心をもっており、科学的無神論学科のゼミにモスクワ神学大学の教授やロシア正教会の神父たちを招いて、知的対話を行なおうとしていた。

私の大学時代の専門は、一九六〇年代のチェコスロバキアにおけるマルクス主義者とキリスト教徒の対話だった。この対話が六八年「プラハの春」の知的土壌を作ったのだが、それはソ連軍を中心とするワルシャワ条約五カ国軍の侵攻により潰されてしまった。そのため、この対話についてモスクワ大学の学者たちは情報をほとんどもっていなかった。

チェコ人たちが「人間とは何か」ということを切り口にするならば、神を信じていようがいまいが、対話によって共通の理解が見いだせると考えていたことを話すと、ポポフ先生たちは強い関心を示した。

「ミーシャ、ゴルバチョフがモスクワ大学時代、寮で誰と同室だったか知っているか」

「知りません」

「ムリナーシュだよ」

「えっ、『プラハの春』の立役者で、今はオーストリアに亡命しているムリナーシュですか」

「そうだよ。僕はゴルバチョフのペレストロイカは、『プラハの春』の『人間の顔をした社会主義』にかなり近いと思っているんだ。人間性を取り戻すためには宗教の遺産をきちんと継承することが必要なんだよ。ロシアの場合は、ロシア正教の伝統からわれわれの人間性を取り戻す契機を摑《つか》むことができると思う」

私は、このポポフ先生の考えは面白いと思った。

しかし、サーシャは全く関心を示さなかった。

「対話なんかいらないよ。共産主義者はわれわれに触ってこなければよい。それだけだ。

あいつらと対話は不能だ。奴《やつ》らが何かを信じているならば、勝手にその信念に基づいて行動すればよいだけのことだ。僕たちキリスト教徒はキリスト教徒の道を行く。共産党が教会に対話を求めて来るというのは、それが共産党の利益になるからだ。奴らの利益になることには一切協力する必要がない。共産党とキリスト教会には何の利害の一致もない、という大原則から出発すべきだ」

「サーシャ、共産主義者との対話には意味がないという考えはわかった。それじゃ、ロシア正教徒とカトリック教徒、さらに僕たちプロテスタント教徒との対話には意味があると考えるかい」

「共産党を利する政治対話よりは意味があるが、教派間の対話から何か生産的なものが生まれるというのは幻想だよ。ロシア正教はそれ自体として閉ざされた完結した世界なんだ。ロシアだってそうだ。イスラーム世界だって、カトリック世界だって閉ざされた完結した世界だと思うよ。それを一つにしようと考えるのはおかしいと思う。僕がミーシャと話をすることには大きな意味があるさ。しかし、ミーシャも実は閉ざされて完結した世界をもっている。それが文化だ。その世界は僕といくら話をしても変わらないと思う」

「そうかな。僕は閉ざされた完結した世界観の持ち主とは思っていないけどな。サーシャ、人は変わるし、教派間や異なるイデオロギーをもつ人たちとの対話にも意味があると思うよ」

「僕はそう思わない。この話はお互いに見解が違うということを確認して終わりにしないか」

「わかった」

あるときポポフ先生に、「サーシャは、共産主義者とキリスト教徒の対話が意味がないと考えている」という話をした。

ポポフ先生はあごひげをなでながらしばらく黙り、私の瞳《ひとみ》を見つめて言った。

「サーシャとは気が合うか」

「合います」

「僕はサーシャのことをひじょうに心配している」

「政治的に体制の枠組みを外れてしまうことについて、心配しているのですか」

「その点は大丈夫だ。あいつは頭がいい。世の中の風を読むことができるので、無茶はしない。僕が心配しているのは別のことだ」

「何ですか」

「ミーシャ、君は学生時代にいくつ語学を勉強したか」

「大学では英語、ドイツ語とロシア語、それから専門との関係では独学でチェコ語を勉強しました」

「古典語はやったか」

「ラテン語と古典ギリシア語、コイネー・ギリシア語（新約聖書のギリシア語）は一生懸命勉強しました。ヘブライ語も一応勉強しましたが、辞書と注解書がなくては旧約聖書をきちんと読むことはできません。（旧約聖書の一部文献が書かれている）アラム語は、残念ながら勉強する機会がありませんでした」

「そう、そこなんだ。サーシャが優れた能力をもっていることは誰もが認めている。記憶力もいいし、集中力があるので、成績もよい。しかし、問題意識が先行しすぎているため、大学で学ばなくてはならない外国語や古典語や論理学を疎《おろそ》かにしている。大学時代に将来役に立つ道具を身に付ける必要性をサーシャにあなたからも説得してくれないか。哲学部には数年に一度、サーシャのような異能の学生が現れるが、ほとんどが中退してしまう」

ポポフ先生の予感は的中することになる。結局、サーシャはモスクワ大学を中退し、高等教育を修了しないで社会に飛び出すことになったのである。「大学でしかできない勉強もある。特に外国語、古典語の知識をつけるのにモスクワ大学は最適の場だ」と私は説得したのだが、サーシャは聞き入れなかった。

サーシャが中退した背景には、学生運動絡《がら》みのちょっとした事件があった。

召集令状

一九八七年十一月十一日の午後のことだった。それはどんよりと曇った日で、私はいつものようにトロリーバスに乗って大学に向かった。

大学に着くと、人文系学部棟の前に黒山の人だかりがしている。ハンドマイクを持ち出して、学生が交替で演説をしていたのである。

早口の上に音が割れているので、よく聞き取れない。横にいる学生に聞いてみると、興奮した様子でこうまくし立てた。

「エリツィンがモスクワ市共産党第一書記から解任された。これでペレストロイカも終わりになる。冬の時代が来る」

この日、急進改革派の旗頭と目されていたエリツィンが、リガチョフら守旧派の巻き返しにあって失脚してしまったのである。科学的無神論学科の事務室に行ったが、事務員に「今日は学生集会で授業は全て中止」と言われた。

後で知ったのだが、この日、モスクワ大学では三千人以上の学生が自然発生的に集まり、エリツィン解任に反対するストライキを決議したのだ。モスクワ大学でこのような自然発生的な学生集会が行なわれたのは、前代未聞《みもん》の出来事だった。

ＫＧＢは学生たちのこの動きを危険視した。翌日、学校に行くと人文系学部棟の入り口に制服の民警が立ち、学生証の提示を求めていた。翌週には、これまで四カ所から入ることができた人文系学部棟の入り口が二カ所に制限された。そして、そこには改札口のようなチェックポイントが設けられ、制服警官が立つようになった。

十一月末、研修指導官から食事に誘われたときに、モスクワ大学で見聞したことを話した。研修指導官は怒気をはらんだ声でこう言った。

「佐藤、どうしてすぐに大使館に来て報告しないんだ。ナマ情報として公電（暗号電報）で東京に報告したのに。何をボケーッとしているんだ。これから何か少しでも変わったことがあったらすぐに報告しろ」

指導を受けながら、「僕は留学生じゃないんだ。学生気分に戻ったらダメだ」と自分に言い聞かせた。

エリツィン解任後、モスクワ大学の雰囲気も大きく変化した。その翌週、科学的無神論学科のゼミで共産主義者とロシア正教会関係者の第二回対話プログラムが行なわれることが告知されていたので、私は演習室に行ったが鍵《かぎ》がかかっている。しかも、誰も集まってこない。

私は仕方なく教官室に行き、そこに居たポポフ先生に、「何があったのですか」と尋ねた。

「大学の共産党委員会から、宗教者との対話プログラムは当面行なうなとの指示があった。仕方がない」

「延期ですか、中止ですか」

「延期だ」

「どれくらいの期間ですか」

「わからない」

　ポポフ先生の口数も少なく、私と話すこと自体を避けようとしているのが、ひしひしと感じられた。私は「対話プログラムが再開されるときには電話をください」と言い残し、ていねいにお辞儀をしてから、その場を後にした。

　結局、私がモスクワ大学で研修している間にはポポフ先生から電話はかかってこなかった。次にポポフ先生から連絡があったのは、四年後の九一年十二月にソ連が崩壊してから約一カ月経《た》った九二年一月末のことだった。先生は大使館に電話をかけてきたのだった。

「サトウマサルさんですか。覚えておられますか。モスクワ大学哲学部助教授のアレクサンドル・セルゲービッチ・ポポフです。実は、サトウさんにモスクワ大学哲学部の客員講師をご依頼したいのですが、一度、お時間を作ってもらえませんか」

私はその申し出を快諾し、宗教史宗教哲学科と改称された元科学的無神論学科で、プロテスタント神学を講義することになった。

このときポポフ先生から八七年十一月以降の締め付けの過程で、ヤブロコフ教授をはじめとする教授陣は、日本の外交官を科学的無神論学科に自由に出入りさせたことで、KGBから相当締め上げられたという、以前大学院生から聞いた話を再確認した。ポポフ先生は「あなたと気まずい形で別れてしまい、ずっと気にしていた」と言ってくれた。私はその話を聞きながら、四年以上も私のことを覚えていてくれたポポフ先生の友情に感謝した。

こういう事情で、私は科学的無神論学科にも出入りしなくなったが、サーシャたちとは学生寮や反体制派活動家のアパートやアジト、さらに高級レストランで頻繁に会うようになった。

八七年十一月のエリツィン解任後の息苦しい雰囲気も二カ月くらいで消え、「グラースノスチ（公開制＝言論の自由）」、「歴史の見直し」という言葉がマスコミで躍るようになった。

八八年三月のことだったと記憶している。ディーマから突然電話がかかってきた。「頼みがあるから至急会いたい」という話だった。私たちは人文系学部棟二階のカフェで待ち合わせた。ディーマが一人だけでやってきた。

「サーシャはどうしたんだい」

「リガに帰っている」

ここまでやりとりをしたところで、ディーマは「ここでは話ができない。歩きながら話をしよう」と言って、私をモスクワ大学横の並木道に誘った。

ロシア人は盗聴や尾行を警戒するときは歩きながら話をする。ソ連崩壊後の現在もこの文化は残っており、「歩きながら話そう」というのは、「重要な話がある」というのと同義だ。

「実は召集令状が来た。二週間後には軍隊に出頭しなくてはならない」

「どうして。学生は兵役免除じゃないか」

「取り消された。僕だけじゃない。エリツィン解任に反対する集会にかかわっていた学生は全員、兵役免除が取り消されたんだ」

「サーシャはどうした」

「リガに逃げている」

「サーシャに召集令状は出ているのか」

「知らない」

「リガに逃げても兵役拒否で逮捕されるんじゃないか」

「リガに知り合いの精神科医がいるから、いざとなったら頼み込んで精神病院に入院すると言っていた」

「ディーマはどうするんだ。アフガニスタンに送られるんじゃないか。何とか逃げないと」

当時、ソ連のアフガニスタン侵攻は泥沼化しており、多くの青年が死傷していた。

「僕の場合、親父《おやじ》が共産党中央委員会に勤務しているから、兵役を拒否すると親父が職場を失う」

「お父さんに頼んでみろ。『息子は悪い友だちに騙《だま》されて集会に参加したので、兵役免除を取り消さないでください』と軍に頼み込めないのか」

「そういう理不尽なお願いはしたくない。ただアフガニスタンには行きたくない。あれは侵略戦争だ。人殺しはしたくない」

「とにかくコネを使ってアフガニスタンだけには行かないようにしろ。妙な格好をつけるな。恋人だっているだろう」

「恋人はいない。ところで、頼みはウオトカの調達だ。明後日、学生運動仲間が集まって気絶するまで飲む」

「わかった。何本だ」

「四十本頼んでもいいか。カネは払う」

「カネは要らない。ウオトカ四十本以外にコニャックやシャンペン、ワインは用意しなくていいか」

「シャンペンとワインは手に入る。可能ならばコニャックも十本頼む」

「わかった」

「それから申し訳ないんだけれど、明後日のパーティーにミーシャを呼ぶことはできない。迷惑をかけたくない」

「それは構わない。ところで、ウオトカとコニャックをいつどこで受け渡すか。酒瓶を五十本もゴトゴト動かしていて、闇屋《やみや》と間違われてパクられると面倒だ」

「寮の裏の駐車場でこちらも車を用意しておく。今晩九時ちょうどに受け渡しをしよう」

「わかった」

私は、外交官専用「ベリョースカ」に行ってウオトカ五十本、コニャック十五本を買った。ディーマに言われたのよりも、ちょっと色をつけた。私は自家用車をもっていなかったので、白タクを拾って待ち合わせの場所に行った。

ディーマは、涙ぐんで私の頬にキスをした。別れ際《ぎわ》にディーマは、プロテスタント神学に関して言及した論文が収録されている無神論研究書を二冊手渡し、「こんな本しかなくて申し訳ない。もう会えないかもしれないけれど、成功を祈る」と言った。

一年半後、兵役から戻って復学したディーマを私はレストランに誘って話を聞いた。ディーマの父親が軍に手を回したようで、配置先は東シベリアのバイカル湖東、ウラン・ウデ（ブリヤート共和国の首都）近郊の陸軍部隊だった。最初の二カ月間の訓練が終わった後は、図書室勤務になり、本の整理と目録作りで、読書三昧《ざんまい》の生活をしていたということだ。エリツィン解任抗議デモ絡みで兵役免除が取り消しになったモスクワ大学生のなかでアフガニスタンに送られた者は、結局一人もいなかったそうだ。

ディーマは、あまり多くを語らなかったが、軍隊生活を通じ、非インテリの若者たちの考えや生活様式を知って、政治には完全に関心を失ったようだった。その頃、サーシャはモスクワの改革派政治家に人脈を拡大し活躍していたが、ディーマは「いっさい連絡を取ってない」と言った。

その後、ディーマから恋人ができて結婚する予定だという連絡があったので、婚約者を交えてモスクワ中心部マヤコフスキー広場にある中華レストラン「ペキン」で夕食会をしたことがあった。そのときディーマは、「政治にも学問にももはや関心がないので、一年後に大学を卒業したら、役所の事務職につき、家族と友人をたいせつにする小さな世界で生きていきたい」と語っていたことが印象に残っている。

ソ連を内側からぶっ壊す

ウオトカをディーマに渡してから二週間くらいして、モスクワ大学アジア・アフリカ諸国研究所の五年生が会いたいと連絡してきた。アジア・アフリカ諸国研究所の日本語学科は、ソ連における日本研究要員を育成する最難関のエリート教育機関だ。その学生はノーボスチ通信社に就職が内定しているということだった。

ノーボスチ通信社は、ソ連の「民間通信社」という触れ込みで、商業ベースで外国のマスコミと仕事をする特殊な通信社だが、実際はソ連の情報操作工作の拠点となっていた。もっとも、ソ連崩壊後は、「ロシア・ノーボスチ通信社」に改組され、現在は正真正銘の民間通信社になっている。

彼は、モスクワ大学と創価大学の協定により日本に一年間留学したことがあるので、日本語も達者で、モスクワ大学に留学している創価大学関係者と親しくしていた。父親はモスクワ大学教授で、ソ連哲学界の重鎮でもあった。

学生寮で偶然顔見知りとなったのだが、人間的にソリが合わないので、私はそれまで距離を置いていた。「ノメンクラトゥーラ（特権階層）に属している」ということを自慢し、モスクワ大学にも自家用車で通学していた。当時、モスクワ大学に自家用車で通学する学生は十人に満たなかったと思うが、その一人だった。

私は、この学生とレーニン大通りとロモノーソフ大通りが交差する角にある喫茶店で待ち合わせた。なぜかこの喫茶店には本物のコーヒーがいつもある。

「マサルさん。この前、モスクワ大学の学生にウオトカを販売したんじゃないか。KGBが問題にしている」

「俺は物品の販売なんかしないぜ。君にもウイスキーや日本酒をだいぶあげたよな。俺がカネをとったことがあったかな。この国では酒を知り合いにプレゼントすると、何か法に触れるのかな。その時は君も一蓮托生《いちれんたくしよう》だな」

「まあ、そう怒るなよ。変な話が聞こえてきたので、僕は友だちとして忠告しているんだ」

「忠告には感謝する」

「それから高級レストランに学生たちを連れていくのもやめた方がいい。僕のような『ノメンクラトゥーラ』層と付き合っている分には、KGBから文句をつけられてもはね除《の》けることができる。しかし、地方出身の連中と付き合ってもいいことなんか何もないぜ。少し派手に動きすぎているんじゃないか。大学当局もマサルさんの活動を問題視し始めているぜ」

「友人としての忠告には感謝するよ。君は誰に頼まれてこの忠告を俺に伝えに来たんだい」

「誤解しないでくれ。誰に頼まれたわけでもないよ。たまたまマサルさんの話を耳にしたので、心配になって伝えにきたんだ」

「ふうん」

この学生がKGBに言われて、私にアプローチしてきたことはまず間違いない。同時に「友人としての忠告」というのもまるっきり嘘《うそ》ではないだろう。

その数日後、言語学部のロシア語の授業の後、担任の教師に呼び止められた。

「あなたは、わが国が現在精力的に『酩酊《めいてい》との闘争』に取り組んでいることはご存知ですね。大学にウオトカを持ち込み、ソ連社会を内部から腐敗させようとしているのですか」

「何のことですか。身に覚えが全くありません」

その先、この教師は追い打ちをかけてこなかった。私は、行動をかなり細かく観察されていることを感じ、背筋が寒くなった。

一九八八年三月末にサーシャから連絡があった。ロシアでは大学の学期は三月から始まるのであるが、サーシャが大学に顔を出さないので、私たちはとても心配していた。ディーマは軍隊に行ってしまったし、サーシャ抜きにサーシャの女友だちたちと会うのも気がひける。ポポフ先生もよそよそしくなったので、私の足は自然とモスクワ大学から遠のくようになった。その代わり毎日、クレムリン横のレーニン図書館（現ロシア国立中央図書館）に通い、帝政ロシア末期の神学書を読み漁《あさ》っていた。

サーシャとはレーニン図書館の前で待ち合わせた。私たちは「赤の広場」の方へ向かって並んで歩き始めた。前に述べたように、ソ連時代は盗聴を警戒して、ロシア人は歩きながら重要な話をする。

「サーシャ、心配していたんだぞ。召集令状は来なかったか」

「大丈夫だった。僕は偏頭痛もちなので軍隊には取られない」

「もちろん仮病だろう。偏頭痛なんて理由でよく逃れることができたな」

「仮病じゃなくて、ほんとうに偏頭痛もちなんだ。それで定期的に精神科に通っている。医者からもきちんと診断書をとった」

「モスクワでは通用しないやり方だな」

「モスクワとリガでは基準が違う。リガは沿バルト軍管区司令部があるだろう。ラトビアには軍人が多い。だから外国人の訪問を厳しく制限しているし、それから外国人に対する監視が厳しい。だから逆にソ連人に対する監視は緩いんだ。モスクワでは検閲に通らない記事もリガでは大丈夫だ。偏頭痛を理由に『軍隊で錯乱状態になるかもしれない』という診断書を書いてくれる医者を見つけることも難しくない」

「サーシャ、これからどうする」

「リガに帰ることにした」

「リガ大学に転校するのか」

「あそこはレベルが低くて話にならない。沿バルトで大学の名に値するのはエストニアのタルトゥー大学だけだ。学籍はモスクワ大学に残しておこうと思う」

「それがいい。一年休学してまた戻ってくればいい」

「ミーシャ、もうモスクワ大学に戻ろうとは思わない。ただ、モスクワ大学に籍を置いておかないと、当局から嫌がらせをされてモスクワに出てくる鉄道切符が買えなくなる可能性があるから、形だけ学籍を置いておく」

「それで何をやるつもりだ」

「ひとことで言うとソ連を壊してやろうと思う。まず沿バルトからだ」

「本気か。そんなことができると思っているのか」

「ソ連は壊れる。時間の問題だ。ただ、この体制が生きながらえれば、生きながらえるほど、ロシア人もラトビア人も苦しむ。だからできるだけ早くソ連を破壊するのだ」

「どうやって」

「レーニンを逆用する。レーニンは革命は帝国主義の鎖のいちばん弱い輪から起きるといって、ロシアで革命を起こした。ソ連のいちばん弱い輪を崩す。それは沿バルトだ。ソ連を内側からぶっ壊す」

サーシャは誇大妄想を抱いているのではないか。精神科医が兵役不適格の診断書を書いたのも、偏頭痛のせいではなく、誇大妄想の傾向があるからではないだろうか。私の中で好奇心が膨らみもっと聞き出してみたくなった。「赤の広場」を横切りながら、私はサーシャに聞いた。

「サーシャ、君と当分会えなくなるということだな。どこか行ってみたいレストランはないか。カネならいくらでもある。遠慮するな」

「ミーシャ、『スラビャンスキー・バザール』に行ってみたい」

「よしわかった」

「スラビャンスキー・バザール」は「赤の広場」から徒歩五分くらいのところにある帝政末期の有名なレストランでチェーホフやチャイコフスキーもよく出入りしていた。店の待合室にはこのレストランに出入りしていた著名人の肖像画が掛かっている。

モスクワ高級レストランでの「正しい作法」

ソ連時代、ホテルや高級レストランの前には、門番が立ち、人の出入りを厳しく制限していた。レストランならば事前に予約をしていなくてはならないが、フロアマネージャー、ウエイター、コックを含めチームが偶数日と奇数日に完全に分かれていて、同じチームでないと予約を受け付けてくれない。だから、電話で「明日の予約」といっても「チームが違う」と断られてしまう。電話をかけた日が偶数日なら偶数日の、奇数日なら奇数日の予約しか取れないのである。

しかも、モスクワに高級レストランは少なかった。ソ連時代、ルーブルで買える物は限られていたから、中流以上の市民は結構現金をもっていて、飲み食いで消費しようとする。従って有名レストランの予約はいつも満員で、ふらっと行って席がとれることはまずない。

しかし、何事にも抜け道はある。共産党の高官が突然、食事をしたいと押し掛けてきた場合に備えて、どのレストランにも予備席を設けてあるのだ。レストランのフロアマネージャーと仲良くしておけば、その席を回してもらうことができる。電話で下っ端《したっぱ》のウエイターに頼んでも権限がないので無駄だ。それにフロアマネージャーと親しくなるとKGBの警戒が厳しいときは、さりげなく教えてくれる。

たとえば私はタバコを吸わない。しかし、レストランではいつも金属製の灰皿がテーブルに置いてある。中に盗聴器が仕掛けてあるのだ。「灰皿はいらない。下げてくれ」と言うと、ウエイターが灰皿を下げて、その代わりに金属製の燭台をもってくる。もちろんこの中にもマイクが仕掛けてある。

あまりしつこく盗聴器を避けようとするとKGBはかえって好奇心をもち、周囲のテーブルに客を装《よそお》ってやってきて、こちらの様子を詳しく観察する。だいたい男女のカップルで来るが、あまり酒を飲まず、キャビアやイクラといった高級なオードブルをとらないので、監視だとすぐわかる。普通のカップルはレストランに来たらここぞとばかりに思いっ切り飲んで、街では買うことの出来ないキャビアやイクラをたくさん注文するからだ。

それでは盗聴を避けるのに、いちばんよい方法は何か。それは音楽の鳴っているホールに席をとることだ。大音量でダンス用の音楽が流れている部屋で、耳許《みみもと》で囁《ささや》き合うのである。これならば、どのような高性能の盗聴器でも人間の会話を上手に拾うことができない。

もう一つの盗聴を織り込んで話をするのによい方法は、個室を借り切り、そこで話をし、固有名詞や日時、カネに関する部分だけは筆談にすることだ。私はこの方法を好んだ。いまだにその癖が抜けず、重要な話になると、私は知らず知らずのうちに筆談を交えている。

私たちは「スラビャンスキー・バザール」の前に着いた。門番に名刺大の水着カレンダーを渡すと、黙って大きな扉を開けてくれた。私はフロアマネージャーに「予約はしていないのだけれど、個室（キャビネット）をお願いします」と言って、赤い「マルボロー」を二つ渡した。

「スラビャンスキー・バザール」は劇場のような作りになっていて、一階大広間の中央の舞台でバンドが大きな音で音楽を奏《かな》で、フロアではダンスをしている。その大広間を見渡すような形で中二階にいくつか個室がある。八人掛けのテーブルが置いてある個室に私たちは案内された。

ウエイターに水着カレンダーを渡し、「チップを思いっ切りはずむから、この部屋には別のお客を入れないでくれ」と頼んだ。サーシャはこのレストランは初めてなのに、本で読んだ知識があるせいかメニューに詳しかった。

「ミーシャ、ここの名物は陶器の壺《つぼ》で煮込んだ牛、子牛、羊の三種類の肉を入れたシチューだ。それをメインで注文しよう。それから、前菜にはチョウザメのゼリー固めとキノコのマリネも注文しよう。あとニシンの塩漬けにゆでたてのジャガイモだ」

私はサーシャの言った冷たい前菜にキャビア、キュウリの漬け物、鶏肉《とりにく》入りポテトサラダ、生のトマトとキュウリを追加し、酒は「スタリチュナヤ・ウオトカ」を頼んだ。

ミネラル・ウオーターは塩の味が少しするグルジア製の鉱泉水「ボルジョミ」を頼んだ。

ロシア料理は、前菜だけでお腹《なか》がいっぱいになる。前菜と言うよりも酒の肴《さかな》といった感じで、通常はこれに加えてイクラ、鮭《さけ》の薫製《くんせい》、チョウザメの薫製、チーズ、ハム、サラミソーセージをとる。しかし、今日はメインをきちんと食べるので、お腹に余裕を残しておかなくてはならない。

冷たい前菜の後には熱い前菜をとる。前菜はマッシュルームをサワークリームに漬けて、上にチーズをかけてオーブンで焼いた「ジュリアン」を頼んだ。十九世紀のフランス料理だが、本国フランスでは廃《すた》れてしまい、いまではほとんどロシアでしか食べられなくなった貴族料理の残滓《ざんし》だ。これもなかなか美味《おい》しい。

レストランでは、夕食でスープ類をとる人はあまりいない。外国人のお客さんでボルシチを楽しみにレストランに入っても、夜ならば断られることが多い。もっともソ連崩壊後は商業主義が浸透したので、外国人目当てにスープを出す高級レストランも増えてきた。

ロシア人はレストランでの夕食を三、四時間かけて楽しむ。途中でダンスをして腹ごなしをしてから、日本で言うとお茶漬けや稲庭うどんの感覚でステーキやカツレツを食べるのだ。レストランでの夕食のカロリーは、一人平均四〇〇〇から五〇〇〇キロカロリーになる。レストランに行く日は、昼食を抜いておくというのが「正しい作法」なのだ。

宗主国のない帝国

私たちはまたたく間にウオトカを一本飲み干して、二本目に入ったところから、ようやく本題に入った。

「サーシャ、ヤケになったらいけない。モスクワ大学をきちんと卒業しろ。基礎的な学術訓練を受けていないと後で限界にぶつかると思う。それにこの国は強い。ソ連が簡単に崩れることはない。無茶をして、『異論派（ディシデント）』のレッテルを貼《は》られたら、人生の可能性が狭まる。それはサーシャ自身にとってもよくないし、ロシアにとってもよくないと思う。サーシャの能力をロシアの未来のために使わなくてはならない」

「異論派」とはすなわち「反体制派」のソ連的な言い回しだ。ソ連社会においては、「反体制」というと組織を作り政治活動をしているという意味になるが、「異論派」というとソ連体制に反対する見解をもっているが、政治的に組織された反革命活動は行なっていないという意味になる。「反体制」は存在が許されないが、「異論」ならば存在だけは認められた。

「僕は別にヤケになっているわけじゃない。それに君が言う『基礎的な学術訓練を受けていないと後で限界にぶつかる』というのもその通りだと思う。僕は英語もあまりできない。フランス語、ドイツ語はからっきしダメだ。勉強しなくてはならないと思うのだけど、物事にはプライオリティーがある。今は語学の勉強に時間を使っている余裕はない。歴史には『機会の窓』がある。今はその窓が開いている。この機会を利用することがチャンスだ」

「過去、誰もがそう思った。一九五六年の（ソ連共産党第二十回大会におけるスターリン批判に関する）フルシチョフ秘密報告の後もそう思った。しかし、窓はすぐに閉じてしまった」

「いや、それは違う。あの時は窓がそもそも開いていなかったんだ。フルシチョフは本気で世界革命ができると信じていた。あいつは共産主義者だ。だからスターリン以上に教会を弾圧した」

「それならば、ゴルバチョフだって同じじゃないか。ゴルバチョフだってレーニン主義を本気で信じているのだろう」

「いや、ミーシャ、ゴルバチョフは関係ない。もう終わった人物だ。問題はゴルバチョフじゃない。歴史を作る力はエリツィンに移行した」

「エリツィンだって。ゴルバチョフとどこに違いがあるんだ。二人とも共産党のノメンクラトゥーラじゃないか。むしろ知性が欠けているだけ、エリツィンの方が乱暴なことをする可能性が高いので、僕はゴルバチョフがエリツィンを更迭《こうてつ》したことはソ連の安定のためによかったと思う。サーシャは大学のゼミでエリツィンは分配にしか関心をもたないと批判していたじゃないか」

「ミーシャ、物事の本質が全く見えていないんだなぁ。今必要とされるのはエリツィンの破壊力なんだよ」

「わからない。どういうことだ」

「ミーシャ、この国は異常な帝国なんだよ。帝国なんだけど宗主国（メトロポリヤ）がない」

「サーシャの言うことの意味がわからないな。ロシアが宗主国じゃないのか」

サーシャは首を横に振って「断じて違う」と強調する。

「ロシア人こそがこの国でいちばん虐《しいた》げられているということだ」

「宗主国がなければ、植民地もないということになるよな。サーシャの話ではソ連帝国には宗主国もなければ植民地もないということか」

「そう言ってもいいかもしれない」

「それなら帝国なんていう概念を使う必要はない。共和国じゃないか」

「違う、違う。帝国の中心はある。『スターラヤ・プローシャジ（旧《ふる》い広場）』だ」

「スターラヤ・プローシャジ」とは、ソ連共産党中央委員会の所在地だ。サーシャは続ける。

「ソ連共産党中央委員会には全《すべ》ての権限がある。だが、権限を行使したことに対する責任を一切負う必要がない。ここから無責任の体制が国家の上から下まで完全に行き渡っている。ソ連国家を抜本的に立て直すためには、ソ連共産党を叩《たた》き潰《つぶ》さなくてはならないんだ。しかし、共産党を叩き潰したらソ連はなくなってしまう。共産党というシステムに部分的に自由化や民主主義を入れることはできない。ゴルバチョフはそのことがわかっていない。だからジグザグを始めた」

「サーシャ、そこまではわかる。それだからモスクワでは一時期締め付けが強まった。もっとも最近の新聞を見ていると、エリツィン解任直後の締め付けは弱まっているようだ。僕の皮膚感覚でもモスクワ大学の人文系学部棟にも民警は相変わらず詰めているけど、学生証を真面目《まじめ》にチェックしているわけじゃない」

「ロシア人は単調な仕事が大嫌いだ。民警に生真面目に毎日、学生証のチェックなどできるはずがない。大学で締め付けが行なわれたというのは、体制の強さを物語るものじゃない。むしろ弱さを表している。

共産党は国民を説得することができないということがわかっている。だから力を誇示した。インテリに対して力を誇示するのは最低のやり方だ。インテリが体制に対する反発を強めるだけだ。解任前までインテリでエリツィンをまともな政治家とみなす者はいなかった。誰もが土建官僚と見ていた。しかし、今は違う。エリツィンに対する期待感がでてきた」

「どういうことだ」

サーシャはメモ用紙に筆記体で大きな字で「アンドレイ・サハロフ」と書いた。

「異論派」運動の中心人物、サハロフ博士

アンドレイ・サハロフ博士は「ソ連水爆の父」であるが、ブレジネフ時代にソ連体制では基本的人権が保障されていないと公然と主張し、反体制活動家のレッテルを貼られた。しかし、サハロフ博士は自己をあくまでも社会主義者と規定し、あくまでもソ連にとどまると主張した。

また、サハロフ博士はソ連が提唱者になったヘルシンキ宣言に従い、ソ連国民の自由な出国を認めるべきと主張した。これが「異論派」のスタートだ。ブレジネフ書記長が世界に誇った人権宣言である「ヘルシンキ宣言」を逆手に取ったのだ。現実問題としては、ユダヤ系ソ連人のイスラエルへの出国を認めよという意味をもつものだった。サハロフ夫人のエレーナ・ボンネル氏がユダヤ人であることから、ソ連当局はサハロフ博士はシオニストと提携しているとの噂《うわさ》を流し、信用失墜を図った。

サハロフ博士はもともとモスクワに住んでいたが、ソ連当局は外国人から同博士を遮断する必要があると判断し、一九八〇年にゴーリキー市（現ニジュヌイ・ノブゴロド市）にサハロフ博士を強制的に移住させた。ソ連時代、ゴーリキー市は外国人の訪問が許されないばかりではなく、自国民であるソ連人の旅行も厳しく制限される閉鎖都市だったので、博士は事実上、幽閉状態に置かれることになった。

サハロフ博士のソ連のインテリに対する権威と影響力は絶大で、ソ連当局は同博士を「ソ連科学アカデミー」から除名しようとしたが、結局果たせなかった。ソ連科学アカデミーの議決は無記名・秘密投票が完全に担保されているソ連社会の「聖域」だったので、「異論派」が生き残る余地が生まれたのである。

前にも述べたことだが正確に言うと、サハロフ博士たちのグループを反体制派と規定するのは間違いだ。作家のソルジェニーツィンは反共主義を掲げ、ソ連体制の打倒を唱えたが、サハロフ博士はあくまでソ連体制の自由化と民主的改革を訴え、ソ連体制の枠内の「異論派」の運動であると自己規定していたからだ。

第三者的に見ると、ゴルバチョフ書記長が掲げたペレストロイカとサハロフ博士たちの「異論派」運動には重なる部分が大きかった。

サーシャはメモに書いた「アンドレイ・サハロフ」という文字を指し、「これからはここが中心になる」と言って、「政治の話はここまでにしよう」と話を打ち切った。

その後、サーシャを通じて私はサハロフ博士の周辺の「異論派」活動家と知り合い、そこからエリツィン大統領の知恵袋であったゲンナジー・ブルブリス国務長官への人脈につながっていくのであるが、その詳細については後述する。当時、私はサーシャが紡《つむ》ぎ出す糸が政治の中心に向かっていることには気付いていなかった。恐らくサーシャ自身も気付いていなかったと思う。

私は酔った勢いで、気になっていることを率直に聞いた。

「モスクワに残した女たちはどうなるんだ。僕の見立てが間違っていなければ、レーナはサーシャのことを本気で愛している」

レーナは一八〇センチ弱の長身の美女で、モスクワ大学哲学部で科学的共産主義を専攻している。出身はミンスクで、父親は白ロシア共産党の幹部だ。レーナとはエレーナの愛称だ。

「考えている。とりあえずは今のままでいこうと思う」

「リガの奥さんとぶつからないか」

「その辺は、多分大丈夫だと思う。カーチャはその辺で余計な焼き餅《もち》はやかない」

このとき私はサーシャの奥さんの名前がカーチャだということを初めて知った。カーチャとはエカテリーナの愛称だ。

「どこでカーチャと知り合ったんだ」

「高校でだ」

「同級生か」

「違う。英語の教師だった」

「エッ、年はいくつ離れているんだ」

「カーチャが十六歳年上だ」

「それは珍しいな」

「めったにないことだ」

「いつ結婚したんだ」

「籍を入れたのは二年前だが、高校時代から一緒に棲《す》んでいる」

「よくスキャンダルにならなかったな」

「スキャンダルになりかけたが、カーチャの父親が軍の有力者なのでうまく揉《も》み消した」

　サーシャの話によると、カーチャの父親は軍の高官だが、娘の生き方には干渉しない主義で、父親として娘が本気で行なった選択ならば、それが何であれ尊重するという方針をとっているということだ。

　カーチャは、もともと文学少女で英文学が好きだったのだが、モスクワにまで出ていく気にはならず、リガの教員養成大学を卒業し、英語を教えるかたわら、欧米でのソ連研究の動向や人権運動に関する資料をロシア語に翻訳してインテリに配ったり、地方雑誌にロシア思想史に関する論文を書いたりしていた。体制内インテリと「異論派」のちょうど境界線に位置していた。

サーシャは家庭環境が恵まれていなかった。相当の不良で、大柄で腕っ節も強いので喧嘩《けんか》ばかりしていたが、カーチャが担任になってから勉強の面白さに目覚め、学力試験でもラトビアでトップになり、モスクワ大学に優秀な成績で合格したのである。師弟愛が自然に恋愛になり、結婚するという事例はロシアでよくあるが、だいたい長続きしない。

子牛、牛、羊の肉をよく煮込んだ壺《つぼ》に入ったシチューの上にはパンが帽子のように被《かぶ》っている。この帽子を剝《は》がしながら、サーシャは、「一度カーチャに紹介するよ。リガに来ないか。いろいろな人たちに紹介するよ」と言った。

私は、面白そうだが深入りするとそれこそ自己責任では済まされないような事態を引き起こすような気がしたので、「再来月には研修が終わって、その後、どこで勤務するかわからないからね。モスクワかレニングラードで勤務するならばリガに遊びに行くことができるけれど極東のナホトカになると難しいと思うな」という中途半端《はんぱ》な答えをした。

誰かがやらなくてはならない「汚れ仕事」

私はサーシャに、決していい加減な話をしたわけではない。当時、日本外務省のロシアスクールの研修システムは次のようになっていた。

まず、アメリカかイギリスの陸軍学校でロシア語の基礎を一年間学ぶ。その後、キャリア職員（当時の上級職、現在のⅠ種職員）は米英の大学でさらに一年間ソ連研究を行なう。名目は地域研究であるが、実際は英語圏で二年間研修させることで、英語に対する不安を除去し、今後、総合職としてソ連外交以外の分野でも活躍できる能力をつけることが目的だった。そして、その後、モスクワ大学で研修する。研修期間は合計で三年になる。

ノンキャリア（専門職員）の場合、米英の陸軍学校で研修が終わると直ちにモスクワ大学で研修する。研修期間は合計で二年間だ。外務省の研修は原則二年であるが、日本人にとって習得が難しいとされるアラビア語はキャリア、ノンキャリアともに研修期間は三年となっていた。キャリアとノンキャリアで研修期間に一年の差を設けているロシア語は異例で、このような扱いは職員の士気に影響を与えると私は考えていた。

この問題について、モスクワに勤務していたときに、ドイツ語専門のキャリアではあるが、ロシア社会に入り込んでいく腹があり、ソ連末期に異例のことだが、大使館の政務班長になった谷崎泰明参事官（現欧州局長）に率直に話したことがある。谷崎氏の答えはこうだった。

「佐藤、俺もロシアスクールのやり方はおかしいと思うよ。こういうやり方をしないと、多分、キャリアの連中は自分の優位性を保てないと思っているんだ。専門職が怖いんだよ。

特に二回目以後のモスクワ勤務のときは、ロシア語をしばらく使っていないので、専門家の助けなくして仕事ができない。それでも優位性を保つためには、はじめから身分が違うという制度にしておかないとまずいと思っているんだろう。そういう思惑が透けて見える。

それから、ロシア語の場合、需要がそこそこあるから、専門職に地域研究をやらせても大学の先生に転出されるんじゃかなわないと思っているんで、研修延長には消極的なんだ。できるだけ、転職に有利な状況を作り出さないようにするということだ」

「谷崎さん、要するに専門家は『飼い殺し』にするということですね」

「そういうことだ。君の場合、能力があるから組織の中でも組織の外に出ても、納得できる形で道を拓《ひら》くことができるだろう」

「能力はないですけど、生き残り方は自分で考えます」

この谷崎氏が大臣官房総務課長をつとめているときに私は逮捕された。私は外交史料館課長補佐に異動になったが、職制上は総務課長の下になる。

逮捕前、谷崎氏に私は「鈴木宗男疑惑の嵐《あらし》は止《や》みそうにありません。組織のことや後輩にかける迷惑を考えるならば、そろそろ辞表を出す時期に来ていると思うんですけれど……」と率直に相談した。

谷崎氏は「いや、今辞めると疑惑のすべてが君に被せられてしまう。嵐が過ぎるのを待つんだ。その上で佐藤の人生にとっていちばんよい選択をすればいいよ」と答えた。

獄中で取り調べを受けているとき、東京地方検察庁特別捜査部の西村尚芳《ひさよし》検事から、「外務省の総務課長から君の逮捕前にうち（東京地検）に『背任ではなく横領で捕まえてもらえないか。背任だと事務次官のサインした決裁書があるので困る』というアプローチがあったぜ。あんたたちが横領しているということにして、外務省は被害者で、すべてを佐藤に被せてやろうというわけだ」という話を聞かされた。

そのとき私には、谷崎氏の顔が浮かび、「人生の巡り合わせは実に不思議だ」と思い、何か滑稽《こっけい》な感じがした。

ロシア語のキャリア職員は研修終了後、女性問題や飲酒の上での交通事故などでトラブルを起こし、KGBの厄介になっていない限り、モスクワで二年間勤務する。専門職の場合、モスクワの経済班か領事班で勤務するか、あるいはレニングラードか極東のナホトカのいずれかの総領事館で勤務するのが通例だった。

ソ連崩壊後、ウラジオストクとハバロフスクに総領事館が開設されたのを機会に、ナホトカの総領事館は閉鎖され、今はもうない。当時、ナホトカは勤務環境がとても厳しいので勤務希望者が少なかった。行動は総領事館から数キロ以内に限定され、外国人は北朝鮮人が少しいるくらいで、ロシア人との接触も厳しく制限される。しかも飛行機の利用ができないため、日本には三日かけて、船で渡って行くという状態だった。

こうした悪条件のため、ナホトカ勤務は二年間で交替するというのが不文律だった。私が勤務する年はナホトカのポストが空くときだったので、ナホトカへの配属を希望したのだった。別に犠牲的精神というわけではなく、これには私なりの考えがあった。

モスクワでは毎日夜の九時、十時まで仕事があり、東京からやってくる国会議員や出張者のアテンドで休みもロクにとれないが、ナホトカならば午後六時に定時退庁することができる。日本漁船が拿捕《だほ》されることでもない限り、時間がかなり自由になるという話を先輩外交官から聞いていたのである。そこでロンドンやプラハで集めてきた文献をきちんと読み込み、学生時代から続けていた神学研究をまとめ、博士論文にしようと考えていた。

しかし、私の希望は受け入れられなかった。五月末に大使館の上司に呼ばれ、「モスクワで勤務してもらうことになる。いずれは総務班に属してもらうことになるが、当面は政務班に所属して、ソ連内政調査の補助をしてくれ」と言われた。

総務班とは、種々の「汚れ仕事」、「裏仕事」を担当する部局である。例えば、大使館員が酩酊《めいてい》して対人交通事故を起こした場合の揉み消しなどは総務班の仕事である。幸い、私はその後、総務班に配置されることはなかったが、私の一年後輩の専門職員がその任務を担当した。彼は「汚れ仕事」を誠実に遂行したが、そこで外務省文化にすっかり嫌気がさし、数年後に外務省を去っていった。

政務班は在ソ連日本大使館の中枢《ちゅうすう》で、ロシア専門家の精鋭が集められていた。もっともキャリア職員は、モスクワ勤務の二年目には政務班に配置されるし、私の場合も能力とは全く関係のない理由で政務班に配置された。

政務班には、書類を運んだり、コピーをとったり、お茶汲《く》みをする庶務担当の女性が一人いる。外務省内で「モスクワの政務班は地獄だ」という噂がたっていたので、庶務の希望者が見つからず、欠員になっていたため、その穴埋めとして私が配置されたのだ。当時の大使館幹部は、私ならば多少理不尽な話でも、忠実に言うことを聞くと判断し、この人事を行なったのであろう。ある意味でこの見立ては正しかった。

神学を学んだ者には独自の職業倫理が刷り込まれる。どんな仕事であっても、そこには何らかの意味があると考えるようになる。私の同志社大学神学部の同窓生で、一カ月数万円の小遣い程度の収入で、文字通り土日もなく（キリスト教会の場合、日曜日がいちばん忙しい）働いている者はいくらでもいた。福祉専門家や社会活動家になって、本人の能力からすれば、他の職に就いた場合の三分の一程度の収入でも、別に何とも思わずに楽しく仕事をしている人々もいくらでもいる。

八八年当時、私の本俸は十五万円程度で、これには税金もかかったが、モスクワではそれとは別に三十万円強の在外基本手当という税金のかからない「摑《つか》み金」、さらに妻とともに赴任したので、それに配偶者手当が二割加算され、しかも大使館が借り上げてくれるのでアパート代は一切払わないでよいという極めて恵まれた環境にいた。国のカネで二年間勉強した上、これだけの手当を貰《もら》っているのだから、どんな仕事であっても文句は言えないと私は思っていた。

私の仕事は、書類運びと保管、コピー取りに始まり、灰皿の掃除、朝のお茶汲み、それから上司に言われて行なう新聞記事の下訳、月曜から金曜まで午後一回行なわれるソ連外務省プレスセンターでの記者会見を週一回程度傍聴し、記録を作成することだった。

大使館の三階に政務班はあった。政務班は外交秘密の多い中枢部だったので、ロシア人を一切立ち入らせなかった。トイレは執務室から少し離れたところにあるのだが、政務班は男所帯なので、どうしても汚れてくる。汚した人間が掃除をすれば、悪臭が漂うことはないのだが、世の中は理論通りにはいかない。トイレから、眼を刺激し、涙が出るようなアンモニア臭が漂ってくるようになった。

ところで、外務省のキャリア職員とノンキャリア職員の関係を見た場合、有能なキャリア職員は専門職員（ノンキャリア）に対する扱いが丁寧である。それはこれらのキャリア職員の人間性がよいからではない。制度的に、どんなに優秀な専門職員であってもキャリア職員に追いつくことはないので、つまらないところで威張り散らして反感を買うよりも、人間的に丁寧に接することで、専門職員の能力を組織のために最大限に活用しようという目的合理的な計算が有能なキャリア職員には働くのだ。

他方、キャリア職員でも明らかに能力的に劣る者がいる。研修終了後、一年も経《た》つと、キャリア職員であれ、専門職員であれ、「明らかにダメ」という人材ははっきり見えてくる。この種のキャリア職員が威張り散らすのだ。モスクワの日本大使館にもこの種の人材がいた。彼は最初、専門職員で入省したが、途中でキャリア試験を受け直し、合格した二等書記官だった。

「佐藤君、トイレが汚れていて何とも思わないのか」

「臭くてやりきれないですね」

「だから君は何とも思わないのか」

「掃除をしろと言うのですか」

「そうだ」

「糞《くそ》で便器を汚した者がその場で掃除をすればよいでしょう。そもそも糞は大使館でせずに家ですればよい」

「しかし、この臭《にお》いじゃ仕事ができない。誰かが掃除をしなくてはならない」

「わかりました。やりましょう」

三階に便器は二つある。糞がこびりついた便器と小便が便所中のあちこちに飛び散り、アンモニア臭を発している壁を、私は洗剤をつけて丁寧に掃除した。悪臭はしなくなった。

その晩、夜遅く帰宅したとき、私は便所掃除の一件を妻に話してしまった。それを聞いた妻は、自分のことのように怒り始めた。

「あなた、便所のウンコの掃除をするために大学院を出たんじゃないでしょう。こんな会社、一日も早く辞めましょう」

しかし、私はその二等書記官が言った「誰かがやらなくてはならない仕事だ」というのは、もっともな理由と思った。その後、人間的には決して好きになれないロシア人に擦り寄って、話を合わせて情報を取る仕事をしているときも「誰かがやらなくてはならない仕事だ」という言葉がこだました。

しばらくして、当時大使館のナンバー2だった川上隆雄《たかお》公使（後のインドネシア大使）に同行した帰りに、私は便所掃除の話をさりげなくした。川上氏は激怒し、「それだからロシアスクールはダメなんだ。何とかするから」と言った。川上氏は大使館内会議で、トイレ掃除については管理班（現地職員の管理を担当する）から一人監視役をつけて掃除を担当する現地職員にやらせるようにと厳命した。川上氏は私にブーメランが帰ってこないように配慮して発言したようで、この件で私が不愉快な思いをすることはなかった。

川上氏はフランス語の専門家だったが、語学に堪能《たんのう》なので、半年くらい経つとロシア語の聞き取りはほぼ問題なくできるようになった。

「ペレストロイカの流れでソ連は本格的に変化しているのだから、大使館内に籠《こ》もって新聞だけを読んでいるのではダメだ。ロシア人とどんどん会って、話を聞かなくてはいけない」というのが川上氏の持論だったので、私がメモ取りと日本語からロシア語への通訳として彼に同行することも多くなった。

川上氏の動きに対して、ロシア語専門の外交官たちは冷ややかで、「川上さんは寺山修司の『書を捨てよ、町へ出よう』の世界だね。それじゃソ連はわからないよ。ニセ情報を掴まされるだけだ」、「川上公使は目立つことしか考えていない。自己中心の『オレ（俺）ガノフ』だ」と揶揄《やゆ》していた。

こうした発言は、単にからかい半分のものではなく、嫉妬《しっと》も含まれていた。川上氏は、ゴルバチョフの相談役として影響力をもっていたザルイギン「ノービー・ミール（新世界）」誌編集長と昵懇《じっこん》になった。ザルイギン氏は農村派という作風で有名な作家で、同誌は百万部を超える発行部数を誇り、ペレストロイカの牽引役《けんいんやく》となった。

また、ソルジェニーツィンの『収容所群島』も「新世界」出版社から刊行された。川上氏の文学と歴史に関する深い造詣《ぞうけい》がザルイギン氏の心を摑んだのだ。ザルイギン氏は、

「私がこれだけ率直に話をする外交官は、マトロック・アメリカ大使とあなただけです」

といつも言っていた。

ザルイギンの正体

仕事が忙しくなったので、サーシャとは一カ月に一回くらいしか会えなくなった。サーシャは、リガでラトビア民族運動活動家との関係を深めるとともにモスクワの有識者とも関係を深めていった。ただし、モスクワ大学の女たちのところには、毎晩入り浸っているようだった。

「サーシャ、『新世界』編集長のザルイギンについてはどう思う」

「もう年だな。七十歳を超えているだろう。いわゆるペレストロイカ派の面とそうじゃない面がある。ザルイギンのそうじゃない面の方が重要だ」

「そうじゃない面ってどういうことか」

「ペレストロイカは基本的に西欧化の動きだ。共産党の改革派官僚たちは合理化を進め

ることが国家体制の強化に貢献すると考えている。しかし、ザルイギンは違う。農村派はイデオロギー的にスラブ主義だ。ロシアの土着思想への回帰を考えている。だからサハロフじゃなくてソルジェニーツィンなんだ。しかし、農村派には深みがない。何か足りない」

サーシャに言わせると、外国人は反体制派ということでサハロフとソルジェニーツィンを一緒に括《くく》っているが、両者は根本的に異なるという。

「サハロフが西欧型社民主義で、ソルジェニーツィンがロシアナショナリズムということか」

「ミーシャ、そこまでは誰もが言っていることだ。しかし、本質的な問題は違うところにある。ユダヤ人問題とロシア正教の関係についてだ。ここで二つの流れは決定的に異なる。ザルイギンはソルジェニーツィンの流れでロシア正教会を政治的に利用しようとしている。僕はこの流れはロシア国家の進む道を間違えさせることになると思う」

「どういうことだ」

この年、ソ連共産党とロシア正教会の歴史的和解が進められていた。

伝説では、古代ロシア国家であるキエフ・ルーシのウラジミール公が九八八年にキリスト教を受容したことになっている。一九八八年はロシアがキリスト教を受容してから千年になるという記念の年で、ゴルバチョフ書記長とロシア正教会の最高責任者であるピーメン総主教が会見した。

ゴルバチョフ自身、母親が熱心な信者で、自分も子供のときに洗礼を受けたことを明らかにした。科学的無神論を公式ドクトリンとする共産党のトップが洗礼を受けていたという告白をしたことに当惑した共産党のイデオロギー専門家は多かったが、国民の多くはゴルバチョフの新宗教政策を歓迎した。欧米諸国は、ソ連における宗教政策の緩和を驚きの目で見ていた。

ロシア正教会が千年祭を記念した特別の聖書を発行することも認められた。そして、スターリン時代に潰《つぶ》されたモスクワ市南部のダニーロフ修道院が復興され、そこに総主教公邸と教会間渉外局が設けられた。それまで長い間、総主教庁の活動はモスクワ市北東七十キロのザゴルスク（セルギエフ・パサード）に限定されていた。首都モスクワにロシア正教会が拠点を移すことを認めたのは、ゴルバチョフが本気で教会をソ連体制強化のために動員しようという意向を示したことに他ならなかった。

ザルイギン「新世界」編集長は、共産党と教会の和解に向けた流れを作った一人であった。サーシャは、このような共産党と教会の接近に対して極めて否定的な評価をしていた。

「ミーシャ、ソルジェニーツィン神話に騙《だま》されてはならない。奴《やつ》は反ユダヤ主義者だ。

反ユダヤ主義を掲げる正教徒は、ほんものじゃない。キリスト教をまじめに勉強もしなければ、深いところで信じてもいない。一種のイデオロギーとしてキリスト教という看板を掲げている政治屋を信用してはならない」

「サーシャはザルイギンも政治屋と思っているのか」

「政治屋だ。ザルイギンは作家としては二流だ。ブレジネフの覚えも目出度かった。体制の中でどう泳いだらいいかをよくわかっている。文学官僚といったほうがよい」

「えらく手厳しいな」

「手厳しくはない。それが実態だ。マルクス・レーニン主義は生命力を失った。その空白を埋めるためにゴルバチョフはあらたなドクトリンを探している。ペレストロイカだとか『人類共通の価値』と言っても、そんなものは空虚だ。もっと歴史的に実体があり、国民を動員できるイデオロギーが欲しい。ザルイギンは共産主義の空白をロシア正教によって埋めるという安易な処方箋《しょほうせん》を提示しているだけだ。教会がそれに巻き込まれてはならない」

「ザルイギンは誠実な人間に見える。教会を利用するというような狡《ずる》さはないように思える」

「ミーシャ、ザルイギンの誠実さは典型的なソビエト官僚の誠実さだぜ。あいつらには官僚としての狡さが身に付いている。一生剝《は》がれないよ。ザルイギンのロシア正教に対するプラグマティズムが気になるんだ。

欧米からの評価を高めるために正教会を利用しているのではないか。ザルイギンの信仰が僕には見えないんだ。とにかく教会は共産党と一切対話をしないことだ。まともな神父はみんなそう思っているぜ」

「それじゃどうして教会は共産党の対話路線に乗っかっているんだい。現在の教会指導部はソ連体制の手先ということか」

「それについては、イエスでもありノーでもあるなぁ。教会指導部の過半数はKGBの協力者だ。それから神父には同性愛者が多い。この国で同性愛は刑事犯罪だ。それを隠すために修道院に逃げ込む奴《やつ》が結構いる。それから、独身を誓った高位聖職者で女関係にだらしない奴もたくさんいる。キエフのフィラレート府主教の話は知っているか」

「知らない。何だい」

「フィラレートには女が三人いて、子供も四人いる。その内一人が子供の認知を求めたらフィラレートはKGBに頼んで揉《も》み消した」

「とんでもない話だな」

「とんでもない話だ。しかし、そういう弱みのある聖職者がソ連政府は大好きなんだ。だからそういう連中を相手に対話をしたがる。だから対話から何もよいことは生まれない」

「真摯《しんし》な対話の可能性はないのか」

「ない。ミーシャ、プラハや東京ではキリスト教徒とマルクス主義者が胸襟《きょうきん》を開いて対話をする基盤があるのかもしれない。しかし、モスクワではその可能性はない。共産主義者はわれわれキリスト教徒の敵だ。一切無関係でいることが唯一《ゆいいつ》の正しい処方箋だ」

「ピーメン総主教も共産党との取り引き型の聖職者か」

「違う。公《おおやけ》の履歴には出ていないが、ピーメンはスターリン時代に矯正収容所送りになっている。むしろ欧米に亡命した聖職者に近いメンタリティーをもっている。但《ただ》し、ソ連体制の怖《おそ》ろしさを知り尽くしているので、ゴルバチョフが対話に応じろと言えば、それに抵抗はしない。しかし、ピーメンは対話から宗教的には何も生まれないことをよくわかっている。リアリストなんだ」

「サーシャ、一言でいうとザルイギンのロシア正教観について真剣に検討する必要はないということか」

「その通り」


ソ連崩壊後、私はザルイギン夫妻と食事をした。エリツィン大統領に権力が移り、ゴルバチョフに重用されていたザルイギン氏は遠ざけられ、「新世界」誌の政治に与える影響はほとんどなくなった。ザルイギン氏が近況についてこう述べた。

「孫が生まれたんだ」

「ザルイギン先生、いよいよ本当のおじいちゃんになりましたね。おめでとうございます」

「ありがとう。何よりも嬉《うれ》しいのは娘がアメリカで孫を産んだことだ」

「どういうことですか」

「アメリカは出生地主義だろう。孫は生まれながらにアメリカ国籍をもっている。これでアメリカ国籍保持者の親である娘夫婦はいつでもアメリカに永住することができる。ロシアでは今後何があるかわからない。私たち夫婦もいつでもアメリカに渡ることができる。マトロック元駐米大使に娘がアメリカで出産する件については、ほんとうにお世話になった」

この話を聞きながら、私はサーシャが言った「ザルイギンのロシア正教に対するプラグマティズムが気になるんだ。欧米からの評価を高めるために正教会を利用しているのではないか。ザルイギンの信仰が僕には見えないんだ」という指摘は、ポイントを衝《つ》いていたと再認識した。

分析専門家としての第一歩

大使館での仕事は面白かった。今から振り返れば、この頃からソ連は自壊への道を進み始めたわけで、現地にいる私は歴史の流れを肌で感じていたのである。

他の外交官が嫌がる仕事でも私には楽しかった。例えば新聞や雑誌の整理だ。大使館ではソ連を構成する十五共和国の新聞を全《すべ》てとって二年程度棚に置いて保管していた。この整理係も私がしていた。

当時、ソ連共産党中央委員会機関紙「プラウダ」が朝配達され、ソ連政府機関紙「イズベスチヤ」は夕刻配達された。ブレジネフ時代のロシア人は『プラウダ』に真理なし。『イズベスチヤ』にニュースなし」と揶揄していたが、ゴルバチョフ時代になってしばらくすると新聞が俄然《がぜん》面白くなった。

ソ連社会の暗部や、スターリン時代の人権弾圧、粛清などについての歴史記録が続々と紹介された。ゴルバチョフは、「グラースノスチ（公開制）」政策で「言論の自由」をある程度認めることによって、国民のソ連社会への統合が高まることを目論《もくろ》んでいた。確かにジャーナリストや学者はゴルバチョフ政権に対する忠誠度を高めた。自己の仕事に対する注目が増すのでこれは当然のことだろう。

しかし、一般国民は情報公開によって、「われわれはこんなひどい社会に生きているのか」と逆にソ連社会への根源的幻滅感を深めていくことになる。もちろん、その過程で西側の情報専門家たちがゴルバチョフ改革を歓迎し、ソ連国家が内側から弱っていくことを画策していたことも間違いない。

「グラースノスチ」政策が公式に採択された一九八八年当時においても、大きなタブーが二つあった。一つ目は共産党一党独裁体制に対する疑念、二つ目は現下ソ連に深刻な民族問題が発生しているという事実の報道だった。共産党一党独裁体制のタブーが破られるのは九〇年になってからだった。しかし、民族問題については八八年初めにタブーにほころびが生じる。事件は、意外なところから始まった。

私が大使館に勤務する前の出来事であるが、八八年二月二十八日、アゼルバイジャン共和国の首都バクーに近いスムガイト市で、アゼルバイジャン人にアルメニア人が襲撃され、ソ連検察庁の発表でも死者三十二人、負傷者百九十七人に達した。「プラウダ」や「イズベスチヤ」でも事件当時は大きく報じられたが、「コーカサスの連中は熱しやすい」との見方で、事態をそれ程深刻視する見方はなかった。モスクワの外交団もソ連では民族問題は基本的に解決されているというソ連当局の見方を追認していた。KGBには民族紛争を抑え込む力が十分あると見ていたのである。

私は地方紙を整理している中でアゼルバイジャン共産党中央委員会機関紙「バクーの労働者」とアルメニア共産党中央委員会機関紙「コムニスト」が本格的に相互非難をしていることに目を留め、主要な記事をメモにまとめ、出来事に関するクロノロジーをつけていた。

アゼルバイジャンからアルメニアへの鉄道、道路が封鎖され、本格的な兵糧攻《ひょうろうぜ》めが始まっていた。問題の根源はアゼルバイジャン共和国内の自治州であるナゴルノ・カラバフだった。今回の事件は、アルメニア人の人口が八割を占める同州で、住民がアルメニアへの帰属変更を要求したことに端を発して起きた、本格的な民族紛争であるということが地方紙の記事を読み進める中で分かってきたのである。八九年二月、ソ連はナゴルノ・カラバフに事実上の直轄《ちょっかつ》統治を導入し、事態が深刻であることが明らかになった。私はハプスブルク帝国解体期のチェコのナショナリズムについては大学時代からずっと関心をもち研究を続けていた。そうした観点から、アゼルバイジャンとアルメニアの新聞記事を比較したデータに基づいて、ナゴルノ・カラバフ問題がソ連南部の安全保障を危うくする深刻な民族問題であるという見方を大使館の同僚に披露した。

その日から、私は民族問題の担当官になった。これまでの書類回し、コピー取り、掃除、翻訳の下請けに加え、私自身が責任を持って担当する事項が初めて与えられたのだ。今から考えると、これが情報分析専門官、佐藤優の誕生であった。この専門知識が後に私の外務省人生を大きく変化させることになるのだが、当時の私はそんなことは全く予測していなかった。

誰もがゴミのような扱いをしている地方紙から私にしか見えない「真実」を発見し、それを上司が評価してくれたことを無邪気によろこんでいたのだ。このときから仕事が本格的に面白くなってきた。

サーシャもナゴルノ・カラバフ紛争に強い関心をもっていた。

「ミーシャ、これからたいへんなことになるぜ。ロシア革命のツケがきたんだよ」

「どういうことだい」

「いいか。レーニン主義じゃない、マルクス主義の論理だと革命はどこで起きるか」

「資本主義のいちばん進んだところだ」

「そうだ。しかし、実際の革命は後発資本主義国のロシアで起こった。ボルシェビキはロシア革命に続いてドイツでも革命が起きるか考えた。ドイツやハンガリーでの共産党の決起は革命にはならず、すぐに鎮圧された。しかし、何よりも重要なのはドイツやハンガリーの国民が革命を望まなかったことだ。ボルシェビキ革命はロシア特有の病理現象だ」

「どういうことだ」

「昔からロシア修道院の狂信家が様々な陰謀を企てる。レーニン、トロツキー、スターリン、ブハーリンはこの種の狂信家だ。自らの夢想を実現するのにマルクス主義が役に立つから使っただけに過ぎない。マルクス主義のドクトリンなど小指の先ほども信じていない。狂信家は、いちばん初めに理性を飛び越える。その後は、合理的でシニカルになる。だからレーニンが狂信家型の修道士だということが見えにくい。しかし、僕たちインテリにはそれが見える」

「狂信と言っても何を信じているんだい。神じゃないだろう。それじゃ悪魔を信じているのか」

「ミーシャ、あいつらは神も悪魔も信じていない。嘘《うそ》をつくりだしてそれを信じるのがあいつらには楽しいんだ。楽しいし、面白いから嘘とシニシズムで塗り固められた国家を作り上げた。そんな遊びに巻き込まれたロシア民衆には迷惑な話だ」

「わかったようなわからないような話だが、それとナゴルノ・カラバフ問題がどう絡《から》むんだい」

「レーニンは陰謀家だ。権力を維持するためには何でもする。西欧のプロレタリアートに革命を引き起こす力はないことがレーニンにはわかった。そこで権力維持のために新しい同盟軍を見つけた。これがイスラーム教徒なんだ。ムスリム共産主義者という言葉を知っているか」

「知らない」

「一九二〇年代から三〇年代前半の革命文献を見れば山ほどでてくる。イスラーム教徒はソ連共産党にとって重要な同盟軍だ。そもそも、イスラーム教徒は権力者の言うことをよく聞く。党中央にとっては御しやすい。イスラーム教徒のアゼルバイジャン人とキリスト教徒のアルメニア人は今までも仲がよくなかった。ゴルバチョフが登場する前までは、モスクワは明確に親アゼルバイジャンの姿勢をとっていた」

「どうしてだい」

「アゼルバイジャンはカスピ海に面している。石油を確保するにはアゼルバイジャンを優遇することが適当と考えたのと、世界中に離散したアルメニア人は欧米にロビーをもっていて、人権干渉をしてきたからだ。それがゴルバチョフ政権になって変わった」

「軸足をアルメニアに移したということか」

「その通り」

「なぜだい」

「ソ連の知的エリートにユダヤ人、アルメニア人の占める割合は圧倒的だ。特に経済専門家は、科学アカデミーや大学だけでなくゴスプラン（国家計画委員会）もこの二つの民族で占められている。ペレストロイカ政策の主眼は経済の活性化だ。ただし、ソ連共産党中央委員会では反ユダヤ感情が強い。ユダヤ系専門家を登用するリスクをゴルバチョフは冒さない。従って、アルメニア人が政権中枢《ちゅうすう》に対して力を持つことになる。実際、アガンベギャン、アンバルツーモフなど現在、政権に影響力を持つ学者は、いずれもアルメニア民族主義者だ。ナゴルノ・カラバフのアルメニア移管要求の背景には、クレムリンでの民族バランスの転換がある」

「面白い。サーシャ、どこにあたればこんな分析を聞き出すことができるんだ」

「モスクワ大学哲学部出身者で、ソ連共産党中央委員会のイデオロギー部につとめている連中は事情によく通じている。そこから聞き出す。あとは科学アカデミーの哲学研究所と民族学研究所だ」

「誰か専門家を紹介してもらえないだろうか」

「ちょっと考えてみる。哲学研究所には人脈があるけれど、民族学研究所はガードが堅いので難しい」

「無理はしないでいいよ」

サーシャは無理をせず、科学アカデミーの学者を紹介してくれなかった。サボタージュしたわけではない。八八年の時点では西側の下っ端《したっぱ》外交官が科学アカデミーの研究所に出入りできるほどソ連の社会環境は開かれていなかったので、リスクを考慮したのだ。

それから約一年後、「グラースノスチ」政策が進展し、KGBによる外国人監視が緩くなると、サーシャは哲学研究所のレーニード・ポリャコフ上級研究員を紹介してくれた。ソ連崩壊後、ポリャコフ氏は哲学研究所の教授になり、ブルブリス国務長官が率いるエリツィン政権のブレイン集団（ブルブリス・チーム）に加わったので、この人脈は私の宝になった。

外務省ソ連課長の秘密ファイル

民族問題に関する私の情報や知識を大使館の上司たちは評価した。徐々に翻訳の下請けや記者会見のメモ取りだけでなく、私自身が何らかの判断や評価をしなくてはならないような複雑な仕事も任されるようになった。

大使館は週休二日制だが、国営タス通信のチェッカーには、土日や祝日でもニュースはいつもと同じペースで出てくる。政務班ではタス当番をつくり、土日に交替でニュースをフォローすることにしたが、私は他の人が「都合が悪いので当番を代わってくれ」と頼んできたときには、「代わるのではなくて、追加的に引き受けさせてもらいます」と答えた。ニュースをチェックすることが楽しかったのだ。

ソ連外務省プレスセンターは、外務省本体とは別の場所にある。白亜の巨大な建物がモスクワ川沿いのズーボフスキー通りにあり、その建物の半分が外務省プレスセンターで、残り半分が前に述べた民間会社「ノーボスチ通信社」だ。

プレスセンターの三階にはカフェがあるが、街では簡単に手にいれることのできないキャビア、イクラ、チョウザメの薫製《くんせい》が載ったオープンサンドウイッチ「ブッテルブロード」を格安で買うことができる。また、前に述べたサワークリーム漬けマッシュルームのグラタン料理「ジュリアン」も目の前のオーブンで焼いて出してくれる。本物のコーヒーがあるし、クレムリンの公式晩餐会《ばんさんかい》で出るチョコレート菓子も売っている。アルコールもシャンペン、ウオトカ、コニャックがいつでもある。

記者会見でたいしたニュースがないときは、モスクワの日本人記者とこのカフェでときどき意見交換をするようになった。記者たちは外交特権をもっていないので、情報収集の際のリスクも外交官より格段に大きい。

大使館は政務班十人、経済班十五人の体制でソ連情勢をフォローしているのだが、記者たちは二、三人で取材し、分析し、それを記事にしている。しかし、マンパワーの圧倒的に少ない記者たちが大使館員がとることのできない情報をとってくる。いつしか私の心の中では、「日本人記者たちに負けたくない」という職業意識が芽生えてきた。

モスクワの時差は東京の六時間（夏期は五時間）遅れである。日本時間の午前一時半、モスクワ時間では前日の午後七時半が朝刊最終版の締切なので、それより後のニュースは朝刊に間に合わない。そこで私はその日の朝刊よりも新しいニュースが東京の外務本省に届くように、毎日、午後十時までの情報を集めた上で、電報を東京に送るように心がけた。マスコミに「外務省は情報が遅い」と批判されたくなかったからである。

あるとき専門職の先輩に呼び出された。この先輩はロシア語はとても上手なのだが、通訳をすることはほとんどなく、ロシア人と会って情報をとることも全くしなかった。政務班で「プラウダ」と「イズベスチヤ」を赤鉛筆を引きながら端から端まで丹念にチェックしている。

私は人見知りをするので、大使館の同僚と飲みに行ったり、家族ぐるみで付き合うことはほとんどなかったのであるが、この先輩とだけは波長が合うので、ときどき食事に行ったり、一緒に海外旅行をしたこともある。

先輩は「大使館ではなく外で話をしよう」と言うので、私たちは「赤の広場」からそう遠くない「インツーリスト（外国人旅行者）・ホテル」に行った。このホテルにはドル・バーがあって、ロシアの酒だけでなくイギリスのスコッチウイスキーやアメリカのバーボンが揃《そろ》っている。私はウイスキーソーダ、先輩はウオトカ、つまみにアメリカ製のミックスナッツの缶詰を注文した。

「佐藤氏、あまり無理して仕事をしない方がいい。あいつら（キャリア職員）を増長させるだけだ」

この先輩は後輩を呼び捨てにしない。いつも、「〇〇氏」と呼んでいた。

「無理はしていませんよ」

「いや、無理をしている。若いときはみんなそうなんだ。そしてあいつらは、それを散々利用して、上に昇っていく」

「そうでもないでしょう。それは役人だから出世はしたいでしょうが、それだけじゃないでしょう。キャリアの連中もロシア専門家なのですから、自分の仕事に生きがいを感じているのだと思います。そう考えないと淋《さび》しいじゃないですか」

「いや、あいつらは基本的に出世しか考えていない。それがダメになると威張り散らすことかカネを貯《た》めることしか考えない。それだけだ。見ていればわかる。しかし、佐藤氏は無理をしている。このままでは体を壊す。そうなるとあいつらは、簡単に佐藤氏を切り捨てる。そういう奴《やつ》らだ」

その話を聞き終えると、私はウイスキーソーダを一気に飲み干して先輩に言った。

「率直に言いますけど、それはえらくいじけた物の見方ではないですか」

先輩が腹を立てると私は予想していたのだ。しかし、そうではなかった。

「そうかもしれない。『若い頃の苦労は買ってでもしろ。将来の肥やしになる』と言うけれど、これはひとこと抜けている。自分の肥やしではなく、他人の肥やしになるんだ」

「それはそれでいいじゃないですか。それで仕事が動くならば」

「違う。あいつらに肥やしを与えて増長させても日本のためにならない。佐藤氏がほんとうに大きな仕事をしたいなら、早く外務省を辞めることを考えた方がいい。学者になってもいいし、あるいは新聞記者になってもいい。佐藤氏は金儲《かねもう》けには関心がないようだから商社員は勧めない。自分の将来は自分で組み立てることだ。外務省を信頼してはだめだ。四十歳を超えると外務省の給料は急によくなるのでやめられなくなる。決断はできるだけ早くしたほうがいい」

「本気で転職を考えたことがありますか」

「ない。俺はプライドを捨てた。あいつらが裏で俺を小馬鹿《こばか》にしていることはよくわかっている。ただ俺はソ連がこれからどうなっていくか、自分の眼で見たいんだ。ロシアとは一生付き合っていってもよいと思っている。だから大学でもロシア語を勉強したんだ。

それに、四十代前半で月百万円近い収入を保証してくれる職場など他にない。カネのためならば仕方ない。俺のところには仕事が降ってこない。それはそれで結構な話だ。ただし、モスクワ生活を妻も子供もエンジョイしている。モスクワ大学研修中に知り合ったロシア人、チェコ人、イタリア人たちとも往《ゆ》き来をしている。俺は日本も好きだけど、ロシアもそれと同じくらい好きだ。どの国にもいい奴もいれば狡《ずる》い奴もいる。その比率も同じだ。

ただし、日本外務省のロシアスクールには狡い奴が多すぎる。ロシアスクールのボスの機嫌だけ、誰もが窺《うかが》っている。表面上、『鉄の団結』などといっている。確かに他のスクールに対しては団結している。しかし、実はみんな仲が悪い。足の引っぱり合いだけをしている」

「なんでそうなるのですか」

先輩はショットグラスのウオトカを飲み干して言う。

「ロシア語キャリアは一期二人だろう。ソ連課長の任期は二、三年だ。つまりロシア語を研修したキャリアの内、平均すれば五人に四人は入省二十年で間引かれてしまう。英語研修ならば（イギリスを担当する）西欧第二課長、ドイツ語研修ならば（ドイツを担当する）西欧第一課長にならなくとも、局長、外務審議官と出世することができる。しかし、ロシア語の場合、ソ連課長になれなければ、将来の出世街道は閉ざされる。それだから、キャリアの連中はひどく陰険な足の引っぱり合いをする。小町さん（後の欧州局長、現オランダ大使）と丹波さん（後の外務審議官、前ロシア大使）が犬猿の仲だということは誰もが知っている。専門職はどのソ連課長経験者の引きがあるかで、将来の運命が決まる。

だから、ロシアスクール内部でさらに派閥ができる。それに、うまくカネを引っぱってくることのできる会計班のやつらが加わる。俺はそういう足の引っぱり合いに巻き込まれたくない。それでも生き残ることはできる」

「どうやってですか」

「ロシアスクール内部のいろいろなことを、きちんと記録につけて記憶しておけばよい。

俺に手をつけようとすれば、本当のことが表に出るという雰囲気を醸《かも》し出しておけばよい」

「脅迫じゃないですか」

「そうじゃないよ。あいつらのやり方をちょっとだけ使わせてもらうだけだ。ソ連課長席の横に四段キャビネがあるだろう」

四段キャビネとは、回転錠とシリンダー錠のついた耐火仕様の金庫型キャビネットのことだ。

「ここにロシアスクール関係者全員のセックス絡《がら》みのスキャンダル、ロシア娘やKGBとのトラブル、カネを巡るスキャンダルなどの情報がメモの形で入っている。ソ連課長になるとそのメモを見て、いざとなるとスクールの関係者を脅す。課長自身に関するメモは、消し去ってしまう。これがあいつらの力の源泉なのさ。しかし、課長になるような連中も若いときには脛《すね》に傷がある。俺はそれをよく覚えている」

先輩は具体的な話を何件かした。

「それが実態なんですか。それにしてもわがロシアスクールも体質はソ連みたいですね」

「佐藤氏、俺たちがいくらソ連を嫌っていても、長く付き合っていると体質は似てくるんだよ」

第四章　リガへの旅

ラトビア人民戦線

サーシャは、ラトビアに戻り、ソ連を破壊するために活動すると言っていたが、それははったりではなかった。

一九八八年十月八、九日、リガでラトビア人民戦線の創設大会が行なわれた。人民戦線はゴルバチョフが進めるペレストロイカを支持する一種の体制翼賛運動を建前としていたが、そのなかにはソ連からのラトビア独立を真剣に考える民族主義者や、逆にソ連を帝国として維持するためにはマルクス・レーニン主義と絶縁した国家社会主義体制を作るべきであるとする帝国主義者も含まれていた。

この帝国主義者の代表格は、ビクトル・アルクスニス空軍大佐だった。アルクスニスは二、三カ月で人民戦線を離れ、八九年三月の総選挙でソ連人民代議員（国会議員）に選ばれソ連維持運動の中心的人物になる。

アルクスニスは常に黒い革のジャンパーを着ていたので、「黒い大佐」と呼ばれていた。ゴルバチョフ、エリツィンの双方に飽き足らない国家主義的な改革派や地方の中堅共産党員、さらに少数民族エリートを味方に付け、ソ連議会の過半数を占める院内会派「ソユーズ（連邦）」の代表になる。

サーシャから広がった私の人脈はアルクスニスにつながるが、私はこの「黒い大佐」から政治とは生命を賭《と》して行なうもので、人間は言葉に対して責任を負わなくてはならないということを教えられた。アルクスニスと私の不思議な物語については、後で詳しく説明したい。

ここで読者の理解を助けるために沿バルト諸国について少し説明しておこう。

バルト海に面したエストニア、ラトビア、リトアニアは、文化的には西ローマ帝国の影響下にあった。宗教もエストニア、ラトビアではプロテスタンティズム（ルター派）が主流で、リトアニアはカトリックだ。

民族的にエストニア人はフィンランド人と近い。エストニア人とフィンランド人は通訳を介さないでも言っていることがだいたいわかる。エストニア語はフィン・ウゴル語族に属する。英語、ドイツ語、ロシア語などの印欧語族とは異なる系統で、ヨーロッパ言語ではハンガリー語がこれに近い。

これに対して、ラトビア人、リトアニア人はバルト系民族という独特の系統で、ラトビア語、リトアニア語は印欧語族に含まれるが、ドイツ語、ロシア語からは相当離れている。文法（特にリトアニア語）は古代インドのサンスクリット語に近く、その観点から言語学者がひじょうに興味を持つ言語である。

現存するバルト系民族はこの二つだが、つい二百年前まではリトアニアの西隣にプロイセン人という民族が住んでおり、リトアニア語に近いプロイセン語を話していたが、ドイツ人に同化してしまった。プロイセン語に訳されたルターの教理問答が本になっており、日本でもプロイセン語を研究している学者がいる。

第一次世界大戦後、一九二〇年にこの三国は独立。背後に英米があり、反ソ緩衝国家としての位置付けが与えられた。

日本はラトビアの首都リガに巨大な公使館と武官府を設置し、対ソ情報収集活動の基地にした。日本の外交官でラトビアでロシア語を研修した者も多い。戦前、最盛期にリガの日本人は六百人を超えたという。戦前の日本公使館は、ソ連時代には結婚宮殿（公営の結婚式場）になったが、二百人くらいの職員が勤務することのできる立派な建物だ。

リトアニアの首都カウナスには領事館が設置された。外務本省の訓令に違反してナチスの迫害から逃れようとする六千名のユダヤ人に通過査証（トランジット・ビザ）を発給したことで、「日本のシンドラー」と言われた杉原千畝《ちうね》氏が、在カウナス日本国領事館領事代理として勤務していた。

一九三〇年代になると沿バルト三国における英米の影響は後退し、ナチス・ドイツの影響が強まった。当然、これらの諸国と日本の関係もよくなる。ところが、ナチス・ドイツは、三九年にソ連と取り引きし、ドイツがポーランドの西半分を占領する引き替えに、ポーランド東部と沿バルト三国はソ連に併合することに合意した。このことはモロトフ・リッベントロップ秘密協定に記されている。

ちなみにこのとき、当時ポーランド領だったビルノ市を割譲し、それがリトアニアの現首都ビリニュスになる。ポーランドとリトアニアはビルノ（ビリニュス）の帰属を巡って戦前極めて険悪な関係にあったが、スターリンはリトアニア民族主義者の失地回復要求を巧みに利用して、リトアニアのソ連併合を実現したのである。

ラトビア、エストニアは工業国で、従って労働運動を通じて共産党の影響が強かった。たとえば一九一七年の社会主義革命に際してロシアやウクライナが内戦状態になったときリガの狙撃《そげき》兵団は、ボルシェビキ側につき、ソビエト権力確立に貢献した。

両国と比較して農業国であるリトアニアは保守的な傾向が強い。しかも、リトアニア人は、かつてリトアニア・ポーランド連合王国の時代に中央ヨーロッパ、西部ロシア、北イタリアに至る大版図をもった「歴史の記憶」をもっているので、スターリンとしてもリトアニアの民族感情には一定の配慮をしたのであろう。

戦後、アメリカは沿バルト三国のソ連併合を認めなかった。そのため、駐ソ・アメリカ大使館員は、本国の指令により沿バルト三国に旅行することを禁止されていた。沿バルト三国にソ連政府の了承を得て訪問することが、黙示的にソ連の占領を認めることになるのを懸念《けねん》したからである。

私とサーシャが出会った頃、エストニアの人口は約二百万人で、五〇％強がエストニア人、ラトビアの人口は約三百万人だがラトビア人の比率は五〇％を若干切っていた。特に首都リガでは、地下鉄工事でロシア系住民が大量に流入し、ラトビア人の比率は三〇％程度に下がっていた。

ロシア語でラトビア人を「ラティシュ」と言うが、それとは別に「ラトビッチ」と言われるソビエト型ラトビア人が生まれてきた。ラトビア人だが、母国語よりもロシア語の方が上手な連中で、思考も民族よりもソ連国家を大切にするというインターナショナリストだ。一九九一年八月のクーデター未遂事件で「非常事態国家委員会（G・K・Ch・P・［ゲー・カー・チェー・ペー］）」に加わって、最後に夫人を巻き添えにして自殺したプーゴ・ソ連内相は典型的な「ラトビッチ」だった。

リトアニアは人口四百万人だが、リトアニア人の比率が八〇％あり、残りはロシア人とポーランド人が約半数ずつだった。リトアニア人はソ連時代も日常的にリトアニア語を使い、カトリック教会に通っていた。

沿バルト三国では、モスクワよりも商店に物資が豊富で、また、地元新聞・雑誌では検閲が緩かった。モスクワの道路は穴ぼこだらけなのだが、沿バルト三国では舗装が行き届いており、しかも高速道路で三首都が結ばれ、自動車での移動が容易である。途中にドライブインもある。もっともこれは住民の便利のためにというよりも、西側に最も近い地域なので、軍隊が機動的に移動できるように道路インフラの整備にソ連が力を入れていたというのが真相だった。

アルバート通り

話をサーシャに戻す。前述したようにラトビア共和国のラトビア人の人口は五割を切っていた。さらに「ラトビッチ化」して、ラトビア語よりもロシア語の方が得意なラトビア人も相当数いたので、ラトビア人民戦線の機関紙「アトモダ（覚醒《かくせい》）」は、ラトビア語とロシア語で発行されていた。

「アトモダ」のロシア語版は、ラトビア語版の翻訳ではなく、独自の編集体制をとっていた。サーシャはロシア語版「アトモダ」の副編集長に就任し、政治論文とともに帝政ロシア時代の思想家やレーニンによって追放された思想家の紹介についてユニークな論文をいくつも発表した。

一九八九年に入るとバルト諸国では検閲が事実上なくなった。サーシャはラトビア作家同盟にコネをつけ文化雑誌「ロドニク（泉）」を乗っ取り、反ソ思想、ロシア民族主義思想に関する従来禁書となっていた文献の掲載を精力的に行なった。サーシャの名前は、ラトビア知識人の間でのみならず、モスクワの異論派の間でも有名になった。

モスクワの中心部にアルバート通りというユニークな通りがある。日本大使館から徒歩四、五分のところにある。ブレジネフ時代、当局からは歓迎されていなかったが、若い人たちや異論派から熱烈な支持を得たブラート・オクジャワやウラジミール・ビソツキーというシンガー・ソング・ライターがいた。特にビソツキーのレコードはすぐに売り切れた。またビソツキーやオクジャワのコンサートを録音したカセットテープの海賊版があちこちに出回っていた。オクジャワの「アルバート通り」という歌は大ヒットした。

ブレジネフ時代から、この通りでは政治風刺のかなりきわどい内容の詩の朗読でもお目こぼしされていた。ゴルバチョフは、改革の象徴として「アルバート通り」を用いることにした。ここでは協同組合という形で市民が小さな屋台を出して、土産物を売ったり、コーヒーやサンドウイッチを売ることが認められた。

ロシアには「マトリョーシュカ」という入れ子人形がある。白樺《しらかば》を削って作った人形に絵の具でロシアの農婦の顔を描く。その人形の中に一回り小さい同じ顔の人形が入っており、五個入り、七個入りが標準だが、十五個入りというものもある。アルバート通りの屋台では、ゴルバチョフの入れ子人形にブレジネフ、フルシチョフ、スターリン、レーニンを入れたものが売り出され、外国人観光客にとってよい土産になった。

この土産物屋のそばで若い活動家たちが異論派の謄写版《とうしゃばん》刷りの印刷物を販売している。もちろん違法行為だ。KGBはその様子を注意深く観察しているが、アルバート通りでは手を出さない。こうした活動家が販売している印刷物を購入すると、面倒に巻き込まれる危険があるので、私自身は購入しなかったが、何が売られているかは注意深く観察していた。ロシア語版「アトモダ」が頻繁に売りに出されているのを目撃するとサーシャの顔が目に浮かんだ。

アルバート通りの入り口に「プラガ」というレストランがある。ロシア語にはHの発音がないのでGで置き換える。横浜はヨコガマ、ヘーゲルはゲーゲリになる。プラガとはプラハのことだ。

当時、チェコのプラハには「モスクワ」というレストランがあり、社会主義友好国の文化交流の一環として、「モスクワ」と「プラガ」で料理人の相互派遣が行なわれ、「プラガ」ではチェコ料理やドイツ料理を出した。大使館から近いのでサーシャを誘って、ときどき「プラガ」で大酒を飲んだ。人民戦線を組織した後、一時的にモスクワに舞い戻ってきたサーシャとここで食事したことがあった。

「プラガ」では帝政ロシアの貴族料理の伝統を引き継ぐおいしいロシア料理も出す。特にブリンヌィというパンケーキの前菜は絶品だ。そば粉が少し入ったパンケーキにスメタナ(少し軟らかいサワークリーム)を塗り、それにキャビアをのせて包む。軽くスモークしたサーモンやチョウザメをのせてもおいしい。これでウオトカを一杯やるのだ。それからチェコ料理では、薄切りハムにホースラディッシュをつけ、サワークリームを包み、それをゼリー固めにした前菜がおいしい。ここには塩気があまりないグルジアの炭酸入りミネラル・ウオーター「ナルザン」が置いてあるが、これがイタリアの「サンペリグリノ」に近い味でなかなか美味《おい》しいのだ。

ロシアではビーフステーキがおいしい店があまりないのだが、「プラガ」のチェコ風のステーキはなかなかいける。ソ連崩壊後、西側の影響で今ではレアやミーディアムレアのステーキを好むロシア人も増えてきたが、ソ連時代はウエルダンと決まっていた。

「プラガ」にはチェコ人のシェフがいるので、ミーディアムででてくる。そして、細かく切った玉葱《たまねぎ》とマッシュルームを油でからっと揚げて横に目玉焼きがついたもの、また、ジャガイモをサワークリームで軽く煮込みチーズをつけてオーブンで焼いたものが付け合わせだった。どちらもウオトカととても合うのだ。さらに、デザートには本格的なチョコレートケーキがでてくる。

「ミーシャ、ソ連とチェコの関係はなかなかいいな。このメシでよくわかる」

「メシで国と国の関係がわかるのか」

「わかる。例えば、レストラン『ペキン』の中華料理の味でソ中関係がどうなっているかわかるというのは有名な話だ。蜜月時代《みつげつ》には北京からシェフが来て、食材も中国から空輸していた。関係が悪くなるとまずシェフが引き上げ、その後、食材も来なくなった」

「そうだね。『ペキン』の料理がロシア料理でも中華料理でもないことだけは確かだ」

確かに当時、モスクワのチャイコフスキー・コンサートホールの向かいにあるレストラン「ペキン」の中華料理はお世辞にもおいしいとは言えなかった。チャーハンは黒こげメシに卵と鷹《たか》の爪《つめ》を入れてひまわり油でべたべたに炒《いた》めた文字通り「化け物料理」だった。

もっとも、中ソ関係が改善した後、一九九一年には中国人シェフが派遣され、食材も再び中国から空輸されるようになり、本格北京ダックや麻婆豆腐《マーボードーフ》、鯉《こい》の甘酢あんかけなどもだされるようになった。ただしホールが二つに分けられ、本格中華料理はクレジットカード・オンリーの「外貨ホール」でしか食べることができなかった。

「ミーシャ、レストラン『デリー』に行ったことはあるか」

「ない」

「ここはうまい。特に鶏《とり》料理がうまい。ソ連とインドの関係がいいからだ」

「サーシャの友だちにチェコ人はいるか」

「一人もいない。チェコからの留学生はたくさんいるが、あいつらは陰険だ。ポーランド人やユーゴ人は俺たちに突っかかってくるのでそれなりに議論にもなる。スロバキア人はユーゴの連中に似たところがあるが、チェコ人は違う。東ドイツの連中に似たところがある。礼儀正しいし、真面目《まじめ》だが打ち解けようとしない。それにウオトカを飲まない」

「そうでもないだろう」

「ロシア人と腹を割って本気でウオトカを飲むのは、ポーランド人とユーゴ人だ。それにフィンランド人もよく飲む。チェコ人は本気でウオトカを飲まない。それから、ロシア人以上にウオトカを飲むのは、ウクライナ人、ポーランド人、そして日本人だ。ミーシャと会って驚いたが、日本人は恐ろしい量のウオトカを飲む。それで平然としている」

私は酒は決して好きではない。その証拠に家で酒を飲むことはまずないし、酒の買い置きもしていない。しかし、どういう訳かウオトカやウイスキーは相当程度、具体的には一晩で二、三本くらいならば身体《からだ》に入ってしまうので、私しか日本人を知らないロシア人が「日本人はロシア人以上にウオトカを飲む」と誤解することがときどきあった。以前にも述べたが、ロシア人にとってウオトカは人間性を調べるリトマス試験紙の意味がある。素面《しらふ》のときと酔ったときで、言うことや行動に極端なギャップのある人間をロシア人は信用しない。特に政治家にその傾向が強い。

外務省の研修で「欧米人は酒を強要しないので、日本の調子で相手に酒を勧めると顰《ひん》蹙《しゅく》を買う」と教えられたが、ロシアでは日本以上に酒を強要する文化がある。そして酔った後の乱れ方をみて、その人間を信頼してよいかどうか判断するのだ。

ちなみにウオトカで酔い潰《つぶ》れる類型は二つに分かれる。

一番目は、「おもらし型」だ。足が立たなくなり、腰が抜けて床の上に倒れてしまう。そして床に嘔吐《おうと》する。やがて身体全体の筋力が抜け、よだれをたらし、小便を洩《も》らす。糞《くそ》を洩らす奴《やつ》もいる。しかし、この類《たぐい》の酔い潰れ方ならば、極端なトラブルに巻き込まれることはない。

問題は二番目の「プッツン型」だ。足腰はしゃんとしているのだが、話の内容が支離滅裂になり、その内、記憶が完全に途絶えてしまうのである。

あるとき後輩とレストランでウオトカを五本ほど空けて、その後輩を私はアパートまで送り届けた。一階のエレベーターのところで後輩が言う。

「佐藤さん、もうここでほんとうに結構です。玄関まで送られるとカミさんに怒られるので、ほんとうにここでいいです」

午後九時くらいだったので、私は「わかった。ここで失礼するよ」と言って別れた。

翌朝、七時過ぎに電話が鳴り続けるので、出てみると後輩だった。

「佐藤さん、昨晩、何時まで一緒に飲んでいましたか」

「九時少し前までだよ」

「家まで送っていただきましたか」

「送っていったよ。エレベーターの前で別れた」

「……」

「記憶がないのか」

「実は記憶が飛んでいるのです。それでカミさんによると、家に戻ってきたのは午前四時くらいなんですが、その間の記憶がないのです。それで佐藤さん、僕は佐藤さんに喧《けん》嘩《か》を売ったり、殴りかかったりしていないでしょうね。ちょっと心配になって」

「何もなかったよ。楽しい酒だったよ。何を気にしているんだい」

「実は手に血糊《ちのり》がついていて、何カ所か擦りむけているんです。僕も何カ所か殴られた形跡があるので、きっと誰かと喧嘩をしたと思うんですけど……」

幸いこの後輩がその後、トラブルに巻き込まれることにはならなかった。「プッツン型」は大事故に巻き込まれる危険性が高い。この場合の防衛策は、どれくらい飲んだら自分がどうなるかをよく理解しておき、臨界線を越えそうになったらウオトカ・グラスを手許《てもと》から投げ捨てることだ。

モスクワ大学の寮で飲んでいて「プッツン型」が出そうになると、サーシャはウオトカ瓶を逆さにして窓から流してしまう。それから「プッツン型」を自覚しているロシア人は、危なくなると寝室、風呂《ふろ》、お手洗いなど内側から鍵《かぎ》のかかる場所を見つけて、その中でうずくまるという自衛策を身に付けているのを見て、私は舌を巻いた。

ラトビア特急

「ミーシャは、チェコの神学を研究したいと今も思っているのか」

「思っているよ」

「そうか」

サーシャは溜《た》め息をつく。

「何か問題があるかい」

「ある。ミーシャはチェコよりもロシアの方が向いていると思う。チェコ人はその本質からしてコスモポリタニストだぜ。あいつらは普遍主義者だ。表面上、おとなしくしているが、実は世界でいちばん頭がいいと思っている。ミーシャには、確かにチェコ人的なところもある。しかし、ミーシャの思考法は普遍主義じゃない。人類共通の価値なんか信じていない」

「サーシャ、じゃあ僕は何を信じているというのか」

「何かを信じようとしている。ただし既成の思想は何も信じていない」

「そうかな。神学的立場はひじょうに伝統的プロテスタンティズムだと思っているのだけれど」

「プロテスタンティズムというのは抵抗者の思想だろう。カトリシズムに対して抵抗しているので、積極的に何かを主張しているわけではない」

「それはそうだ」

「プロテスタンティズムは基本的に壊しの思想だ。しかもミーシャの国では圧倒的少数派だ。ラトビア人もプロテスタントだが、人口の大多数だ。だから僕にはプロテスタンティズムの問題が見える。彼らは基本的に何かを内側から創《つく》り出すことができない。ソ連イデオロギーに対抗することはラトビア人民族主義者にできる。しかし、問題はその先だ。ソ連は必ず壊れる。その先でラトビア人が何かをつくっていくことができるかだ」

「率直に言ってどう思うんだい」

「懐疑的だ。ラトビア人は何も創り出すことができない。個人の生活に埋没し、民族も国家も内側から崩れていくような気がする。この弱さがあったからラトビアはソ連に占領されたのだと思う」

「言っていることは何となくわかる。それじゃラトビアがソ連から独立しても意味がないじゃないか。サーシャ、君は何でそんな意味のないことにリスクを冒してまで深入りするんだ。それよりもモスクワ大学に復学して大学の先生か科学アカデミーの研究員になればいいじゃないか」

「嫌だ。ソ連は腐りきっている。大学からも腐臭がする。何でディーマが徴兵にとられなければならないんだ」

「ディーマはどうしているんだ」

「バイカル湖の側の部隊にいる。古年兵にだいぶ虐《いじ》められているようだ」

「殴られるのか」

「殴りはしない。カネや食料品を巻き上げられるくらいで済んでいるようだ。ただしモスクワ大学出身者は一人しかいないので、毎日、イヤミを言われているということだ。あのとき召集された連中がみんな嫌な思いをしているのに、僕だけが学者になりたいと言って、のこのこ大学に戻ることなんてできない」

「それはわかる。しかし、サーシャが大学に戻ることをディーマも喜ぶと思うよ。率直に言うが、サーシャは、生き急ぎ過ぎている。まだ二十四歳じゃないか。持ち時間はもっとある。今は潜在力をつけておいた方がいい」

「ミーシャ、それは違う。持ち時間はあまりない。ロシア人に集中力はある。しかし、それは長時間続かない。ペレストロイカでインテリの政治意識が活性化している。しかし、それはそう長く続かない。持ち時間は限られているんだ」

「どれくらいだと考えているんだ」

「長くてあと三年と思う。そこで結果が出なければ、インテリは再び個人生活の殻に戻ってしまう」

「三年とする根拠は」

「ロシア革命だって、フルシチョフによるスターリン批判だって、社会が本格的に流動化したのは三年くらいだ。それを超えると社会の振り子は保守に振れる。ロシアの民衆は基本的に保守的で変化を好まない。

三年以内にソ連が壊れれば、民衆の保守性はソ連体制を壊した指導者になびく。逆にこの期間に壊すことができなければ、民衆の保守性は共産党官僚になびく。『機会の窓』が開いている時間は限られている」

サーシャは、ラトビア人民戦線を立ち上げ、その中心人物となり、ラトビアや沿バルト三国はもとより、モスクワでも一目置かれる若手政治イデオローグという地位を摑《つか》んだにもかかわらず、「これは違う」と悩んでいた。

私自身は、日々の大使館業務に追われても毎日最低二時間は神学や哲学の勉強を続けることを日課にしていた。どんなに夜遅くなっても、仕事を自宅に持ち帰ることはせずに、大使館で終えた。

レストラン「プラガ」でサーシャの話を聞きながら、近い将来にチェコに転勤して、大使館業務のかたわら神学研究を続けようという考えが、何か中途半端《はんぱ》に思えてきた。本格的に神学をするならば外務省をさっさと辞めてチェコに行けばよい。既にプラハの神学者たちとの人脈はできているのでそれは可能だ。しかし、自分の胸に聞いてみると、どうしてもそれに踏み切ることができない。なぜなのだろうか。結論はでなかった。

前にも述べたようにロシアではウオトカを飲み干す前に、必ず乾杯の音頭《おんど》をとらなくてはならない。私はボーイにショットグラスを下げてワイングラスをもってくるように頼んだ。そしてワイングラスになみなみとウオトカをつぎ、「開かれた三年間の窓のために乾杯」と言って、ウオトカを飲み干した。サーシャもウオトカを飲み干した。

「サーシャ、僕は宮仕えなので、いつまでモスクワにいることができるか自分で決めることができない。通常は二年で東京に帰るから、僕の持ち時間は来年の夏までだ。ただし、仕事が認められればそれに一年プラスしてモスクワに残ることができる。そうなるように努力してみる」

「僕は相談相手が欲しい。ミーシャがモスクワにいてくれると頼もしい。ミーシャがモスクワに残るために僕にできることがあるか」

「ある」

「なんだい」

「僕が大使館幹部の役に立つようになればよい。具体的には大使館の幹部が要人と会えるようにすることだ。それからモスクワの動向についても、バルト情勢についても僕がほんものの専門家になることだ。どうやったらロシア人の内在的論理がわかるようになるかサーシャの適切なアドバイスが欲しい」

「ミーシャは既にロシア人の内在的論理もチェコ人の内在的論理もわかっているよ。他人が何を考えているか、心理をつかむ能力がある。だから僕が手伝えることはない」

「そんなものはないよ」

「いやある。モスクワでは今まで会わせなかったキーマンたちに会わせる。それから近い内にリガに来ないか。出張だと身動きが窮屈になるので、奥さんと週末に観光でくればよい。そのときにいろいろな連中と会わせる」

「それは感謝するが、観光と言いながら情報収集活動をしているとKGBにインネンをつけられることにはならないか」

「それはない。リガでは誰がKGBの協力者かは僕はすべて知っている。変な奴が近付いてきたら教えるよ。それにあいつらは、ほら二つ向こうのテーブルにカップルがすわっているだろう」

確かに二つ向こうのテーブルにカップルが座っている。

「連中はＫＧＢか」

「そうだ。僕たちが入ってきてから十五分くらいしてやってきたが、シャンペンをとっていない。女連れで高級レストランに来てシャンペンをとらないなんて考えられない。それから、ウエイターがメニューをあれこれ勧めない。チップをくれないとわかっているからだ。ミーシャ、あの連中は様子を見ているだけで、こちらに手を出すつもりはない。空気が変われば僕にはそれがわかる」

「わかった。面白そうだ。近いうちにリガに行くことにする。飛行機で二時間くらいか」

「そうだけど、飛行機はやめたほうがいい。天候不順でしょっちゅう欠航になるし、それから外国人が空港に着くと自動的に監視される。汽車で来ればよい。夜行列車のＳＶ（エス・ヴェー＝特等寝台室）をとればそう疲れない」

「わかった。そうする」

プラガでサーシャとそんな会話を交わした翌月、私は妻を連れてリガへ「観光旅行」

に出かけた。

ところで、ロシアの鉄道駅には、レニングラード駅、キエフ駅など行先地の名前が付けられている。だから、モスクワにモスクワ駅はないのである。

ロシア南部や中央アジアに行くときはカザン駅、シベリアに行くときはヤロスラブリ駅、サンクトペテルブルグや北欧に行くときはレニングラード駅から、ヨーロッパに行くときはキエフ駅から列車が出る。これらの駅はいずれも国際列車が発着するのでにぎやかだ。同時に外国人が往来するのでKGBの監視も厳しい。

沿バルト三国のうちエストニア、リトアニアへはレニングラード駅から列車が出る。しかし、ラトビア行きだけはモスクワ市北西、「平和大通り（プロスペクト・ミーラ）」沿いにあるリガ駅からとなっている。帝政時代からリガは軍事上の要衝で、現在も沿バルト軍管区司令部が置かれているので、モスクワとリガをつなぐ独自の鉄道が必要とされたのであろう。

リガ駅の向かいには、「リガ市場」という集団農場（コルホーズ）の農民が自営地で作った野菜、果物、肉、卵などを売る自由市場があったが、ここはソ連時代からマフィアが仕切っている市場として悪名高く、治安もあまりよい地域でないので、外国人旅行者は寄りつかなかった。従って、KGBの監視も他の鉄道駅に比べれば緩い。殺風景なリガ駅に着いて、私はサーシャのアドバイスが適切だったことがわかった。

午後七時過ぎに列車が出る。リガまでは十四時間の旅だ。サーシャの勧めに従い、SVを予約した。二畳間より少し狭いくらいのコンパートメントに蚕棚《かいこだな》式の二段ベッドがついている。窓に面してテーブルがついており、その横に小さな洗面台がある。その後、私が経験することになる東京拘置所の独房を半分くらいの大きさに縮めたような部屋で、長旅にも対応できるつくりになっている。ちなみに、シベリア横断鉄道のSVもこれと同じ作りだ。

私たちが乗った列車の車体は橙色《だいだいいろ》に塗られ、ラトビア語とロシア語で「ラトビア特急」と書いてあった。車内の表記もロシア語だけでなくラトビア語が並記されている。ソ連の少数民族言語は基本的にキリル文字（ロシア文字）で表記されているのだが、沿バルト三国についてはラテン文字表記がなされているのだ。公共の場所ではラテン文字を見ることがあまりないので、この列車に乗った途端に異国情緒が感じられた。

各車両に女性の車掌が乗っているが、切符の点検だけでなく、ベッドメイキングや紅茶、菓子類の販売もしている。列車は電気機関車で引かれているが、暖房は石炭なので車内には石炭殻の臭《にお》いがし、窓は煤《すす》で曇っている。

カラマーゾフの兄弟

リガに着くと、ホームまでサーシャが迎えに来ていた。傍らには身長一六五センチくらいの中年女性を連れている。黒縁の度の強い眼鏡をかけて、こげ茶色の毛皮のコートを着ていた。それがカーチャだった。

駅で白タクを拾い、私たちは「ラトビア・ホテル」にチェックインした。ソ連時代、ホテルに宿泊するとお客は、パスポート（十四歳以上のソ連市民は全員国内パスポートをもっている）を支配人に預けなくてはならなかった。ソ連で勤務する外交官の場合、「外交官身分証」を常時携帯しているので、これを預けることになる。ホテル側は警察に誰が宿泊しているかを届ける。外国人についてはＫＧＢにも通報する。

ソ連外務省に私は旅行通報をしたので、リガのＫＧＢは私たちが列車で何時に到着するか知っている。直《す》ぐにホテルにチェックインしないでサーシャのアパートに行くと、ＫＧＢが「いったい何をしているのだ」と無用な関心を抱くので、手続きだけは早くきちんとしておいた方がよいというのがサーシャの判断だった。

チェックインを終えると、私たち四人はホテルのカフェでコーヒーを飲んだ。モスクワではお目にかかったことがないような、何ともいえないおいしさだった。ちょっと酒の香りがするので尋ねてみると、「バルザン」というリガの薬草酒が少し入っているということだった。その上にホイップクリームがのっている。私は以前、ダブリンで飲んだアイリッシュ・コーヒーを思い出した。

サーシャとカーチャの住まいは、リガ市の少し外れにあった。周囲にはソ連軍の基地がある。モスクワの住宅は、ほとんどが日本のマンションや団地のような作りの集合住宅だが、サーシャたちの家は東欧やドイツでときどき見かける二軒続きの住宅だった。一九二〇年代に建てられたということだが、スチーム暖房が入り、木の床が何とも言えない温かい雰囲気を醸《かも》し出している。床にはペルシャ風の絨毯《じゅうたん》が敷かれ、壁にも絨毯がかけてある。部屋の至る所に天井まで届く本棚が置かれ、文学書、哲学書、神学書、歴史書が二段詰めになっている。英語の本も多い。それから床の上には雑誌が山積みになっている。この家の主《あるじ》が一級の知識人であることを示していた。

サーシャがいれた濃いトルコ・コーヒーを飲みながら話をした。カーチャは厳しそうな顔をしているが、決して気難しい性格ではない。議論は徹底的に行ない、他者の見解を舌鋒《ぜっぽう》鋭く批判するが、自説が論破されればそれは素直に認める。意見が異なる人とでも、人間的信頼関係はきちんと維持することができる、最良質のインテリだ。サーシャの思考の柔軟性は、カーチャの影響によるものだということが、よくわかった。

「あなたはどうしてロシア名で『ミーシャ』と名乗っているの」とカーチャが尋ねてきた。

「マサルという本名は、ロシア語では男性形でも女性形でもないので、気味が悪い響きです。ロシア人に親しみをもってもらうために、ミーシャと名乗っています」

ロシア人の人名は男は、アレクサンドル、ミハイルというように子音で終わり、女はエカテリーナ、タチアーナ、マリヤというようにアかヤで終わる。マサルのようにウで終わる人名は男か女か性別が定かでないので奇妙な感じがする。愛称は男でもサーシャ、ミーシャのように女性形になる。

「それはやめた方がいいと思う」

「なぜですか」

「二つ理由がある。まず第一にロシア名を名乗ると、ロシアに阿《おもね》った人物だという印象を、少なくともラトビアではもたれる。ここではロシア語の響きがしない、日本語の本名を名乗った方がいい。第二は、西側の外交官がロシア名を名乗ると、コードネーム（偽名）を使って浸透工作をしようとしていると、KGBが見なす。余計な誤解を与えない方がいい」

前に述べたように、確かに私の「ミーシャ」という名前はイギリスの陸軍語学学校でつけられたコードネームだった。カーチャの指摘はもっともな理由だったので、その後、ラトビア人、エストニア人、リトアニア人、さらにアゼルバイジャン人やキルギス人と付き合うときには、ミーシャではなくマサルと名乗った。もっともモスクワではロシア名を使った方が親しみをもたれるので、「浸透工作」の一環としてミーシャと名乗り続けた。

サーシャはこの瞬間から、私をミーシャではなくマサルと呼ぶようになった。カーチャのサーシャに対する影響力は絶大だ。

私はカーチャから、初めてサーシャの家庭環境について詳しい話を聞いた。サーシャの両親は労働者だった。工場で働いていた父親はアルコール依存症で、母親やサーシャとその兄をよく殴った。母親は父親の言いなりで、いつもじっと堪え忍びながら、嵐《あらし》が去るのを待っていたという。

サーシャは兄が一人の二人兄弟だが、兄弟仲はよくなかった。二人とも大柄なので、子供のときから喧嘩《けんか》が強かった。兄はスポーツ専門学校に入学した。ソ連では英才教育が行なわれており、保育園で適性を見て、数学、外国語、体育などに適性のある子供は「スペツシュコーラ（特別の学校）」に進学する。ソ連の義務教育は十一年制の小中高一貫教育である。

スポーツ学校は、オリンピック選手の養成を目標とする。その過程で、日々の過酷な訓練のみならず筋肉増強剤など大量の薬が投与される。無理な訓練と投薬により、若くして廃人になってしまう生徒がたくさんいるという。

また、腕力はあるが、規律を守ることのできない生徒もでてくる。こうした連中はスポーツ学校を途中で退学になり、普通校か職業訓練校に転校する。そして、だいたいの場合、ドロップアウトし、「フリガンチク（不良）」と呼ばれるチンピラになってしまう。ソ連時代にも、麻薬の密売、管理売春、恐喝などを生業とする「マフィア」は存在した。マフィア組織は民警や共産党と持ちつ持たれつの関係で、ソ連社会の裏側を仕切っていたのである。

サーシャの兄は、筋肉増強剤が体質に合わず、身体《からだ》を壊し、スポーツ専門学校を放校された。その後は義務教育の学校にもきちんと通わずに、リガのマフィア組織の下っ端になったが、傷害事件を起こし、矯正収容所に送られた。出所してしばらくすると、再び傷害事件を起こした。そして、今度は刑務所に送られた。その後、再び釈放されたが、サーシャとはもはや一切、付き合いがないということだ。

サーシャの父親は荒れて、一層ウオトカに溺《おぼ》れるようになった。母親はただおろおろするばかりである。

ちょうどその頃、サーシャは日本で言うと中学生で、カーチャが英語を担当していた。カーチャは、サーシャが稀《まれ》にみる頭脳の持ち主で、きちんと勉強をすれば、モスクワ国立大学に進学することすら可能であると考えた。

ラトビア全国からモスクワ大学に進学するのは理科系、文科系合わせて十名程度で、極めて狭き門だ。しかも、サーシャはコムソモール（共産青年同盟）にも加わらない問題児だ。もっともモスクワで聞いたときは、サーシャは反共主義的信念からコムソモールに加わらなかったとの話だったが、実際は素行があまりに悪いので、コムソモールに入れてもらえなかったというのが真相だったようだ。

兄が犯罪常習者となったことで、サーシャの家庭は完全に崩壊してしまった。そこでカーチャがサーシャを引き取って、生活と勉強の面倒を見るようになった。カーチャは、サーシャの類《たぐ》いまれな知性を高く評価し、生徒としてではなく対等のインテリとして扱った。

この時、カーチャが独身だったのか、結婚していたのか、ついに私は聞き出すことができなかった。サーシャもカーチャも、そのことについては何も述べなかった。しかし、カーチャが住んでいるこの家の広さを考えれば、恐らくカーチャには家族がいたのだろうと、私は判断した。ソ連時代、住宅は国家から割り当てられるのが原則で、家族がいなくてはこのような広い住宅が割り当てられることは、まずなかったからだ。

一九三九年までソ連の支配はラトビアに及ばなかった。一九一七年のロシア革命前後から、リガでも工場労働者を中心に共産党勢力が伸長したが、同時に国際的には反ソ活動の拠点でもあった。そのため、ソ連を追われたベルジャーエフをはじめとする「道標派」の優れた思想家も、リガに一定期間滞在した後にプラハやパリに亡命した。

そうした遺産があるためソ連に組み込まれた後も、リガの知識人の本棚にはモスクワのインテリがもっていないような本がたくさんあった。また、プロテスタント教会やカトリック教会の活動も、厳しい監視の下ではあったが、認められており、欧米の宗教者との交流も細々と続いていた。

ラトビアには沿バルト軍管区司令部が置かれている関係で軍人が多く、またKGB関係者も多かったが、これら軍・治安機関将校の子弟たちは、リガの自由な空気に触れて、自然とソ連の公式イデオロギーを超えた思想をもつ者が増えていった。カーチャもそのようなインテリの一人である。

カーチャはサーシャをリガのインテリたちとの勉強会に参加させた。サーシャの能力にみなが注目し、ロシア思想史や宗教について書籍を与えたり、知識を伝えるようになった。知的世界に興味をもったサーシャは、学校の勉強でも頑張り、あっという間にラトビア全国で成績もトップになり、モスクワ国立大学哲学部に合格した。

いつしかサーシャはカーチャに愛情を抱くようになった。最初は年齢差や教師と生徒という立場を考えて、それを拒んだカーチャだったが、最後には受け入れ、二人は同棲《どうせい》生活を始めるようになった。カーチャとしては、モスクワに行って一年も経《た》てば、サーシャの気持ちも変わると考えていたが、二年経っても愛情に変化はないので二人は入籍した。

もっとも、私が後でサーシャに白状させたところ、モスクワ大学の寮生活を始めて三カ月で、すでにハーレム状態になっていたとのことであるので、カーチャには真相を隠し通したということである。

カーチャは、絨毯をかけた壁を背に置かれたソファに座って、話を続ける。目にいっぱい涙をためたサーシャが、カーチャの膝《ひざ》の上に頭を乗せて甘えるのである。カーチャは猫を撫《な》でるような感じでサーシャの髪を撫でる。モスクワ大学の寮で女子学生たちを前に、哲学や宗教について威厳をもって語るときとは別のサーシャがそこにいた。

サーシャの父親と兄も女性関係がだらしなかったということだ。サーシャ自身、父や兄と共通の性向があることをよく自覚していた。かつて私がサーシャに、モスクワ大学での女性関係が奥さんにバレていないのかと質《ただ》したとき、サーシャは「洗いざらい話すのは誠意でもなければ愛情でもない」と答えた。

サーシャは、カーチャに嘘《うそ》をつき通すことが誠意であり、愛情と考えているようだが、これはいずれたいへんな騒動になると私は思った。

同時に、この世界をどこかで見たことがあるような気がした。ドストエフスキーの小説『カラマーゾフの兄弟』の世界だ。淫蕩《いんとう》な父親フョードル・カラマーゾフと同じく女性に目がくらみ正常な判断ができない長男ドミトリー、理性的だが線の細い次男イワン、そして生まれつき聖人のような性格をもった三男アリョーシャ——。

サーシャは、イワンとアリョーシャを併せたような人物のように見えるが、カラマーゾフ家の一員として、フョードロフとドミトリーにつながる性格ももっているに違いない。『カラマーゾフの兄弟』は未完に終わったが、この小説が続いていれば、アリョーシャも必ず淫蕩な世界に引き寄せられたことであろう。カーチャやサーシャと話している居間が、カラマーゾフ家の食卓に通じているような気がしてきた。

モロトフ・リッベントロップ秘密協定

往復とも列車を使うので、リガには一泊しかできない。旧市街を歩きながらサーシャは、「ただ面識をつけるだけで何人もの人間と会っても意味がないので、ロシア語版『アトモダ』編集長のアレックス・グレゴリウスに会わせる。彼はキーパーソンとなる人物だ」と言った。

「サーシャ、アレックスは民族的にはラトビア人か」

「父親はラトビア人だが母親はロシア人だ。宗教はルター派だから、アイデンティティーはラトビア人に近い」

「わかった。ウオトカは飲むか」

「底なしじゃないけれども、酒は結構好きだ」

「サーシャ、それじゃ今晩メシを食いながら話を聞こう。リガでいちばんいいレストランを予約してくれ」

「いちばんいいとはどういう意味だ。こちらの土地の料理でおいしいところか。それとも高いレストランか」

「アレックスを誘うにはどっちの方がいいと思うかい」

サーシャは少し考えてから言った。

「マサルの財布が大丈夫なら、高い方のレストランにしよう。地元料理はアレックスには退屈だ。普段食べることの出来ないキャビアやバナナやパイナップルをふんだんに出す店が効果がある」

「どこがいいか」

「マサルたちが泊まっている『ラトビア・ホテル』の最上階のレストランがいい。あそこは共産党幹部か外国人しか使うことができない」

「了解」

「ラトビア・ホテル」は二十階建てくらいの高層ビルで、最上階はガラス張りのレストランになっている。ラトビアではとれないキャビアやチョウザメ、さらに外貨で輸入したバナナ、オレンジ、パイナップルなどの果物も置いてある。値段を聞いてみると、一人二百ルーブル(約五万円)くらいになる。これはラトビアの学校教師一カ月分の給料

にある。

もっとも、外交や情報の世界では、できるだけ高いレストランで「浪費」することには職業的な意味がある。まず、客人に対して「あなたをこんなに大切にしています」というメッセージを送ることになり、次に「私はこれだけのお金を使う権限をもっています」という自己の力をさりげなく誇示することになる。

現在も東京の高級ホテルで毎晩外交団や情報機関員が日本の官僚、有識者、ジャーナリストを招いて、目が飛び出る程高いレストランでフランス料理や和食会席を奢《おご》るのも、そのような意味合いがあるからだ。

何度もタダ飯を食べていると、「協力者」ということにされてしまう。それがこの世界における「ゲームのルール」なのだ。奢られたら奢り返す。それはこちらのお財布の具合に合わせて分相応の店でよい。奢り返してさえいれば、「協力者」と認定され、つまらない工作をかけられることもない。

レストランには共産党高官用の個室があった。二十人くらいは座ることができる広い部屋だが、私たち夫婦、サーシャ夫婦、それにアレックスを加えた五人のために借り切った。フロアマネージャーとボーイにはチップを思いっ切りはずんだのは、言うまでもない。

レストランは午後五時から開く。私はアレックスとカーチャからゆっくり話を聞きたかったので、予約時間を五時ちょうどにした。サーシャとカーチャは時間通りにやってきたが、アレックスが来ない。ラトビア人民戦線がデモと集会をやっているのでアレックスは席をしばらく外せないとのことだった。

市の中心部にある「ラトビア・ホテル」からも、プラカードを掲げてデモ行進をしている人々が見えた。「ペレストロイカを支持する」とか「モロトフ・リッベントロップ秘密協定の真相を明らかにせよ」というようなスローガンが目立った。

数千人、あるいは一万人を超える人々が参加しているということだった。この数カ月後、モスクワでも同様のデモが頻繁に行なわれるようになる。しかし、つい一カ月ちょっと前、エリツィン解任に反対して抗議集会を行なったモスクワ大学の学生たちに、次々と召集令状が送られて来たことが、強烈に印象に残っていた当時の私は、リガで見た草の根からのデモに強い衝撃を感じた。歴史は確かに動いている。

一時間ほど遅れてアレックスがレストランにやってきた。私たちは前菜を少しつまみながら、ミネラル・ウオーターとジュースだけを飲んでいた。ロシアでも会合に遅れると、「駆けつけ三杯」でウオトカを飲み干さなくてはならない。私たちは挨拶《あいさつ》が済むとすぐにウオトカを三杯飲んだ。アレックスは私についての事前情報を、サーシャから相当聞いているようで、すぐに本題に入った。

「マサル、僕たちは本気でラトビアをソ連から独立させることを考えている。いや正確に言うと、ラトビアもエストニアもリトアニアもソ連に参加していないんだ。だから、僕たちはソ連の構成員でないということを国際社会に認知させればいいんだ」

私ははじめ、アレックスが何を言っているのかわからなかった。

「それはちょっと乱暴な議論じゃないかい。ソ連憲法でラトビア・ソビエト社会主義共和国はソ連邦の一員だと明記されているじゃないか。そんな無理な議論は通らないよ」

「マサル、君は問題の本質をわかっていない。ソ連は主権国家が自発的に連邦を作ったという建前になっている。そのための連邦条約が一九二二年に締結されている。その締結国がどこだか知っているか」

ソ連史に関する基礎知識を試験されている気がした。ちょっと不愉快な顔をして私は答える。

「高校の定期試験レベルの問題だな。ロシア、ウクライナ、白ロシアとザカフカス連邦だろう。ザカフカス連邦はその後、アゼルバイジャン、グルジア、アルメニアに分かれた。確かそういうことだったよな」

「そうだ。一九三九年に沿バルト三国がソ連に占領されたとき、どの国も連邦条約に加入するという手続きをとっていない。これは法的な瑕疵《かし》だ。だからラトビアは法的にソ連を構成しているとは言えない」

確かにアレックスの指摘通りだ。さらにソ連憲法では、連邦構成共和国がソ連から離脱する権利も認め、明文化されている。

「しかし、アレックス、そんな理屈がクレムリンに対して通用すると思うか」

「思う。ゴルバチョフは法の支配を権力基盤の源泉にしようとしている。そうなると連邦条約が存在しないという問題に、正面から取り組まざるを得ない。中央アジアや沿バルトの併合は、スターリンの植民地政策にすぎないということが明らかになる」

アレックスの戦略は、「法の支配」を前面に打ち出すゴルバチョフの論理を逆手にとって、ソ連を壊すというものだった。人民戦線は「ペレストロイカ支持」を強く訴えているが、それはソ連の改革を推進したいからでなく、ペレストロイカを進めるというスローガンでモスクワを騙《だま》し、ソ連からの独立を獲得しようという考えであることは明白だった。

それにしても、ラトビアが連邦条約に加盟していないことを法的瑕疵として衝《つ》いていくというのは、これまでの異論派運動にはなかった新しい切り口だった。

「アレックス、その理屈付けからすると、沿バルト三国と中央アジアは、ソ連からの離脱を求めて共闘していくという戦略になるのか。中央アジアの連中がそれを望んでいるとは到底思えないのだけれど」

アレックスが答える前にサーシャが割って入ってきた。

「中央アジアとは共闘できないよ。彼らはイスラーム教徒だ。共産主義なんかこれまでも信じてこなかったし、今も信じていない。彼らが信じているのはイスラーム教と自分の部族だけだよ。だからロシアは早く中央アジアと縁を切った方がいいんだ」

アレックスもそれに同意して言う。

「なぜラトビア人がアフガニスタンに行かなくてはならないんだ。あれはイスラーム教世界の中での部族の内輪もめだ。僕たちには関係のない問題だ。ただし、中央アジアとは共闘できないけれどモルダビアとは現に共闘している」

モルダビアとはルーマニアに隣接するソ連邦を構成する共和国で、九一年にソ連から独立後はモルドバ共和国となった。モルドバ語はほぼルーマニア語と同じだ。ただし、ルーマニア語がラテン文字で表記するのに対して、モルドバ語はキリル文字（ロシア文字）で表記する。

アレックスが続ける。

「モルダビアにも人民戦線ができた。背後でラトビア人民戦線が支援している。モルドバ人民戦線は、モルドバ語の表記をラテン文字に変更する運動をしているのだが、共産党が邪魔している。だからラテン文字で書かれたモルドバ人民戦線の機関紙やパンフレットは、リガの『アトモダ』編集部で印刷しているんだ。沿バルト三国がソ連を離脱するときは、モルダビアも離脱する。僕たちには共闘の軸がある」

私は再びアレックスが何を言っているのかわからなくなったので、率直に「よくわからない。どんな軸があるのか」と尋ねた。

「モロトフ・リッベントロップ秘密協定だ」

アレックスは、少し声を大きくして言った。

モロトフとはスターリンの側近だったソ連外相で、リッベントロップはナチス・ドイツの外相だ。一九三九年に独ソ不可侵条約が締結されたが、前述した通り、それにポーランド分割や沿バルト三国、モルダビアをソ連に割譲することなどが取り決められていた。

当初、ソ連はこのような秘密議定書は存在しないと主張した。しかし、「歴史の見直し」が進められる過程で、ゴルバチョフはアレクサンドル・ヤコブレフ・ソ連共産党中央委員会政治局員に真相を調査することを命じた。ヤコブレフは徹底した調査の結果、「この文書の原本は失われてしまったが、他の記録文書と照合した結果、秘密議定書が存在したことは間違いない」との結論を出した。

この結論は八九年八月十八日付「プラウダ」に掲載された。ここから沿バルト三国のソ連からの離脱運動は加速度をつけるようになった。当然のことながら、ヤコブレフは共産党の守旧派から憎悪《ぞうお》の的になった。

ところで、ヤコブレフが出した結論のなかで、「原本は失われてしまった」という話は真実ではなかった。実はゴルバチョフの金庫の中に隠されていたのだ。このことについては、後にエリツィンが真相を暴露している。〈数カ月後この（ソ連共産党書記長の）ファイルから、かの有名なモロトフ・リッベントロップ条約の秘密議定書のオリジナルが全部出てきた。「スターリンとリッベントロップの署名のある二メートルもある地図。スターリンは赤鉛筆を使いリッベントロップは青鉛筆を使っている。二人が国境を、どのように「正した」かがわかる。一人がこっちを、もう一人は向こうをというふうに……。そしてその後で、大きな文字で署名している。秘密議定書は十部あった。そこには、ヒトラーとスターリンの醜悪きわまりない政策がはっきり見てとれる。

人民代議員大会（国会）で、モロトフ・リッベントロップ条約調査委員会議長に、ヤコブレフが任命された。この委員会は、この文書のコピーしか発見できなかった。それも全部ではない。そのうちの三部はなかった。

ヤコブレフは、文書を捜すのに手を貸してほしいとゴルバチョフに頼んだ。ゴルバチョフは五〇年代にすべて処分されてしまったと言った。現在分かったところによれば、条約のオリジナル文書は、ゴルバチョフの事務局長ボルジンが見つけだした。ボルジンは当然、世界中の歴史家が捜している文書が見つかったと、ボスに報告していたはずである。

この文書が見つかったと知ると、私はすぐさまヤコブレフに電話した。「文書が見つかりましたよ」。最初に喜びの叫び声が聞こえた。「とうとう見つかりましたか。あると思っていましたよ」。そう言ってから彼は、ゴルバチョフに向かって怒りの言葉を吐いた。〉(『エリツィンの手記・上』同朋舎出版、一九九四年、二一六―二一七頁《ページ》)

アレックスは続ける。

「モロトフ・リッベントロップ秘密議定書でラトビアもモルダビアもソ連に占領されたんだ。スターリンとヒトラーの取り引きだ。今年はこの秘密議定書が締結され、われわれがソ連に併合されて五十年になる。ここで大規模な抗議行動を起こす」

「具体的に何をやるのか。何をやってもモスクワに叩《たた》き潰《つぶ》されるだけだ」

「マサル、そんなことはない。ソ連法を徹底的に遵守《じゅんしゅ》しても抗議活動を行なうことはできる。八月二十三日の議定書調印日に、例えば人間の鎖でタリン(エストニアの首都)からビリニュス(リトアニアの首都)をつなぐ」

「そんなことが実現可能なのか。距離にしてどれくらいある」

「六百キロだ。一人一メートルとして、六十万人が集まれば人間の鎖は実現できる」

「六十万人も反ソ運動に繰り出す勇気のある市民がいるのか」

「それは心配ない」

ここでサーシャが割り込んできた。

「マサル、それくらいのことができなくてはソ連を崩すことなんかできない。沿バルト三国の総人口は九百万人だ。そのうち五百五十万人が土着民だが、ロシア人にも僕やカーチャのように沿バルト三国の独立を支持するインテリは結構いる。僕は百万人くらい参加すると見ている」

「サーシャ、アレックス、そんなことは信じられない」

結論から言えば、私の見立ては間違っていた。ただし、サーシャたちの予測も外れた。八九年八月二十三日の「人間の鎖」行動には、少なく見積もって百五十万人、最大二百万人が参加し、場所によっては「人間の鎖」が二重、三重に作られたのだった。

外国を巻き込んだ独立戦略

前にも述べたがアメリカは、モロトフ・リッベントロップ秘密議定書に基づくソ連の沿バルト三国併合を認めていない。ソ連に駐在するアメリカ大使館員がエストニア、ラトビア、リトアニアを訪問することも、暗黙の形でソ連の併合を承認する危険性があるので、差し控えていた。

一九八八年から沿バルト三国で独立機運が強まるにつれて、アメリカは工作活動を強化した。アメリカに在住するエストニア人、ラトビア人、リトアニア人が、「祖国」に対する愛情を強め、資金援助をするようになった。アメリカ在住のアイルランド人が北アイルランドのイギリスからの分離運動に資金供与をするのに似た典型的な遠隔地ナショナリズム現象が沿バルト三国で生まれたのである。

ソ連時代、公定レートでは一米ドルは〇・六ルーブル付近で固定されていた。しかし、実際は闇《やみ》レートが存在し、八五年時点で一ドル＝二ルーブルくらいで取り引きされていた。八九年になると一ドルは六〜七ルーブルに跳ね上がった。

ソ連では価格は固定されていたので、インフレは物不足の形で起きた。しかし、基礎食料品や石鹸《せっけん》、筆記用具などの生活必需品は廉価《れんか》で買えたので、住民生活が極端に困窮することはなかった。

八九年時点でのラトビアの労働者平均給与はモスクワより少し低く、二百五十ルーブルくらいだった。公定レートでは約六万三千円だが、闇レートでは六千円前後になってしまった。要するに月百ドルも送金すれば、人民戦線の専従活動家をひとり養うことができるわけだ。

アメリカにはラトビアの亡命政府が存在し、ワシントンに「大使館」もあったが、これまでは年金生活に入ったラトビア系移民の「お達者クラブ」のような状態だった。それが沿バルトの人民戦線運動が活発になるとアメリカのラトビア系大学生や若いビジネスマンたちが「大使館」に集まるようになり、遠隔地ナショナリズムの拠点となった。これらのアメリカ人が「観光客」としてラトビアに入り、人民戦線活動家にカネを渡す。あるいは戦略について知恵をつける。アメリカ本国では平凡な若者たちがリガでは民族英雄になり、人民戦線顧問として破格の扱いを受ける。このようにして舞い上がった青年を米国務省とCIAは情報収集、工作の両面で最大限に活用した。

話をアレックスたちとの会合に戻そう。

「マサル、アメリカはこの件で人民戦線を支援している。沿バルト三国は独立国家であり、現在、ソ連によって一時的に占領されているという立場でアメリカは一貫している。ここでモロトフ・リッベントロップ秘密議定書の存在をソ連が認めれば、アメリカは一層、われわれを支援する。それがわれわれの大きな狙《ねら》いだ。

日本だって南クリル（北方領土）返還をソ連に対して要求しているんだろう。沿バルト三国が独立すれば、ソ連は一旦《いったん》拡張した領土を手放さないという神話が崩れる。これは日本にとっても有利なはずだ」

アレックスはよい点を突いてきた。確かに沿バルト三国のソ連による占領も北方四島の不法占拠も、スターリンの拡張主義の「負の遺産」という切り口で見れば共通の問題だ。

「西ドイツやイギリスはどうしている」と私は質《ただ》した。今度はサーシャが答えた。

「西ドイツは沿バルト三国の独立に関しては慎重というよりも冷淡だ。モロトフ・リッベントロップ秘密議定書がほじくり返され、再びナチスの悪行に焦点が当たることを望んでいない。それから『歴史の見直し』問題は、今のところゴルバチョフに有利に展開しているが、これから沿バルト三国における独立運動が本格化するとゴルバチョフの政権基盤を弱めるのではないかと危惧《きぐ》している。

西ドイツにとってはゴルバチョフが全《すべ》てだ。コール（西独首相）はラトビアなど小銭としか考えていない。ただし、与党（キリスト教民主同盟）系の『アデナウアー基金』は、ファックスやコピー機、コンピューターなどの機材提供を積極的に行なってくれるので助かる。人民戦線の備品はほとんど欧米の団体からの寄付だ。

イギリスは狡猾《こうかつ》だ。イギリスのジャーナリストや学者が人民戦線をよく訪ねてくるが、アメリカ人のように具体的な支援はしない」

「サーシャ、ファックスやコピー機の供与はソ連の国内法に触れるんじゃないか。KGBが今後、手を出してこないか」

「ファックスは電話機の扱いなので問題ない。コピー機は確かに手続きが面倒だが、人民戦線や『アトモダ』編集部は当局によって認められた社会団体なので、コピー機をもつことはできる。KGBの連中は確かに人民戦線の様子を細かく観察している。ただし、手は出してこない。

秘密警察とは、そもそも観察のための観察、調査のための調査が好きな組織で、ただファイルを厚くしているだけだ。モスクワから指令がない限り動かない。モスクワから指令があれば、平気で事件をデッチ上げる。だからKGBに対して怯《おび》えても意味がない。モスクワが指令を出せないような流れを沿バルト三国から作りだしていくことが重要なのだ」

「少しKGBを甘く見ているのではないか。後で酷《ひど》い目に遭うんじゃないか」

私がそう言うと、サーシャ、アレックス、カーチャは声をたてて笑った。そしてアレックスがこう言った。

「マサル、KGBが怖いというのは神話だよ。あいつらはテクノクラートだ。怖いのはKGBではなく政治だ。政治が秘密警察をどう使うかということだ。政治がKGBを使えないような状況が今生まれている。ゴルバチョフ政権は権力の軸足をマスメディアと知識人に移している。この状況でKGBを使うことはゴルバチョフにとって自殺行為だ。

現状は帝政ロシアの末期に似ているよ。一九〇五年の日露戦争後の時代だ。当時のオフラナ（秘密警察）はKGB以上に優秀だった。レーニン、トロツキー、スターリンの動向も正確に摑《つか》んでいた。ファイルに記録が山ほどある。どんな陰謀を企てているかもオフラナは全て掴んでいた。それでも革命を阻止できなかった。今のKGBはオフラナと同じだよ」

それにサーシャが付け加えた。

「前にも言っただろう。僕たちはレーニンの手法を逆手にとっているのさ」

ソ連社会は全ての面で二重構造になっている。それならばラトビア共産党内部にも民族独立を考えている人々がいるはずだと思って、私はアレックスに別の質問をした。

「ラトビアの独立を真剣に考えている共産党員はいないのか」

「人民戦線は政党ではなく社会運動なので、ラトビア共産党員もたくさんいる。この連中はラトビアの独立を真剣に考えている。そもそも、マルクス・レーニン主義を信じているわけではない。人民戦線運動が本格的に力をつければ、この人々は共産党を離れる」

「ラトビア共産党の幹部はどうだい。彼らのなかにソ連からの離脱、あるいは連邦制を緩めて国家連合(コンフェデラツィヤ)にしようと考えている奴《やつ》はいないのか」

「いないと思う。人民戦線ができたことで、ラトビア共産党にはかつてあったような二重構造がなくなってしまった。学者、作家、芸術家など、かつて共産党組織を利用していた民族意識の強いインテリは、既に党を離れている。共産党幹部に、ほんとうの意味での人民戦線の理解者はいない。

本音を言えば、人民戦線はラトビアが共産主義と絶縁することを目指す運動なんで、共産党とは原理的に相容《あいい》れない。むしろプーゴ（ラトビア共産党第一書記、ソ連内相等を歴任）のようなモスクワに全面的忠誠を誓っているラトビッチの方がソ連の本質がよく見えるので、人民戦線にとっては好都合だ。逆に心情的に人民戦線に近く、中途半端《はんぱ》な理解を示す幹部の方が面倒だ」

「たとえば誰だい」

「ルビックス・リガ市長だ。こいつは面倒だ」

ルビックスはその後、ラトビア共産党第一書記に就任し、ソ連共産党中央委員会政治局員となった。私はあるきっかけでルビックスと面識を得、モスクワの「オクチャーブリ（十月）第二ホテル（現プレジデント・ホテル）」のスイートルームで何度も懇談した。私の印象では、ルビックスは改革思考をもった社会民主主義者で、複数政党制下でソ連共産党は徐々に西欧社会民主党化していくべきとの考えをもった人物だった。ルビックスからもらったラトビア共産党史の本は今も私の本棚に並んでいる。

九一年八月十九日、ソ連共産党守旧派によるクーデター事件の初日に、私はモスクワの「オクチャーブリ第二ホテル」に滞在しているルビックスと電話で話をした。ルビックスは、「これからリガに戻って、秩序回復のために指揮をとる」と言っていた。クーデター未遂事件後、ルビックスは国家反逆罪で逮捕、投獄され、私が九五年三月に帰国する時点では、獄中にいた。翌年に保釈されたが、健康が優れないという話をラトビアの外交官から聞いた。

その日、私たちはウオトカを五人で十本空けた。女性二人はウオトカにほとんど口をつけなかったから、私、サーシャ、アレックスで一人あたり三本以上飲んだことになる。レストランの看板は午後十一時だが、十時前にアレックスは酔い潰れてしまった。私たちはテーブルに伏せて寝ているアレックスをそのままにして話を続けた。

サーシャが言う。

「マサルはロシア人の酔い潰し方がうまい。アレックスはマサルに好感をもったと思う。さて、アレックスを通じては何をしたらよいか。率直に言ってくれ」

「サーシャ、今回でなくてもちろんいいんだけれど、イワンス人民戦線議長と会えるように根回しをしておいて欲しい。時期を見て、今度は出張でリガに来る。そのときにきちんとした人脈ができるようにして欲しい」

「わかった。そうしよう。他に希望はあるか」

「それからルビックス・リガ市長にも会えるように手配してもらえないか」

「マサル、ルビックスについては人民戦線側ではない人脈を使った方がいいと思う。共産党系のジャーナリストを仲介にしたらいい」

「具体的にどの媒体を使ったらよいか。『プラウダ』か」

「いや、『プラウダ』だと仕掛けが大きくなりすぎる。地方紙を使ったほうがよい。そうだな、『ソビエツカヤ・ラトビア』か『ラトビア青年』がいい。モスクワの契約記者のリストを後で渡すので、そこからあたりをつけてみればどうだ」

その頃、沿バルト三国の新聞は、モスクワの専門紙記者や研究所の若手研究員と記者契約を結び、国営タス通信や「プラウダ」、「イズベスチヤ」とは異なったニュースを集め、報道していた。

モスクワに戻ってから、サーシャのリストをもとに私はモスクワ大学ジャーナリスト学部出身で、軍事文献史料館に出入りしているイーゴリ・ラズモフスキーというリトアニア共産青年同盟の機関紙「リトアニア青年」の契約記者と面識をつけた。この人物からルビックスやアルクスニスをはじめとする「保守派」への人脈が広がっていくのである。

後にイーゴリは日本に対する関心を強め、北海道大学に数年間留学し、帰国した後、ロシア科学アカデミー東洋学研究所の研究員になった。専門はロシアにおける日本の情報操作技法の研究だった。イーゴリは私に協力すると同時に、私を研究対象としていたのである。

その後、私はラトビアを五回訪れた。サーシャやアレックスの根回しが功を奏し、人民戦線の幹部や、首相、最高会議議長に上司を容易に引き合わせることができ、「佐藤は三等書記官なのに、大使館幹部級の人脈をもっている」という評判が立つようになった。

ソ連の「隠れキリシタン」

相当のアルコールを摂取したにもかかわらず、翌朝の目覚めは爽快《そうかい》だった。まず、飲んだ面子《めんつ》がよかったこと。嫌な連中が一緒だと、ウオトカ半本でも二日酔いを起こす。また技術的にはウオトカを飲むときに、塩辛いミネラル・ウオーターを大量に飲むことだ。前に述べた「ボルジョミ」か、それよりもミネラル分が強い「エセントゥーキ」がよい。昨日のレストランではグルジア産の「ボルジョミ」をたくさん飲んだので、二日酔いにならずに済んだ。

十時過ぎにサーシャがホテルのロビーにやってきた。モスクワ行きの列車は夕刻出るので、その前にリガ郊外の面白いところに連れて行くという。

「サーシャ、面白いところってどこなんだい」

「修道院だ」

「行きたくないな。修道院はモスクワで訪れたし、キエフでも行った。僕は観光には関心がない。それよりも古本屋巡りか、どこか喫茶店に行って話をしたい」

「いや、これから行くのは普通の修道院じゃないんだ。分離派（ラスコーリニキ）の修道院だよ」

「エッ、分離派の修道院なんて未《いま》だに残っているのか」

「残っている。それも無司祭派（ベスパポーフツィ）だ。ラトビアはソ連じゃないんだ」

私はサーシャの言うことがにわかには信じられなかった。

分離派とは十七世紀にロシアで宗教改革が行なわれたときに、それに従わなかったグループである。ロシア皇帝とロシア正教会指導者は分離派に徹底的な弾圧を加え、指導者の司祭アバークムは火あぶりにされた。

その後、分離派の信者は「この世の終わりが近い」「ロシアを西欧化しようとするピョートル大帝は悪魔の手先の反キリストだ」との信念を抱き、シベリア、中央アジア、沿バルト地方などに逃げていった。終末論的な信念に基づいて焼身自殺をした信者も多い。

ドストエフスキーが、『罪と罰』で高利貸しの老婆《ろうば》を殺す主人公をラスコーリニコフとしたのも、「ラスコーリニキ」すなわち「分離派」に引っかけてのことだ。ロシア帝国内部で分離派はいわば「隠れキリシタン」のようになり、信者の結束は極めて堅いといわれていた。

分離派信者は、官吏や地主になれなかったので、商業面で頭角を現した。十九世紀のロシア財閥には分離派信者が多い。その後、分離派はさらに二つに分かれる。ひとつは司祭を認め、主流派のロシア正教会やロシア国家と折り合いをつけた「司祭派（パポーフツィ）」。もう一つはこの世の終わりが近いので、悪魔が支配するロシア正教会やロシア国家とは一切の接触を断つべきであるとする「無司祭派（ベスパポーフツィ）」である。

私が書物から得た知識では、「司祭派」の分離派はソ連時代になってからも細々と生き残り、モスクワにも小さな教会があるが、「無司祭派」はほぼ壊滅してしまったということだった。それが「無司祭派」の修道院が今も残っていて、多数の信者が共同生活をしているという話は、私にとって驚きだった。

「サーシャ、分離派の連中は、信者以外とは付き合わないだろう。修道院の中に外部の人間を入れることなんか滅多にないんじゃないか」

「滅多にないよ。人民戦線には分離派信者も何人かいるので、特別に中に入れるようにした。分離派の連中は、寝起きは修道院の中でしているが、仕事は工場に通っているので、世俗的なところもある。ただし仲間内の掟《おきて》は遵守《じゅんしゅ》する」

「どうやって説得したんだい」

「マサルが日本のプロテスタント神学者で、分離派のよき理解者だと言ったら、修道院の中に入れてもいいということになった」

「面白い。是非案内してくれ」

私はホテルに頼んで、ソ連製中型車「ボルガ」を借り上げた。運転手に「郊外の分離派の修道院に行ってくれ」と頼んだら、運転手は「あそこは外部の人を入れないので、無駄足になると思うよ」と言ったが、私が「話はすでについている」と言って説得した。

車で二十分程走った市の郊外に白壁で囲まれた大きな修道院があった。修道院といっても独身の修道士、修道女が住んでいるのではなく、この世の終わりが近い将来にやってくると信じている信者たちが祈りを中心に共同生活をしているのである。

修道院の中に礼拝所があり、正面に聖画像（イコン）がたくさんかかった壁（イコノスタス）がある。モスクワのダニーロフ修道院やザゴルスクのセールギー修道院では内部に電気の照明があるが、ここには電気が全く引かれていない。その代わり、燭台《しょくだい》に数え切れないほどの数の蠟燭《ろうそく》が灯されており、礼拝所全体が橙色《だいだいいろ》の温かい光に包まれている。

礼拝所の真ん中についたてが立てられ、左側に男性、右側に女性が集まるように区分されている。主流派のロシア正教会は男女が混在して立っているので、この点も分離派の特徴なのだろう。

「無司祭派」には神父はいないという建前だが、黒い服を着た宗教指導者がいる。宗教団で司祭がいないということは、誰でも宗教行事を司《つかさど》ることができるという論理だが、実際はそれに専従する人がでてくる。しかし、宗教指導者に信徒と神をつなぐ特別の権能は与えられていない。

宗教指導者と信者が一緒になった独特の節回しで祈禱書《きとうしょ》を読んでいる。ときどきみんなで十字を切るが、右手の親指と人差し指を軽く合わせ、大きな身ぶりでお辞儀をしながら胸の右から左に右手を動かし、引き続いて、眉間《みけん》から腹にかけて右手を動かす。十字の切る順序は主流派のロシア正教会と同じであるが、指の合わせ方が違う。主流派のロシア正教会では、父・子・聖霊の象徴であるとして親指、人差し指、中指をひとつに合わせる。分離派信者たちは、文字通り、命を懸けて親指と人差し指の二本指で十字を切るというロシア古来の伝統を三百五十年も守り続けているのである。

アバークムは処刑される炎の中で、「いいか皆の衆よ。たとえこの世の命を失っても、十字は二本指で切るんじゃ。三本指で切ってはならないぞ」と叫んだという伝説が残っている。

「サーシャ、スターリン時代にこの修道院はどうして閉じられなかったんだい」

「スターリンが教会を激しく弾圧したのは、一九二〇年代終わりから三〇年代初めまでだ。この時期にバルトはソ連に併合されていなかった。その後は教会には手をつけていない。スターリン自身が中退だけれども神学教育を受けているので、宗教の強さをよくわかっている。だから、弾圧すれば徹底的に抵抗する面倒な分離派には手をつけなかったんだ」

「フルシチョフ時代に相当数の教会が閉鎖されたけれど、あの嵐《あらし》をどうやって乗り切ったんだい」

「モスクワのイデオロギー官僚は、リガに分離派の修道院があることを知らなかったのだと思う。知っていたら弾圧されていた。ラトビア共産党の官僚はこの修道院について、モスクワに告げ口をしなかったんだと思うよ」

「温情からかい」

「それも少しはあると思うが、分離派と構えると面倒なので、腰が引いてしまったのだと思う」

「そうだろうな。ここの人たちは信念が強そうだからな。ところで分離派出身のインテリはいないのか」

「もちろんいるとは思うが、分離派はそもそも知性自体に悪魔性が潜んでいると考えるから、インテリとして社会的に認知されるとどうしても分離派の宗教共同体とは距離が出来る」

「この修道院の人々はどうやって食べているのだ」

「集団農場（コルホーズ）をもっているので、食糧はそこで自給し、それ以外の人々は工場で勤務している。帝政ロシア時代にも分離派出身の技師や労働者は結構いた。それから商人に多い。帝政ロシアのモロゾフ財閥も分離派だ」

「モロゾフ一族の一人が日本に亡命し、お菓子屋を作った。モロゾフという会社で、今もロシア風のチョコレート菓子（コンフェエート）を作っている」

「マサル、それは話の種になる。いちど土産にもってこい」

「わかった」

私はモロゾフのチョコレート菓子を土産にし、日本の食文化にロシアが入っている例としてロシア人に説明すると、とても好評だった。北方領土を訪れるときもモロゾフのチョコレート菓子を必ず土産にもっていった。外交の世界で食に絡《から》む話はよい小道具になる。

「サーシャ、それにしても不思議だな。ソ連はマルクス・レーニン主義を国是にしているにもかかわらず、ソ連体制と絶対に相容《あい》れない宗教集団を温存している。いったいどういう理屈で国が動いているんだ」

「ソ連は帝国だ。だから権力が均質ではないんだよ。モスクワに権力が集中しているということは、地方では権力がスカスカということだ。宗教ばかりではなく、リガでは反体制派である『異論派』に対する圧迫もほとんどない。モスクワから遠すぎるんだよ。ときどき行なわれる弾圧も、気紛れな見せしめ的なものなので、少し頭を低くしていれば、『異論派』も自由に動き回ることができる。もうすぐモスクワもリガみたいになるよ」

余談だが、後にこの修道院を訪問したことが、私の情報収集活動に思わぬ影響を与えることになる。前に述べたソ連維持運動の中心人物だった「黒い大佐」アルクスニスは、この修道院の関係者だったのである。

政治犯として祖父が銃殺された後、中央アジアのカザフスタンに流刑《るけい》になったアルクスニスの父親は、一九五六年、ソ連共産党第二十回大会のスターリン批判の結果、名誉回復がなされ、リガに戻った。そのときこの修道院に住んでいた女性と知り合い、彼女がアルクスニスを産んだ。アルクスニスはこの修道院で洗礼を受けているのである。

私は、アルクスニス大佐のどのような圧力に対しても信念を曲げず、またカネに対して潔癖な性格を人間として尊敬していたが、それが分離派的信念に基づくものであったということを知ったのはソ連崩壊後のことだった。

アルクスニスに「マサルは、あの修道院の連中に信用されたのだから、ソ連と敵対する資本主義国の外交官だけれども、付き合っても大丈夫だと、僕は思ったのだ」と打明け話をされた。分離派のネットワークは思わぬところに及んでいたのである。

九一年のソ連崩壊とともにアルクスニスの政治キャリアは終わったと思われていた。ラトビア政府はアルクスニスを国外に追放。アルクスニスに同情したリガのロシア空軍部隊は、アルクスニス一家の引っ越しのために輸送機を提供した。

アルクスニスはモスクワの在野の愛国運動活動家として、クーデターなどの陰謀があると常に名前が囁《ささや》かれるような、要注意人物と目されるようになった。それでも、私はアルクスニスの筋を通した生き方に惚《ほ》れ込み、家族ぐるみでの付き合いを続けた。

それから八年後にアルクスニスは国政に返り咲き、ロシア国家院（下院）議員に当選した。アルクスニスの当選を祝うホームパーティーに、外国人では唯一《ゆいいつ》私が招待された。そこでアルクスニスの母親にはじめて会った。

「私はビクトルに、『信念を大切にする。どんなことがあっても友人を裏切ってはいけない。それから約束したことは必ず守る』ということを厳しくしつけてきたの。誰も見ていないと思っていても、神様は見ているから。それから、政治の世界は裏切りだらけで、絶対に近付いてはいけないと教えたの。ビクトルは私の気持ちを汲《く》んで技師になり、ミグ25の整備士になったんだけれど、人の血は争えないもので、おじいちゃんみたいに政治の渦に巻き込まれてしまったわ。でも、政争で負けてもビクトルはおじいちゃんのように銃殺にはならなかったから、ロシア国家には感謝した方がいいかもしれないわね」

「ママ、そんなこと言わないで。政治の世界に出なければ、マサルのようなカミカゼ・サムライとも知り合いにならなかったのだから」

それを受けてアルクスニスの母親は言った。

「マサル、あなたはビクトルに似たところがある。なんだか他人とは思えないのよ」

アルクスニスと奥さん、娘が声をあげて笑った。

二〇〇二年五月十四日、私が逮捕された後、アルクスニスから私の弁護士である大室征男《まさお》氏のところにファックスがとどいた。

「サトウマサルを助け出すためにロシアの国会で署名を集め、日本政府に送ろうと思うが、獄中のサトウマサルの意向を聞いて欲しい。上下院あわせて百名以上は署名する。改革派も共産党も、ジリノフスキー・グループもみんなサトウさんのことを心配している」という内容だった。

私は弁護人に「配慮に感謝する。これは日本の中の内輪揉《も》めなので、ロシアの友人たちにみっともない姿をさらしたくない。放っておいてくれ」との伝言を伝えてもらった。

アルクスニスからは今でもときどき連絡があり、「モスクワに来い。思いっ切りウオトカを飲もう」と誘われる。

第五章　反逆者たち

反体制活動家のアジトへ

リガへの「観光旅行」は、私がソ連社会の奥行きの広さを知るのにとても役立った。サーシャ経由で知り合ったラトビア人を通じて、私のモスクワでの人脈も質的に変化していった。ソ連人民代議員（国会議員）や沿バルト出身の共産党幹部、さらにその人脈を通じて、モスクワの政治エリートとの人脈も広がっていったのである。

モスクワでは五月後半になると、タンポポの綿によく似たトーポリ（泥柳）の種が空を舞う。まるで雪が降っているような感じが二週間くらい続く。トーポリは見た目はポプラに似ているが、成長が早い。第二次世界大戦中、燃料不足のため、モスクワ市内の樹木はほとんど伐採されてしまった。戦後、モスクワに緑をできるだけ早く甦《よみがえ》らせたいと考えた当局は、もともとロシアにはなかった外来種のトーポリを並木道に大量に植えた。確かにモスクワの緑は甦った。しかし、生態系が崩れ、トーポリが多量の花粉を放出することになり、モスクワ市民は花粉症に苦しむようになった。

毎年三月になると、くしゃみが止まらない花粉症患者が増える。しかし、ロシア人にはマスクをする習慣がない。マスクは法定伝染病にかかった患者が病院内で無理矢理つけられるというイメージが強い。あるとき、若い日本人外交官がマスクをして地下鉄に乗ったところ、満員電車なのにその外交官の周りから人が去っていったという話をしていた。

私は、「民警に通報されて、強制入院させられなかっただけでも、感謝した方がいい」と応《こた》えた。

日本で杉の花粉症に悩んでいる人がモスクワに赴任すると、花粉症が出なくなり、ほっとする。それはモスクワに杉がないから発症しなくなるだけだ。一方で、トーポリの花粉を吸い込んで、徐々に次の花粉症への道を歩んでいるのである。

だいたい三年から四年、モスクワに住んでいるとトーポリの花粉症が始まる。日本人外交官のモスクワでの任期は二年から三年なので、発症前に離任するというのが普通のパターンだ。

私の場合、モスクワ勤務は七年八カ月に及んだので、最後の三年間は花粉症に苦しめられた。花粉がパートナーを見つけ種子になると、今度は綿をつけて飛び出す。このトーポリの雪が舞う季節は、とても憂鬱《ゆううつ》だった。しかも、雪ならば溶けてなくなるが、トーポリの綿はなくならないので掃除が面倒だ。

一九八九年五月、ちょうどトーポリが舞う時期の土曜日にサーシャから呼び出しがあった。

「マサル、面白い場所に連れて行こう」

「こんどは何か。モスクワに分離派の地下修道院でも見つけたのか」

「だいたいそんなところだ。異論派のアジトに連れて行く。最近、精神病院から出てきた面白い人物を紹介する。ソ連の精神病者がどういう病気にかかっているのか、マサルが自分の目で見るいいチャンスだ」

スターリン時代、反体制派は運が悪ければ銃殺、運が良くてもシベリアの矯正収容所送りになった。その当時と比べれば「人道的」になったブレジネフ政権下では、とても運が悪ければ国外追放、普通に運が悪ければ矯正収容所送り、それよりも少しマシな場合は精神病院に隔離、運が良ければサハロフ博士のように、居住と移動を特定地域に制限される国内流刑《るけい》だった。

ゴルバチョフは、異論派の国内流刑と精神病院への隔離をやめた。サハロフ博士もモスクワに戻り、ソ連人民代議員に選出された。

ブレジネフ時代、異論派を精神病院に送る論理は次のようなものだった。

「ソ連体制は素晴らしい。そのソ連体制をこの男もしくは女は悪いものだと心底思っている。よいものと悪いものの区別がつかないというのは病気だから、精神病院で保護、隔離し、きちんと治療しなくてはならない」

サーシャも十年早く生まれていれば、確実に精神病院送りになっていただろう。もっとも、ソ連の精神科医にはその辺の事情を熟知している人も多いので、サーシャは精神科医とうまく話をつけ、「偏頭痛で錯乱状態になる可能性がある」という診断書を書かせて兵役を逃れていたのだ。

反体制派のアジトはモスクワ南東部の地下鉄駅「プロレタールスカヤ」からトロリーバスで五分くらい走ったところにあった。この地区は「プロレタリア（労働者）」という名前が付けられていることからも分かるように、モスクワの工場労働者が集まった地域で、インテリはあまり住んでいない。

一九七〇年代に建設されたと思われる十階建てくらいのアパートの半地下にそのアジトはあった。もともと地区の公民館がわりに使われていた場所をアジトに使っているようである。

反共主義者が集まっているアジトであるにもかかわらず、雰囲気は私が同志社大学神学部で学んでいた時代にときどき遊びに行った、京都・烏丸《からすま》今出川を上がったところにある学生会館の新左翼系自治会やサークルのボックスに近い雰囲気だった。

半地下には十二畳くらいの部屋が四つか五つあるようで、二十代前後の若い男女が十数人いた。機械油とインクの臭《にお》いが漂って来る。ビラの束をもって奥の部屋から青年が出てきたので、奥には輪転機があって、謄写版《とうしゃばん》で非合法印刷物を作っているのだろう。ソ連では印刷機は厳重に管理され、地下出版などをしていると逮捕、矯正収容所に送られるというのが常識だったので、私は少しヤバイところに来てしまったと思って、サーシャに小声で言った。

「面倒に巻き込まれるかもしれないが、まあ、サーシャのことだから、全《すべ》てよく計算した上でのことだろう。ここは腹を据えて、何が起きているのか、とことん自分の眼で理解してみようと思う」

若者たちはジーンズに長袖《ながそで》Tシャツ、それに軍隊調のカーキー色のジャケットを羽織っている。私はスーツにネクタイ姿だったので違和感が漂う。

「おい、サーシャ。こんな場所なら、ジーンズで来たのに。場違いな感じで、みんなが緊張するんじゃないか」

「いやいや、スーツ姿の方がいいんだ。西側の外交官が訪ねてくるというのは、彼らにとっても貴重な機会なので、外交官らしい格好をしていた方がいいんだ」

会議室のような部屋に通された。机の上にはパリで発行された亡命者団体の新聞「ルスカヤ・ムィスリ（ロシア思想）」や西独のフランクフルトで発行されている戦闘的な反共団体が発行する月刊誌「ポセーフ（種）」が無造作に積まれている。いずれもソ連への持ち込みが禁止されているロシア語出版物だ。

会議室に通してくれたのは二十歳くらいの青年だった。その後、十代とおぼしき少年がコーヒーを運んできた。二人とも私が自己紹介しても、にこやかに挨拶《あいさつ》を返すだけで名前を名乗らない。このあたりも学生時代に遭遇した新左翼活動家の雰囲気に似ていた。

会議室で三十分くらい待たされた後、ジーンズにセーター姿の、一八〇センチ弱の骨格はがっちりしているが、少し痩《や》せた人物が入ってきた。

「スラーバ、これが以前から話している日本人のマサルだ」とサーシャが紹介した。

スラーバとはビャチェスラフの愛称だ。

私は、「マサルという名前は覚えにくいし、しかも男か女かよくわからないので、ミーシャと呼んでくれればよい」と学生同士のような、少しぞんざいな言葉で話しかけた。

スラーバは自分の略歴について、簡単に話してくれた。

専科大学に在籍しているときに、ソルジェニーツィンの『収容所群島』の自家出版（サムイズダート）に触れ、大きな衝撃を受けたのがそもそもの始まりだった。ブレジネフ時代にも、タイプライターにカーボン紙を挟んで作る自家出版を発行することは、大目に見られていたのである。

スラーバは夜を徹して『収容所群島』の複写を作り、周囲に配って広めていった。しかし、『収容所群島』は長編小説なので、自家出版にはとてつもない労力が必要となる。そのうちに、西側から「タムイズダート」が入ってくるようになった。ロシア語で「タム」とは「あっち」、「イズダート」は「出版」という意味で、つまり、国外出版ということだ。スラーバもタムイズダートを手に入れ、配布するようになった。ただし、これをばらまくと、反ソ活動と見なされる危険性が高い。結局、スラーバは逮捕されてしまう。

しかし、スラーバには政治目的はなく、文学として『収容所群島』に惚《ほ》れ込んでいただけなので、KGBもそんなノンポリの文学青年を政治犯に仕立てることはできなかった。

そこで、「こんなに素晴らしいソ連体制を誹謗《ひぼう》中傷する『収容所群島』に惹《ひ》きつけられるのはお前のアタマがおかしいからだ」という理由をつけて、KGBはスラーバを精神病院送りにする。病名は潜在性精神分裂病だった。いまは発症していないが、近未来に精神分裂病が発症するので保護、隔離する必要があるとの医師の見立てである。

精神病院にはスラーバと同じような患者が何人もいた。ただし、スラーバのような文学青年ではなく、サハロフ博士に近い人権活動家やイスラエルへの出国を要求するユダヤ人だった。スラーバは精神病院に収容されたおかげで、本物の反ソ活動家になったのだ。

スラーバは、熱心に話し続けた。決して興奮して大声になるわけではないが、口元に蟹《かに》のような白い泡がたまってくる。瞳《ひとみ》がだんだん光ってくる。

「ソ連は悪魔によって作られた国家だ。これが打倒されるのが歴史的必然なのである。私にはソ連が壊れる日が見える」

政治活動家というよりは預言者という感じだった。私は少し怖くなってきて、サーシャに目配せをした。サーシャは私の気配を察知して、「スラーバ、話はそれくらいにして、出版物をミーシャに分けてやってくれないか」と言った。

スラーバの背には扉付きの本棚があり、その中から二十点くらいのビラやパンフレットを取りだしてきた。人権派団体が出している「ヘルシンキ・レポート」や反体制派関連の出来事を時系列順に記載した「エクスプレス・フロニカ」、さらに西側で出たソ連政治情勢に関する論評のロシア語訳などがでてきた。私はこれらの資料をもらい、アジトを後にしようとしたところ、スラーバに呼び止められた。

「ミーシャ、済まないけど、少しカンパをしてもらえないか」

「スラーバ、こっちも外交官としての立場があるので、カンパはできない。ただし、今もらったパンフレット類の対価なら支払うよ」

サーシャが「カネなんて払わないでいいよ。もう帰ろう」と言ったが、私はタダでものを貰《もら》うのは好きではないと、反論した。

「スラーバ、値段を言ってくれ。いくらでも払うよ」

「二十五ルーブル（約六千二百五十円）でどうだろうか」

「それじゃ、百ルーブル（約二万五千円）置いていく」

労働者の月給の半分くらいだ。カンパとしては十分な額だろう。

最初から狂っていた国

私たちはアジトを出た。サーシャが済まなさそうに言った。

「マサル、済まない。あいつがカネの無心をするなんて思わなかった」

「別に構わないよ。メシに誘おうと思っていたから、その分を渡したと思えばよい」

「いや、よくない。マサルが自発的にカネを出すならば、それはマサルの勝手だが、カネを要求するとなると話は別だ。カネの無心をする奴《やつ》はインテリじゃない」

「そう堅苦しく考えることはないよ。それよりもスラーバは精神病院でどんな治療を受けていたのだろうか」

「僕の周辺には精神病院帰りは結構多いが、いろいろな薬を飲まされる。意識が朦朧《もうろう》とする薬や、逆に不安感が高まる薬などを飲まされる。そして徐々に人格が破壊されていく」

「それから潜在性精神分裂病とはどういう病気だい」

「反体制派を隔離するときの常套《じょうとう》手段だ。ソ連にしかない病名だ」

「サーシャは潜在性精神分裂病の兆《きざ》しはないのか」

「十分ある。こんなに素晴らしいソ連体制が、僕には心底ゴミのように見えるからな。典型的な潜在性精神分裂病だ」

「サーシャ、徴兵されるのと精神病院の入院のどちらを選ぶか」

「両方とも嫌だ」

「どちらかを選ばなくてはいけない。あれか、これかだ」

「当然、精神病院だ」

「なぜ」

「人を殺すのは嫌だからだ」

「それは宗教的信念からか。キリスト教は人殺しが好きな宗教だぜ」

「宗教的信念というよりも個人的趣味だ。小学校から軍事教練で銃をいじらされ、パブリック・マローゾフのバッジをつけるような社会が心底嫌いなだけだ。レーニンたちボルシェビキは冗談で革命を行なった。あいつらは全て遊び半分だった」

　パブリック・マローゾフは、「ピオネール（共産少年団）」の英雄である。

　一九三二年、スターリンは農業集団化政策を強要し、それに抵抗する多くの農民が「クラーク（富農）」というレッテルを貼《は》られ、処刑されたり矯正収容所に送られたりした。三二年当時十二歳だった少年パブリック・マローゾフは父親が穀物を隠匿《いんとく》していることを秘密警察に密告し、父親は逮捕される。親を秘密警察に売ったことに激怒した農民たちは、パブリックをリンチにかけて殺してしまう。

　ソ連政権は親よりも共産国家への忠誠心を大切にしたパブリックを、理想的ソ連人として英雄に仕立て上げた。秘密警察はパブリックの父親を、あえて処刑や矯正収容所送りにせず恩赦し、父親は自己批判と優れた息子をもったことを誇る宣伝活動に従事させられた。ソ連の子供は九九％、ピオネールに加盟し、赤いネッカチーフとパブリック・マローゾフの肖像画のついたバッジを胸につけていた。

　一方で、ソ連時代からロシア人の間で「あいつはパブリック・マローゾフのような奴だ」というのは、「出世のためにならば親でも家族でも売り渡す人物」というたいへんな悪口だった。

　話を元に戻すと、私はサーシャの発言に敢《あえ》て反論してみた。

「そうだろうか。レーニンたちは共産主義というユートピアを信じていたのではないだ

る。

「あいつらが信じていたはずなどない。ボルシェビキには熱狂と冷笑が混在している。ソ連自体が精神分裂病だ。最初からこの国は狂っているんだ」

この時のサーシャの分析は的確だったと思う。そして、ソ連という国がもっていた狂気は、今再び復活し始めているのかもしれない。

反ソ活動家、スラーバことビャチェスラフ・イグルノフに潜在性精神分裂病との診断をしたのは、ソ連精神医療界で著名なタマーラ・ペチョルニコワ博士だった。プーチン時代になり、このペチョルニコワ博士は再び注目されるようになっている。

二〇〇〇年三月二十六日、チェチェン共和国のダンギシュ村で十八歳の少女エリザ・クンガーエワがロシア軍のユーリー・ブダーノフ大佐によって連れ去られた。ブダーノフ大佐のテントでエリザは首を絞められて殺された。検死を担当した軍医の報告によるとエリザは死亡直前に、複数の人物からレイプされていた。

同年三月三十日、ブダーノフ大佐は逮捕され、裁判にかけられた。しかし、ブダーノフは精神鑑定により、犯行時に心神喪失だったと認定された。プーチン政権を揺るがしかねなかった大事件はこうして幕引きされたのだった。この鑑定医がかつてスラーバに潜在性精神分裂病との診断をしたペチョルニコワ博士である。

週明けに大使館に「戦利品」を持っていくと、上司たちは驚いた。私はどのような場所でこれらの資料を入手したかを説明した。「危ないからそのような場所には出入りするな」との注意をされるのではないかと少し心配していたが、「異論派の情報に日本大使館は弱い。アメリカや西ドイツの外交官は異論派と付き合っていろいろな情報を取っているので、関係をうまく続けて欲しい」と言われた。

その後も私はこのアジトにときどき出入りした。スラーバとは今ひとつ相性がよくないような感じがしたので、顔を合わせればていねいに挨拶はするが、深い付き合いはしないようにした。むしろそのアジトに出入りしている学生運動や人権運動の活動家たちと話をするなかで、異論派の空気を摑《つか》むことにつとめた。

半年の間にこのアジトには西ドイツ製のコンピューターやコピー機、ファックス機が運び込まれ、椅子《いす》やテーブルも新品に買い換えられ、アジトというよりも事務所のようになってきた。欧米の人権団体やシンクタンクからカネが流れているのであろう。アジトの前にはときどき小型車「ジグリ」六型（一九七〇年代のイタリア車フィアットのコピー）が停まり、KGBの職員らしき者が様子をうかがっていたが、特に手出しはしてこないようであった。

九〇年に入るとエリツィンがサハロフ博士に接近し、スラーバことビャチェスラフ・イグルノフも改革派系のメディアで活躍するようになる。スラーバは「政治人文センター」というシンクタンクを立ち上げ、そこのトップにおさまった。九三年十二月に改革派ではあるがエリツィンとは一線を画する、グレゴリー・ヤブリンスキーの政党「ヤブロコ」からロシア国家院選挙に立候補して、当選した。

その後、私は国家院議員になってからのスラーバと二回ほど面会したが、かつてアジトで会ったことについては言及しなかった。国家院議員になってからのスラーバは、旧ソ連諸国におけるロシア人の人権擁護を強調する、人権問題をロシアの民族意識高揚と結びつける新保守主義的な政治家に変貌《へんぼう》していた。

フルシチョフの息子

一九八九年三月のソ連人民代議員大会（国会）選挙は、ソ連時代で初の複数候補者による選挙が行なわれ、サハロフ博士、エリツィンなどソ連当局にとって好ましくない人々も当選した。国会中継に国民は釘付《くぎづ》けになり、インテリのみでなく全国民が熱中する「政治の季節」がやってきたのである。

夏頃からサーシャはバルトでの仕事が忙しくなったようで、以前ほど頻繁にモスクワには来なくなった。もっとも、サーシャからリガやモスクワで紹介してもらった人脈は、順調に発展し、これまでは書物でしか知らなかったセルゲイ・フルシチョフ（フルシチョフ元ソ連共産党第一書記の息子）や反体制派歴史家のロイ・メドベージェフなどの面識を得た。

フルシチョフは物理学者だったが、歴史への造詣《ぞうけい》も深く、話していて実に気持ちがいい人物だった。私とは波長が合ったようで、父親が失脚しそうになる直前に、ソ連共産党中央委員会の職員がリスクを冒してセルゲイに電話をかけ、ブレジネフたちが陰謀を企《たくら》んでいるという情報を伝えてきたが、その話を父親に伝えても本気にしなかったという裏話を聞かせてくれた。

さらに、その情報をもとにセルゲイ自身が動き回ったことが、ソ連共産党政治局で問題になり、査問にかけられそうになったが、ある政治局員が「息子が父親のために画策するのは当たり前じゃないか」と庇《かば》ってくれたため不問になった、ということだった。

私は、リガで見た分離派の修道院のことをフルシチョフの息子に話した。五十歳を少し回ったセルゲイ・フルシチョフは、父親に顔がそっくりで禿《は》げている。ただし父が完全な肥満体だったのに対し、息子は少し太っているくらいだ。ロシアの基準では標準的だと言えよう。

フルシチョフの息子は、ロシア料理よりもフランス料理を好んだので、「メジュドナロードナヤ（国際）・ホテル」のマーキュリー・レストランで意見交換をした。このホテルはレーニン、スターリン、フルシチョフ、ブレジネフと親しかったアメリカのオクシデンタル石油会長のハマーが、ブレジネフに贈ったアメリカ型のホテル付ビジネスセンターで、「ハマー・センター」と呼ばれていた。

若きアメリカ人青年ハマーはロシア革命に共感したボルシェビキのシンパだったが、レーニンに「むしろビジネスでソ連のために貢献して欲しい」と頼まれ、石油王になった「赤い資本家」である。

「ニキータ・フルシチョフ（第一書記）の時代に、なぜあれだけ多くの教会が閉鎖されたのですか」

フルシチョフの息子は少しだけ考えてから言った。

「父は共産主義イデオロギーを本気で信じていた。父にとって共産主義は宗教だったのだと思う。失脚した後も共産党の支部会議に呼ばれないが、これでほんとうによいのか、党の規律はどうなっているんだと真面目《まじめ》に心配していた。共産主義という宗教を信じていたから、他の宗教には厳しく対処したのだと思う」

「なぜ、リガの分離派修道院は弾圧からお目こぼしになったのでしょうか」

「恐らく、そのような修道院があることをモスクワの中央委員会は知らなかったのだと思う。サトウさん、共産党やＫＧＢによる監視は、案外いい加減なものなのです。これはロシア的伝統なんですよ。私のこともいつも彼らは見ている。そして彼らが必要と考えれば圧力をかけてくる。そのときには抗する術《すべ》はありません。ただ、危ないときの空気は私にはわかる」

「そうですか。いまは安全なときですか」

「安全です。今度は父の時代の雪解けとは質的に異なると思う。この流れはもう逆戻りしないと私は見ています」

「セルゲイ・ニキーチチがいま一番やりたいことは何ですか」

ロシア人の名前は、ファーストネーム、父称（父親の名前を変化させたもの）、姓になる。フルシチョフ第一書記の名はニキータだったので、息子の場合、セルゲイ・ニキーチチ・フルシチョフになる。親しくかつ丁寧に呼びかけるときは名前と父称を続ける。

フルシチョフの息子は少し考えてから言った。

「実はアメリカで二、三年、腰を落ち着けて研究したいと思っているんです。アメリカの公文書館で父についての資料をきちんと見て、またその後、ブレジネフ時代にアメリカ人が私たちにアプローチしてきていろいろな出来事があったのですが、真相はどうだったのか、知りたいと思うんです」

「政治家になって、お父さんの遺志を継ぎたいと思ったことはありませんか」

「一度もありません。政治は嫌いです。ただ私は父も母も愛しています。だから自分の両親に何があったのか、その真実だけは、自分が納得できる形で知りたいと思うのです」

九一年八月のクーデター未遂事件直後、フルシチョフの息子から私に電話がかかってきた。

「サトウさん、アメリカのブラウン大学の客員研究員として来週、出国します。しばらくは戻ってきませんが、またお会いしましょう。何かあれば息子と連絡をとってください。息子の名前は私の父と同じニキータです」

その後、セルゲイはアメリカ国籍を取得し、ロシアには戻って来なかった。

メドベージェフの〝情報操作〟

反体制活動家のロイ・メドベージェフはソ連人民代議員に当選し、ソ連共産党の改革派としてメディアの関心を集めていた。ただし、サーシャのメドベージェフに対する評価は厳しかった。

「マサル、ロイ・メドベージェフの本は何を読んだのか」

「日本で『ソ連における少数意見』（岩波新書）と『社会主義的民主主義』（三一書房）を読んだ」

「『ソ連における少数意見』の方は、紹介本なので特に検討の対象にならない。『社会主義的民主主義』についてはどういう感想をもったか」

「プラハの春の『人間の顔をした社会主義』に近い考えなので、興味深かった。ペレストロイカの方向に近いんじゃないのか」

「マサル、チェコ人が『人間の顔をした社会主義』を掲げたのは、この世に存在している社会主義が人間の顔をしていないからだ。いや、平気で嘘《うそ》をついたり同族を騙《だま》すのが人間の特徴とするならば、社会主義は十分人間的だ。メドベージェフは筋金入りの共産主義者だ。奴《やつ》のイデオロギーはトロツキズムで、本気で世界革命を考えている。奴は正気じゃないよ」

トロツキーは、レーニンと共にロシア革命の立役者であるが、スターリンと対立し、国外追放にされ、一九四〇年にメキシコでスターリンの送り込んだ刺客によって暗殺された。トロツキーは、スターリンのソ連は資本主義国ではないが官僚に牛耳られた「腐敗した労働者国家」であると厳しく批判し、世界革命を唱えた。

「トロツキズムはソ連では完全に叩《たた》き潰《つぶ》されたんじゃないのか」

「そうとも言えないよ。KGBはサハロフを徹底的に潰そうとしている。でもメドベージェフとは手を握れると思っている。ブレジネフ時代からそうさ。メドベージェフのようなソ連の共産主義体制を根本で揺さぶらない反体制派にはそれなりの利用価値があるんだ」

「サーシャ、メドベージェフはKGBの協力者ということか」

「マサル、それは言い過ぎだ。ただメドベージェフよりもKGBの方が一枚上手だということだ。メドベージェフは本気でソ連体制と闘っていると主観的には思っている。しかし、問題はソ連体制を倒した後のビジョンだ。奴は世界共産主義革命を実現したいと思っている。本気だ。この流れに未来はない」

「サーシャはソ連体制を倒した後、何をやりたいんだ」

サーシャは少し考えてから言った。

「正直に言うが、何も考えていない。まずソ連を倒すことだ。その後のことはまずこの目標を達成してから考える。マサル、メドベージェフよりもエリツィンに注目した方がよい」

「エリツィンは終わった政治家ではないか。典型的な共産党特権階層（ノメンクラトゥーラ）で、見識にも限界がある」

「それはそうだ。しかし、エリツィンは自己の見識の限界に気付いている。そして、サハロフ博士と現在共闘している。それから、エリツィンの出身地スヴェルドロフスクのインテリグループも能力が高い。エリツィンのゴルバチョフに対するルサンチマンがエリツィンを一回りも二回りも大きな政治家にしている。エリツィンはロシア正教会の不満分子を周辺に近付けている。僕もこの流れには関心をもっている」

「エリツィンについてはまたの機会に話を聞きたい。僕はいまロイ・メドベージェフと面識をつけたい」

「わかった。やってみる」

数日後、サーシャが紹介してくれたある人物がロイ・メドベージェフと電話をつないでくれた。

私の面会申し入れに対して、ロイ・メドベージェフは電話口でまくし立てた。

「日本人は今頃になってから私にアプローチしてくるとはどういう認識をしているんだい。率直に言うけれど、アメリカやイギリスの外交官はブレジネフ時代にリスクを冒して私と付き合い、原稿の国外持ち出しや印税の持ち込みまでしてくれた。だから私は重要なことは、まずアメリカ人、イギリス人に伝えてから、その後で日本人に伝えることに決めている。それでいいならあなたとも会おう」

嫌味という感じは全くなく、メドベージェフ自身の心象風景を率直に伝えてきたのだと私は受け止めた。

私は、「ロイ・メドベージェフ先生、あなたのおっしゃることは十分理解できます。順番は最後でもいいです。東ドイツ人や中国人の後で、是非、お時間を割いてください」と言って、大使館と自宅の電話番号を伝えた。メドベージェフは笑いながら「必ず電話する」と答えた。

メドベージェフから電話がかかってきたのは、それから数カ月後、九〇年十二月半ばのことだった。

その日、ソ連人民代議員大会でシェワルナッゼ外相が、「独裁が近付いている」と警告を発し辞職を表明したため、この件に関する情報収集で、外交官や新聞記者は忙しく駆け回っていた。

そんななかで、ロイ・メドベージェフは夜八時にアパートで話をしようと言ってきた。連絡を待ちわびていた私は喜んで招待を受け、モスクワの凱旋門《がいせんもん》から少し外れたところにある、スターリン時代に建てられた煉瓦《れんが》造りのアパートを訪れた。

メドベージェフのアパートは、書斎も廊下も天井まで本が積まれ、古本屋のような感じだった。特に印象的だったのが勉強机で、畳一枚分くらいあるような大きな机であるが正面と両脇《りょうわき》に天井まで届く手製の本棚が置かれ、さらに机の上にも本が数十冊も山積みにされているので、かろうじてノートを置く場所が確保されているという有り様だった。

何冊か本を見せてもらったが、あちこちに書き込みやメモが挟み込まれており、メドベージェフが、本をあまり読まず耳学問でその場をしのぐ、政治好きなはったり型の学者ではなく、本格的な読書家であることがわかった。さらに、ソ連には持ち込みが禁止されている、欧米で刊行されたロシア語書籍も相当数あった。

事前にサーシャの忠告を聞いていたので、私は正直言って少し警戒心をもっていた。

そのため、異論派運動については何も尋ねずに、端的にシェワルナッゼ辞任の真相について の見解を訊《き》いた。メドベージェフは、自信たっぷりにこう答えた。

「シェワルナッゼはグルジア共産党第一書記時代の汚職について、地元のKGBに秘密を握られている。今般、グルジア大統領になったガムサフルディアはKGB資料を徹底的に調べ、シェワルナッゼの汚職について証拠をつかんだ。シェワルナッゼはグルジアKGB議長をつとめていたので、現在も手下が地元のKGBにいる。そこからスキャンダルを摑《つか》まれたという話を聞いて、これはもはや揉《も》み消すことができないと判断した。そこで『独裁が近付いている』とあたかも自分が反動勢力に追いつめられたが如《ごと》き発言をして、辞意を表明した。汚い奴だよ。典型的なソ連官僚だ」

この情報は興味深いので、すぐに大使館に戻って暗号電報で東京の外務本省に報告した。

その二日後、私はセルゲイ・フルシチョフを、新しくできた協同組合方式の中華レストランに招待した。「ザラトイ・ドラゴン（金龍）」という名前で、モスクワの中心部、ノボデビッチ修道院の裏の地区共産党の集会場をレストランに改築した貧弱な施設だが、春雨のサラダや餃子《ぎょうざ》、鶏肉《とりにく》とカシューナッツの炒《いた》め物など味はなかなかよい。それにグルジアのおいしい白ワイン「ツィナンダーリ」がある。

一般論としてロシア人は食に関しては保守的だ。胡椒《こしょう》のからさに抵抗がなくても、唐辛子はだめだという人も多い。それから甘酢という調味料が、ロシア料理にもコーカサス・中央アジア料理にもないので苦手だ。従って、中華料理にロシア人を誘うと大失敗を招くことがよくある。

フルシチョフの息子は食通なので、モスクワで本格的な中華第一号店であるこの店に招待した。デザートに白いキクラゲを甘いシロップで漬けたコンポートを食べながら、私はロイ・メドベージェフに会ったことを話した。

メドベージェフは、西側で『フルシチョフ』という本を出していた。その内容は、ニキータ・フルシチョフによるスターリン批判と雪解け政策を評価するというものである。それでセルゲイ・フルシチョフはメドベージェフに対して好意的だと思い、私はこの話を出したのだ。そして、メドベージェフのシェワルナッゼ外相辞任表明の見立てについても述べた。

すると、フルシチョフの息子はにわかに顔を曇らせた。

「サトウさん、ソ連の反体制運動、異論派の中にもいろいろな潮流がある。ロイ・メドベージェフは、以前からＫＧＢと持ちつ持たれつの関係で、またソ連共産党中央委員会にもメドベージェフのシンパがいる。今回の会見はサトウさんのイニシアティブで行なわれたのか」

「数カ月前に、申し込んでいた会見が、突然、実現したんです」

「気をつけた方がいい。メドベージェフの情報源はKGBだと思う。サトウさん、シェワルナッゼ、クラスの政治家になると、つまらない小細工はしない。共産党中央委員会守旧派に押されてゴルバチョフが独裁に走ることを、シェワルナッゼはほんとうに懸念《けねん》しているのだと思う。国家上層部で何かが起きている」

私はこの情報についても暗号電報で東京の外務本省に送ろうとしたが、上司がストップをかけた。私は田中兼次総括公使に呼び出された。

「君がおといメドベージェフから聞いた話と全く逆の話を送ると、クレジビリティーにかかわるので、この電報は送らないでいいよ」

「別に私のクレジビリティーなんかどうでもいいですよ。フルシチョフの息子がそういうことを言っているという事実があるんですから、それはそのまま送ればいいじゃないですか」

「いや、君のクレジビリティーで済む問題じゃないんだ。公電は大使から外務大臣に宛《あ》てて打つ。だから大使のクレジビリティーに傷がつく。大使館は新聞社じゃない」

全く納得できない理由であったが、大使の名前を出されれば引き下がるしかない。私は「わかりました」と言って、電報案を持って政務班に戻った。電報案はシュレッダーにかけた。

シェワルナッゼが「独裁が近付いている」という警告を発して一カ月もたたない内に、沿バルト三国でソ連維持派が「救国委員会」を立ち上げて、沿バルト三国のソ連からの分離、独立を阻止するためにモスクワによる直轄《ちょっかつ》統治を求めた。一月十三日にリトアニアの首都ビリニュスで、ソ連軍と独立派の市民が衝突し十四名が死亡し、多数の市民が負傷した。ビリニュス「血の日曜日」事件である。その一週間後にはラトビアの首都リガで市民の小競《こぜ》り合《あ》いがあり、ソ連当局によって数名が射殺された。

ソ連の民族紛争に関して言えば、既にグルジアやアゼルバイジャンではソ連当局と地元市民の衝突で死傷者が発生していたが、沿バルト諸国では初めてのことだった。人民戦線は、非暴力の抵抗運動でソ連からの独立を達成するという戦略を立てていたので、軍や治安機関が介入する口実を与えないように細心の注意を払っていた。非暴力の抵抗運動に対してもモスクワが鉄の牙《きば》を剝《む》き出しにした「血の日曜日」事件は、ソ連崩壊のプロセスにおける大きな転換点になった。私の理解では、このときからソ連は崩壊の坂を転げ落ちていったのである。シェワルナッゼが警告したように、一九九〇年末の時点で、ソ連体制の中枢部《ちゅうすうぶ》で、独裁を画策する動きは確かにあったのだ。

前に述べたように、ソ連崩壊後、私はアルクスニス大佐との信頼関係を深めていった。ソ連崩壊から二年経《た》った九三年の夏、私はシェワルナッゼの「独裁が近付いている」という発言の真意を問いただした。

「ビクトル、あなたたちはソ連を維持するためにクーデターを起こして独裁制を敷くことを考えていたのか」

「僕たちは考えていなかった。クーデターでは国家を維持できない。むしろゴルバチョフに反対する大衆のうねりをモスクワで起こして、それに沿バルトでのソ連維持派を結びつけることを考えていた。共産主義者を権力の中枢から摘《つま》み出し、愛国者により非共産主義的なソ連を強化することを考えていた」

「一種のファシズムか」

「そういってもいいけれど、ファシズムというよりはユーラシア主義だよ。共産党は私たちの動きを非常に警戒していた。ＫＧＢは私たちの動きを徹底的に監視していた」

ユーラシア主義とは、一九二〇年代から三〇年代にかけて、西欧に亡命したロシア知識人の間で流行した思想で、ソ連から共産主義を駆逐し、ユーラシアに全体主義的な帝国を構築しようとした思想である。

アルクスニスは続ける。

「マサル、ただしゴルバチョフを中心に独裁を実現するという構想が、ソ連共産党の上層部にあったことは確かだよ。ゴルバチョフはあたかもそれにゴー・サインを出したかのように振る舞った。ヤナーエフ（副大統領）、クリュチコフ（KGB議長）、ヤゾフ（国防相）は、ゴルバチョフの了承を得たと思って、ソ連全土に非常事態令を導入し、独裁を実現しようとした。しかし、ゴルバチョフは動揺した。そこで一九九一年八月の『小動乱（プッチ）』（クーデター未遂事件）のような中途半端《はんぱ》な顛末《てんまつ》になったんだよ」

「あそこでゴルバチョフが動揺しなかったならば、ソ連を維持することはできただろうか」

「あのやり方だったらダメだったと思う。国民は共産党支配に嫌気が差していたよ。共産主義を打倒することでのみソ連を生き残らせることができたんだよ」

私は以前から引っ掛かっていたメドベージェフやフルシチョフから聞いたシェワルナッゼ辞任の真相についてもアルクスニスの見方を聞いた。

「マサル、それは実に面白い話だ。メドベージェフの言ったシェワルナッゼの腐敗、汚職は事実だよ。しかし、それは辞任の理由の二％にもなっていないだろう。シェワルナッゼは共産党には独裁を実現したくても、それを実現する力がないことが判《わか》っていた。そんな冒険をすれば、国民の力で自分たちが権力の座から引きずり降ろされ、殺されかねないことをわかっていた。だからゴルバチョフに本気で警告したんだ。

ただ、面白いのはメドベージェフがあなたにした話だ。セルゲイ・フルシチョフの見立て通り、この情報源がKGBであることは間違いない。典型的なKGBの情報操作だよ。あいつらは嘘《うそ》は言わない。ただし、二％しかない要因を誇張し、あたかもそれが真相の九割くらいと相手に信じ込ませる。典型的な手口だよ」

本物の情報操作とはそういうものだ。嘘に基づくのではなく、部分的事実を誇張して、相手側に間違えた評価をさせるのである。そして、このことは、私が情報戦の現場でロシア人から学んだ貴重な財産になった。

人民戦線の暴走

さて、話を再び一九八九年から九〇年に戻そう。

八九年は私が研究していたチェコの神学者ヨセフ・ルクル・フロマートカの生誕百周年だったので、私は頻繁にプラハを訪れた。ベルリンの壁が崩壊し、チェコスロバキアではビロード革命で、反体制派の作家ハベルが大統領に就任した。

一九六八年当時にチェコスロバキア共産党第一書記で、「プラハの春」がソ連軍の戦車によってつぶされた後は、スロバキアで森林警備人になったアレクサンドル・ドプチェクも国会議長になった。私が付き合っていたチェコの異論派運動「憲章77」の関係者が権力の中枢についた。

私は八九年の年末と九〇年の年始をプラハとフロマートカの出身地である北モラビア

地方で過ごした。モスクワに戻ると、リガから来ていたサーシャにビロード革命直後のプラハのインテリの状況について伝えた。サーシャは、私の話に強い関心を示した。

「マサル、ビロード革命は理想的な権力移行の形態だ。特に大統領選挙でかつて『人間の顔をした社会主義』を掲げたドプチェクではなく、徹底的な反共主義者のハベルが当選したことが大きい。これで共産主義だけでなく社会民主主義の終焉《しゅうえん》も明らかになった。ソ連や東欧では、社会民主主義だとまた共産主義に戻る危険性がある。一回、広い意味での社会主義的潮流ときちんと断絶しなくては国家が再生できない。恐らく、沿バルトではビロード革命と同じ流れになる。極端な反共政権ができるが、これは歴史の必然だ。

多分その過程のどこかのタイミングで、モスクワは軍事介入をするだろう。かなり犠牲が出るかもしれないけれど、かえってそれで沿バルトのソ連離脱は早まると思うよ。それはそれでいくしかないんだ。ただ、ちょっと気になることがある」

「なんだい」

「チェコの異論派に反ユダヤ主義的傾向がないだろうか」

「確かに『社会フォーラム』にその傾向があるけれど、旧共産体制側の反ユダヤ主義よりはましだと思う」

「そうだろうか。旧体制側の反ユダヤ主義は、いわばよき『共産党員』であることの飾りみたいなもので、本気じゃない。実のところ共産党中央委員会にもユダヤ人は多い。アレクサンドル・ヤコブレフにしてもそうだ。ライーサ・マクシモバ（ゴルバチョフ夫人）もそうだ。しかし、異論派のなかの反ユダヤ主義はイデオロギーとして純化している。これは危ない」

「サーシャは以前からユダヤ人問題をよく取り上げるけれど、率直に聞くが、サーシャにユダヤ人の血が入っているのか」

「残念ながら入っていない。入っていたならば、とっくにイスラエルに渡っていたよ。リガのユダヤ人インテリは、既にほとんど出国してしまった。僕は反ユダヤ主義はユダヤ人の側の問題ではなく、それを唱える非ユダヤ人の心理状態がどうなっているかを占うのにとても重要だと考えている。リガの雰囲気がよくないんだ」

「どういうことだい」

「人民戦線の中に反ユダヤ主義的機運が強まっている。それと同時にロシア人に対する排外主義も強まっている。僕は人民戦線と距離を置こうと考えているんだ」

「サーシャ、深刻な話なのか」

「かなり深刻だ」

サーシャの話では、私がリガを訪れてから半年くらいして、つまり八九年秋頃から人民戦線が変質し、ラトビア民族主義の枠では収まらないような民族至上主義が生まれているということだ。具体的には、特にラトビア語の修得度で、市民をカテゴリー分けし、ロシア人は事実上の二級市民になる危険があるということだ。

「サーシャ、僕はサーシャの言うことは違うと思う。ロシア人はラトビアの地に後から来たわけだ。それならば先住民であるラトビア人に敬意を払ってラトビア語を勉強すればいい。

僕はチェコや東欧の少数民族についてはそれなりの知識があるつもりだ。十九世紀半ばにチェコ人はドイツ人に同化しそうだった。しかし、チェコ語を常用する運動が広範に展開したから民族独立を果たすことができた。リトアニアの隣に住んでいたプロイセン人は十八世紀にプロイセン語を忘れたら急速にドイツ人に同化されてしまった。東ドイツのソルブ人だって、ソルブ語を忘れたらドイツ人に同化してしまうと思う」

ソルブ人（ラウディッツ人）とは、東ドイツのエルベ川沿岸に住むスラブ系民族である。ギュンター・グラスの小説で映画化もされた『ブリキの太鼓』は、ソルブ人居住地区をモデルにしている。東ドイツの憲法では少数民族であるソルブ人の言語、文化の保護が謳《うた》われていたため、東独政府はソルブ語の保護政策をとっていた。東西ドイツ統一後、この保護規定は憲法から消えた。その後、ソルブ人は急速にドイツ人に同化している。

「マサル、それは違うよ。ラトビア人には同化の危機なんかないよ。そもそもラトビアのロシア系住民は極く一部のインテリを除けば、ほとんどが単純労働者だ。特にリガでは地下鉄工事で流入した単純作業員が多い。事務職や大学、科学アカデミーの職員はほとんどラトビア人だ。ただし、ラトビア語の技術用語や政治用語や哲学用語は全《すべ》てロシア語からの借用語だ」

「その議論もおかしいよ。ロシア系の専門用語を押し付け、ラトビア語の固有語の発展を許さないような政策をとったからそうなったんだよ」

「それは違う。言葉は生き物だ。ソビエト政府の押しつけで言語を変えることはできない。ラトビア人が共通語(リンガフランカ)として便利だから、自発的にロシア語を選んだんだよ」

そう言ってサーシャは、哲学用語や歴史用語を二十語くらいロシア語とラトビア語で交互に早口で言った。区別がつかないくらい似た音だ。

「サーシャはラトビア語ができるのか」

「ほとんどできないよ。ただ新聞は読むことができる。ロシア語とラトビア語で単語の類似がないのはロクでもない言葉ばかりだよ」

そう言って、サーシャは、去勢ブタ、去勢ウマ、キンタマ、男のイチモツ、尻《しり》のアナ、糞《くそ》、小便などをロシア語とラトビア語で再び早口でいった。確かに音が全く異なる。

「マサル、糞だとか男のイチモツといった類《たぐい》の言葉を覚えるために、どうして机に向かうことの嫌いな労働者や農民たちにラトビア語の学習を強要する必要があるんだ」

サーシャの言うことにもそれなりの理屈があると思った。

「でもサーシャ、少なくともロシア人のインテリは、移住先であるラトビアの文化に敬意を払って言葉を勉強すべきじゃないか」

「さっきも言ったけど、僕も新聞を読んだり、多少の日常会話はできるよ。ただ、人民戦線の連中が要求しているのはそのレベルじゃない。ロシア人にもラトビア語で完璧《かんぺき》な文章を綴《つづ》ることを要求する。そのレベルの語学力に達していないロシア人は行政機関や大学、科学アカデミーから追い出すことを真面目《まじめ》に考えている。言語基準でロシア人とラトビッチを追い出して、そのポストをラトビア人で占めようとしているんだ。ここにはまともな理念なんかないよ。マサル、これはエトノクラチヤ（自民族独占支配）だよ。共産党支配と同じくらい悪い」

サーシャは当時、ソ連の民族学者が使い始めていた、エトノクラチヤ（エスノクラシー）という言葉を使って状況を説明した。これまでのソ連体制は、パルトクラシー（共産党支配）とビューロクラシー（官僚支配）だったが、それが今では少数民族の文化エリートが民族というキーワードを旗印にして、実際は自分たちが温かい椅子《いす》を獲得するために民族運動は起きているというのだ。その結果は、民族対立や紛争の激化と、官僚の質の低下をもたらすだけで、ソ連国家の強化には全く貢献しないという、どちらかというとソ連維持の立場に立つ識者の主張だった。結果から見ると、この人々の洞察は正しかった。九一年に独立した後、ラトビア政府は全国民に対して語学試験を行いラトビア語の修得度で国民を三カテゴリーに分けて、就官権のみならず、民間企業での管理職に就く権限ですら制限しようとした。これは欧州連合の人権基準にも反するので大問題になり、結局、ラトビア政府は言語政策を転換した。サーシャの懸念《けねん》は正しかったのだ。

「サーシャは人民戦線のラトビア人幹部に友だちがたくさんいるんだろう。イワンス議長やロシア語版『アトモダ』紙のアレックス・グレゴリウス編集長は、そんなデタラメは言わないだろう」

「いや、連中がエトノクラチヤの元凶だ。特に血が半分ロシア人のアレックスが酷《ひど》い。これまで『アトモダ』は、ラトビアだけでなく、ロシアの民族復興についても、ソ連全土に影響を与える記事を掲載してきたし、ソ連が追放したベルジャーエフ、ブルガーコフ、イリインなどの思想家についても紹介記事を書いてきた。アレックスはそれを止め、ラトビアの民族英雄について、またロシア人が本性において暴力的で、世界中から嫌《や》われているというような記事だけを載せろと言う。僕は『アトモダ』を去ろうと思っているんだ」

「それじゃ人民戦線を敵に回すことになるぞ。大丈夫か」

「仕方ないよ」

「インターフロントに行くつもりか」

「冗談じゃない。人をバカにするな。何で僕がソ連軍のお抱え機関に行かなくてはならないのか」

沿バルト三国では、ソ連からの分離独立を唱える人民戦線に対して、ソ連維持、当時の用語では「インテルナツィオナリズム（インターナショナリズム）」を掲げるインターフロントができた。インターナショナリズムといっても英語とはニュアンスが異なり、マルクス・レーニン主義が掲げる「プロレタリア国際主義」に基づきソ連体制を維持するという内向きの運動で、外国との連携はなかった。

ちなみに、後にチェチェン独立派の中心人物になったジョハル・ドゥダーエフ「チェチェン・イチケリア」共和国初代大統領は、この当時はエストニアのタルトゥー空軍基地の司令官（少将）で、インターフロントの指導者だった。ソ連崩壊で民族主義の力を目《ま》の当たりにしたドゥダーエフは、九一年八月にエストニアの独立をソ連が承認した直後、チェチェンに帰国し、今度は自らがロシアからの分離独立運動の指導者になるのである。インターフロントの資金源が沿バルト駐留ソ連軍から出ていることは公然の秘密だった。

「自由の戦士」というビジネス
「サーシャ、それはラトビアだけの現象なのか。リトアニアやエストニアでも同じ状況なのか」

「リトアニアはだいぶマシだ。エストニアは酷い。ユーリー・ロットマンをはじめ優れた学者はタルトゥー大学からモスクワの文書史料（アルヒーフ）大学（現ロシア国立人文大学）に逃げ出した。ユダヤ人のインテリはテルアビブかモスクワに移住している」

「サーシャ、リトアニアとその他二国の違いはどこから生じるのか」

「基本的には人口比率だと思う。リトアニアでのリトアニア人の比率は八〇％だ。エストニアでのエストニア人の比率は五割を少し超えたくらいだ。ラトビアでのラトビア人比率は五割を切っている。しかも、東部のラトガリア地方の連中は言葉も宗教も違う」

「それはどの程度、深刻な問題なんだい」

「マサル、現時点での評価は難しい。ただし、将来は面倒な話になりうる。ラトガリア地方の連中はカトリック教徒で、標準ラトビア語ではコミュニケーションが不可能なラトガリア語を話す。ほとんどのラトビア人がインテリか工場労働者なのに対して、ラトガリア人は農民だ。文化も対露感情も違う。ラトガリア人にはリガのラトビア人インテリのような強力な反露感情は存在しない。おっとりしているんだ。リガのラトビア人はラトガリア人を小馬鹿《こばか》にしている」

「小さな民族の中で、いったい何をやっているんだ」

「いや、小さな民族で、これまでまともな国家をもったことがないからこんなことになる。積極的な原理でラトビア人を纏《まと》めていくことができないんだよ。ラトビア人を纏めるために敵のイメージを作り上げる必要がある。そこでラトビア人はロシア人とユダヤ人を敵にしているんだ」

「嫌なシナリオだね、サーシャ」

「嫌なシナリオさ。しかしそれが現実だ。しかもソ連からの独立を掲げていれば、欧米のラトビア人移住者や反共的な基金からカネがくる。ラトビア民族主義は商売として十分成り立つんだよ」

サーシャの言うことは事実だ。人民戦線の活動家がドイツやアメリカに行くと、「ソ連の圧政に抵抗している自由の戦士」であるともてはやされる。以前は、在米ラトビア人やリトアニア人が沿バルト三国に来て、資金援助をすることで「民族的英雄」などといわれたのだが、逆の現象も起き始めていたのである。

一週間から十日間の海外滞在中に五、六カ所で講演すれば三千ドル（当時のレートで五十万円）くらいになる。これでリガ市内に三ＬＤＫのアパートを一つ、さらに郊外に大きな庭のついた別荘を一軒買うことができる。読者は「まさか」と思われるであろうが、それは次のようなカラクリだ。

一九九〇年時点でルーブルは暴落しており、公定レートは一ルーブル二百五十円だが、闇《やみ》では十円以下で取り引きされていた。通常、このような状況になれば、ドルが流通するのであるが、外貨を公然と使用することはKGBが厳しく取り締まっている。マフィアや職業的闇商人はともかく、一般商店員が物を横流ししたり、市民間での闇取引にドルを使うのはリスクが高すぎる。そこで出てきたのがアメリカ産タバコの「マルボロー」だった。

当時、「マルボロー」は外貨ショップ「ベリョースカ（白樺《しらかば》）」で一箱一ドル程度で売られていた。ルーブルの下落のため、モスクワ市民の平均収入は一カ月三十ドル以下になってしまった。ルーブルで給与を受け取っても今後、価値がますます下落することが確実なので、資産保全のために「マルボロー」を手に入れる。

ソ連の法律でもソ連市民が外国製タバコを所持することは禁止されていない。八九年に深刻な煙草《たばこ》不足が発生した際に、政府が外国製タバコを輸入し、一時は「マルボロー」や「ハイライト」が一般商店で売られたこともある。市民の合法的な資産保全の手段として「マルボロー」買いが流行した。外国人相手のタクシー運転手は、支払いに現金ではなく「マルボロー」を要求する。レストランでも「マルボロー」を一カートンもっていくと、メニューでは品切れになっているキャビアやチョウザメの薫製《くんせい》、高級ウオトカがサービスで出てきた。

ただし、赤色のレギュラー「マルボロー」でないとダメだ。金色の「マルボロー・ライト」や緑色の「マルボロー・メンソール」は流通しない。マルクスの『資本論』では、貨幣が生じる前の段階で、商品と商品の交換を円滑に行なうためにあらゆる商品と交換可能な「一般的等価物」という概念が想定されているが、まさに赤「マルボロー」が一般的等価物になったのである。

「サーシャ、こんな状態でリガに留まることができるのか」

「政治運動をしないならば大丈夫だよ。ただ、僕はこんな息が詰まるような場所にはいたくない」

「どこに行くつもりだ。それにカーチャはどう言っている」

「カーチャは教師の仕事が好きだし、リガから離れるつもりはない。カーチャは僕にアデナウアー基金の奨学生枠を使ってドイツに留学して、亡命ロシア思想家についてきちんと勉強してきたらよいと勧めている」

「それはいい考えだ。どれくらいの期間か」

「二年なんだけど、気乗りがしない」

「どうして」

「ドイツ語は全然できないし、英語も不得意だ」

「腰を落ち着けて三カ月勉強すれば、ドイツ語で意思疎通《そつう》がはかれるようになるよ。それにドイツではロシア専門家と付き合うのだから、専門の話はロシア語ですればよい。躊躇《ちゅうちょ》することはないよ。若いうちに外国を見ておくのは悪いことではない」

「ただ、ドイツからだとモスクワを頻繁に訪れることができなくなる」

「サーシャがしばらく来なくても、モスクワが消えてなくなることはないよ」

「……」

サーシャは浮かない顔をしている。何か言いにくい事情があるようだ。

「サーシャ、ドイツに行きたくない本当の理由は何だ。白状しろ」

「カーチャと一緒にドイツに行くのはちょっと気が引ける」

「というよりは、モスクワの女友だちと会えなくなるのが嫌なんだな。レーナか」

「そうだ」

「そろそろ生活の辻褄《つじつま》が合わなくなってきたのか」

「いや、その辺は何とかなっている。ただレーナだけでなく、モスクワの娘たちと二年も会わないなどということは耐えられない。それからモスクワで面白い動きがこれから起きるので、それにも関与したい」

「政治から離れたいんじゃないのか」

「よくわからない。政治はもう嫌だという気持ちも強いんだが、本格的な政治運動を立ち上げたいという感じも同じくらい強いんだ。マサルは政治家になろうと思ったことはないのか」

「ない。一度も思ったことはない。政治向きの性格じゃないことは僕自身がいちばんよくわかっている。与えられた課題をこなす行政官の方が性に合っている」

「そうだろうか。政治家に向いていると思う。少なくともロシアでは、マサルは政治家として向いていると思う」

「そんなことはない。人間は生まれながらに指導者となるタイプと補佐官型がいる。僕は補佐官型だ。力のある人の横にいると僕の力が発揮できる。そうでないと現実に影響を与えない空間の中で着想がただ空回りするだけだ。もっともその空回りはそれなりに面白い。より根源的なところで、知の型の問題だ」

「マサル、どういうことか」

「知の型には二つある。一つは、新しいものを創《つく》り出す知性だ。これをもっている人はひじょうに少ない。学歴やアカデミズムでの地位とこの根源的知性は基本的に無関係だ。イエス・キリストなどは当時の知的水準で図るならば中の上くらいだろう。決して高いレベルの学識をもっていたわけではない。

しかし、聖書を読めばわかるようにイエスにはオリジナルな知を創り出す力があった。

マルクスだってそうだ。一般人には何の変哲もなく見える商品の分析で資本主義社会のカラクリを解明した。バルトやフロマートカだって、聖書を読み直すことで『神は神である』という単純な真理を再発見し、自分の言葉で言い表した。こういう一流の知の型が僕にはない。恐らく僕が今後百年努力してもこのような知性は身に付かないだろう。サーシャにはオリジナルな知がある。だから僕はサーシャに素直に教えを請《こ》うているのだ。

第二は、一流のオリジナルな知を、別の形に整えて、別の人々に流通させる能力だ。僕にはその能力ならば少しある」

「知の型についての基本分析は僕もその通りだと思う。ただし、僕にはオリジナルな知はない。ロシア思想史の古典から、ホコリのついた古本を見つけだしてきて、それが現代人に理解できるように再解釈しているだけだ。新しいことは何も付加できない。本質的に才能がないんだ。ただし、才能がないということを正確に自覚している」

「いや、サーシャはそんなことないよ。オリジナルな知性をもっている。その知性を自分のためだけでなく、世のため、人のために少しだけ活用するというのが知識人のあり方だということを僕はサーシャを通じて知った。サーシャはいったい本当にやりたいことは何なんだい」

「マサル、前にも言ったじゃないか。ソ連を壊したい。共産主義体制をロシアから取り去りたいんだ」

「どうして」

「嘘《うそ》で塗り固められた生活が嫌なんだ」

「それじゃ聞くが、カーチャとの生活は嘘で塗り固められているんじゃないか。レーナとの生活は。他のモスクワ大学の娘たちとは」

「……」

「責めてるんじゃないよ。サーシャは少し生き急いでいるような気がする。先が見えすぎる。妥協をしなさすぎる。誰だって私生活に嘘はあるさ。社会の嘘だって、ある程度許容しないと。このままだとサーシャが潰《つぶ》れてしまう。カーチャと一緒にドイツに行くのが嫌ならば、『一緒に行きたくない』とはっきり言って、一人で勉強してくればいいじゃないか」

「言えないよ。カーチャを傷つけたくない」

「違う。それは自分を傷つけたくないからだ。それに他の娘たちとの関係を整理できないのも自分を傷つけたくないからだ。そういう気の弱い奴《やつ》は政治の世界に近付かない方がいいと思う」

「それはそうかもしれない。マサルはどうしたらいいと思う」

「モスクワ大学の学籍はどうなっているのか」

「休学扱いになっている」

「それならば戻って来いよ。率直に言うけれど、僕としてはサーシャが政治運動を続けていた方がいろいろな情報が入ってくるので都合がいいさ。でもサーシャはほんとうに好きなことをやっているようには見えないぜ。モスクワ大学で初めて会った頃の方が生き生きしていた。モスクワに戻って来いよ。カネの面倒は僕が見る。別に恩に着る必要もない」

「考えてみる」

前にも述べたように、この時期のルーブルの下落は著しかった。裏返して言うと、外貨で生活している者にとっては天国のような生活になった。二人で高級レストランでシャンペンを空け、キャビアをたらふく食べても二十ドルあれば十分だった。学生は一カ月十ドルもあれば十分生活していける。外交官がロシア人にドルを渡すことはもちろん違法行為で、運が悪いと国外追放になるがそんなことはどうでもよかった。とにかくサーシャをモスクワに戻し、アカデミズムに引き戻したいと私は思った。

しかし、今から振り返って見ると、サーシャをモスクワに引き戻そうとした私の働きかけがサーシャの運命を狂わせてしまうのである。

政治の季節の到来

一カ月もしないうちに、サーシャはモスクワに居を移した。今度は寮に住まず、モスクワ大学からそう離れていないところに闇で住宅を借りて、生活を始めた。私もあえて問い詰めなかったが、モスクワ大学には復学手続きをとらなかったようだ。

サーシャにはカリスマ性がある。ただそのカリスマ性は、エリツィンのように広範な大衆に訴える性質のものでなく、サーシャの周辺にいる、要するに顔が見え、直接言葉を交わす人々を強く惹《ひ》きつけるカリスマ性だ。サーシャと真剣に付き合った者は誰でも、その磁力で人生に狂いがでてくるのである。私もその一人だ。

サーシャは部屋に籠《こ》もり、ものすごい勢いで本を読み始めた。とにかく読むのが早い。一日に学術書を七百頁《ページ》から千頁くらい読む。ノートはとらない。気晴らしだと言って、その合間に小説を読んでいるが、それが同じくらいの頁数になる。そして、その研究をまとめて月に二、三本論文を書いて、リガの学術思想誌「ロドニク」や人民戦線系の雑誌に掲載するという生活をしていた。当時、リガのロシア系知識人の発行する雑誌、特に「ロドニク」の知的水準は群を抜いており、モスクワの闇市場で定価の十倍くらいで取り引きされていた。既にそのころ私はモスクワの有力雑誌編集部にいくつものコネができていたので「哲学の諸問題」、「アガニョーク（灯火）」などの改革派系の雑誌に寄稿を勧めたが、サーシャは乗り気でなかった。

「文学官僚は嫌いなんだよ。この前までブレジネフの『小さな土地』を二十世紀文学の最高傑作などという記事を満載していた文学官僚が今はペレストロイカの旗を振っている。あいつらは編集者じゃない。それはマサルが間に入れば、あいつらは喜んで僕の論文を掲載するさ。ロクに読みもしないで。資本主義国の外交官に友だちをもつことは、あいつらの権力基盤を強化する。そんなゲームに加わりたくないんだ」

あるとき私は意を決してサーシャに問い質《ただ》した。

「サーシャ、どうしてモスクワ大学に戻らないんだ。僕とモスクワ大学に復学すると約束したんじゃなかったかい」

サーシャはしばらく沈黙してから答えた。

「いや、約束はしていない。君がモスクワ大学に復学した方がいいと言ったことを真面目《まじめ》に聞いていただけだ」

「どうして復学しないんだ」

「繰り返しをしたくないんだ」

「繰り返しってなんだ」

「モスクワ大学に戻るとまた繰り返す。政治でも女でも同じことを。ディーマたちにしても僕と出会わなければ、軍隊に行くことなんかにならなかった。レーナにしても今頃はごく普通に党官僚になっていたと思う。大学に行けば、僕は当然政治運動に巻き込まれる。そして自分だけでなく、他人を巻き込む。もうそういう生活が嫌だ。それから、女を愛し始めると心の扉を閉ざすことができなくなるんだ。マサルは自分の気持ちを意志力で制御することができる。プロテスタントだから意志力が強固なんだよ。僕は正教徒だから感情を抑えられない。もう繰り返しは嫌なんだ」

「信仰は関係ないよ。女だって僕は意志力で制御しているんじゃなくて、臆病《おくびょう》なだけだ。僕は意志力は強くない。だいたい、意志力の強い奴はアタマが固くて面白くないので、意志力が強いというのは僕に対する侮蔑《ぶべつ》だ。それから、他人に与える影響について思い悩むのは、ディーマにもレーナにも失礼だと思う。二人はサーシャと会って結局のところよかったと思っている。そういう物語に押し込んでしまったほうがいい。そうじゃないと、やってられない。サーシャは自分のことだけを考えればいいんだよ」

サーシャには意志強固なところと気の弱いところが同居している。私が遊びに行くと読書や執筆をやめて、いつも対応してくれる。ロシアの知識人とウオトカ抜きにまともな話をすることは考えられないので、当然、酒盛りになる。二人でボトル四本は確実に空ける。そうなると翌日の少なくとも午前中は使い物にならなくなる。そんなことを続けているとサーシャが何のためにモスクワに戻って来たのかわからなくなるので、私の方からサーシャを訪ねることは控えるようにした。

それでもサーシャから二、三週間に一回は連絡があり、レストランでの酒盛りが続いたのだが、そのうち、サーシャの連絡が途絶えがちになった。サーシャのアパートに訪ねてもいつも留守だ。私は、リガにでも戻っているのだろうかと思っていた。

しかし、サーシャはリガに行っていたのではなかった。モスクワで本格的な政治運動に巻き込まれていたのである。巻き込まれていたというよりも、サーシャ自身が渦巻を作りだしたのだ。サーシャは「ロシア・キリスト教民主運動」という政党を立ち上げ、一九九〇年三月のロシア・ソビエト連邦社会主義共和国の人民代議員選挙で三名の議員を当選させる。この三名はいずれもエリツィンの側近になり、ソ連崩壊の過程で少なからぬ役割を果たすことになる。

サーシャは政党作りに本格的に取り組みだしたことを、私には話さなかった。私は、サーシャが女友だちレーナの故郷であるミンスク（白ロシア共和国の首都）にでも遊びに行っているか、あるいはレーニン図書館に籠もっていると思っていたが、実はサーシャは頻繁にドイツやイタリアに出かけていたのである。

九〇年に入るとソ連共産党は、一党独裁体制ではもはやソ連社会の活力を引き出すことができないと考え、オール与党の複数政党制を導入しようとした。実は、東ドイツ、チェコスロバキアなどの東欧社会主義諸国は、もともと複数政党制なのである。東ドイツには共産党と社民党の合同した社会主義統一党の他に、キリスト教民主党や自由民主党などがあった。さらに、悔い改めた旧ナチス党員を受け入れた国民民主党すらあった。ただし、各党ごとの議席数は予《あらかじ》め決められており、選挙の結果、政権交代が起きることはないような仕組みになっていた。

ソ連共産党は、当初、共産党が進めるペレストロイカを後押しする翼賛運動として生まれた人民戦線が、途中から沿バルト三国の独立を本気で追求する民族主義政党になり、国民の草の根からの支持を集めたことに脅威を感じ、先手を打って、非共産主義政党をロシアに作ろうとした。この工作にはKGBが関与した。

こうしてKGBの梃子《てこ》入れで創設されたのが、ジリノフスキーの自由民主党、トラフキンの民主党などだったが、これらの政党は、九一年一月のビリニュス「血の日曜日」事件後、ソ連が求心力を失うにつれて、共産党やKGBの統制を外れ、反共野党になっていく。「ベルリンの壁」崩壊の過程において、東ドイツのキリスト教民主党や自由民主党が、反共政党に変質していくのと同様の現象であった。

サーシャが事実上の知恵袋となり創設したロシア・キリスト教民主運動(R・Kh・D・D・〔エル・ハー・デー・デー〕)は、自民党や民主党のようなKGB絡《がら》みの政党とは性格を異にしていた。ありていに言えば、KGBではなく西欧のキリスト教という名称を冠する政党から摑《つか》み金やモノを引き出してできた、他力本願の政党なのである。

当時、「ソ連にキリスト教精神を基本にする政党ができた」といえば、西独キリスト教民主同盟や伊キリスト教民主党はとにかく大歓迎で、講演をいくつも準備し、帰りには当時ソ連では天文学的価格だったファックス機やコピー機を寄贈してくれた。しかも、輸送費や関税まで西欧の政党が面倒を見てくれる。二、三週間、ドイツやイタリアで講演するだけで、一年は遊んで暮らすことができ、さらに、住宅や別荘も購入することができた。西側から得たカネでビルを購入した政党もある。政治に従事することが商売になる時代がやってきた。そしてキリスト教や自由主義、保守主義を看板にするインチキ政党が雨後の筍《たけのこ》のように生まれてくるのである。ただし、「ロシア・キリスト教民主運動」は、決してこのようなインチキ政党ではなかった。この政党は急速にエリツィン大統領に一定の影響を与えるようになる。しかし、その後、大統領と最高会議（国会）が対立するなかで機能不全に陥り、そして、最後に自壊していくのである。

ソ連はマルクス・レーニン主義を国是とする国家だった。マルクスは「宗教は人民の阿片《アヘン》」と言った。レーニンは戦闘的無神論を掲げ、ロシア正教会を圧迫した。ここから正教会はソ連共産党やソ連政府と敵対していたという印象が西側で生まれたが、それは事実ではない。

ソ連史を通じ、ロシア正教会は体制の「補完物」として共産党とうまく棲《す》み分けていたのである。ソ連が本格的に反宗教政策を展開したのはレーニン時代からスターリン時代初期の一九二〇年代とフルシチョフ時代の六〇年代前半で、実質的な教会の閉鎖が行なわれたのはむしろフルシチョフ時代なのである。

スターリンは神学校出身で、神学的基礎知識をもち、宗教の強さを熟知していた。一九四一年六月に独ソ戦が始まるとスターリンは「同志諸君」という呼びかけをやめ、「兄弟姉妹のみなさん」と呼びかけるようになった。これは教会で神父が呼びかけるときの言葉だ。ロシア正教会も従軍司祭を派遣するのみでなく、キリスト教徒のみで構成される戦車部隊を作り、総力戦体制に全面的に協力した。

ブレジネフはキリスト教に対する関心は低かったが、人智《じんち》を超える価値を尊重し、オカルトに興味をもった。占星術師がブレジネフの私邸や別荘に出入りしていたのは有名な話で、レニングラードの長寿研究所でもオカルトの研究がなされていた。もっともこれは占いや予言が、人間の免疫力《めんえきりよく》にどのような影響を与えるかという研究なので、真面目な科学的研究である。日本の気功師も密《ひそ》かにクレムリンの医師団に招かれたりした。私もある偶然からこの長寿研究所関係者と知り合い、クレムリンの奥の院で行なわれている興味深い出来事を見聞したことがある。

ブレジネフ時代にロシア正教会は、ソ連の国家方針と矛盾しない西側への「平和攻勢」に積極的に参与し、積極的にソ連の世界戦略を支持した。一九六八年の「プラハの春」に対するワルシャワ条約五カ国軍の侵攻をアレクシー（一世）総主教は支持し、一九七九年のアフガニスタンへの介入もロシア正教会は公式に支持した。

このような教会幹部の姿勢に不満を強める神父たちも当然いた。サーシャはこの勢力に目をつけてロシア・キリスト教民主運動を構築していくのである。

欲望の塊

サーシャは三名の反体制活動家に目をつけた。

一人目は神父のグレブ・ヤクーニンである。ヤクーニンは、サハロフ博士を中心とする人権運動に古くから関与していた神父で、投獄歴、精神病院への入院歴もある。体制側は、ヤクーニンは政治犯ではなく、異常性欲者、具体的には同性愛者なので、教会から排除されたにもかかわらず、それを隠すために人権活動家であることを偽装しているとの情報を盛んに流した。

不屈の闘志はあるが、政治感覚はあまりよくなかった。たとえば、ソ連の食糧危機を解決するために北方四島を日本に売却し、そのカネで国民に食い物をタダで配ればよいという提案をして、世論の総顰蹙《ひんしゅく》を買った。

ヤクーニンがロシア人民代議員に当選した後、サーシャがヤクーニンと私を引き合わせてくれたが、どうも波長が合わないので、深く付き合うことはしなかった。

二人目がビクトル・アクシューチツである。この人物は大学を中退し、税関に勤めていたが、そのときに検閲を担当し反ソ文献に触れ、ソ連体制が嘘《うそ》で塗り固められていることを知って、反体制的心情を抱くようになった。さらに税関で没収されたニコライ・ベルジャーエフ、セルゲイ・ブルガーコフなどの亡命ロシア人の宗教哲学思想にも触発されて、キリスト教に改宗した。その後、宗教文書の配布で逮捕され、職を追われ、肉体労働をしながら反体制運動を続けたという触れ込みだ。しかし、小説や映画のシナリオに出てくるような話は、だいたい眉唾物《まゆつばもの》と決まっている。

そして三人目はやはり神父のビャチェスラフ・セルゲービッチ・ポローシンだが、この人物については後でじっくり述べるとして、とりあえずアクシューチツの話をもう少ししたいと思う。

アクシューチツがロシア人民代議員に当選した後で、サーシャの仲介により私たちは三人で昼食をとった。クレムリンのすぐ横にある「ロシア・ホテル」の一部が当時、議員宿舎になっていた。巨大なホテルで五千人くらいが宿泊できる。

サーシャたちは、「赤の広場」が正面に見える二階のレストランの個室を予約していた。ウオトカ、シャンペン、キャビア、チョウザメの薫製《くんせい》、ローストビーフ、果実を詰めた七面鳥のロール、ビーツ（砂糖大根）のサラダなど山海の珍味が並んだ。

アクシューチツはよく飲むし、よく喋《しゃべ》る。ただし、内容はサーシャが昔から言っていることの繰り返しだ。サーシャは酔いがいくら回っても大言壮語はしないが、アクシューチツの場合、話がどんどん大きくなっている。ロシア・キリスト教民主運動の党員数についても、サーシャから「公称は六千人だが、実際はその半分だ」という話を聞いていたが、アクシューチツによれば二十万人に達するという。また、西独キリスト教民主同盟とは兄弟党になっているという。

さらに、「日本の自民党とも兄弟党になりたいので、大使と引き合わせてくれないか。大使がだめならば大使館にいる自民党の代表でもいい」と言い出した。

ソ連は各大使館にソ連共産党中央委員会からの代表を派遣し、政界工作にあたらせていたから、その仕組みが日本にもあると考えているようだ。サーシャが割って入り、「ビクトル、日本では政府と政党は一体でないので、それはできないよ」と話の腰を折る。ウオトカがますます進んで、お互いの人生観について話が及ぶと、もはやアクシューチツの独壇場だった。

「俺には人生で三つの大切な価値がある。

第一は政治だ。政治でロシアを動かしてみたい。ソ連は壊れる。そうなればロシアが復活する。復活したロシアは世界の大国になり、アメリカ、ヨーロッパ、中国などを蹴《け》飛《と》ばしてやる。大帝国を復活するんだ。

第二はキリスト教だ。人間は宗教なくして生きることができない。自覚しているかどうかは別として、みんな宗教をもっている。共産主義だって宗教だ。資本主義だって宗教だ。ファシズムだって宗教だ。歴史とは宗教と宗教の戦いだ。

ソ連共産主義という宗教はその生命力が枯渇《こかつ》している。新しい宗教を作っても、そんなものは長続きしない。伝統的宗教を復興させることが、いちばん力になるんだ。マサル、そうじゃないか。君はプロテスタント教徒だろう。プロテスタントは復古運動じゃないか。だから強いんだ」

私は酔っぱらっても正気を失っていなければ、宗教や哲学の議論をよろこんでするが、アクシューチッツの話はあまりに乱暴で、しかも同じ話が何度も回る。話を打ち切りたかったが相手は議員だ。「ビクトル、そうだね」といって相づちをうった。アクシューチッツはさらに続ける。

「マサル、サーシャ、わかるか。三番目の価値が。女だよ、女。特に若いのがいい。オマンコは政治にエネルギーを与える。キリスト教がダメなのは一夫一婦制をとっていることだ。旧約聖書を見てみろ。一夫多妻制じゃないか。これこそが神の秩序だ。俺にも議員のバッジがついたら、若い女がうようよ寄ってくるようになった。女にとって男の精液は命の水だ。わかるか」

私は「よくわかる」と言って、ショットグラスではなく、ワイングラスにウオトカをいっぱいに注いで、一気のみすることを提案し、乾杯の音頭《おんど》をとった。

「ビクトルの精液が全《すべ》てのロシア娘たち、否《いな》、全世界の娘たちの子宮に満ちるように」

アクシューチツは酔い潰《つぶ》れてしまったので、サーシャが抱えて部屋まで連れて行った。

その週末、サーシャから電話がかかってきたので、静かに話ができるクロポトキンスカヤの協同組合カフェで落ち合うことにした。

「マサル、この前は済まなかった」

「おい、なんだあの種牛は。キリスト教民主運動をするよりもキンタマを抜いて去勢牛にした方が、ロシアのため、世界平和のためになるんじゃないか」

「まあそう言うなよ。ビクトルには僕にない才能がある。組織力だ。ドイツやイタリアからうまくカネを引っ張ってくることができる。それに税関とのコネクションがあるので、カネやファックス、コピー機も支障なく持ち込むことができる」

「ＫＧＢはきちんと記録を作っているんで、あとでまとめて摘発されるぞ。そのときは利息をつけてな」

「マサル、脅すなよ」

「サーシャ、脅しているんじゃない。客観的な予測をしているんだ。一面識しかない、しかも外国人である僕の前で、いくら酔っていたとはいえ、あんなことを言うのは脇《わき》が甘すぎるんじゃないか」

「……」

「おい、サーシャ。品性が悪い奴《やつ》と仕事をするのは仕方ない。ただし、馬鹿《ばか》とは仕事をするな。あいつは本質的な馬鹿だ」

「……」

「おい、サーシャ何とか言え。ヤクーニン神父だってルサンチマンの塊みたいな男だし、アクシューチツだって欲望の塊じゃないか。どこにキリスト教があるんだ。説明してみろ」

「マサル、そう怒るなよ」

「怒っているんじゃない。心配しているんだ。僕がサーシャにモスクワに来いと強く勧めたのは、サーシャにきちんとアカデミックな勉強をしてもらいたかったからなんだ。レーナやモスクワ大学の娘たちと遊んでいる分には誰にも迷惑をかけない。ただ、今サーシャがやっているロシア・キリスト教民主運動という遊びは他人に迷惑をかける。だいたい、キリスト教と政治運動を直接結びつけることができないことくらい、サーシャは百も承知じゃないか。こんなことをしていて楽しいのか」

「楽しいよ。しかし、同時に嫌だよこんな生活は。しかし、人はできることとやりたいことは違うんだ。ヤクーニンとアクシューチツがバラバラで何をしても、それは政治的力にならない。ただし、あいつらの力を合わせればたいへんな破壊力になる。この破壊力がソ連を壊すために必要なんだ」

「サーシャ、破壊から何か生まれるのか。外国のカネで破壊活動をすることは、どんな国でも許されないぜ。後で縛り首にされる」

「わかっているよ。僕は縛り首にはならない。だから勝たないとならないんだ。ソ連を崩壊させないとならないんだ。しかし、僕は縛り首にはならない。なぜならソ連は崩壊し、僕たちは勝つからだ」

「わかった。信念の話ならばそれでいい。ただ、サーシャの将来が心配だ。政治の世界で消耗するのではなく、アカデミズムに戻ってしばらくおとなしくして、科学アカデミーの研究員か大学教師になればいいじゃないか。その方が世のため、人のために貢献できると思うよ」

「マサル、この国は発狂しているんだよ。だからロシア人も発狂している。僕を含めてみんな正気じゃないんだよ。狂気は狂気によってしか直すことができないと思う。一人だけ正気になってアカデミズムに籠もるなんていう発想をする奴はインテリではない」

「インテリでなくてもいいじゃないか。知識を扱う商売に就くと思えば。政治を扱う商売と権利的に同格だよ。それにビクトルがいれば、政党の組織化やカネ集めは十分にできるんじゃないのか。サーシャはもう手を引いた方がいいと思うよ」

「確かに組織化とカネだけならそうだ。しかし、この政党の理念を作り上げるために僕の場所がある」

「自己過大評価じゃないのか」

「そうじゃない。僕自身じゃなくて、ある男をこの運動に引き入れて、離れられないようにしなくてはならない。その作業はアクシューチツにもヤクーニンにもできない」

「その男って誰だい」

「ビャチェスラフ神父だ。聞いたことがあるか」

「ない。誰だ、そいつは」

「ビャチェスラフ・セルゲービッチ・ポローシンだ。モスクワ国立大学哲学部でマックス・ウエーバーを研究した。卒業後、改心してザゴルスクの神学アカデミーに入学した。神父になって中央アジアで勤務したが、事件に巻き込まれて教会を追放された。そこで異論派との関係が深くなる。ペレストロイカで教会に戻ったが、エリツィンに接近し、強い影響力をもっている。頭は恐ろしいほど切れる。狡猾《こうかつ》で、慎重だ。この男が来ればロシア・キリスト教民主運動はほんものの政党になる」

「会ってみる価値がありそうだな」

「実は考えている。マサルとうまくソリが合えば、これほど心強いことはない。しかし、波長が全く合わないかもしれない。そうすると僕はマサルかビャチェスラフ神父かのどちらかを選ばなくてはならなくなる。それは困る」

「サーシャの紹介ではなく、別のチャネルでアプローチするよ」

「いや、そのような小技が通じるような相手ではない。なぜ日本の外交官が関心をもったかについてビャチェスラフ神父ならば徹底的に調べるよ。そうすれば僕とマサルの関係について正確な像を摑《つか》むと思う。そうすると神父の猜疑《さいぎ》心《しん》が頭を持ち上げてくる。だから事前に僕が話を通しておく」

第六章　怪僧ポローシン

「中国人百人分くらい狡《ずる》い」男

サーシャはその翌週ポローシンと会って、私の面会希望を伝えてくれた。その後、ポローシンは私の身辺を相当詳細に調べたようだ。実際に面会に応じたのは、数カ月後、一九九〇年の秋のことだった。幸い、ポローシンと私は波長が合った。

ソ連崩壊前後から九三年十月のモスクワ騒擾《そうじょう》事件まで、私がロシアの政局を知る上で、ポローシンはブルブリス国務長官に匹敵する最も重要な政治家になったのである。

ポローシンと親しくなってから、私はアクシューチツの人物評について尋ねた。

「マサルが聞いた、政治、キリスト教、女が人生の三つの価値だというのはアクシューチツの十八番の話だよ。特に露悪的に振る舞っているんじゃない。本質的にそういう人間なんだ。

税関吏の時代に禁書に触れて、そこから異論派に開眼したというのも後知恵だ。税関吏は、ポルノ本や聖書を没収して売り捌《さば》く。これが結構いいカネになるんだ。ペレストロイカ前ならば、ヘアヌードが出ている「プレイボーイ」で三百ルーブル（七万五千円）、男女交合の本格的なポルノ雑誌ならば五百五十ルーブル（十三万七千五百円）くらいで売れただろう。月の給料二百五十ルーブル（六万二千五百円）の倍以上だ。もっと高く売り捌くことができるのがロシア語の聖書だ。六百から七百ルーブル（十五万円から十七万五千円）になる。税関吏は賄賂《わいろ》をとって密輸を見逃すにせよ、悪書を没収するにせよ、そこそこ金儲《かねもう》けになった。

しかし、アクシューチツはあの性格だろう。やり過ぎたんだ。奴《やつ》が税関を追い出されてから少し経《た》って、ペレストロイカが始まった。そこで聖書を普及させようとして職場から放逐された異論派という物語を考えついたというわけだ。

アクシューチツの学識はたいしたことはないが、理解力は高い。ベルジャーエフ、ブルガーコフ、フランクなどの『道標派』の文献を読んで、ロシア正教の伝統的価値観を復活させるというテーゼを共産主義後のロシア建設のドクトリンとすれば、ロシア人のインテリを惹《ひ》きつけることができるし、欧米の反共系ロシア移民からカネをとれると考えた。アクシューチツの野心をカザコフ（サーシャ）がうまく操縦した」

「スラーバ、君たちの野心はうまく実をむすんだのか」

私はポローシンのことを、ファーストネームの愛称で呼んだ。

「うまくいった、と言うよりもいきすぎた。ロシア・キリスト教民主運動という名称を付けたら、亡命ロシア人団体だけでなく、西独のキリスト教民主同盟やイタリアのキリスト教民主党、さらにイギリス保守党からもロシアにおける本格的な反共保守政党と受けとめられるようになった。正規の手続きをとれば初めから合法政党とすることができたのだが、カザコフが『非合法政党』ということでまず出発し、しばらく経ってから政党登録をした方が、国内でも外国でも評価されると強く主張したのでそうしてみたら、これが当たった。

ソ連で非合法政党を創設するだけのリスクを冒したのだから、筋金入りの反共主義者だとの認定がなされたわけだ。これで欧米の保守政党関連のシンクタンクや基金を通じて、カネや機材を送ってくれるようになった。特にファックス機は高く売り捌くことができたので、カネよりも重宝だった。これでアクシューチツは大きなマンションと別荘を買い、運転手付きの車に乗るようになった」

「品のよくない話だな」

「上品にやって何も動かないよりも、下品でも現実に影響を与えるというのが政治だ。それにあの頃できた社会民主党も同じやり方で、西欧の社民政党からカネをむしり取っていた。欧米の連中は、自分の作ったロシア像に騙《だま》されやすい。われわれロシア人はそこにつけ込む」

「わかりやすい話だ」

ポローシンにサーシャの人物評について、私はときどき水を向けたが、ポローシンは正面から答えようとしない。あるときポローシンがぽつりと言った。ポローシンはサーシャのことを名では呼ばず、常に「カザコフ」という姓で呼ぶ。これはロシア語の表現では、とてもよそよそしい冷たい感じがする。

「カザコフは何者かわからない。そもそも、アレクサンドル・カザコフというのが本名なのだろうか。明らかにKGBと連絡をとっている。しかし、KGBの協力者ではない。何か大きな組織の意向を受けて動いているのかもしれない。バチカンかもしれないし、フリーメーソンかもしれない。あるいはイスラエルのシオニストの利益を代表しているのかもしれない。

頭は桁《けた》違いによい。しかし、あれは神に仕える者の頭のよさではなく、サタン（悪魔）から授かった知恵だ。国務長官のブルブリスに似ている。マサル、悪いことは言わない。カザコフとはできるだけ距離を置いた方がいい」

サーシャや後に知り合うブルブリスが桁違いに頭がいいというのは間違いない。しかし、二人の知恵がサタンから授かったもののようには、私にはどうしても思えなかった。むしろ、神学を徹底的に学んだポローシンの知恵の形の方がサタンにずっと近いように私には思えた。

ポローシンは一九五六年生まれなので、私より四歳年上だ。身長は一八五センチくらいだが、体重は一五〇キロを軽く超えているようだ。前に述べたように、私の経験では、ロシアで太っているというのは、一二〇キロを超えた人を指す。ロシアの家庭用体重計の最高目盛が一二〇キロになっているからだ。しかし、男でも女でも一二〇キロを超えるロシア人はいくらでもいる。

ポローシンは、ロシア人の標準からみれば、ウオトカをたしなむ程度だ。五〇〇cc瓶を一本くらいしか飲まない。しかし、食べることは大好きだ。レストラン事情にも詳しく、修道院付属の特別レストランにもポローシンに連れて行ってもらった。

ただ、ダイエットを心がけており、身長と体重が逆転、つまり一八五キロを超過することになるのを恐れ、「ロシア料理はおいしいが太るのでよくない。日本食は健康によい」と言って、会食はだいたい日本レストランで行なった。

酢の物の盛り合わせ、刺身盛り合わせ、茶碗蒸《ちゃわんむ》し、焼き鳥、天麩羅《てんぷら》、すき焼きもしくはシャブシャブというのが定番メニューだったが、それで足りないときは締めに握り寿司《ずし》を二十貫くらい食べた。日本食でもこれくらい食べれば五〇〇〇キロカロリーにはなる。モスクワの日本食は結構値が張るので、ポローシンと食事をした後は、会計責任者に「よく食べたね。事務次官の（交際費）限度額を超えているよ」とときどき皮肉を言われた。

ロシアでは狡い人間を「中国人のようだ」と言う。ポローシンは周囲から「中国人百人分くらい狡い」と言われていたが、私とはひじょうに波長が合った。お互いに神学的知識を共有していることと、恐らくポローシンの中にある狡さを私ももっているからだと思う。ただし、ポローシンと腹を割った話ができるようになるまでには二年くらい時間がかかった。

ポローシンの生い立ち

一九九二年の秋、私はポローシンにモスクワ南部ダニーロフ修道院の付属ホテルに招待された。そこにはレストランも併設されており、大きなホールが二つと個室が三つある。個室は「黄金の間」、「銀の間」、「赤の間」に分かれている。ポローシンが案内してくれたのは黄金の間だった。

黄金の間は京都の金閣寺のように、屋内の壁と天井が金箔《きんぱく》でぴかぴかしている何ともいえない下品な部屋だった。安土桃山《あづちももやま》時代に豊臣秀吉が作った「黄金の茶室」というのは、きっとこんな部屋だったのだろう。そこに御利益《ごりやく》があると言われる聖画像（イコン）が掛けられていた。

日本レストランやカラオケバー、あるいはナイトクラブに行くとき、ポローシンはイタリア製のスーツ姿だが、今日は正教会神父の黒い司祭服を着ている。十字架をぶらさげ、胸の左には国会議員バッジをつけている。十字架と三色旗のバッジが、なんとも言えずちぐはぐな感じがする。

「マサル、この部屋は総主教（ロシア正教会の最高指導者）が宴会で使う部屋だ。あのイコンは有名な、奇跡を起こすイコンだ。ウオトカはクレムリンの公式晩餐会《ばんさんかい》で使うのと同じ『クリスタル』工場から仕入れている。しかし、それ以外はすべて教会が自前で調達している」

「自前で調達しているって、どういうことだい」

「教会はコルホーズ（集団農場）を持っている。そこで修道士や修道女がただ働きをしている。それを教会が全部吸い上げて、こうしてわれわれはうまいメシを食うことができる。人にはそれぞれ持ち場がある。われわれは頭を使う。集団農場の修道士たちは労働力を使う。マルクスが『資本論』で述べている分業と協業だ」

二人で話していると、フロアマネージャーが近づいてきて、「サトウさんお久しぶりです」と言った。一年前に大改修工事のため閉鎖になった「ホテル・ナツィオナーリ」のフロアマネージャーだった男だ。

「ホテル・ナツィオナーリ」はクレムリンの真向かいにあり、かつてはレーニンが住んでいたホテルだが、KGBが女性を使った工作を行なう場所としても、西側情報筋では有名だった。二階がガラス張りになっていて、そこからは「モスクワ・ホテル」と「マネージュナヤ」（帝政時代の馬置き場で現在は展覧会場になっている）の間の「マネージュナヤ広場」が一望できた。ソ連末期には、この広場ではしばしばデモや集会が行なわれたので、それを観察するために、私はよく何時間も窓側の席に陣取っていた。そのため、このフロアマネージャーとは昵懇《じっこん》になり、何か騒動があると、予約をしなくても窓側の席を空けておいてくれた。

私はタバコを吸わないが、彼はいつも金属の灰皿を持ってくる。盗聴器がついているのだ。先方も仕事なので、盗聴器を遠ざけるような野暮なまねはしなかった。

「サトウさん、『ホテル・ナツィオナーリ』が二、三年閉鎖されるので、あのホテルのコックやボーイはみんなこの修道院のホテルに移ってきました。外交官で『黄金の間』に来るのはサトウさんがはじめてです」

ちなみに、このレストランの「黄金の間」と「銀の間」は九三年九月末から十月三日まで、大統領側と最高会議側が交渉する場として用いられた。残念ながら、交渉が決裂し、エリツィン大統領側が「ホワイトハウス（国会議事堂）」に戦車で大砲を撃ち込んだモスクワ騒擾事件に至るのである。もちろん、ポローシンと食事をしている時点で私は一年後にこの場所が政治的事件の場になるとは夢にも思っていなかった。

ダニーロフ修道院付属ホテルは二百室くらいの高級ホテルで、建物は大理石造りだ。隣接するモスクワ総主教公邸も、同じような大理石で造られている。このホテルは八八年のロシアへのキリスト教導入千年祭を記念して造られたのだが、国家のカネは一ルーブルも使われていない。全部信者からの寄進で造られたのだ。教会の資金は実に豊かだった。ゴルバチョフによる共産党と教会の和解は、こうした財力を背景に、宗教の政治参加を認めることでもあったのだ。

このレストランでキャビアとサワークリームをかけオーブンで焼いたペリメニ（シベリア餃子《ぎょうざ》）を食べた後、修道院でしか食べることのできない名物料理がでてきた。それは、チョウザメを串《くし》に刺して焼き、それにクルミやニンニク、数種類のスパイスを混ぜウイキョウを散らしたソースがかかったもので、他のレストランでは食べることのできない独特の味だ。ウオトカと黒パンを発酵させて作った伝統飲料クワスを飲みながら、ポローシンははじめて自己の生い立ちについて語った。

ポローシンはモスクワの中心部で生まれ、父親も母親もごく普通の労働者だった。父親は酒浸りで、そのせいもあって、ポローシンは、体質的には酒はいくらでも入るのだが、ウオトカ一本で抑えるようにしている。一方、母親はとても優しかった。

小学生時代から内気で、本ばかり読んでいた。肥満児だったので、学校ではいじめられ、友だちもいなかった。ただし、成績は常に学校でトップで、モスクワ大学の哲学部に入学した。大学では当時「ブルジョア学問」と言われていた社会学を専攻。そこでマックス・ウエーバーの『プロテスタンティズムの倫理と資本主義の精神』を読んだことが、ポローシンの人生を変える。

「ウエーバーのロシア語訳はないはずだけど、資料はどこで手に入れたんだい」

「ドイツ語で読んだ。実は僕はドイツ語学校を卒業したので、ドイツ語にはほとんど不自由を感じないんだ。ただし、英語は全然だめだ」

ソ連時代、義務教育で教えられる外国語は、英語、ドイツ語、フランス語、スペイン語の四カ国語だった。もっとも、生徒が語学を選択するのではなく、学校ごとに外国語が割り振られている。生徒が何語を学ぶかは偶然によって左右された。

ソ連の語学教育は読み書きと文法に力を入れたので、義務教育レベルをきちんと習得すれば専門書を読む実力がついた。ソ連にとっては旧敵国の言語で、国連公用語でもないドイツ語が重視されたのは、マルクス主義の正統的継承者であるというソ連国家ドクトリンと関係していた。

ソ連は閉鎖社会だったので、英語、フランス語を学んだモスクワ大学生であっても外国留学の機会はほとんどなかった。しかし、ドイツ語の場合は比較的容易に東ドイツに留学することができた。ポローシンも東ドイツに留学して、モスクワ大学の講師か科学アカデミー哲学研究所の研究員となるコースを歩んでいたのだが、大学五年生のときに一大決心をする。ロシア正教会の神父になることを決意したのだ。

「どうして神父になろうと思ったんだ。信仰心が漲《みなぎ》ってきたのか。それとも知的関心からか」

「どちらでもない。嘘《うそ》で固められたソ連社会が嫌になった。学者になっても共産党の公式ラインを踏み外すことはできない。それに知的エリートで共産党員にならないという決断をすると異論派と見られ、人間関係が面倒になる。神父になるということはソ連社会からドロップアウトすることだった。ドロップアウトして、この嘘つき社会から自由になりたかった」

ポローシンの転向は、モスクワ大学で大問題になった。ただし、ソ連憲法でも信教の自由は保障されていたので、誰も表面的には彼の行動を止められない。

一方で、「無神論宣伝の自由」も保障されていた。モスクワ大学前のレーニン丘には、ロシア正教会があった。復活祭になると徹夜で祈禱式《きとうしき》が行なわれる。教会の入り口に共産青年同盟(コムソモール)の活動家が集まり、学生や青年が教会に入ろうとすると「人民の阿片《アヘン》である宗教に関与するのはやめろ」と「同志的説得」を行なう。憲法で保障された「無神論宣伝の自由」の権利を行使しているのである。

この同志的説得を聞き入れないとあとでどのような災いがあるかわからないので、好奇心から教会を覗《のぞ》こうとした青少年は退散する。また、教会に通っていると管理職にはつけない。結果として、教会に集まるのはプロレタリアートと貧農ばかりということになる。それから六十歳以上の年金生活者だ。

ソ連の科学的無神論とは、啓蒙《けいもう》主義の変種で、宗教は迷信なので科学的知識が普及すればおのずからなくなるという立場をとっていた。従って、ソ連の知的最前線であるモスクワ大学で、しかも科学的無神論学科を擁する哲学部から神父が出るなどということは、建前上は絶対にあってはならない話だった。しかし、ここで前に述べたモスクワ大学の二重構造が機能することになる。哲学部の教授陣が、ポローシンがザゴルスクのモスクワ神学大学へ無事進学できるように、裏で巧みに手を回してくれたのだ。

「モスクワ神学大学の神学的水準はとても高いという噂《うわさ》を聞いたんだけれど、どんな教育を受けたのか」

「モスクワ神学大学の水準が高いはずなんかないだろう。ちょっと考えてみても、外国の神学大学との関係を断絶し、国内では常に無神論国家の意向を気にしているような状況で、まともな神学が発展するわけがない。ロシア革命直後くらいまでのモスクワ神学アカデミーの水準は世界有数だったよ。それが現在も続いているような神話があるだけだ。知的水準は実にお粗末だ。教義学や教会史の教科書は十九世紀のカトリック教会のものをちょっと改変しただけだ。ギリシア語、ラテン語教育も弱い。ソ連の反イスラエル政策があるため、ヘブライ語教育は事実上行なわれていない。宗教儀式のやり方を教えているだけだ。それに学生たちもひどい」

「ひどいって、どうひどいんだい」

「神父を目指す神学生は権力志向の強い奴《やつ》がほとんどだ。権力を志向するとどうしてもKGBとのつながりができる。だから僕は白司祭（在俗）を選んだ」

ロシア正教会には黒司祭（修道）と白司祭（在俗）がある。少し細かい説明になるが、おつきあい願いたい。

カトリック教会の聖職者が独身制をとっていることは有名だ。プロテスタント教会は、地上に聖なる人はいないと考えるので聖職者という概念はない。従って、聖職者ではなく教職者（牧師）という。牧師は結婚して家族をもつことができる。一見するとカトリック教会は非近代的な因習に凝り固まっているように見えるが、実は独身制には合理的根拠がある。

先ほど、ロシア正教会が信者からの寄進だけで巨大なホテルを建てたことについて述べたが、教会自体も強大な権力と財力を持っている。カトリックが独身制を固守するのは、聖職者がこうした富や力を子供に継承することを望み、そのため家族という要素が教会の意思決定に影響を与えるようになることを恐れているからだ。

中国やオスマン（トルコ）帝国の場合、去勢制、つまり宦官《かんがん》制度を設けることで、権力が集中する官僚が生物的に後継者をもつことができないようにした。カトリック教会の場合は生物的去勢は行なわなかったが、聖職者を社会的に去勢したのである。神父が女性とセックスし子供を作ることがどんなことだったのかは、中世恋愛文学の代表作『アベラールとエロイーズ』を読めばよくわかる。神父で神学者のアベラールはエロイーズを孕《はら》ませ、子供まで生まれるが、それに憤《いきどお》ったエロイーズの一族によって急所を切り取られてしまう。これは史実だ。

神父が子供をつくることは、現在もそれほど珍しいことではない。ただし、神父である限り子供はいないという建前になっているため、権力や利権をもった聖職者のポストを子供に与えることはできない。社会的に聖職者の権力は一代限りとなる。

これに対して、ロシア正教会では司祭（神父）をキャリア組とノンキャリア組に分ける。

独身制を誓い、黒い儀式服を着る修道司祭はキャリア組で、黒司祭と呼ばれ、修道院長や府主教、総主教になる。これに対し、結婚し、家庭を設け、民衆の中で生活する在俗司祭の儀式服は白いので、白司祭と呼ばれる。正教会では白司祭におけるトップの地位と黒司祭の最下位職が同じレベルというキャリア制度を敷いている。

信者の家庭的な悩み事の相談に応じるためには、家庭をもっている神父の方が現実感覚がある。一方、教会の上層部や神学者は、生活に煩《わずら》わされず、教会政治、研究活動に専心することができる。このように、正教会は司祭を二分することで、組織機能を最大限に活用することができる合理的な制度を作り上げたのである。

フロマートカの生涯

この日、ポローシンは珍しく上機嫌で、個人的なことについて踏み込んだ話を聞くことができそうだったので、私も好奇心からいろいろ水を向けてみた。

「スラーバ、でも現実に影響を与えるためには修道院に入って、高位聖職者になった方がいいんじゃないか」

「そう考えたことが一度もなかったと言えば嘘になるが、どうしても嫌だった。教会の高位聖職者になるのでは、モスクワ大学哲学部を卒業してソ連共産党中央委員会で勤務するのとそう大きな変化がない。黒司祭は家族をもたない。生活は完全に教会が面倒を見てくれる。そこそこ頭が良く、野心をもった独身者の集団を考えて見ろ。出世を目指した派閥争いと権謀術数で、俗界よりも質が悪い」

モスクワ神学大学（セミナリヤ）を優秀な成績で卒業すると、モスクワ神学大学大学院（アカデミヤ）に進むのが通例だが、ポローシンは大学を卒業すると直ちに教会に赴任し、白司祭としてのキャリアを歩み始めた。

「どうして神学の研究をやめたのか」

「嫌だったんだ。とにかく嘘で固まった世界から一日も早く逃げ出したかった。童貞であると誓った黒司祭のうち半数はセックスの経験がある。事実上の妻を、それも複数もっている神父も珍しくない。それから、神学生の三分の一はホモだ。ソ連でホモは刑事犯罪なので、それを隠すために修道士になる者も多い。しかし、一番問題なのはKGBとの協力関係だ。神学生の四分の三は、KGBのエージェント（協力者）だ。こんな状態で引き算をしていくとまともな神父はほとんど残らない」

「宗教なんてそんなもんだろう。カトリック教会だってプロテスタント教会だって一皮剝《む》けば同じだよ」

「それはそうだ」

ポローシンは淋《さび》しそうに答え、しばらく沈黙した後に私に尋ねた。

「マサルはどうして牧師にならず、外交官になったんだい。どうして神学者になろうとしなかったんだい」

思いがけず、私の個人的なことを尋ねられたので、少し面食らった私は、しばらく考えてから答えた。

「そうだな。日本の人口は一億二千五百万人だ。キリスト教徒は人口の一％で、過去五十年間、増えもしなければ、減りもしない。プロテスタントはその内、半分強だが、実際に教会に通っているのはさらにその半分にもならない。三十万人くらいだと思う。この母体は本格的な知的活動をするには小さすぎる」

「そんなに小さいのか。ソ連の（プロテスタント最大教派である）バプテスト教徒だって三百万人はいる。ただ、知的活動をするのに人数は本質的問題じゃないだろう。プロテスタント神学ならば欧米にも窓が開かれているので、英語やドイツ語で論攷《ろんこう》を発表すれば問題はないはずだ」

ポローシンは頭脳明晰《めいせき》なので、本質的な問題になるとなかなか言い逃れることはできない。

「確かにそれはそうだが、アメリカ神学もドイツ神学も少し囓《かじ》ってみたんだが、性に合わなかった。僕の場合にはスイスの神学とチェコの神学が性に合う。特にスイスのカール・バルトとチェコのヨセフ・フロマートカから影響を受けた」

「バルトはわかるけれども、なんでフロマートカなんかに惹《ひ》かれたんだ。二流の神学者じゃないか」

「フロマートカの生き方が僕を惹きつけるところがあった。僕はフロマートカを二流の神学者とは思っていない」

読者には馴染《なじ》みのない神学者の話なので、少し説明を加えたい。

ヨセフ・フロマートカは、一八八九年にオーストリア＝ハンガリー帝国のモラビア（現チェコ共和国）で生まれた。この時期、モラビアではフロイト（心理学者）、ヤナーチェク（音楽家）、フッサール（哲学者）など、きわめてユニークな知性が次々と生まれている。ドイツ文化、スラブ文化、ユダヤ文化が接触したこの地域において、フロマートカもそのようなユニークな知性をもつ一人にくわえることができるだろう。一九一八年のチェコスロバキア建国に際して、フロマートカは初代大統領トマス・マサリクのブレイン集団の一人として活躍する。当時のチェコスロバキアはカトリック八〇%、プロテスタント二〇%であったが、マサリクは建国のためには宗教理念が重要であると考え、カトリックからプロテスタントに改宗する。ただし、ここで改宗したプロテスタントは、ルターやカルバンの宗教改革の百年前に起きた異端派フスの宗教改革に根ざす独自の宗派だった。

チェコスロバキアという国家は復古主義的改革思想によって創《つく》られた国家で、フロマートカはその神話を組み立てた重要人物の一人であった。フロマートカたちは十五世紀のチェコ宗教改革の伝統を復興して、ルター派、カルバン派を糾合し、「チェコ兄弟団福音教会」という新教会を設立し、マサリク大統領もこの教会のメンバーに加わった。同時にこの教会はチェコの知的中心になった。

チェコスロバキアは、政治的には、アメリカ、イギリス、フランスの民主主義国との提携を国是とし、民主主義原理によってドイツのナチズム、イタリアのファシズム、ソ連の共産主義に対抗した。また宗教的には、そもそも、国教をもたない市民国家だったが、エリートたちは続々と前述したチェコ兄弟団福音教会に加入した。しかし、フロマートカは、このような出世主義者が教会に加わってくることを苦々しく思い、政治から距離を置き、フス・プロテスタント神学大学の学長に就任して、古代や中世のキリスト教思想の研究に専心した。

一九三〇年代に入り、ナチズムの脅威が強まると、フロマートカは再び政治の現場に戻り、スペイン内戦で市民政府を支持する運動を展開するなど、反ファッショの論陣を張る。三八年のミュンヘン会談で、ヒトラーとムッソリーニの圧力に英仏が屈して、チェコスロバキアの分割が決定的になった時点で、フロマートカはアメリカに亡命した。チェナチスによる国家解体後、チェコスロバキアには二つの亡命政府ができた。一つはエドワルド・ベネシュ大統領を首班とするロンドン亡命政府で、もう一つはクレメント・ゴットワルド・チェコ共産党書記長を首班とするモスクワ亡命政府だった。

フロマートカは、アメリカのプリンストン神学大学で教鞭《きょうべん》をとるかたわら、ロンドン亡命政府の高官として活躍した。ロンドン亡命政府はテロ活動に力を入れており、パラシュートで刺客を降下させ、ナチスのハイドリッヒ・ボヘミア＝モラビア総督を暗殺するなどの成果をあげた。フロマートカは絶対平和主義者ではなく、状況によってはテロを肯定する人物である。

第二次世界大戦後、フロマートカは、社会主義化したチェコスロバキアに帰国する。

東西冷戦が深刻化する中でフロマートカの消息についてもあまり聞こえてこなくなった。一九五三年にスターリンが死去し、五六年のソ連共産党第二十回大会でスターリン批判が行なわれてから、二、三年経《た》ったところで、フロマートカを中心に「キリスト者平和会議」という組織が結成され、東西のキリスト教徒の和解を求めているとの話が入ってくるようになった。

しかし、「キリスト者平和会議」に対する西側政府の見方は懐疑的で、「平和」を口実にソ連が宗教界においても影響力を拡大する工作であると捉《とら》えていた。確かに、ソ連やチェコスロバキア政府の思惑は「平和工作」にあったことは事実だ。だが、東欧社会主義国のキリスト教徒はそのような形でしか、国際的な活動を復活することができなかったのである。欧米の反共的なキリスト教徒は、フロマートカを「赤い神学者」、「KGBの手先」と非難した。

フロマートカは、この二重構造のなかで「キリスト教徒とマルクス主義者の対話」を始めた。そのキーワードは「人間」だった。キリスト教徒とマルクス主義者が誠実に対話することで、「人間」に対する理解を深めていこうとしたのである。

その結果、マルクス主義者の側から「人間の顔をした社会主義」という考えが膨らみ、六八年の「プラハの春」に至る。しかし、ソ連を中心とするワルシャワ条約五カ国軍がチェコスロバキアに軍事侵攻し、「プラハの春」は叩《たた》き潰《つぶ》されてしまう。

フロマートカはワルシャワ条約五カ国軍侵攻の直後、在プラハのチェルボネンコ・ソ連大使との面会を求め、ソ連軍の即時撤退を求める抗議文を手渡し、その内容を全世界に公表する。この瞬間から、ソ連・東欧の政府や教会はフロマートカを「ＣＩＡの手先」、「ブルジョア神学者」と非難する。

その後、フロマートカの消息は外国ではほとんど聞かれなくなり、翌六九年末、プラハの病院で死去したことが短く伝えられた。

「スラーバ、フロマートカがカール・バルトのように神学活動に専心すれば、教会史や教義学で大きな成果を残したと思う。しかし、学問的成果よりももっともっと大きなものがあると思う。それは現実に生きている人間にわれわれが何をできるかということだ。フロマートカは『活動場所はこの世界である』ということをいつも強調したし、『人生の選択は冷静に考えてより困難な方を選ぶのがキリスト教倫理だ』と書き、それを実践したことに僕は感銘を受けた。それで外交の現場を選んでみようと思った」

神道《しんとう》とロシア正教

「マサル、その選択は正しかったと思うか」

「正しかったのだと思うようにしている。それに日本のキリスト教には、反体制的な独自のメンタリティーがあり、それがどうしても僕の肌に合わない。百数十年前まで日本でキリスト教は禁止されていた。明治維新後にキリスト教徒になった大多数が、徳川幕府の将軍を支持していたサムライだ。明治政府でキャリアの道が閉ざされているので、宗教か教育でしか自己の能力を発揮することができなかった。将軍に対する忠誠をイエス・キリストに対する信仰に転換している。プロテスタント教会のなかにもそういうメンタリティーは受け継がれている。そんな捻《ねじ》れた反体制意識、いじけた雰囲気の中でメシを食っていく気にはどうしてもなれなかった」

「それじゃ、日本政府機関の中でメシを食っていくことは、居心地いいかい」

「よいときもあれば、よくないときもある。しかし、今まで自分の良心と職務命令が正面から対立したことはないので、外務省を飛び出してしまおうと思ったことはない。それから、ロシアで歴史が動いている様子をこの眼で見ることは面白い。これくらい大きな変動が起きると国際政治や国際法の知識はほとんど役に立たず、むしろ神学部で学んだ教会史や組織神学の知識の方が役に立つ」

「それはそうだな。しかし、きちんとした神学を勉強する機会があったのは羨《うらや》ましい限りだ。日本の教会には政治権力が付随していないから、かえって自由なんだと思う。ロシア正教会は政治権力と癒着し過ぎている。皇帝とでも、共産党書記長とでも、民主的な大統領とでも、誰とでも手を握ることができる。だから常に物事を政治のプリズムから見てしまい、現実を現実として受けとめることができない」

「しかし、スラーバには現実を現実として見る力がある。それは神学の力じゃないのか」

「そうかもしれない。ただ僕は神学を含め、全《すべ》ての学問にはサタン（悪魔）の力が働いているような気がしてならない。カザコフ（サーシャ）やブルブリスを見てみろ。あいつらの知の力はサタンにつながる」

「どういうことか、よくわからない。もっと嚙《か》み砕いて説明して欲しい」

「うまく言葉では言い表せないんだが、奴《やつ》らには破壊のスチヒーヤ（本源力）しかない」

「スチヒーヤ」とはロシアの知識人が好む言葉だが、森羅万象を生起、消滅させる本源的な力を意味する。

「そうだろうか。サーシャはキリスト教原理を基礎にロシアを復興させようと考えているし、ブルブリスは真面目《まじめ》に市民社会の建設を考えているのではないだろうか」

「違う。あいつ等は根源的な壊し屋だ。破壊することが楽しいんだ。楽しいから政治に関与している。それ以上でもそれ以下でもない。民衆からは完全に遊離している。悪《あ》しき意味でロシア・インテリゲンチヤ（知識人）の伝統を継承している。カザコフは根無し草だ。自分でカネを稼いだことがない。常に周辺にスポンサーがいる。ブルブリスはマルクス・レーニン主義の弁証法的唯物論《ゆいぶつろん》を教えていた職業教師だ。

民衆から遊離している。カザコフやブルブリスからは何も生まれない」

「それじゃ君は民衆について知っているのか。スラーバも第一級の知識人で、民衆と一体になることなんかできないじゃないか」

「それはそうだ。しかし、白司祭として、教会で現実の民衆と触れた経験がある。モスクワ神学大学を卒業した後、僕は神父としてキルギス共和国（中央アジア）の首都フルンゼ（現ビシュケク）に赴任した。信者は老人ばかりだ。教会の金回りもよくない。ただし、キルギス人がときどき子供を連れて洗礼を授けてくれと夜中に訪ねてくる。このときそこそこのカネを包んでくる」

「キルギス人はムスリム（イスラーム教徒）だろう。密《ひそ》かにキリスト教に改宗しようとしているのか」

「そうじゃない。キルギス人も公称は無神論者で、習俗としてはイスラームに従っているが、本質はアニミズム（自然崇拝）だよ。キリスト教徒が強いのは、洗礼を受けて、自然の魔力を身に付けているからだと思っている。だから自分の子供が元気に育つためにロシア正教会で洗礼を受けさせるんだ」

「おいおい、そんないい加減な理由で洗礼を受けさせてよいのか」

「その辺は神父一人一人の判断に委《ゆだ》ねられている。僕は洗礼を授けた」

「それは滅茶苦茶《めちゃくちゃ》だ。正教会では洗礼は秘蹟《ひせき》なので、本人が信仰を受け入れるという意思を表明するか、あるいは子供ならば親が立派なキリスト教徒に育てるという前提でしか授けられないのではないか」

「神学的には確かにそうだ。しかし、神学なんかクソ食らえだ。ムスリムであろうが仏教徒であろうが、偉大なロシアの大地に生まれた者は全て正教徒だ。だから洗礼を授けても全く問題はない。ソ連当局の摘発によって、洗礼を受けた者が特定され、不利益を被《こうむ》る恐れがあるので、教会は授洗者名簿や教会員名簿をあえて作っていない。洗礼を何度も受けにくるキルギス人もいる」

「再洗（二回洗礼を受けること）は重大な教会法違反じゃないか」

「知ったことじゃない。プロテスタントのバプテスト教会は幼児洗礼を認めないで、カトリック教会や他のプロテスタント教会で幼児洗礼を受けた者に洗礼を授けているではないか。十六世紀に再洗派は火炙《ひあぶ》りにされたが、再洗を認めるバプテスト派は今やアメリカで最大のプロテスタント教派となっている。再洗でキルギス人がキリスト教に近付くならばそれでいいじゃないか。そうとは思わないか」

「……」

「マサルから話を聞いていて、いちばん共感を覚えるのは、戦前の日本における国家神道だ。神道は宗教でなく、日本国家の祭儀であり、日本人の慣習であるという考え方は、ロシア人が深いところでもつ宗教観に近い。ロシア人にとって、ロシア正教は宗教ではなく慣習なんだ。だから、ムスリムでも仏教徒でも、全て正教徒となるわけだ」

「それだと、ロシア正教は慣習という名の事実上の国教になるね」

「その通りだ。国家は事実上の国教をもたないと内側から崩れる。イギリス人はそのことをよくわかっているから、女王を首長とする英国国教会を今も維持している。アメリカの自由民主主義も国教だ。西欧もその深いところにはカトリック精神という国教がある。マサルはプロテスタント神学者だから、きっと反対すると思うが、プロテスタントはカトリックの分派に過ぎない。だから西欧は基本的にカトリック精神で組み立てられている」

「その点については異論はないよ。確かにプロテスタンティズムはカトリシズムの分派で、ユダヤ・キリスト教の一神教、ギリシア古典哲学の伝統、ローマ法の伝統から構成されるキリスト教世界（コルプス・クリスチアヌム）という基本認識を共有している」

「マサル、しかし日本の場合、より重要なのは神道だ。僕の理解が正しければ、日本人である限り、神道的なアニミズム、シャーマニズムの世界観から離れることはできない。僕はこの点をロシア正教に移入することができないかと真面目に考えている」

「しかし、その考えは正教会幹部には受け入れられないね。九九％、異端であるとの宣告を受ける。スラーバ、教会として受け入れ可能な範囲を明らかに超えているよ」

「僕はそうとは思わない。これから試してみようと思う。ロシア国家が強くなるためには国家宗教を持たなくてはならない。もっとも九八八年にロシアには正教以外にカトリシズム、イスラームという別の宗教を受け入れる可能性ももっていたのだけれど、ロシア正教などというちばん弱い宗教を選んでしまったことに大きな問題があるのかもしれない。しかし、今更、別の宗教を選ぶことはできないので、正教をどう国教化するかということで国家論を組み立てなくてはならない」

ポローシンはその数年後、自己の思想的組み立てを完全に変更し、信じられないような〃決断〃をすることになるのだが、その点については後で詳しく述べたいと思う。

モスクワの〃都市伝説〃

「マサル、ロシア人は迷信深い。モスクワ大学前のレーニン丘に教会があるだろう。期末試験前になると学生たちが試験に受かるようにと蠟燭《ろうそく》を捧《ささ》げる。大学当局もそれを止めない。この蠟燭は修道院の工場で賃金なしで作っているのでいい収入になる」

レーニン丘のロシア正教会については前にも述べたが、私が顔を出していた哲学部科学的無神論学科の学生も、試験に合格するように神様にお願いしているのかと尋ねると、

「そうだ」といわれたので、なんだか無性におかしくなった。

「まるで、漫画じゃないか」

「神様は当然、科学的無神論を嫌っているので、学生たちも他の科目より念を入れて蠟

燭を二本捧げるんだ。それからマサル、クロポトキンスカヤ通りの『モスクワ・プール』にもと何があったか知っているか」

「モスクワ・プール」とは巨大な野外温水プールだ。一月、二月に外気がマイナス二十度を下回るときにも営業していて、周囲は湯気で視界が遮られるので、その一帯は交通事故の多発地点になっている。

「確か大きな教会があったのだが、スターリン時代に取り壊されたんだろう」

「そうだ。復活大聖堂というロシア最大の教会堂があった。スターリンはこれをダイナマイトで爆破して、その上にニューヨークのエンパイアステートビルに匹敵するゴシック型の摩天楼を建てようとした。しかし、地盤が緩く、どうしても建物ができない。なぜ復活大聖堂のような大建物が崩れなかったのか不思議なくらいだ。そのうちに、復活大聖堂跡に幽霊が出るという噂《うわさ》が立つようになって、スターリンは慌《あわ》てて世界最大の温水プールをそこに作ったというわけだ。氷点下の野外温水プールなんて正気の沙汰《さた》ではない。当然、心臓麻痺《まひ》で死ぬ者が出るが、死体が大地に吸い込まれ出てこなくなるという〝伝説〟がある」

「気味が悪いな」

「東洋学研究所の裏に駐車場があるけれど、あそこに車を止めたことがあるか」

「研究所前の通りが広いので路上駐車している」

「それがいい。実はあの駐車場はNKVD（人民内務委員部）の銃殺場だった。駐車場奥の壁に刑架をつけて銃殺にした。その壁にコンクリートを塗りつけて、弾痕《だんこん》を隠しているが、あそこにも幽霊が出る。だから怖がってだれもあそこに建物を造ろうとしない。KGBですらだ。ロシア人には幽霊が見えることがあるんだ」

「スラーバにも見えるか」

「見えるときもある。要するに近代的な認識構造や科学的な思考から抜け落ちてしまう何かをロシア人にはつかむ能力がある。本源力を摑《つか》む能力と言い換えてもいいかもしれない。カザコフやブルブリスにも本源力をつかむ能力がある。エリツィンにもその能力がある。しかし、ゴルバチョフにはその能力がなかった。ゴルバチョフには幽霊が見えなかったんだ。日本の神道の力とは、近代知で理解できない現実をとらえる能力で、それを僕はロシア正教に回復したいと考えているんだ」

ポローシンは、ロシア正教、中央アジアのアニミズム、日本の神道に通底する自然宗教的要素の回復に強い関心をもっていたのである。

「いったいスラーバはいつからそのような関心をもつようになったのか」

「教会を追放され、ゆっくり考える機会ができたときにだ」

ポローシンがキルギスに勤務している時代に教会から追放されたという噂は何回か聞

いたが、本人がこの話に触れたのは初めてのことだ。メインディッシュのチョウザメの串焼き《くしや》（シャシリック）を食べ終え、スグリのジャムの載ったアイスクリームを食べながら、私はポローシンの話を注意深く聞いた。

「何で教会を追放されたんだい」

「教会が所有するイコン（聖画像）を密売したとの話を作られた。フルシチョフ時代に多数の教会や修道院が閉鎖された。解体された教会も多い。そのときイコンがあちこちの教会に分配された。財政状況のよくない教会の神父はイコンを密売して、生活費や運営費に充《あ》てていた。フルンゼの教会も例外ではなかった。

ＫＧＢは定期的に教会絡《がら》みの腐敗を摘発する。たまたま僕のいた教会がその摘発に引っ掛かり、教会幹部が最も下《した》っ端《ぱ》の神父だった僕にその責任を被せた。ＫＧＢとしてみれば、モスクワ大学哲学部から共産党のイデオロギー担当職員になる予定だった学生が道を誤り、宗教人になり、しかもその果てにイコンの密売人になったというのだから、無神論宣伝のためのよい材料になる」

もっとも、私はポローシンのこの説明に関しては額面通りに受けとめていない。ポローシンがこのレストランに私を誘ってくれた頃、彼は権力の絶頂にあった。ロシア最高会議幹部会員で、旧憲法の下では閣僚以上の権限をもっていた。

ポローシンの執務室の奥にあるプライベート空間を私は何十回も訪れたが、その部屋にイコンが山積みされているのを、しばしば目撃した。また、ポローシンが外国にイコンを輸出する手続きをとっている現場にも何度か居合わせたこともある。私自身、イエス・キリストを抱いた聖母マリアの「血の涙」が流れているイコンを一枚、ポローシンからプレゼントされた。表面が銀で覆《おお》われた年代物のイコンだ。ポローシンには商魂逞《たくま》しいところがあったので、フルンゼ時代のイコン密売事件も、冤罪《えんざい》というよりも、ポローシンの商売が当局のお目こぼしの域を超えたので摘発されたのが実態ではないかと私は考えている。

「それで、刑事告発はされたのか」

「幸いそれはなかった。ただし、教会から追放され、再び俗界に戻ることになった」

「仕事は簡単に見つかったのか」

「ドイツ語ができたので、映画輸出入公社に就職した」

ソ連映画輸出入公社はモスクワ中心部のカラシュヌィー通り、日本大使館の隣にあることを思いだした。

「日本大使館の隣にあるあの建物か」

「そうだ。ペレストロイカが始まる一九八五年まで、僕は日本大使館の隣で勤務していたんだ。D005で始まる未来の国から来たとしか思えない日本車がたくさん並んでいたことをよく覚えているよ。そこで、ドイツに輸出するためにソ連映画のカタログをドイツ語で作ったり、また、ドイツ映画の脚本をロシア語に訳したりした。そのときに結婚した。

そうこうするうちにペレストロイカが始まって、再び教会に戻ることになった。今度はモスクワ郊外の村の教会で、いつのまにか僕の周囲に知識人の群ができ、一九八九年のロシア人民代議員選挙に出て、その後、政治家としての人生が始まった」

「スラーバ、サーシャ・カザコフとはいつ知り合ったんだい」

「それがよく思い出せないんだ。一九八九年三月の選挙前には相当親しくなっていた。八八年のどこかで知り合った。僕も記憶力はそれほど悪い方ではないので、初対面の印象はだいたい鮮明に残っているのだが、カザコフに関してはどうしても初対面の記憶がでてこないのだ」

カザコフがあえて印象に残らないように、静かに僕に近付いてきたような気がしてならない。確かアクシューチツを通じてカザコフは僕に近寄ってきた。いつの間にか側にいて、ロシア・キリスト教民主運動のイデオローグに収まっていた。

カザコフは若い。通常、異論派の若者は自己顕示欲が強く、政界に打ってでることを望む。カザコフがロシア人民代議員選挙に立候補したならば、当選したと思う。しかし、それをしなかった。なぜあれだけ自己抑制がきいているのだろうか。組織で訓練を受けたからではないのか。モスクワ大学を中退したということになっているが、実際はKGBの工作員で、モスクワ大学に潜入し、任務が変更になってリガに異動したのではないだろうか。そして再び新たな任務を帯びてモスクワに戻ってきたのではないだろうか。僕もマサルもカザコフに誑《たぶら》かされているんじゃないだろうか。何とも言えず、不気味な感じがする」

「スラーバ、それは疑い過ぎだよ。僕は八七年からサーシャ・カザコフを知っているけど、組織を背景に動くような人間じゃないよ」

ポローシンは私の反論には答えず、二人は別の話題に移った。

政治取引

前にも述べたが、ポローシンは私にとって、ソ連崩壊直前からエリツィン第二期政権が発足するまでの期間、ロシア政治エリートの内在的論理を知る上で、たいせつな友人の一人だった。私が本書で言及しようと考えているのは、一九九一年八月のクーデター未遂事件までの話なので、その後の出来事については、また別の機会に紹介したいと思う。ただし、ここで読者にポローシンが最終的にどのような選択をしたかについて簡潔に説明しておきたい。

九三年十月三日、膠着《こうちゃく》状態となっていた大統領・政府側と最高会議（ホワイトハウス）の対立は、武装衝突に発展し、内乱の危機が生じた。大統領・政府側によるホワイトハウスの包囲網は、最高会議側の武装部隊によって解除され、この武装集団はモスクワ市北部のオスタンキノ・テレビ局を占拠し、テレビ放送が止まった。さらに国営イタル・タス通信社の横でも銃撃戦が起こり、死者が出た。イタル・タス通信社は日本大使館から五十メートルくらいのところにあり、大使館三階で執務をしていた私の耳にもヒューンという自動小銃の乾いた音が聞こえてきた。

しかし、四日に大統領側はホワイトハウスに戦車で大砲を撃ち込み、反撃に転じた。その結果、五日未明に籠城《ろうじょう》していたルツコイ副大統領、ハズブラートフ最高会議議長は降伏し、内乱の危機は回避されたのだった。これがいわゆる「モスクワ騒擾《そうじょう》事件」である。十月三日の武装衝突直前まで、大統領・政府側と最高会議側の代表者が、ここダニーロフ修道院付属ホテルのレストランの「黄金の間」、「銀の間」で和平交渉を続けていたのは、前述した通りだ。

モスクワ騒擾事件について、ロシア正教会は、大統領・政府側、最高会議側のいずれも支持せずに、この事件を二度と繰り返してはならない国民的悲劇であると総括した。そして、ロシア正教会は政局を超越した存在なので、今後、神父が国会議員になることを禁止すると布告した。ヤクーニンやポローシンなど神父で国会議員である者は、今後、神父をやめて国会議員になるか、あるいは神父として宗教人に活動を限定することを迫られた。

九三年十月末、モスクワ・カリーニン大通りにできたアイリッシュ・パブで、ポローシンと私は濃厚なうす茶色の泡がたったギネスビールのグラスを傾けながら、未明まで話し込んでいた。

この時点で旧最高会議側は、自らが正統権力であり、憲法を一方的に廃止し、議会を解散するエリツィン大統領のやり方は法治国家にあるまじき態度であると主張し、人民代議員に筋を通して十二月の新議会選挙をボイコットせよと訴えていた。筋論からすれば旧最高会議側の主張が正しい。しかし、力が真理なのである。しかも、欧米諸国もエリツィン大統領側を支持している。旧最高会議側に勝算はなかった。ポローシンは最高会議幹部会員でハズブラートフ最高会議議長とルツコイ副大統領と親しい関係にあったので、その去就が注目されていた。実は、ポローシンも九月半ばまでは毎日ホワイトハウスに出勤し、最高会議側幹部として活躍していたが、大統領・政府側が武装民警を動員して、ホワイトハウスを包囲し、緊張が高まったところで、さっさと戦線から離脱した。このときポローシンは、筋を通すべきか、無謀な戦いは避けるべきか、私に相談してきた。

私は、「エリツィンは本気だ。籠城していると殺される。逃げるべきだ」と強く勧めた。しかし、大統領・政府側は、ポローシンが逃亡したのではなく、正教会のネットワークを用いて旧最高会議側の抵抗勢力を創設しようと画策しているという穿《うが》った見方をしていた。

「マサル、どうしよう」

「それよりも何よりもスラーバは、正直なところ何を望んでいるんだい」

「率直に言う。死にたくない。命乞《いのちご》いでも何でもする。とにかく死にたくない」

「スラーバの同志はホワイトハウスのなかで、何十人も黒こげになって死んだじゃないか。死ぬのが怖いのか」

「マサル、怖い。この前までは全然怖くなかった。しかし、ホワイトハウスが焼けて、人間の肉が焼ける臭《にお》いを嗅《か》いでから怖くなった。どうしたら生き残ることができるだろうか」

「積極的な抵抗運動をしなければ、生き残ることができるよ。政権側と裏で接触しているのか」

「している」

「相手は誰だ」

「フィラートフ大統領府長官だ」

フィラートフ大統領府長官はもともとポローシンの盟友で、「モスクワ騒擾事件」直後にはエリツィン大統領の最側近だった。

「敵が出してきた条件は何だ」

「政権側に忠誠を自筆で綴《つづ》った誓約書の提出だ」

「見返りは」

「生命と身辺の安全が確保された住宅の無償供与と現金で二万米ドルの報奨金の提供だ」

「その話に乗った場合の危険は」

「恐らく政治活動はもうできなくなる」

「スラーバは政治活動を続けたいのか」

「よくわからなくなってきた。ただし、今回の事態で自分の限界がわかった。命を懸けて政治活動をすることはできない。その点で僕は、エリツィン、ブルブリス、ハズブラートフというような連中とは性格が根本的に異なる」

私は少し考えてから、こう言った。

「わかった。取り引きには乗った方がいいと思う。ただし、政治活動を続けるつもりがないということは最後まで言わない方がいい。それから命乞いもするな。『ロシア国家に平和をもたらすためには何だってする。それが宗教人としてのつとめだ。生命を投げ出してもいい』というような発言をした方がよい。少し興奮した素振りをして、涙を流してもよい」

「わかった。そうしてみる」

　数日後、私は再びポローシンと会った。定番の刺身、天麩羅《てんぷら》、すき焼き、にぎり寿司《ずし》の五〇〇〇キロカロリー・コースを食べながら、私はポローシンの話を聞いた。

「命をもっていかれることはない。ドストエフスキー通りに建設中の煉瓦《れんが》建て住宅をもらうことになった。ただし、現在使用中の別荘と運転手つき自動車は取り上げられる」

　ドストエフスキー通りそばの住宅とは、「ソビエト軍劇場」からそう遠くない一等地にある特権階層（ノメンクラトゥーラ）用住宅で、旧ソ連共産党中央委員会の幹部や大統領府高官が住んでいる。ちなみに煉瓦建て住宅（キルピーチュヌイー・ドム）とは、エリート用住宅の象徴だ。オートロックシステムがつき、管理人が二十四時間常駐している。

「それはよかった。カネの方はどうなった」

「上乗せされて三万ドルをキャッシュでもらった」

「悪くないじゃないか。それでこれからどうするんだい」

「ゆっくり勉強したいと思う。それから犬を飼いたい。昔から犬を飼うのが夢だったのだが、今度こそは適《かな》えたい。マサルは犬を飼ったことがあるか」

「犬を飼ったことはないが、いつも側に猫がいた。今もいる」

「僕は猫は苦手だ。うんと獰猛《どうもう》な犬を飼いたい。僕とターニャ（ポローシン夫人）だけになつき、他の誰の言うことも聞かないような獰猛な犬を飼いたい。夫婦と犬だけで、できるだけ外界との関係を絶って生活したいんだ」

「どんな種類の犬を考えているのか。シェパードか、それともドーベルマンか」

「シェパードは月並みなので嫌だ。最初はドーベルマンにしようと思ったのだけれど、屋内で飼うのでブルテリアにした」

「ブルテリアは凶暴なのか」

「よく猫をかみ殺す」

「猫を殺すような動物の話は聞きたくない。人間に嚙《か》みついたりしないのか」

「飼い主には嚙みつかない。しかし、本気になれば人間の手足くらいは嚙み千切る。生肉を餌《えさ》に与えると一層獰猛になるという」

「子犬の目処《めど》はついたのか」

「来週にも手に入る。政治は忘れて、学術研究と犬を生活の中心に据えたい」

「ところで聖職は返上するのか。それともどこかの教会に名義だけ置くことにするのか」

ロシア正教会の最高責任者アレクシー二世総主教は、聖職者と議員の兼業禁止を布告したことはすでに述べた。ポローシンは政治家の道を断念したのだから、教会で生活の糧《かて》を得ることは可能だ。

「考えていない。少し時間をかけて、もう一度、ロシア正教会と国家の関係について勉強し直してみたい。できれば博士論文をまとめたい」

その言葉通り、ポローシンは博士論文の準備作業に本格的に取り組んだ。そして、四年後に論文を完成させ学位を取るが、それと同時に重大な、私にも予想外の〝決断〟をするのである。

黒司祭の巻き返し

アレクシー二世をはじめとするロシア正教会指導部は、ポローシンや同じくサーシャ・カザコフが目をつけて政治活動に引き込んだ神父のヤクーニンなど、教会の役職でみれば地位の低い、ノンキャリア組の白司祭の活動を以前から面白く思っていなかった。これに対してポローシンやヤクーニンも、ソ連時代にKGBと持ちつ持たれつだった正教会幹部に対する不信感は強い。

モスクワ騒擾事件に至る大統領・政府側と最高会議側の対立に際して、ヤクーニンはエリツィン大統領支持の姿勢を鮮明にしたが、最終段階で日和《ひよ》ったとはいえ、ポローシンは最高会議側に立った。また、神父ではないがロシア・キリスト教民主運動共同代表のアクシューチツ人民代議員は、ポローシン以上に反エリツィン大統領の姿勢を鮮明にした。

ロシア正教会幹部は、これまではエリツィン大統領であれ、ルツコイ副大統領やハズブラートフ最高会議議長であれ、有力政治家と結びついていたロシア・キリスト教民主運動出身の国会議員を封じ込めることができないでいた。だが、モスクワ騒擾事件後、ルツコイ、ハズブラートフの影響力がゼロになり、さらに、エリツィン大統領が国民和解のためにアレクシー二世の力を必要とする状況を正確に読み込み、政界工作に着手したのだった。

正教会の神父と議員の兼職を禁止するアレクシー二世の命令も、ロシア正教会の政治的中立性の証《あかし》というよりも、政局の対立を超えたところで、権威として正教会の地位を確立し、宗教を超えたロシア人の慣習として教会の影響力を担保しようという動きであった。前にポローシンが日本の国家神道《しんとう》に関心をもっていたことについて説明したが、この考えはアレクシー二世をはじめとする教会幹部にも共有されていたのである。

騒擾事件後、九三年十二月の新議会選挙と同時に行なわれた国民投票で、ロシア新憲法が採択され、その後、大統領就任式にはアレクシー二世総主教が臨席し、エリツィンはその前で大統領就任の宣誓を行なったのだった。同様の光景は、次のプーチンの大統領就任式でも見られた。モスクワ騒擾事件を経て、ロシア正教会は「政治的中立性」という名の下で、事実上の国教としての地位を獲得したのである。

一方、ポローシンはフィラートフ大統領府長官との取り引きとは別にロシア正教会幹部とも裏交渉を進めていた。

「マサル、モスクワ総主教庁としては、モスクワ郊外の大きな教会を僕に任せるといっている。経済基盤もしっかりしている」

「誰と交渉しているんだ」

「キリル府主教だ」

キリル府主教は、モスクワ総主教庁対外教会関係局長、わかりやすく言えば、ロシア正教会の外務大臣で、正教会の第二位か第三位の実力者である。

「人間として信頼できる人物か」

「人間としてどこまで信頼できるかはわからないが、約束は守る男だ。ホモや女関係のスキャンダルもない」

「それじゃ生真面目《きまじめ》すぎるんじゃないか。生真面目な奴《やつ》は政治的バランス感覚に欠けているので要注意だ」

「生真面目じゃないよ。政治的駆け引きはよくわかっている。キリルは犬と車が大好きだ。アウトドア派で四輪駆動車を乗り回している。また、大きなジャーマン・シェパードを何匹も飼っているそうだ。お互いに犬好きなので話も合う」

「キリル府主教は、情勢をどう見ているんだ」

「エリツィン大統領側の勝利の背後には、欧米の政治力があると考えている。今後、欧米の影響力が強まることで、ロシアが植民地化されることを恐れているんだ。欧米の陰謀を粉砕する力はロシア正教会にしかないというのが、キリルの考えだ。これからは精神的安全保障が重要になる時代で、安全保障面における正教会の役割が再評価されるというのだ。僕はこれは賢明な考え方だと思う」

「それで、スラーバには具体的にどうしたらよい、とキリルは言ってるんだい」

「徹底的に日和見を決め込み、チャンスが来るのを待てと言うんだ。モスクワ市内の大教会では、モスクワ騒擾事件後の政治的余波に巻き込まれるので、危ない。生活の安定が担保され、かつ政界から忘れ去られてしまうほどの遠距離ではない場所、具体的にはモスクワ郊外の教会に赴任してチャンスを待てとアドバイスしてくれた」

「それでスラーバはどうするつもりだ。そのアドバイスを聞くのか」

「キリルは信用できるが、アレクシー二世は信用できない。それにロシア正教会の幹部はいずれも陰謀家なので、教会内部の政治的な駆け引きは、国会よりもずっと面倒だ。だから、どうしたらよいか考えている」

結局、ポローシンは教会には戻らなかった。九三年十二月に行なわれた新議会選挙の結果、連邦院（上院）、国家院（下院）が誕生したのだが、ポローシンは国家院宗教社会団体委員会の事務局長に就任したのである。国家院の委員会は、十名から三十名くらいの国家院議員によって構成される。各委員会に設けられた事務局は、十名前後の人員を擁し、資料を整えたり会計事務や雑務の処理を主な業務としていた。

国家院の事務局には優秀な人材が集まっていた。特に多かったのはソ連共産党中央委員会やゴスプラン（ソ連国家計画委員会）の出身で、エリツィン政権下の政府機関で勤務することを潔《いさぎよ》しとしない守旧派的メンタリティーをもった、かつてのエリート官僚たちである。もっとも、そんななかでポローシンのキャリアはかなり特異だったといえよう。最高会議幹部会員という旧議会の中枢《ちゅうすう》を占めた大物が国家院事務局に転職したことは、当時ちょっとしたニュースとなった。しかし、ポローシンは取材をすべて拒否した。「私は一介の事務局員で、もはや政治には関与していない」というのがその理由だ。そのため、しばらくするとポローシンの存在は世間から忘れられていった。

その後も私はポローシンとは、以前ほど頻繁にではないが、ときどきは会っていた。ただし、ポローシンについては、以前と比べて変化したことが一つあった。

それまでポローシンは深夜の二時、三時であっても私が自宅に電話をすると、かならず対応してくれた。情報専門家として、何か緊急の照会事項があるときに、深夜でも叩《たた》き起こすことのできる友人を何人持っているかは、死活的に重要である。ポローシンやブルブリスは、私にとってそのような重要な友人だった。しかし、国家院事務局で勤務するようになってから、ポローシンとは自宅にいくら電話をしても連絡がつかなくなった。何とか連絡を取って、ポローシンと会ったときに、「スラーバ、家に電話をしても、呼び出し音はいつまでも鳴るんだが、誰も電話をとらないんだけれど、電話番号を変えたのか」と尋ねてみた。

「いや。電話番号は変えていない。ただ、普段は電話機を線から外している」

「エッ。それじゃ電話をつけている意味がないじゃないか」

「いや、こちらから電話をかけるときは線をつなげばいいのだから、意味はある」

「職場から連絡がつかなくて困るんじゃないか」

「職場は困るかもしれないが、僕は困らない。本当にたいへんならば、国家院から（ポローシンの自宅まで）車を飛ばせば十五分で着くのだから、ここまで来ればいい。家まで来ればきちんと対応する」

「どうしてそんな奇妙なことをしているんだ。職場で変人と思われるんじゃないのか」

「勤務時間中に仕事をきちんとやっていれば、あとはどう思われても関係ない。家では博士論文の準備と、犬の世話、それから部屋の改装で手一杯だ。政治絡《がら》みの仕事は、放っておけばそれで済むようなことがほとんどだ。人生の持ち時間は短い。無駄なことに時間を使いたくない」

転宗

ポローシンと会って意見交換するときも、以前とはうって変わって政治の話はほとんど出なくなった。国家院宗教社会団体委員会のゾルカリツェフ委員長は共産党幹部だったが、私はポローシンとは別の人脈を通じて同委員長と親しくなり、何度も会見した。しかし、私がゾルカリツェフと会うために国家院を訪れても、ポローシンとは軽く会《え》釈《しゃく》をするのみで、特に話をすることもなかった。ゾルカリツェフは、ポローシンについて「博識で、政治のことがよくわかっているにもかかわらず、控えめな好人物」と高い評価をしていた。人間、変われば変わるものだ。

実際、ポローシンは政治家との付き合いをほとんど絶ってしまった。九五年三月二十六日、任期を終えた私が東京へ戻る際に、モスクワの「メジュドナロードナヤ（国際）・ホテル」にあるコンチネンタル・レストランで行なわれた私のお別れレセプションには多くの政治家が来てくれたが、ポローシンはこれら政治家とはほとんど会話を交わすこともなく、私の教え子であるモスクワ大学哲学部宗教史宗教哲学科（科学的無神論学科の後身）の学生たちと話し込んでいた。レセプション会場から去っていくポローシンの背中に、私は何ともいえない淋《さび》しさを感じた。

九五年に帰国した後も私は頻繁にモスクワに出張した。その際、年に一、二回はポローシンとゆっくり意見交換をするようにした。博士論文の準備に熱中していたポローシンは、同時にロシアの教会史、マックス・ウエーバーの宗教社会学、ユダヤ教の歴史、イスラーム法学を集中的に勉強していた。ちょうどその頃、私もイスラエルとの関係を深め、ユダヤ教やイスラーム原理主義に対する関心を深めていたので、ポローシンとの意見交換は私にとっても有益だったのだ。

九八年にポローシンは博士学位を取得した。その博士論文は『神話、宗教、国家』というタイトルで発売され、専門家の間では高い評価を得た。しかし、私はその論文を読んで、違和感を感じた。ポローシンが、九八八年にロシアが正教という「弱い宗教」を国教として採用したことが、その後、ロシアが混乱する原因となったと考えていることはすでに述べた。さらに、そこから考察を進め、そもそもキリスト教は、イエス・キリストや教会という媒介者を神と人間の間に置くので、神の意思を歴史に直接反映させることができなくなってしまうと分析する。

そして、ロシアを強化するためには、宗教と法律、教会と国家の分離という思考を捨て去り、それらを全《すべ》て一体化し、神と人間と国家を直接結びつけることが必要で、そのような新しい宗教をロシアは採用しなくてはならない、というのが彼の結論だった。

学問的粉飾を施しているが、この思考はキリスト教神学の枠組みに収まらないと私は感じた。ポローシンが述べているのは、イスラーム原理主義の見解に極めて近い。私はそのことをポローシンに直接尋ねてみた。

「スラーバ、博士論文では何を言っているのか。キリスト教神学の粉飾をしているが、僕の目は誤魔化せないぞ。スラーバが言っていることはキリスト教じゃない。イエス・キリストが神であり人である、というキリスト教神学の規範を踏み外している」

「よくわかったな。結局、キリスト教は間違いだというのが、ここ数年、僕が真面目に研究した結論なんだ。恐らく、この考えは今後、変化しないと思う」

「ムスリムになるつもりか」

「ムスリムになるというよりも、僕はもともとムスリムだということがわかった。僕が信じているのはロシア語で言うボーフ（神）ではなく、聖なる言語のアッラーだ」

「イエス・キリストについてはどうなんだい。キリストが神の子でないと宣言しないと、ムスリムにはなれないだろう」

キリスト教徒がイスラーム教徒に改宗する際には、イエス・キリストが神の子であるということを明示的に否定しなくてはならない。

「その点についてはまだ躊躇《ちゅうちょ》がある。よくわからないんだ。イエス・キリストには今も親しみがある。しかし、神の子ではなくイエスも偉大な預言者だったような気がする。

マサルはどうだ。日本人でありキリスト教徒であることは可能なのだろうか」

「僕は可能だと思っている」

「僕は、無神論者として出発して、神父になり、高いレベルでの政治に関与し、もう一度、きちんとキリスト教を勉強し直して、結局、わからなくなってしまった」

「何がわからなくなったんだい」

「自分が何を信じているのか、この世界にどうして悪が存在するのかがわからなくなった。キリスト教的な問題の立て方が諸悪の根源のように思える。人間に原罪なんて存在しない。そのままの人間は善でも悪でもないと素直に認めればいいんだ。結局、ユダヤ教、キリスト教という原罪観にとらわれた宗教が世界をねじ曲げて解釈し、人為的に問題を作り出すというように僕には思えてならない。勉強をすればするほどイスラームに惹《ひ》きつけられる」

「それはわかるよ。僕はスラーバと逆に、罪の問題を巡って、最近はユダヤ教に魅力を感じている。キリスト教だとイエス・キリストの出現で人間の罪は基本的に救われたと考えるのだけれど、そうではない、人間の罪はもっともっと深いもので、救いの兆《きざ》しすら現れていないというユダヤ教の考え方の方が、世界を正しく映し出しているように思える」

「マサル、それはよくわかるよ。キリスト教は中途半端《はんぱ》なんだ。神を本気で信じるならば、イスラームかユダヤ教のどちらかを選ばざるを得なくなると僕は思う」

「スラーバ、僕の考えは違う。キリスト教の中途半端さが重要なんだと思う。僕はキリスト教がいいかげんな宗教だから信じているんだ。いいかげんな僕にはちょうど身の丈に合っている」

一九九九年十二月にロシア国家院選挙が行なわれ、ゾルカリツェフも再選され、再び国家院の宗教社会団体委員会委員長に就任した。翌二〇〇〇年春、私はお祝いを伝えに国家院に赴いた。会談を終えると若い職員に、「アリ・ポローシン事務局長がサトウマサルさんとお話ししたいと別の部屋で待っています」と伝えられた。

「アリだって？」

そのまま若い職員についていくと、小さな会議室に案内された。そこで、待っていたのはポローシンだった。しかし、その容貌《ようぼう》は変わり果てていた。以前、百五〇キロを超えていたであろう体重が、明らかに半分くらいになっている。ポローシンはイラン人のような詰め襟の黒い服を着ていた。

「スラーバ、どうしたんだい。どんなダイエットをしたんだ」

「いや、重い病気をした。体重も八〇キロに減ったが、この方がずっと調子がいい。肝臓、腎臓《じんぞう》、脾臓《ひぞう》のすべてがやられていた。死線をさまよった。その結果、決断した。キリスト教を棄教し、ムスリムになった。ビャチェスラフというキリスト教名を捨てて、アリにした。これからはスラーバではなく、アリと呼んでほしい」

「わかった。アリ。酒も豚肉もとらなくなったのか」

「もちろんだ。だから、レストランにも行かない」

「正教会はどうしたか」

「当然のことながら破門になった。しかし、アラブ諸国でもイランでも僕の転宗は大ニュースになった。イスラーム圏の慈善団体も積極的に支援してくれるので、生活は以前と比較できないくらいによくなった。今は『イスラーム通信』という新聞の編集長も僕が兼任している」

「(イランの)シーア派でいくのか、それともスンニー派でアラブ諸国の原理主義者との関係を深めるのか」

「まだ決めていない。個人的にはイランに惹《ひ》かれるが、政治的影響力を考えるならばアラブだ。当面はロシアの知識人にイスラームの影響力を拡大することを考えたい。スンニー派、シーア派の区分は二義的な問題だ」

「わかった。この選択でよかったと思うか」

「思っている。これまでほんとうにありがとう。マサルにも、アッラーのお恵みがありますように」

「どうもありがとう」

それからしばらくして、ポローシンはイスラーム団体の活動に専心したいと言って、国家院を退職したので、これが私がポローシンと会った最後の機会になった。

九九年末からチェチェン分離主義者がイスラーム系のテロリストと連携し、モスクワや南ロシアで住宅爆破テロを行なうようになった。この事態に、すでに大統領代行を務めていたプーチンは、反テロリズムを綱領に掲げて、二〇〇〇年三月に大統領に当選した。

二〇〇一年九月十一日の米国同時多発テロ事件の後、ロシアでも反イスラーム感情が高まっていた。出張でモスクワを訪れた私は心配になってポローシンの自宅を訪ねてみた。呼び鈴を押しても誰も応《こた》えない。ポローシンの部屋は一階なので窓の外から様子をうかがったが、人が住んでいる気配もなかった。国家院宗教社会団体委員会やかつてのポローシンの部下や同僚、さらに私が人脈をもつイスラーム団体やチェチェン人のルートを使ってポローシンの消息をつかもうとしたが、無駄だった。

ロシア政治エリートたちがイスラーム原理主義に対して警戒感を露《あら》わにし、目つきが悪くなり始めたまさにその時期に、ポローシンは信念をもってイスラームに転宗した。聡明《そうめい》なポローシンのことだ、よもや時代の流れを読み間違えることはあるまい。

しかし、モスクワ大学時代の無神論者からキリスト教徒への転向、その後の反体制運動への関与、政治家への転身と政治との決別、今回のイスラームへの転宗という、これまでの経歴を突き放して見るならば、先見性もさることながら、ポローシンのなかには常に自己破壊の衝動があったことは、否定できないだろう。

第七章　終わりの始まり

「手紙作戦」の成果

さて、話を一九九〇年の夏に戻そう。ポローシンを私に紹介した頃から、サーシャと私は徐々に疎遠《そえん》になっていった。仲違《なかたが》いをしたわけではない。サーシャはドイツやイタリアに頻繁に出かけるようになり、私の方はラトビアよりもリトアニア情勢のほうが緊迫化してきたので、ビリニュスに出かけたり、リトアニアの独立派活動家と付き合うことが多くなっていた。ビリニュスで偶然知り合ったソ連派共産党幹部と親しくなり、その人脈を通じて、ソ連共産党中央委員会やロシア共産党中央委員会の幹部たちとの人脈ができていた。私はその関係を維持するのに、相当のエネルギーを割かなければならなかったのである。

特にリトアニア共産党第二書記のブラジスラフ・シュベードと私は波長が合った。シュベードは身長一七五センチくらいで、四角張った顔をしている。強度の近視で本当に牛乳瓶の底のような黒縁眼鏡をかけ、無口な気難しい学者のような感じのこの男は、リトアニア共産党内部でも恐れられる存在だった。シュベードはソ連共産党中央委員でもあったので、モスクワにもときどき出張でやって来た。

そもそも、私がシュベードをはじめとする共産党守旧派幹部へ人脈を広げることができたのは、サーシャのサジェスチョンがきっかけだった。あるとき私はサーシャに尋ねた。

「沿バルトの独立派指導者や、エリツィンに近い民主改革派の人脈はできたのだけれど、守旧派共産党幹部との人脈がうまくできないんだ。どうしたらいいだろう」

「マサル、そういう歴史のクズ籠《かご》に捨てられるような連中と人脈を作る必要はないよ。時間の無駄だ」

「まあそう言わずに知恵を貸してくれよ。これも仕事なんだから」

「そうだな。あいつらの官僚主義的で権威主義的な体質を逆用したらいい。手紙を書くんだ。効果がある」

「手紙を書くことがどうして効果的なんだ」

「共産党で陳情はすべて文書の形で行なう。大使館の名前が書いてある便箋《びんせん》にタイプ打ちで、『あなたの某月某日付××新聞インタビューを読んで関心をもちました。是非お会いしたい』というような手紙を作る。そこにサインをして大使館の大きな判子を押しておく。そうすれば、そういう要請には応《こた》えなくてはならないという気持ちに共産党幹部はなる」

「手紙はどこに送ればいいのか。（ソ連共産党中央委員会がある）スターラヤ・プローシャジでいいか」

サーシャは少し考えてから応えた。

「いや、スターラヤ・プローシャジだと信書班の検閲でKGBに回されてしまうかもしれない。中央委員ならば『ロシア・ホテル』か、『オクチャーブリ第一ホテル』か『オクチャーブリ第二ホテル』に泊まっているはずだから、ホテルに宛《あ》てて出せばよい。ホテルの従業員が中央委員宛の信書を開封することはまずないと思う」

オクチャーブリ第一、第二の両ホテルはソ連共産党中央委員会の直轄《ちょっかつ》だったので、私には宿泊者を聞きだす術《すべ》はなかったが、「ロシア・ホテル」は日本から様々な代表団が訪問した際に人脈をつけておいたので、宿泊者の情報も簡単に入手できた。

九〇年の夏、ソ連共産党中央委員会総会が行なわれた初日、ホテルの副支配人から電話がかかってきた。

「ミーシャが知り合いになりたがっているシュベード第二書記は『ロシア・ホテル』の東棟九階に泊まっているよ」

私は早速手紙を書いた。翌日、シュベードから私に電話がかかってきた。サーシャの提案した「手紙作戦」がうまくいったのである。

リトアニア、アゼルバイジャン、ウズベキスタンなどの旧ソ連の共和国では、第一書記は現地民族から選出されるが、第二書記はロシア人と相場がきまっていた。第二書記が第一書記を監視するのである。

シュベードとはロシア語で「スウェーデン人」の意味である。私は彼に「スウェーデンからの移民の末裔《まつえい》なのか」と質《ただ》したことがある。

「よくわからないんだ。ロシア人、ポーランド人、ウクライナ人の血が混ざっていることは間違いないが、それ以外の血についてはわからないんだ。ただし、ユダヤ人の血は入っていない」

共産党守旧派には反ユダヤ主義的傾向が強い。しかし、シュベードは決してユダヤ人の悪口を言わないので、私はシュベードを「隠れユダヤ人」だと思っていたが、そうではなかった。リトアニアのような難しい地域の共産党第二書記に就任する前には、民族的背景が徹底的に調査される。もし、ユダヤ系であれば、第二書記の職には絶対に就くことができないのである。

シュベードは、小学校に入学する前に両親が病没したため、二、三歳違いの妹と二人で孤児院で育てられた。とても人に言えないような苦労をしているに違いないのだが、他人に対する思いやりに富んだ人物で、奥さんと一人息子を大切にしていた。

初めて一緒に酒を飲んだときウオトカの勢いで私が、「なぜ泥船のようなソ連派共産党に懸けたんだ」と尋ねると、シュベードは灰色の瞳《ひとみ》を潤《うる》ませて、「孤児である自分をここまで育ててくれたソビエト政権には心から感謝しているから」と答えた。

私は内心、「こいつはなかなかの役者だな」と思った。しかし、ソ連が崩壊した後もシュベードの、ソ連政権だから孤児である自分と妹が生き残ることができたのだという感謝の気持ちに変わりはなかった。私は、シュベードが目を潤ませたことを演技だと受け止めた自分を恥ずかしく思った。

ソ連が崩壊した後にシュベードが初めて話してくれたことだが、孤児院で一緒に育った妹はその後、リトアニアのユダヤ人と結婚した。ゴルバチョフのペレストロイカ政策の結果、ユダヤ人のイスラエルへの出国が認められるようになり、妹夫妻はソ連を捨て、イスラエルに移住したのである。

ソ連からの移住者はイスラエルで「新移民」と呼ばれた。八〇年代末、新移民を受け入れた時点でのイスラエルのユダヤ人人口は四百万人（ちなみにアラブ人でイスラエル国籍をもっている者が百万人いる）だったが、十年でそこに新移民の百万人が加わった。最初の二年間はイスラエル政府から生活費が支給されるのだが、就職難で生活の目処《めど》がたたない。

イスラエルは公式にはソ連からのユダヤ系新移民を歓迎するという政策をとっていた。しかし、サーロ（豚の脂身《あぶらみ》の生ハム）をつまみにウオトカを飲むという習慣が抜けないロシア系、ウクライナ系のユダヤ人に一般のイスラエル人は違和感をもった。ユダヤ教の戒律では豚の肉は不浄とされているので、忌避するユダヤ人が大多数だ。それから、ウオトカのような強い酒を浴びるほど飲む習慣もない。

さらに、これまでドイツ、イギリスあるいはモロッコ、イエメンやエチオピアから移住してきたユダヤ人は、それほど時間をかけずにヘブライ語を習得し、新たに建国されたイスラエル国家の習慣に馴染《なじ》んでいった。しかし、ソ連からの新移民は、ロシア文化に誇りをもっており、なかなかイスラエル文化に溶け込んでいかなかった。ロシア語の新聞や文芸雑誌を創刊し、小さな街でも新移民による交響楽団が結成された。

ソ連ではユダヤ人としての自己意識を強くもっていた人々が、イスラエルに移住した後は、ロシア人としての自己意識を強くもつという逆転現象が生じた。そのような事情があるので、ソ連崩壊後、イスラエルに移住した新移民は、ロシアと欧米諸国をつなぐ架け橋として独自の役割を果たすようになったのである。

イスラエル政府は、新移民をパレスチナ人との紛争が絶えない西岸地区に居住させた。一九四五年以後、冷戦による西側諸国との緊張はあったが、ソ連人は「熱い戦争」を体験していない。アフガン戦争は数少ない例外のひとつだが、これもソ連国外での戦争である。だから、実際に銃弾が飛んだり、爆弾が爆発するというイスラエルの状況は、新移民にとって大きな衝撃だった。「平和ボケ」したロシアのユダヤ人にとって、実際の戦闘に巻き込まれるなどというのは、まさに想定外の事態だったのである。

一九五〇年代、六〇年代にソ連からイスラエルに移住したユダヤ人は、エルサレムの「シオンの丘」に戻り、ユダヤ人国家を再建するというシオニズムに燃えて移住したのだが、新移民の大多数はそのような情熱などもっていない。ソ連崩壊前後の生活苦と差別から逃れるためにイスラエルに移住した人々である。イスラエルでは常に戦闘と隣り合わせだという現実に直面した新移民のなかには、第三国に再移住する者が出てきた。シュベードの妹夫妻もカナダへと渡った。その後、シュベードとは音信不通になったが、シュベードは妹夫妻が困窮しているのではないかと心配していた。このようにシュベードは常にユダヤ人と結婚した妹を慮《おもんぱか》っていた。ソ連崩壊以前から共産党守旧派幹部であるにもかかわらず、反ユダヤ主義的偏見をもたず、ユダヤ系の知識人をさりげなく助けていた。そして、私はこのシュベードを通じて、ユダヤ系知識人との関係を深めていくことになったのである。

先を見通していた共産党守旧派幹部たち

シュベードは、ソ連の未来について真剣に悩んでいた。ゴルバチョフ派の共産党官僚が口先で民主化や公開制を唱えても内心は自己保身と出世欲で固まっていることを見抜き、深く付き合うことをあえて避けていた。

そもそも、シュベードは単科大学で機械工学を専攻した技師であるが、歴史、哲学、宗教に深い関心をもち、特に私がもっているキリスト教神学についての知識にも強い興味を示した。ソ連共産党守旧派の幹部たちは、マルクス・レーニン主義イデオロギーがもはや人々の心を摑《つか》むことができないと認識し、それに代わる理念としてロシア正教を用いることができないかと考えていたのである。

前にも述べたが、ロシア正教のドクトリンでは教会が国家を支持するのは当たり前のことだ。事実、ロシア正教会はスターリンやブレジネフのために祈りを捧《ささ》げてきた。この教会の保守性をシュベードたちは利用できないかと目論《もくろ》んでいたのだ。守旧派幹部たちは、国家も民族もその基礎に神話がなくては維持できないことをよく理解していた。そして、ゴルバチョフが唱える「人類共通の価値」とか「新思考外交」などという普遍的な価値観がソ連＝ロシア帝国の神話にはなりえないと考えていたのである。

しかし、これら共産党幹部の宗教に対する知識は貧弱で曖昧《あいまい》なので、宗教事情に詳しい私が「講師」として招かれることが多くなった。私が話すのは、カトリック、プロテスタント、正教の教義の差異であるとかキリスト教社会主義の歴史など、神学部の一回生か二回生が勉強するごく基礎的な話をしたに過ぎないのだが、共産党幹部は私の話を熱心に聞いていた。

共産党幹部は「お茶を飲みに来ないか」と誘う。確かに最後に紅茶とケーキも出るのだが、その前にウオトカとコニャック、さらにキャビア、イクラ、スモークサーモン、チョウザメの薫製《くんせい》、ポテトサラダなどが山盛り振る舞われる。守旧派政治家には大酒飲みが多い。酒飲み政治家は、酒を飲まない人を信用しない。前述した通り私はたまたま体内に相当量のアルコールを入れても平気な体質なので、私の宗教に関するレクチャーはかなり本格的な飲み会になった。

シュベードには、ヤナーエフ副大統領、マホフ・ソ連共産党中央委員会統制委員長などの大幹部も紹介してもらった。ヤナーエフは後にクーデター未遂事件の首謀者として逮捕、投獄され、マスコミではアルコール中毒の無能者と描かれたが、私が見たヤナーエフは、尊大なところが全くない、他人に対する気配りをよくする好人物だった。

シュベードが守旧派幹部の中で能力を高く買っていたのは、イリイン・ロシア共産党第二書記とソコロフ・ロシア共産党農業担当書記の二人だった。私もこの二人とは波長が合い、関係を深めていくことになる。

アントニオ猪木《いのき》のモスクワ格闘技外交

シュベードは偶然の機会を利用して人脈を拡大する手法に長《た》けていた。シュベードとの関係がだいぶ深くなった一九九一年の五月半ばのことだ。猪木寛至《かんじ》（アントニオ猪木）参議院議員がモスクワを訪れ、私はそのアテンドをしていた。

猪木氏はモスクワに内務省関係者、レスリング団体幹部などユニークな人脈をもっていた。猪木氏の人脈には、北朝鮮のソ連大使館参事官と記載された外交旅券をもつ不思議な「学者」であるとか、柔道のオリンピック金メダルを受賞したグルジアの警察官で、ウオトカを一人で五本は平気で飲む巨漢など、〝規格外〟の人材が多かったので、大使館としては正直言って少々もてあまし気味だったのだ。

しかし、私は猪木氏を通じ、普通では知ることのできないソ連の裏社会を覗《のぞ》き見することができるので「アテンド」、外務省用語でいうところの便宜供与をいつも喜んで引き受けた。猪木氏もモスクワを訪れる際は私による便宜供与を希望するようになり、彼のモスクワ滞在中は私が常時同行するようになった。

このときは猪木氏を受け入れた団体が、「エリツィン最高会議議長と会わせる」と約束したのだが、力不足でその約束を果たせず、猪木氏も私も少し気落ちしていた。ソ連時代、猪木氏がモスクワを訪れる際は、アレクセイ・トルストイ通りのKGBや内務省関係者の客人が使用する特別ホテル（現在の「マルコ・ポーロ・ホテル」）かソ連共産党中央委員会が経営する「オクチャーブリ第二ホテル」（現在の「プレジデント・ホテル」）に宿泊していた。いずれも一般の外国人は宿泊することができないホテルだ。

このときは、「オクチャーブリ第二ホテル」が猪木氏の宿だった。猪木氏と私がホテルのバーでワインを飲んでいると、シュベードがやってきた。

「マサル、この方はモハメッド・アリと戦った有名なアントニオ・イノキさんじゃないか」

「そうです」

ソ連では公式には、プロレスはブルジョア社会の商業スポーツであると否定的な評価を受けていたが、当時からロシアには格闘技ファンが多かった。特にモハメッド・アリとアントニオ猪木の異種格闘技戦のビデオが闇《やみ》市場で出回っていたので、猪木氏に対する尊敬と憧《あこが》れの念は強かったのである。

ソ連時代、一般市民が空手を学ぶことは禁止され、KGBや正規軍、内務省の特殊部隊でしか教えられなかった。柔道やレスリングに関しても内務省が統括していたので、格闘技のファンはKGB、内務省、軍など、欧米諸国や日本に対して職業的懐疑心の強い組織に特に多く存在した。

私は軽い気持ちでシュベードに「猪木先生は今回、とんでもない食わせ者に引っかかってしまい、まともな政治家と会えずに日本に帰ることになりそうだ」と言った。

シュベードが猪木氏に尋ねた。

「いつお帰りになられるのですか」

「明日の午後七時の飛行機で東京に向かいます」

「明日の日程はどうなっていますか。もしよろしければヤナーエフ副大統領に会いませんか」

「それは喜んでお会いしたいですけれど、無理でしょう。ロシアの最高会議議長や首相とも会えないのですから」

当時のモスクワの相場観では、エリツィンと会うことはそれほど難しくなかった。エリツィンとしても外国人政治家と面識をつけることは権力基盤の強化につながるので、積極的に会見に応じていた。ゴルバチョフ大統領は外国人に関しては国家元首以外とはほとんど会わない。ヤナーエフ副大統領と会った外国人もあまりいなかった。

シュベードは、「これから地下に降りて電話をしてくる。三十分以内に戻ってくるから」と言い残して立ち去った。

「オクチャーブリ第二ホテル」の地下室には特別の通信施設があった。そこに設置された「ATS—1」という特別の電話を使えば、ソ連共産党書記長や大統領と直接話をすることができるのだ。シュベードはヤナーエフと直接かけあいに行ったのである。

「マサル、大丈夫だ。明日の午後、ヤナーエフがクレムリンの副大統領執務室で猪木先生と会う。時間もたっぷり一時間とってもらった」

私はシュベードの答えを日本語に訳す前に、早口でロシア語で問いただした。

「ブラード（ブラジスラフの愛称）、ヤナーエフ副大統領の日程は一杯だろう。ドタキャンになったりすると、かえって困ったことになる。そこのところはよろしくお願いします」

「それはないよ。僕とヤナーエフは中央委員会で同じマフィアに属している。マフィアは仲間内の約束は絶対に守る。明日の朝一番で、大使館からソ連外務省に猪木寛至参議院議員とヤナーエフ副大統領の会見を要請する手紙を出してくれ。今晩中に外務省には根回しをしておく。ただし、僕は明日の会合には同席しない。僕が日本の政治家のために尽力したということが知れると外務省やKGBが余計な勘ぐりをするに違いない。だから、裏方に徹する」

早速ホテルから戻り、大使館の上司に明日、ヤナーエフ副大統領が猪木議員の表敬を受けるという話をしたが、上司は半信半疑だった。

翌朝十時に外務省に手紙を届けると、シュベードが手際《てぎわ》よく根回しをしていたので、午後一時にクレムリン二階の副大統領執務室でヤナーエフが猪木氏を出迎えてくれた。ソ連外務省からの同席者はなく、共産党中央委員会国際部のサプリン日本部員が通訳をつとめた。サプリンは現在ロシア外務省第一アジア局次長を務め、プーチン政権の対日戦略を策定するキーパーソンになっている人物だ。

猪木氏は、スポーツマンとして相互理解のために努力をしたいという話をした後で、いきなり、踏み込んだ質問をヤナーエフにぶつけた。会談前に猪木氏が私に「佐藤さん、情報収集で聞いて欲しいことがあったら、俺をうまく使ってな」と言ってくれたので、私が依頼した質問だった。

「ヤナーエフ副大統領閣下。難しい質問をしてもよいですか」

「どうぞ」

「六月のロシア大統領選挙であなたが誰を支持しているかということです」

ヤナーエフは眼が小さい。ヘビースモーカーであるせいか、白目が少し黄ばんだ感じがする。そのヤナーエフの眼が光った。

ロシアにも大統領制が導入され、初めての選挙が九一年六月十二日に行なわれることになっていた。最有力候補はエリツィン・ロシア最高会議議長だったが、ルイシコフ前ソ連首相も立候補し、ゴルバチョフ・ソ連大統領はルイシコフを推しているというのが大方の見方だった。

ところが、その後、バカーチン・ソ連内相が突然、大統領選挙に立候補を表明。バカーチンは、ゴルバチョフに近いペレストロイカ派と見られていたので、彼の立候補によって反エリツィン勢力の票が割れることになる。この事態を受けて、実はこれは高等戦術で、ゴルバチョフは本当はエリツィンの勝利を望んでいるのではないか、という見方まで出てきた。そのため、この選挙でヤナーエフ副大統領が誰を支持しているのかは、情勢分析上の重要な情報だったのである。

「エリツィン氏には国民的な人気があります。ルイシコフ氏は経験に富んだ有能な政治家です。ペレストロイカを推進する上で重要な人物です。バカーチン氏もわれわれの同僚です」

明らかにヤナーエフはバカーチンの人物評について語ることを避けている。おかしな感じがする。猪木氏もそのことに気付いたようで、さらに質問を続けた。

「私は、ボグダーノフ内務次官がソ連柔道協会会長をつとめている関係があり、何度もそのルートでソ連を訪れたことがあります。バカーチンさんに対するゴルバチョフ大統領の信任は厚いと聞いています」

「猪木さん、ロシアの大統領に誰がなるかは、さあ、選挙の結果を見てみましょう。ところで、ソ日間の経済貿易関係は潜在力を十分に使い切れていないように思いますが、その原因が猪木さんはどこにあると考えていますか」

ヤナーエフは大統領選挙について話すことを露骨に嫌がっていた。

クレムリンの奥の院に初めて入り、猪木氏は御機嫌だった。「オクチャーブリ第二ホテル」に戻って、ウオトカの杯を傾けながら、猪木氏が述べた。

「ヤナーエフはなかなかの人物だね。腹にイチモツ持っているよ。ただ、ゴルバチョフとはしっくりいっているという感じじゃないな。ヤナーエフはバカーチンを嫌っているよ」

「先生、私もそう思います。保守派にも人気のあるルイシコフが大統領になるよりは、エリツィンが大統領になった方が、まだマシだと考えているのでしょう」

「これからゴルバチョフとヤナーエフの間で抗争が起きるね。一枚岩じゃない感じがする。ところで、佐藤さん、これからあのペテン師たちが来るんだけれど、少しとっちめてやりたい。ウオトカであいつらを叩《たた》き潰《つぶ》してやろうと思うのだが、協力してくれないか」

猪木氏が「ペテン師」と呼んだのは、「科学産業協会」という怪しげな財団を主宰するビクトル・ボイチェフスキー教授のことだ。モスクワ国立大学教授の資格をもっているが、大学で教鞭《きょうべん》はとらず、韓国や日本とのロビー作りに腐心している。

今回、このルートで猪木氏は訪問したが、まともな会見を取り付けることができなかった。唯一《ゆいいつ》の成果といえば、ボイチェフスキーの古くからの友人だというブレジネフ元ソ連共産党書記長の孫息子の別荘に連れて行かれたことくらいだった。

熊《くま》や鹿《しか》の首から上の剝製《はくせい》が壁一杯に打ち付けられたログハウスで、ブレジネフの孫やボイチェフスキーはウオトカと山海の珍味を勧め、サウナに入って一緒に遊ぼうと誘ったが、猪木氏は「疲れた」と言って、三十分もせずに中座した。帰りの車の中で猪木氏は、「佐藤さん、あいつらは俺がレスラーだからいい加減な対応をしても誤魔化すことができると思っているんじゃないか」と悔しそうにつぶやいた。

「オクチャーブリ第二ホテル」のレストランには個室がある。大きなテーブル一面に並べられたシャンペンやキャビア、イクラ、チョウザメの薫製やローストビーフ、生のキュウリやトマト、さらにキノコのマリネなどを前に、ボイチェフスキーがウオトカを注ぎ、乾杯の音頭を唱える。

「今回は、われわれはあえて黒衣《くろこ》に徹しましたが、猪木先生がヤナーエフ副大統領と会見することができ、とてもうれしく思います。猪木先生のこれからの御発展をお祈りして乾杯します」

全員がショットグラスのウオトカを飲み干した。猪木氏が立ち上がり、答礼のスピーチをした。

「どうもありがとうございます。皆さんのような人とはなかなかお目にかかれません。今回はいろいろよい勉強になりました。ショットグラスのような小さいグラスでウオトカを飲んでも思い出にならないので、このコップで飲みましょう」

そう言って、猪木氏はロシア・クリスタルの水飲みコップをとって、全員に二〇〇cc

以上のウオトカを注いだ。

「正直な人たちのために乾杯」

猪木氏と私は一気にウオトカを飲み干した。ボイチェフスキーらロシア人たちは眼を丸くしたが、続いてウオトカを飲み干した。猪木氏は「佐藤さん、乾杯の音頭《おんど》をとって」と言った。私は全員のコップにまた二〇〇cc以上のウオトカを注いで乾杯の音頭をとる。

「世界平和の実現と我が家のシベリア雄猫チーコの尻尾《しっぽ》のために乾杯」

異常な乾杯の音頭にロシア人たちが一瞬たじろいだ。猪木氏と私はウオトカを飲み干したが、ボイチェフスキーは口を少しだけつけ、飲まない。

私は、「あんた、猪木先生が飲み干したのに失礼じゃないか」と言って、一気飲みを強要した。三分も経《た》たない内に一人約一本のウオトカを飲んだことになる。急性アルコール中毒にならないのが不思議なくらいだ。ロシア人たちも無理してウオトカを飲み干した。酔いが脳髄に回ってくる。身体《からだ》が宙に浮いたような感じになる。そこでさらに私が全員に二〇〇ccずつウオトカを注ぎ、呂律《ろれつ》が回らなくなった猪木氏が乾杯の音頭を取る。

「よくもナメたまねをしてくれたな。本物の日本人と本物のロシア人の友好のために乾杯」

ボイチェフスキーたちはウオトカに少しだけ口をつけ、「もう勘弁して欲しい」と泣き言を言い始めた。私は容赦せずに「勘弁ならない。ブンデルシャフトをしよう」と提案した。

ブンデルシャフトとは右腕を交互に組み合わせ、グラスの酒類を一気飲みし、その後、三回キスをするという親愛の情を示すときのロシア独特の酒の飲み方だ。これを断ると「お前とは友だちになりたくない」ということと受けとられる。

ボイチェフスキーは私と腕を組み合わせ、コップのウオトカを飲み干した。耳許《みみもと》で私が囁《ささや》いた。

「ビクトル（ボイチェフスキーの名）、お前はいったい何者だ。PGU（ペー・ゲー・ウー、対外諜報《ちょうほう》を担当するKGB第一総局）かそれともGRU（軍諜報総局）か。出自を明らかにしろ」

「ミーシャ、俺は外務省に出向している学者だよ。諜報じゃないよ」

「それなら、証拠を見せてみろ」

ボイチェフスキーは、胸の内ポケットから緑色のソ連政府の外交旅券を取り出して私と猪木氏に見せた。そこには「在朝鮮民主主義人民共和国（ピョンヤン市）ソビエト社会主義共和国連邦大使館参事官」という官職が記されていた。

猪木氏は、ボイチェフスキーが用意した車を断り、私が乗ってきた日本大使館の車でシェレメチェボ第二空港に向かった。車に乗った途端、私は気を失い、猪木氏に頰を軽く叩かれて目を覚ました時には車は空港に着いていた。

猪木氏をVIPルームから送り出し、家に帰って、ベッドに倒れ込んだ。翌朝、二日酔いで、身体が鉛のように重かったが、定刻通り九時半に大使館に着いた。机の上にファックスが置いてあった。猪木氏の直筆で「佐藤さんの身体を張ったアテンドでとても有意義な旅になりました。どうもありがとうございます」と記されていた。

その後、二、三年かけて私はボイチェフスキーの正体を調べたが、モスクワ国立大学付属アジア・アフリカ研究所の朝鮮語学科を優秀な成績で卒業し、モスクワ大学に就職したことは確かだったが、インテリジェンスを装《よそお》った野心家の学者なのか、少々脇《わき》は甘いが、ビジネスの世界への転身を図る諜報機関員なのか、最後まで見極めがつかなかった。

いずれにせよ、猪木氏とともにヤナーエフ副大統領に会い、ゴルバチョフとの温度差を体感したことは、その後私が情勢を分析する上で大いに役に立った。

良心派党官僚の苦悩

私はヤナーエフ副大統領と会ったときに受けた印象をシュベードに話した。

「マサルの受けた印象は正しい。ゴルバチョフとヤナーエフの関係は温度差では済まないくらいに広がっている。今回のロシア大統領選挙を見てみろ。ゴルバチョフはルイシコフ（前ソ連首相）を当選させたくないんだ。かといってエリツィンを推すことはできない。そこでバカーチンを候補にした。バカーチンはゴルバチョフの命令は断れないので、イヤイヤ選挙運動をやっている。当選する可能性は一〇〇％ない。そもそも、ルイシコフが当選する可能性もない。時代はエリツィンになびいている。この流れをとどめる方法はただ一つ、力を行使することなんだけど、それももう無理だ」

九〇年の秋からはシュベードは、ほぼ毎週のようにモスクワに出てきていた。

「ソ連共産党中央委員会の党官僚と話しているよりも、日本の官僚と話している方が楽しい」と言って、よく二人で遊び歩いた。九〇年になるとモスクワの到《いた》る処《ところ》に協同組合（コーペラチブ）のレストランが続々と開店した。協同組合という名称になっていても、実際には外国人と手を組んだ合弁で、本格的なイタリアンや中華料理、あるいは帝政ロシア時代の伝統的料理が復活するようになった。私はそういうモスクワの新しいスポットにシュベードを誘う。一方、シュベードは共産党中央委員会関係者専用のホテルやレストランに私を案内してくれたので、私は他の外交官がほとんど知らないような政界や官界のいろいろな裏事情に詳しくなった。

例えば、ソ連外務省の裏側にソ連共産党中央委員会が経営する「オクチャーブリ第一ホテル」というスターリン時代に建てられたホテルがある。ちなみに本書に何回か「オクチャーブリ第二ホテル」という名前が出てきたが、フィンランドの建設会社によって建てられたこの第二ホテルと第一ホテルとは全く別のものである。「オクチャーブリ第一ホテル」は床全体に赤絨毯《あかじゅうたん》が敷き詰められている。このホテルのレストランで用いられているガラス類はボヘミア・グラスを模したロシア・クリスタルで、格調高く重厚なものだ。また、ワインも充実していて、グルジアから直送された「キンズマラウリ」や「フバンチカラ」という名の赤ワインがある。完熟した甘いブドウから作るので、ワイン自体の糖度がデザートワインのように高く、串《くし》焼き肉（シャシリック）となかなかよくあう。

赤ワインの色が、静脈からとった献血用の血液のように少し濁っている。スターリンはかつての同志を銃殺した晩に必ず宴会を開いて「いい奴《やつ》だったのになぁ」と言って、粛清した同志を偲《しの》んで「キンズマラウリ」か「フバンチカラ」で乾杯したという伝説がある。

私はレストランのフロアマネージャーと親しくなり、ワイン貯蔵庫からスターリン銘柄のワインを分けてもらうようなルートを作った。日本からお客さんが来た時に、一般の高級レストランに行って、いくらカネを積んでも、この赤ワインだけは手に入らなかったので、私が便宜供与をするときの大きな武器になった。

また「オクチャーブリ第一ホテル」には小さな書籍のキオスクがあるのだが、ここが情報の宝庫だった。最初、私はこの売店に関心を示さなかったが、あるときシュベードが、電話帳を指さして、「マサル、これは手に入れておいた方がいい」と教えてくれた。それは、クレムリン、ソ連共産党中央委員会、ソ連政府、ソ連最高会議の執務用電話帳だった。部内用ではなく一応値段がついている。

ソ連時代、要人の連絡先に関する情報を入手するのは至難の業だった。電話帳を一般書店で購入することは不可能で、電報電話局にも備え付けられていなかった。このキオスクで入手した電話帳をもとに私は日本のジャーナリストや他国の外交官に対してソ連要人の連絡先に関する情報を提供したが、これはたいへん感謝された。多くの人に「なぜ佐藤は表に出ていない要人の連絡先を知っているのだろうか」と不思議に思われたが、種明かしは簡単で、電話帳を持っていたからである。

さらにこのキオスクでは、モスクワの小さな通りの名称まで正確に記された地図も販売されていた。ソ連時代、モスクワの地図はＫＧＢ施設や軍事産業関連施設を隠していたので、どれも曖昧《あいまい》だったが、ソ連共産党中央委員会やソ連政府に勤務する運転手が使用するための正確な地図をこの売店では購入することができた。

秘密文書ではないが、一般に広く公開されていない文書が情報収集の上で役に立つことを私はシュベードから教えられた。

当時、リトアニア共産党はソ連派と独立派に分裂していた。リトアニア人党員の八割は独立派に所属していた。独立派共産党のブラザウスカス第一書記に対するゴルバチョフ・ソ連大統領の信任は厚かったが、最終段階でブラザウスカスはリトアニアのソ連からの分離独立という路線に踏み切った。

ソ連派共産党の正式名称は、リトアニア・ソビエト社会主義共和国共産党［ソ連共産党政治綱領に立脚］だったが、この党に結集したリトアニア人共産党員は硬直したスターリン主義者がほとんどだった。特にブロキャビチュス第一書記は、思考の柔軟性がなく、陰険な人物で、国民から嫌われていた。シュベードはこのソ連派共産党の第二書記を務めていたが、事実上はソ連派共産党の指導者とみなされていた。

九〇年秋のある晩、私はシュベードに呼ばれ、「オクチャーブリ第二ホテル」のロビーで待っていたが、二時間以上経っても現れない。もっともロシアの要人と待ち合わせて、二、三時間くらい待たされることは、珍しくない。こういうときに何時間も待っていると「貸し」になり、今後、頼み事がしやすくなるので、私はいつも鞄《かばん》に本を入れて、何時間でも待つというスタイルをとっていた。

ホテルのレストランは午後九時に閉まるので、八時過ぎに私は二階の食堂に移って食事をとっていると、後からブロキャビチュス・ソ連共産党政治局員兼リトアニア共産党第一書記が入ってきた。私はブロキャビチュスに近寄り、自己紹介し、名刺を渡した。ブロキャビチュスも私に名刺をくれた。

私は、「シュベード第二書記を待っているのだが、お忙しいようで、まだ来られないので、失礼ながら先に食事を済ませることにした」と言った。

「外国人のお客さんを長時間待たせるのはよくないですね」

「こちらが無理を言って、時間を作ってもらっているのですから、文句は何もありません」

「御配慮に感謝します。リトアニアと日本の関係が深まることを私も望んでいます。何かあったら遠慮なくシュベード同志や私に連絡してください」

「わかりました。温かいお言葉に感謝します」

それは外交官として、ごく普通のやりとりだった。

シュベードは午後十一時過ぎにホテルにやって来た。その日は会議が長引いたということで、少し意見交換をしただけで、別れた。

翌日の夕方、シュベードから大使館に電話がかかってきた。夕食を「オクチャーブリ第二ホテル」以外の場所でとりたいという。私は「メジュドナロードナヤ・ホテル」の日本レストラン「サクラ」を指定した。

「マサル、昨日、ブロキャビチュスに何を話したんだ」

私はブロキャビチュスとのやりとりを正確に話した。

「ブラード、何か問題があるのかい」

「いや、マサルの方に問題はないんだが、今日、リトアニア共産党関係者との会合で、ブロキャビチュスが階級的警戒心を高めよという演説を延々としていた。ソ連共産党中央委員会の施設である『オクチャーブリ第二ホテル』に日本の諜報機関員が自由に出入りしている。西側の工作員に手引きをするような脇の甘い者がわが党にいるようなことがあってはならないと声高に言っていたので、昨日、マサルがブロキャビチュスと話をしたのではないかと思ったんだ」

「ブラードに迷惑をかけたかい」

「それは全然心配ない。ただし、ソ連共産党幹部にはいまだに物事をステロタイプでしか理解できない連中が多くいることは覚えていた方がいい」

九〇年の秋が深まるにつれて、シュベードの酒量が増えてきた。シュベードはアルコールは、ウオトカ、コニャック、ワイン、日本酒、ビールのどれでもいける口である。ロシア人としては標準よりも少し酒が強く、一人で五〇〇ミリリットルのウオトカ二本が適量だ。ただし、いくら酒を飲んでも絶対に乱れない。十一月末のある日、ウオトカを二人で五本くらい飲んだ後でシュベードが珍しく夜遊びに行きたいと言い出した。

「マサル、『レニングラード・ホテル』にカジノができたという話を聞いたんだけれど、一度、覗《のぞ》いてみたい」

「レニングラード・ホテル」は、モスクワ北部の三つのターミナル駅が集まった、あまり治安のよくない地域にある。ホテルの建物は、モスクワ国立大学と同様に「スターリンゴシック」と呼ばれる摩天楼だ。このホテルのレストランは、鶏肉《とりにく》と牛肉とキノコのメンチカツ「レニングラード風カツレツ」がおいしいので何回か行ったが、カジノができたというのは初耳だった。

ホテルに着くと、雪が少し積もった玄関でタキシードを着た執事が出迎える。いつの間にかスターリンゴシックの建物は本格的なカジノになっていた。ソ連人は入場できないという建前になっていたが、そこはチップを少し握らせて、シュベードも中に入れてもらった。

ルーレットが六台あり、その他はブラックジャックを何カ所かでやっていたが、シュベードはルーレットをやってみたいというので、制限額がもっとも小さいところにいった。赤チップが二十セント、黒チップが一ドルだ。シュベードはドルをもっていないので、二十ドルほどチップを買って渡した。

ビギナーズラックか、その日、シュベードは百ドル以上勝った。私は種銭の二十ドルだけを戻してもらい、シュベードは残りのドルを、ホテルのレストランのボーイと闇《やみ》レートで両替した。当時の物価水準では彼の給与三カ月以上に相当する額だ。シュベードは上機嫌で、その後、私たちは「戦勝祝い」で、「オクチャーブリ第二ホテル」のシュベードの部屋で祝杯をあげた。

シュベードの部屋は、スーパー・スイートで広さ八十平米ほど、寝室、居間兼食堂の他、会議室がある。地方在住のソ連共産党幹部用に作られた部屋だ。普段、シュベードは盗聴を警戒して、政権批判になるような話はしなかったが、この日は酔いと「戦勝気分」のせいか、率直な話になった。

「ゴルバチョフはカスだ。エリツィンは権力の亡者《もうじゃ》だ。この国は腐り切っている。国民も腐り切っている。俺も腐っている」

「ブラード、一体、どうしたんだい。仕事で何かあったのか」

「仕事、俺は何か仕事をしているのだろうか。今日、カジノでいくら勝った」

「百ドルだ」

「俺が朝から晩まで働いていくらになる」

「……」

「ソ連国家は俺に給料を払っている振りをする。俺は仕事をしている振りをする。共産党の会議で何を話しても社会は変わらない。党も嘘《うそ》をつくし、政府も嘘をつくし、国民も嘘をつく。ソ連は分裂する。もしかしたら、ソ連はアメリカとドイツの植民地になる。

今日のカジノだって、資本はオーストリアだ。オーストリア人もフリッツだ」

ロシア人がドイツ人を蔑視《べっし》するときに「フリッツ」という。アメ公とかロスケというようなニュアンスなので、さしずめ「ドイツ野郎」といったところだろうか。

「一体、どうしたんだい。フリッツって言い出すなんて」

「ゴルバチョフはフリッツの言いなりだ。ソ連はドイツの草刈り場になる。東欧を失った、その謀議はこのホテルで行なわれたんだ」

確かにドイツ統一に関する「二（東西ドイツ）＋四（米英仏ソ）」会議の会場は「オクチャーブリ第二ホテル」だった。

「マサル、この流れは止まらない。沿バルトもウクライナもモルダビアもソ連からもぎ取られる。日本がソ連からクリル諸島をもぎ取るいいチャンスが来るぞ」

「ブラード、今日はもうこれくらいにしよう」

私は午前二時過ぎにホテルを去った。ソ連共産党中央委員会で深刻な路線闘争が行なわれていることは、今日のシュベードの雰囲気でわかった。しかし、それが何であるかを私が知るのは、それから二カ月後のことだった。

シュベードとカジノに行ってから二、三日後、サーシャ・カザコフがリガから私を訪ねてきた。私はシュベードとのやりとりをサーシャに話して、彼の見立てを聞いた。

「シュベードに一種の自己破壊衝動が起きている。マサル、西側の外交官からドルをもらって、それで博打《ばくち》をして、しかも闇両替で一儲《ひともう》けしたなどという話は大スキャンダルだ。KGBはマサルの動きは逐一観察しているので、シュベードとのカジノ行きについてもルビヤンカ（KGB本部）に報告書が上げられていると思う。ソ連共産党中央委員会が内側から壊れ始めているんだ。いい話じゃないか」

「シュベードが可哀想《かわいそう》じゃないか。あいつなりにソ連国家や国民のことを心配している」

「そんなのは党官僚として当たり前のことだ。もっとも、そういう真面目《まじめ》な党官僚は腐敗した連中よりも質《たち》が悪い」

「どうしてだい」

「共産主義が悪そのものだということが見えにくくなってしまう。ソ連は一日も早く解体されるべきだ。その方が国民が受ける被害も少なくなる。シュベードのような奴がいるから、ソ連体制改革の幻想から国民が目を覚まさないんだ」

「少し物の見方がシニカル（冷笑的）過ぎるのではないのか」

「そんなことないよ。これでも甘いくらいだ」

「しかし、サユジス（リトアニア民族運動）の連中と比べるとシュベードの方が人間的品性はずっといい」

「人間的品性は本質的な問題じゃない。誰がソ連を壊すのにいちばん効果的な役割を果たすかということだ。ゴルバチョフのような本質的な馬鹿者《ばかもの》や視野の狭い沿バルト三国の民族主義者が最高の役者なんだ。もっと頑張ってもらわなくては。今は徹底的な破壊を考えることだよ」

「サーシャと話をしているとレーニンを思い出す。レーニンは、ソ連政権にとって有害なのは正義感が強い改革派の神父だと言った。そういう神父がいると宗教の反動性がわかりにくくなってしまうので、むしろ少女を誘惑するような猥褻坊主《わいせつぼうず》の方がいいといったよね」

「その通りだ。だから以前にも言っただろう。僕たちはレーニンを逆用するのだと。レーニンこそが悪の大天才だよ」

第八章　亡国の罠《わな》

極限状況の生と性

一九九一年一月十三日未明、リトアニア共和国の首都ビリニュスのテレビ塔周辺で、独立派系住民とソ連軍が衝突し、十四名が死亡し、負傷者は百四十四名に及んだ。十三日未明、私は電話で叩《たた》き起こされた。それは、タス通信の記者からの「ビリニュスでソ連軍とサユジス（リトアニア民族運動）活動家の間で銃撃戦が発生し、複数の死者が発生した」という情報だった。

モスクワ時代、私は数名の記者と親しくして、二十四時間いつでも情報を伝えてもらえる態勢を作っていた。書面での契約を結ぶなどという煩《わずら》わしいことはしない。ソ連人には出入りできない外貨レストランやバーで食事をしたり、カセットテープや小型レコーダーのようなジャーナリストにとっての必要機材を「友情の徴《しるし》」として贈るだけで、様々な情報を入手することができた。重要なのは、相手に警戒心を起こさせないことだ。

「私は秘密情報には関心がありません。何か大きな事件が起きたときの第一報、あるいはプロの皆さんから見て重要と思う新聞や雑誌の記事、テレビやラジオの報道があったら教えて欲しいのです」

こう頼んでおけば、公開情報とともに秘密情報も自《おの》ずから入ってくるようになる。特にソ連国営タス通信社（現ロシア国営イタル・タス通信社）には情報が集まってくるので、タス通信記者との関係は重要だった。

早速、ビリニュスのリトアニア外務省に電話をかけると、知り合いの外交官が出た。

「サトウさん、衝突が起きて、死傷者が発生したのは事実です。しかし、正確な情報がわからない。お願いがあります。モスクワや西側でこの件についてどのような報道がなされているかを教えてください」

在モスクワリトアニア全権代表部の友人ライモンダス・ユラビチウス参事官にも連絡した。サーシャの友人のラトビア人民戦線活動家の紹介で私はライモンダスと知り合ったが、波長が合うので、ときどき飲み歩いていた。

「マサル、助けが必要だ」

「何をしたらいいのか」

「まずは正確な情報だ。ゴルバチョフが報道管制を敷いている。現地には外国人記者が入っているから、どのような報道をしているかを教えて欲しい」

「わかった。できるだけのことをする」

その後、二日間、私は大使館に泊まり込み、一、二時間に一回、ビリニュスのリトアニア外務省とモスクワのリトアニア全権代表部に電話をして、欧米や日本の報道について連絡した。後にリトアニア政府から私の行動はとても感謝されることになる。

「他に何ができるか」

「リスクが伴うのだが、ひとつ頼みがある」

「何だい」

「毎日一回、常設代表部に顔を出してもらえないだろうか。さっきからKGBの車が張り付いて人の出入りを厳重に監視している」

「あなたたちが逮捕される危険性があるのか」

「わからない。今度は奴《やつ》らも本気だから、逮捕されるかもしれない。ただし、あいつらは西側の眼を気にしている。そこでマサルに毎日こっちに顔を出してもらえば、牽制《けんせい》になる」

「わかった」

リトアニア全権代表部は日本大使館から徒歩十分のところにあり、途中に「ドム・クニーギ(本の家)」という大きな本屋があるので、いつもは散歩を兼ねて徒歩で訪ねていくのだが、あえて日本の外交官が訪ねていることが明らかになるように、私は「D005−340」のマークがついた私の私用車、白色の日産パルサーで訪ねた。「D00

5」とは日本大使館員を意味する番号だ。私は当初その約束を二回しか守ることができなかった。なぜなら三日目にビリニュスを訪れたからである。ビリニュスから戻った後、二週間近く全権代表部通いを続けたが、KGBの見張り車がなくなったところでこの通勤をやめた。

十三日の午前七時になるのを待って、私はリトアニアのシュベードの自宅に電話をした。情勢について聞きたいと切り出したら、シュベードは「電話で話す話題じゃない。今晩、モスクワに行く。夜遅くにでも会わないか」と応《こた》えた。私は「必ず電話をしてくれ」と言って受話器を置いた。

その日の夜遅く、妻から大使館に電話がかかってきた。シュベードとおぼしき人物から、午後十一時にいつものホテルに来てくれという電話があったということだった。シュベードは明らかに盗聴を警戒して、大使館に直接電話をかけることを避けている。私の家にも公衆電話から連絡してきたのだろう。私も少し緊張感を覚えた。

午後十一時少し前にホテルに着いた。ロビーは電気が消され薄暗くなっていた。十一時ちょうどにシュベードがエレベーターから降りてきた。シュベードは笑っていたが精気がない。

「ブラード、ビリニュスに入って現地で情報を収集したい。いい知恵を貸して欲しい」

当時、ソ連政府は沿バルト三国への外国人の立ち入りを禁止していた。「沿バルト三国では家族争議が起きているので、よその家の人たちは干渉しないで欲しい」というのがその理由だった。私が提出したリガやビリニュスへの旅行届もソ連外務省から「その旅行は登録できない」と却下された。もちろん航空券や鉄道切符の外国人への販売も禁止されていた。

しかし、現地には日本人記者を含む多くの外国人記者が入っていた。当時、既にポーランドは共産圏から離脱していたので、ポーランドから陸路でリトアニアに入る。もしくは、フィンランドから海路でエストニアに入り、それから陸路でリトアニアに至ることができたのである。ソ連邦の国境管理はKGBが行なっていたが、九一年一月時点で、ポーランド・リトアニア間の国境に関してKGBの係官は国境管理事務所にただ立っているだけで、実質的な国境管理業務を放棄していた。仮にKGB係官が外国人の入国を実力で阻止しようとしたら、リトアニアの民族主義者と流血の騒ぎになったであろう。民族主義の力にKGBが怯《おび》えはじめていたのだ。

ビリニュスにモスクワ駐在の日本人記者が何人か潜入していると、私はにらんでいた。しかし、ビリニュス発で記事を書くとソ連当局を刺激し、反ソ活動を理由に記者登録が取り消されるかもしれない。そこで、実際の取材はロシア語に堪能《たんのう》で現地事情に通暁《つうぎょう》している モスクワ特派員が行なうものの、ドイツなどヨーロッパの支局からビリニュスに派遣した特派員の署名で記事を発表するという工夫をしていた。

「ブラード、政治経済事情調査ということでは沿バルト三国への旅行は許可されないだろうね」

「まず無理だと思う」

「そこで、現地に日本人記者がいるので、彼らの消息の確認と国外への避難を勧告するという口実で旅行を申請したら許可されるだろうか」

「マサル、それはうまい考えだ。ソ連外務省も邦人保護で領事が訪問することならば拒否できない。旅行申請には、三等書記官とだけではなく三等書記官兼領事と書いておけ」

翌日、ロシア外務省に邦人保護を理由にビリニュス行きを申請したら、直ちに許可が下りた。後に他の欧米大使館の政務担当書記たちと意見交換した際に他国の外交官たちは正直に「政治経済事情調査」とか「現地事情調査」と書いたため、旅行申請を却下されたと悔しがっていた。

私としても看板に全面的な偽りがあってはならないと考え、領事部の担当官とともにビリニュスに赴いた。その担当官をリトアニア外務省の領事部長に紹介し、私は旧知のリトアニア外務省の若手外交官と行動を共にした。

この外交官はリトアニア共産青年同盟の活動家だったが、八九年にサユジスの活動家になり、ランズベルギス最高会議（セイマ）議長の信任が厚かった。私より少し年上で、身長は一七五センチくらい、黒いあごひげを生やしている。英語が上手で聡明《そうめい》な男だったが、出世したいという強烈な野心をもっており、実際、リトアニア独立後は大使となった。

ビリニュスの空港であごひげ外交官が待っていた。早速、独立派が籠城《ろうじょう》している最高会議建物に連れて行かれた。

最高会議建物の周囲には、机、鉄杭《てつくい》、鉄柵《てつさく》、有刺鉄線でバリケードが作られている。有刺鉄線に赤い表紙のノートや、写真のついた証明書が数百、否《いな》、数千と突き刺さっている。そばに寄ってよく見てみると共産党員証（パルチンヌィー・ビレート）だ。ソ連社会でのエリートの象徴であった党員証が串刺《くしざ》しになっているのを見て、沿バルト諸国ではソ連時代が既に終焉《しゅうえん》していることを実感した。

最高会議建物の正面玄関は封鎖され、横の通用門が一カ所だけ開いていた。その入口にカラシュニコフ銃をもった数人の民兵が立って、警備を固めていた。彼らはみな黄色・緑・赤の三色旗と馬に乗った聖ゲオルギーが龍《りゅう》を退治している記章をつけていたが、これはソ連併合前のリトアニア共和国の国章である。通用門の先にはバリケードが築かれ、建物までジグザグに曲がりくねった通路が作られている。その光景は私に大学時代を思い出させた。

私は京都の同志社大学神学部に一九七九年に入学した。東京では学園紛争の嵐《あらし》はとっくの昔に去っていたが、当時の京都ではまだその余韻がくすぶっていた。七九年度の期末試験は「赤いヘルメット」を被《かぶ》った学友会による全学バリケード・ストライキで潰《つぶ》れ、八二年の期末試験は大学側の全学ロックアウトで中止となった。最高会議建物のバリケードを見たとき、その作りが烏丸上立売《からすまかみだちうり》通りの同志社学生会館のバリケードによく似た構造だったので、私は一瞬、不思議な既視感に包まれたのである。

学生が作ったバリケードを日本の機動隊はものの三十分で解体してしまうのが常だった。ましてやここでは取り囲んでいるのはソ連正規軍だ。その気になれば、最高会議のバリケードを突破することもできただろう。ただし、独立派はカラシュニコフ銃や火炎瓶、手榴弾《しゅりゅうだん》くらいはもっている。もしかすると軽機関銃や対戦車砲くらいは隠しているかもしれない。いずれにせよ、武力衝突が勃発《ぼっぱつ》すれば、多数の死傷者が出ることだけは確実だ。バリケードから建物の中に入ると、にわかに異様な緊張感を覚えた。

最高会議の議場に入ると、何人か顔見知りの議員がいたので挨拶《あいさつ》をした。どの議員が独立派でどの議員がソ連維持派かは基本的に胸の議員バッジですぐにわかる。独立派の議員は三色旗の議員バッジをつけているのに対して、ソ連維持派の議員は、赤旗にハンマーと鎌《かま》が交差した議員バッジをつけている。独立派、ソ連維持派の一種の停戦協定で、議員個人の判断でどちらかのバッジを選ぶことができるようにしたのである。そこで思い出したのは、シュベードはソ連維持派なのに三色旗の議員バッジをつけていたことだ。今までは気にしなかったが、それはシュベードの微妙な立ち位置を象徴していたと言えよう。

あごひげ外交官は沈着冷静な男であるが、今回は少し興奮し、また全身に緊張と疲労が現れていた。

「サトウさん、最近、モスクワでシュベードと会ったか」

あごひげ外交官から質問をしてきた。

「昨日会った」

「われわれは今回の事件のシナリオを描いたのはシュベードだと考えている。ブロキャビチュスらリトアニアのソ連派共産党幹部にはソ連軍を動かす力はない。モスクワの意向を体現してシュベードが動いたに違いない。サトウさんはどう見ているか」

「正直に言うけれど、よくわからない。ただし、シュベードはシュベードなりにリトアニアの未来を真面目《まじめ》に考えていると思う」

「そう。その真面目さが問題なんだ。真面目な共産主義者は狂人だ。狂人は何をしでかすかわからない。サトウさんは今回シュベードの一味と会うのか」

「紹介状をもらっている」

「向こう側の様子について、教えてもらえないだろうか」

「考えてみる」

その後、ソ連軍と市民の衝突があったテレビ塔に私は花束を捧《ささ》げに行った。既に花が山積みになり、その高さは二メートルを超えていた。

その夜、私は再びあごひげ外交官とともに最高会議建物に入った。ランズベルギス議長にひとこと挨拶をしないかと言われたからだ。議長執務室の前はジャーナリストや面会希望者であふれかえっていたが、あごひげ外交官は私の手を引き、会談の中に割り込んで、議長と引き合わせてくれた。

ランズベルギス議長の目は疲れのせいか充血していた。私に英語で「日本人のリトアニア人への友情に感謝する」と述《の》べた。

議長執務室に向かうときは気が急《せ》いていたためか気付かなかったが、至るところにガスマスクを詰めた箱が置いてある。あごひげ外交官に理由を尋ねると、ソ連軍が突入するときは、恐らく運動機能が麻痺《まひ》する毒ガスを撃ち込んでくるので、それに対処するためにガスマスクを持ち込んだのだという。

「サトウさん、僕はこれから突発事態が起きるのではないかと心配している。籠城時間が長くなるにつれて、人々は心理的に追い込まれてくる。今も『××時にソ連軍が突入してくる』というデマが一日に何回か流れて人々が興奮状態になる。今のところ規律が保たれていて、誰もウオトカを飲んでいないが、緊張に耐えられなくなって酒に逃げる人間が出てくると危険だ」

「最高会議建物に入るときに持ち物検査はしているんだろう」

「している。酒の持ち込みは禁止しているけれど、実際には持ち込まれていると思う。それに最高会議建物のレストランやカフェにも酒がある。これらの酒が消えてしまっている」

ふと、バリケードの隅の暗闇《くらやみ》で何かが動く気配がした。よく見ると、毛布にくるまった男女がセックスをしている。注意深く観察すると、そこここで、毛布や寝袋に入った男女がセックスをしているのがわかった。私が驚いている様子を見て、あごひげ外交官が言った。

「そろそろ緊張が限界に達しているのだよ。緊張が高まると子孫を残したいという本能が刺激されてものすごくセックスをしたくなる」

使者として

夜遅くホテルに戻るとシュベードからの伝言が届いていた。リトアニア共産党中央委員会の電話番号が書いてあり、翌朝九時過ぎにこの番号に電話をすれば幹部会（ビューロー）員が面会するということだった。

ビリニュスで独立派vs.ソ連維持派の緊張は頂点に達していた。ソ連軍が最高会議建物のバリケードを突破して、独立派政府を解散するか、あるいはなし崩し的にリトアニアの独立が認められるかに全世界の関心が集まっていた。

外交官として情報収集に従事する立場にあった私は、独立派、ソ連維持派のどちらの要人とも会う必要があった。個人的心情としては、もちろんリトアニア独立派に対する思い入れがあるし、また友人も多い。しかし、ソ連維持派の中でシュベードのような真面目で聡明な男を知っているので、ソ連維持派はすべて頭の硬い守旧派で、国民の利益を考えていない党官僚だというステロタイプな見方には違和感があった。

ソ連派共産党は西側の外交官やマスコミに対する警戒心と抵抗感が強く、なかなかアクセスできない。翌日、リトアニア共産党幹部と会見できることは情報屋としてとても重要な仕事だが、情勢が緊迫する中で興奮している独立派の友人たちから「独立派の情報をソ連派共産党に流している」と誤解されるのも困る。一晩考え、リトアニア共産党幹部と会うことについて、事前にあごひげ外交官に通報することにした。

翌朝九時に電話をすると、十一時に共産党中央委員会に来るようにということだった。その前にリトアニア外務省に行こうとホテルの玄関を出ようとしたところで、「佐藤さん」と日本語で声をかけられた。

当時、産経新聞のモスクワ支局長を務めていた斎藤勉氏だった。ソ連当局にバレないように、第三国を経由してビリニュスに潜入していたのである。

斎藤氏に、「ソ連派共産党幹部と会うのか」と水を向けられた。私がシュベードやイリインなど共産党守旧派幹部と親しいことを斎藤氏は熟知している。嘘《うそ》をついても仕方がないので「そうです」と答えた。

「独立派にはいくらでもアクセスできるんだが、ソ連派共産党やソ連軍はガードが堅くて一切取材に応じない。細かいことやソースは聞かないから、共産党中央委員会の建物に入ることができたら、中の雰囲気を教えて欲しい」

「必ず連絡します」

そう言うと、私は斎藤氏と別れた。

ホテルの前で白タクを拾って、リトアニア外務省に向かった。あごひげ外交官をはじめリトアニア外務省関係者は全員泊まり込みで仕事をしていた。

あごひげ外交官は私の事前通報に感謝し、「ソ連派共産党とは一切連絡がとれない。奴《やつ》らの真意を知ることが重要なんだ。シュベードの紹介状をもったサトウさんに奴らが露骨な嘘を言うことはないだろう。奴らが何を考えているかを教えて欲しい。僕だけでなく多くのリトアニア人の命がかかっているんだ。頼む」と言われた。

私は「わかった。結果については必ず教える」と答えた。

私は外務省の前に白タクを待たせたままにしていた。白タクに乗り込もうとしたところで、あごひげ外交官に呼び止められた。

「サトウさん、リトアニア外務省の公用車を使いなさい」

「気を遣わなくていいよ。運転手とは一日契約をしているんだ」

「そうじゃない」

あごひげ外交官は小声で言った。

「リトアニアの民族主義者の統制が利《き》かなくなり始めている。ソ連派共産党中央委員会の建物の周りに民族主義者の狙撃手《そげきしゅ》がいるかもしれない。リトアニア独立派政府の公用車に乗っていくならば襲われることはないので、僕の言うことを聞いてくれ」

「わかった。ありがとう」

私は白タクの運転手に「カネは払うから、ホテルの前で待っていてくれ」と指示した。

リトアニア共産党中央委員会の建物の前には、灰色の内務省のバスが停まっていた。二人の民警が入り口を警備していた。彼らの制服はリトアニア独立派政府の民警と同じだが、胸に付けられているのは前述したリトアニア伝統の三色旗ではなく、赤地にハンマーと鎌のソ連内務省の記章だった。

受付に行くと中年の女性が待っていて、私を二階に案内してくれた。建物全体が薄暗く、カーテンを全《すべ》て閉め切っている。廊下を歩いていると印刷物を乗せた台車とすれ違った。印刷物には「リトアニア救国委員会」名でのアピールが記されていた。

会議室に通されてから三十分近くたっても、誰も出てこない。通常、上司が仕事ですぐに会見に応じられない場合、補佐官が相手をしに出てくる。補佐官が出てくることのできない場合でも、紅茶かコーヒー、それにビスケットかチョコレート菓子を出すのが共産党流接待であるが、その日はそれもなかった。どうやら、ソ連派共産党内部はかなり混乱しているようだ。さらに待った後、ようやく四十代前半とおぼしきリトアニア人の幹部会員が出てきた。私は、彼にシュベードから預かった紹介状と名刺を渡した。

「シュベード第二書記同志からサトウマサルさんの話はよく聞いています。何でも率直にお話します」

そうは言ったものの、幹部会員の話はまるで辻褄《つじつま》の合わない内容だった。

リトアニア共産党はソ連軍とは一切連絡をとっていない、救国委員会はリトアニア市民の自発的意志でソ連の一体性を維持するために結成された社会団体で、共産党は一切関与していないという。私は黙って話を聞いていたが、これではまともな情報収集にならないと思い、突っ込んだ質問をぶつけてみた。

「さっき廊下で救国委員会のアピール文が台車で運ばれていくところを目撃しました。共産党の印刷所で刷られたものでしょう。言えないことは言えないで結構です。ただし、事実と異なることは言わないでください。シュベードさんはあなたに会えば真実がわかると言いました」

しばらく気まずい沈黙が続いた。幹部会員は話を続けた。

「嘘をあなたに伝えたつもりはありません。ほんとうにわれわれは何が起きているか知らされていないのです」

「ブロキャビチュス第一書記はモスクワに行って、ソ連共産党政治局で善後策を協議しているのではないですか」

「いいえ、ここにいます」

「信じられない。それならばなぜブロキャビチュスは国民の前に姿を現さないのですか。リトアニア共産党の最高責任者でしょう」

「わたしたちは何が起きているかよくわかっていないのです。これが正直なところです」

「端的に聞きます。ソ連軍は最高会議建物に突入しますか」

「サトウさん、私たちもリトアニア人だ。流血は避けたい。ソ連軍が突入すれば大惨事になる。数千人が死傷するかもしれない。犠牲者はもうたくさんだ。サトウさんは、ランズベルギス最高会議議長にメッセージを伝えることができますか」

「ランズベルギス本人に会うことは難しいと思います。しかし、側近にならばメッセージを伝えることができます」

「それではこう伝えてください。ソ連軍が最高会議建物に突入することは絶対にありません。これから取られる措置の最大限は、最高会議建物への電気とガスを止めることです。それ以上のことはしません」

「誰からのメッセージとして伝えますか。あなたからのメッセージですか」

「私のメッセージでは弱い。シュベード第二書記の了承を得た上で、私が伝えたメッセージであると言ってください」

「わかりました」

会談が終わると、幹部会員は私を別の会議室に連れて行った。そこにはブロキャビチュス第一書記の姿があった。ブロキャビチュスは私に握手を求めてきたが、一見して憔《しよう》悴《すい》しきっているのがわかった。

その後、出口に向かって廊下を歩いているときに、なんで電気を消してカーテンを閉めているのかと案内係の女性に尋ねると、「狙《ねら》撃手が共産党幹部を狙っているという情報があるので用心しているのです」という返事だった。私は聞かなければよかったと思った。共産党中央委員会の建物から出てリトアニア外務省の公用車に乗り込むまで、わずか十数秒ほどだったが、とても緊張したのをおぼえている。

私はすぐにリトアニア外務省に行き、あごひげ外交官にソ連派共産党からのメッセージを伝えた。あごひげ外交官は「その話はランズベルギスに直接伝えた方がいい」と言って、私を最高会議建物に連れて行った。

最高会議建物のバリケードは昨日よりも厚くなり、籠城《ろうじょう》している人々も増えていた。議長執務室の前は黒山の人だかりで、十五分ほど待ってもラチがあかない。あごひげ外交官は、それに業《ごう》を煮やして「これじゃ議長とまとまった時間はとれないから補佐官のところに行こう」と言い出した。私は少し離れた部屋に案内され、そこで補佐官に引き合わされた。あごひげ外交官に伝えたのと同じ内容を正確に繰り返すと、補佐官は「議長に必ず伝える」とだけ答えた。

仕事を終えてホテルに戻ると、ロビーで産経新聞の斎藤氏が待っていた。私はソ連派共産党幹部から聞いた話を要約して「共産党側は最高会議の建物への強行突破は考えていないようだ。ガスと電気を止めることが最大限の措置だと言っていた」と伝えた。

斎藤氏は「その話、使わせてもらってもいいかな」と言うので、私は「日本大使館が情報源でないことを担保してくれれば構わない」と答えた。他の日本や外国の報道機関がソ連軍が最高会議建物に突入するという観測記事を掲載するなかで、産経新聞だけは強行突破はなく、リトアニアの事実上の独立にモスクワは手をつけることができないという内容の見通しを書いた。

実際に、ソ連側は最高会議建物の電気やガスも止めず、独立派の動きを放置した。実を言うと、この時点で、私は自分の伝えたメッセージの重要性を十分に理解していなかった。後でわかったことだが、独立派はソ連軍が強行突破してくることが確実ならば、流血の事態を避けるために最高会議建物の籠城を解くことを考えていたというのだ。そうなれば独立運動はソ連政府の思惑通り力で抑え込まれてしまう可能性があった。ソ連派共産党が軍による強行突破をしないというメッセージは、あの時点で独立派にとって死活的に重要な情報だったのである。

それから一年後、一九九二年一月十三日にリトアニア政府は、リトアニア独立に貢献した外国人六十四名に対する叙勲を発表した。エリツィン・ロシア大統領を筆頭とするそのリストに私の名前が入っていることをイタル・タス通信の報道で知って、一番驚いたのは私自身だった。

私はモスクワの日本大使館関係者に、リトアニアでソ連派と独立派のメッセンジャーの役割を果たしたことを報告しておいたが、それに独立派がとても感謝していたことは伝えなかったので、上司からは「いったい何をしでかしたのか」と逆に詰問《きつもん》される有り様だった。

二九三年にリトアニア首相が訪日した際に、「一月十三日勲章」が日本の外務省側に渡された。当時、モスクワに駐在していた私は、外交行嚢《こうのう》（パウチ）で東京から送られてきたその勲章と証書を、ロシアの地で受領したのだった。そこには「一九九一年一月から九月までの間にリトアニアの自由と独立のために尽力した功績により叙勲する」と記されていた。

梯子《はしご》を外したゴルバチョフ

モスクワに戻ってから、私はシュベードとライモンダスにそれぞれビリニュスの様子について報告した。二人ともソ連軍の最高会議建物突入による流血が避けられたことについて安堵《あんど》していた。彼らと喜びを分かち合えたのは嬉《うれ》しかったが、私はカジノの一件以来、シュベードに何か妙な違和感を感じていた。

「何かを隠している――」

ウオトカを飲んだ機会や一緒に買い物に行った隙《すき》に水を向けてみるのだが、シュベードは口を割らない。私がようやく事の真相をシュベードから聞くことができたのは、一九九一年八月にクーデター未遂事件が起きた一カ月後のことだ。

当時、ゴルバチョフ派は、ソ連が社会民主主義的な主権共和国連邦に改編されて生き残る可能性があると信じていたのに対し、シュベードはもはやソ連の崩壊は必然だと考えていた。そのためシュベードは今後の活動拠点をモスクワに移すか否《いな》かについて慎重に調査していたのである。

九月初めにシュベードが、「アイスト（コウノトリ）」という三十年物のモルドバ産コニャックをもって訪ねてきた。既にソ連共産党中央委員会は活動停止になっていたが、なぜか中央委員会の売店は営業し、旧共産党中央委員相手に高級酒を格安で販売しているということだった。

キュウリのピクルスとサラミソーセージをつまみにこの三十年物のコニャックを二本飲み干したところで、私が質《ただ》したわけでもないのにシュベードの方から話しはじめた。

「マサル、これから話すことは僕の遺言と思って聞いて欲しい」

「遺言などと縁起のよくないことを言うなよ」

「新年早々、秘密の書記局会議があるから出席せよと、ブロキャビチュス第一書記に対して連絡があった。ブロキャビチュスが（ソ連共産党中央委員会が所在する）スターラヤ・プローシャジに行くと、書記局会議は中止になったと伝えられた。しかし、そこでゴルバチョフに呼び込まれた」

「ブラード、書記局会議はほんとうに中止されたのか。それとも初めから計画されていなかったのか」

「僕がその後、調べたところでは、初めから計画されていなかった。ゴルバチョフはブロキャビチュスに沿バルト三国のソ連からの離脱は絶対に認めない、近く沿バルト三国に憲法に基づき非常事態令を導入する、それに備えて救国委員会を組織せよと命じた。ブロキャビチュスはビリニュスに戻ってから、ゴルバチョフの指示に基づき救国委員会を作り、モスクワから任命されてリトアニア大統領になることを夢見た」

「ブラードはどう対応したのか」

「モスクワがリトアニアのソ連残留に向けて本格的に動き出すのは結構なことだが、共産党に対するリトアニア人の支持が全くない状況で、救国委員会を作っても、かえって独立派を利するだけなので、実効性のない冒険には反対するという立場をとった。幹部会の意思がまとまらないうちになし崩し的に救国委員会結成が発表され、その数日後にテレビ塔での流血が起こった」

「あのときのソ連軍の出動はモスクワの指示に基づくものだったか」

「当然だ。ソ連に軍事クーデターの伝統はない。ゴルバチョフの指示なくして、このようなリスクの高い問題で軍が動くことはない。しかし、流血が報じられるとゴルバチョフは『何のことだ。私は知らない』と言った」

「リトアニア共産党は梯子を外されたのか」

「簡単に言えばそういうことだ。ゴルバチョフは、リトアニア人に支持されていないソ連派共産党など、初めから取り引きのための小銭としか考えていない」

「ゴルバチョフは、どうして態度を豹変《ひょうへん》させたのだろうか」

「わからない。西側の反応が厳しかったので怖《お》じ気《け》づいたのだと思う」

「民意で選ばれた独立派政権を軍の力を背景に非常事態令で抑え込んだら、西側が反発するのは当然じゃないか。そんなことも読めなかったのか」

「いや、そうじゃない。ゴルバチョフは、アメリカやドイツの主張を受け入れて東欧を手放したのだから、沿バルト三国を含むソ連領については、モスクワが何をしても西側は黙認するという紳士協定が、暗黙のうちにできていると考えていたのだと思う。しかし、途中でどうもそうじゃないことに気がついた。西側は沿バルト三国の独立支援を本気で考えていることがわかってきたんだ。だから、ゴルバチョフは強硬策を取らなかった。正確に言えば、取らなかったのではなくて、取れなかったんだ。こうした、ゴルバチョフの優柔不断な態度を見て、ヤナーエフやシェイニンはこのままではソ連が壊れ、アメリカやドイツの実質的な植民地になると恐れた。その意味でビリニュス事件は八月のクーデター未遂事件に直結している。マサル、僕が三月末に『ゴルバチョフは訪日しないかもしれない』と言ったことを覚えているか」

「もちろん覚えている」

ゴルバチョフはソ連の国家元首として九一年四月に初めて訪日したが、その一カ月前、シュベードは私に内政上の理由で訪日が中止になるかもしれないという情報を伝えてきた。

「四月に非常事態国家委員会を立ち上げて、ソ連を維持するために全国に非常事態令を敷く計画があったが、エリツインに嗅《か》ぎつかれたために中止した。あのとき中心になったのがシェイニンとヤナーエフで、後ろで絵を描いたのはルキヤノフ（ソ連最高会議議長）だ。ヤナーエフたちは、ゴルバチョフの本心はソ連維持と考えた。しかし、それは大きな間違いだった。ゴルバチョフは自己保身しか考えていなかった。僕にはそのことがビリニュス事件で、すでに見えていた。だから、非常事態国家委員会のクーデター計画とは距離を置いたのだ」

シュベードの話で、ビリニュス事件の驚くべき背景を、思いがけず知ることができた。

それにしても、シュベードはこれから何をしようと考えているのだろうか。なぜ「遺言」などと言い出したのだろうか。

「ブラード、これからどうするつもりだ」

「生き残る。どんな形でも。インナ（夫人）とコーリャ（息子）を守る。それ以外のことは考えない」

「政治はどうするんだい」

「政治からは離れる。僕はもともと技師で、政治とは肌合いが違う」

「しかし、そう言ってもブラードはリトアニアのソ連維持派の中心人物とみなされているだろう。独立派政権から弾圧される可能性もあるんじゃないか」

「こっちが政治的動きをしなければ大丈夫だと思う。ランズベルギスの政権基盤は強い。それにリトアニアではリトアニア人の比率は八〇％で、ロシア人は一〇％にすぎない。しかも、その内二、三％はユダヤ系だ。リトアニア人はロシア人の存在に脅威を感じていない。だから、当面、生きていくことはできると考えている。ベラルーシに知り合いが何人かいるので、家具の輸出業でもやろうと思う。ベラルーシやリトアニアの家具は価格競争力があるので、ドイツで十分に商売ができると思う。ただし、この世界では想定外の事態が起こりうる。そのときにはマサルの助けが欲しい」

「できる限りのことをするよ」

「もし、僕が殺されたり、長期投獄されるようになったときは、インナとコーリャが国外に脱出できるように助けて欲しい。イスラエルからカナダに移住した妹夫婦の住所も見つけ出した。カナダまでの航空運賃は蓄えがあるので大丈夫だ。問題は二人のリトアニアからの出国許可が出るかだ」

「僕に何かできることがあるか」

「マサルは、モスクワのリトアニア大使と親しくしているか」

「ビチュカウスカス大使とも面識があるけれど、いちばん親しいのはユラビチウス参事官だ」

「マサルは二人のほんとうの経歴を知っているか」

「そんな言い方をするところをみると、KGBか」

シュベードは笑って「違う、違う」と言った。

「西側の連中は、怪しげな人物というとすぐにKGBと結びつける。これは一種の症候群だ。あの二人はある意味で、KGBよりもずっと強い影響力をもっている。二人とも前職は検察官だ。ビチュカウスカスは恐らくリトアニアの検事総長になる。僕に何かあったときは、マサルがユラビチウスに働きかけて、インナとコーリャの出国を実現して欲しい」

「わかった。でもそうならないことを祈っているよ」

逃亡者シュベード

シュベードの懸念《けねん》は杞憂《きゆう》ではなかった。一九九三年二月の大統領選挙でランズベルギスが敗北し、リトアニア労働民主党（旧独立派共産党）のブラザウスカスが大統領に当選した。

九三年春のある日、妻から大使館に電話がかかってきた。

「いまインナさんから電話があって、ブラードが逮捕されたということなの」

私は直ちにビリニュスのシュベード邸に連絡した。インナの話では、シュベードは新しいビジネスの拠点をベラルーシ共和国のビテブスクに構え、ビリニュスと頻繁に往復していたが、夕刻、ベラルーシから自宅に着いたところで、リトアニアの秘密警察に国家反逆罪容疑で逮捕された。ただちに弁護士をつけたので、家族との連絡はとれているということだった。

私は、リトアニアの秘密警察が盗聴をしていることを前提に毎日、電話をかけて、「インナ、リトアニアの国家英雄である日本の外交官がこれほど親しくするブラードがリトアニア国家の利益に反することなんかしていないことぐらい、聡明《そうめい》なリトアニア政府の人々もわかっているよ」と毎日言い続けた。

週末に、「観光旅行」という口実でビリニュスに出かけようとも考えたが、インナから「リトアニア当局をあまり刺激しない方がいい」と言われたので、モスクワで様子を見ることにした。

数日経《た》って、シュベードは処分保留で釈放された。ただし、当面の間、リトアニアからの出国が禁止された。しかし、シュベードはそれを無視して、ベラルーシに逃れた。

その後、ブロキャビチュス元リトアニア共産党第一書記とユルモラビチュス元同党幹部会員が逮捕され、政治裁判が始まった。

それから二、三カ月して、シュベードがモスクワにやって来た。逃亡生活で少し疲れた感じだったが、健康そうだったので安心した。当時、ロシア最高会議に議席をもち、依然として強力な内務省人脈を堅持していたソコロフ元ロシア共産党書記が、シュベードの逃亡生活を助けていたのである。

私、シュベード、ソコロフの三人で高級レストラン「スラビャンスキー・バザール」の個室を借り切って、部屋に楽団を入れた大宴会を行なった。酔いがいい調子で回ったところで、ソコロフが質問した。

「いったい何が起きたんだ。なぜビリニュス事件から二年も経ってから逮捕劇が起きたんだ」

「ブラザウスカスだよ。あいつはほんとうにカスだ」

シュベードは、吐き捨てるようにそう答えた。

ブラザウスカスは最初、ゴルバチョフ派でリトアニア共産党第一書記をつとめていた。リトアニア共産党が独立派とソ連派に分裂した際、ブラザウスカスは独立派の党首になり、ソ連崩壊後は労働民主党に党名を変更した。党の路線は西欧型の社会民主主義に近い。

リトアニア共産党中央委員会で勤務していたときから、シュベードはブラザウスカスを個人的によく知っていた。これに対して、独立したリトアニアの初代元首となったランズベルギスはもともと音楽大学学長なので、共産党との関係は薄い。私はシュベードに尋ねた。

「ブラード、ランズベルギスは筋金入りの反共民族主義者だったのに対して、ブラザウスカスは元共産党で、現在は少し宗旨変えをしたといっても社会民主主義者じゃないか。ブラードの考え方もそもそも社会民主主義なのに、なぜリトアニアで左翼政権ができてから、こんな反共政治裁判が起きるんだ」

「マサル、ブラザウスカスは俺たちが余計なことを知っていることを恐れている。ブラザウスカスが、プルンスケネ（ランズベルギス大統領時代の首相）の信用失墜をどうやって図ったかは知っているだろう」

「確か、マスコミでプルンスケネがKGBに協力していたことが明らかになった」

「あの情報をマスコミに流したのはブラザウスカスだ。その話は事実だ。KGBの協力者だという具体的証拠が出てくれば、現在のリトアニアでは政治生命を奪われる」

「しかし、ほとんどの要人がKGBと協力していたんじゃないか。ランズベルギスも協力者だったのではないか」

「ランズベルギスは違う。それは間違いない」

「ブラード、どうして断言できるんだい」

「KGBには精神病院への通院歴がある者を協力者に雇用してはならないという規定がある。ランズベルギスは若い頃から定期的に精神病院に通っていて、入院歴もある。もっとも芸術家の場合、こういった例は珍しくない。僕は第二書記時代にリトアニアの政治家のほとんどの個人ファイルを見た。ブラザウスカスは労働民主党幹部のKGBとの協力関係について、僕から情報が出てくることを恐れている。そこで先手を打って、逮捕した。一旦《いったん》、逮捕されれば、僕が何を言っても国民が信用しないと考えたのだろう」

ソコロフが切り出した。

「僕たちで力を合わせてブラードを守らなくてはならない。リトアニアでの生活には見切りをつけて、ロシアかベラルーシに出た方がいいと思う。マサルはどう考えるか」

「僕も逃げた方がいいと思う。家族は出国できるのか」

「家族は出国できるが、住宅と別荘、自動車が全《すべ》て僕の名義になっているから、売却できない。財産を全て没収されることになると今後の生活が不安だ」

私は少し考えてから、こう提案した。

「リトアニアの検察と取り引きできないだろうか。ユラビチウス参事官とブラードが直接会ってみるのがいいと思う。ユラビチウスもビチュカウスカス大使も人間的には信頼できるし、誠実な人物だ。出来ることは出来る。出来ないことは出来ないと仕分けをはっきりさせておいて、その上で取り引きをすればいいと思う。彼らは約束は守る」

ソコロフは、日本人のように深々と頭を下げてこう言った。

「マサル、それがいちばんいい方法だと思う。ブラードを助けてやってくれ。ブラードやインナやコーリャが路頭に迷うようなことだけはどうしても避けたいんだ。僕はロシアの国会議員だけれど、共産党なので、現在の状況では影響力に限りがある。リトアニア大使館の連中もマサルの頼みならば聞いてくれるだろう」

ソコロフの名前もアレクサンドルなので、愛称はサーシャだ。私は二人の手を握って言った。

「サーシャ、ブラード、できるだけのことをしてみる。こういうときは誠実に話をするのがいちばんだと思う」

私はその足でリトアニア大使館を訪ねようと思ったが、ウオトカを二本近く飲んでいたので、ライモンダス(ユラビチウス参事官)から、酔った上での話と受け止められることを懸念した。それで、翌日、大使館を訪れて話をした。

「マサル、これは結構厄介な話で、僕の一存では決められない。大使の了承とビリニュスの関係者にも話を通しておかなくてはならない。結構、政治的にはデリケートな問題だ」

「何とかシュベードと家族を助けてやりたいんだ。シュベードは僕の友だちだし、それからリトアニア国家とリトアニア民族にとって決して有害な人物とは思わない。ちょっとした歴史の巡り合わせでソ連派共産党に行っただけだ」

「よくわかった。マサルとしてはシュベードをどうしても助けたいんだね」

「そうだ。助けたい」

「わかった。僕も少しだけリスクを負うよ。できるだけのことをしてみる」

この話をしてから二日後にライモンダスから電話があった。

「マサル、シュベードと僕が会うよ。条件は一つだけ。マサルが立ち会うことだ」

「わかった」

私はシュベードと連絡をとって、翌日の午後二時に「サボイ・ホテル」の中二階のバーで会うことにした。

時間より少し早くバーに着いた私とシュベードがジン・トニックを飲みながら待っていると二時丁度にライモンダスがやってきた。二人はリトアニア語で挨拶《あいさつ》し、話し始めたが、途中からライモンダスが「マサルにもわかるようにロシア語で話そう」と言った。二人は冷静に、ときどき笑いを交えながら話していた。ライモンダスが質問し、ブラードが答えるという手順で話は進んだ。友好的会話を装《よそお》っているが、実質的には尋問だ。ロシアの政局動向、エリツィン政権の対バルト政策に対する見立てに関する質問が続いた。これには私もときどき意見を述べて、和気藹々《わきあいあい》と話は進んだ。その中で、シュベードは、ビリニュス事件の前にゴルバチョフがブロキャビチュス第一書記を呼びつけた話も披露した。ジン・トニックやカンパリ・ソーダを各人が五、六杯飲んだところで、ライモンダスは核心に触れる質問をした。

「ブラジスラフ・ニコラエビッチ（シュベードに対する敬称）は、今後、リトアニアで政治活動を続けることを考えていますか」

「政治には関心がありません。政治活動に従事することはありません」

「一度、身辺の整理でビリニュスに戻った後、国外に出て、その後、再びリトアニアに戻る意思がありますか」

少し、沈黙した後にシュベードが答えた。

「ありません」

ライモンダスは、「わかりました。数日以内にサトウマサルさんを通じてメッセージをお伝えします。極力、あなたの意向に沿う形になるようにします」と答えた。

シュベードが先に辞去し、私とライモンダスはアイリッシュ・ウイスキーの「ブラックブッシュ・ミルズ」のロックをダブルでとって、話を続けた。

「マサル、シュベードは彼が必要と考えることを全て述べた。積極的な嘘《うそ》はついていない」

「ライモンダス、ビリニュス事件についてシュベードが述べたことは真実なのだろうか」

「部分的な真実だと思う。あの事件にシュベードはもっと深く関わっている。当時のソ連派共産党で、戦略を組み立てることができるのは彼だけだった。でも、そんなことはどうでもいいじゃないか。僕たちは歴史家ではない。シュベードはリトアニア人にとっては過去の人間だ。何百人も何千人もいる共産党官僚の一人に過ぎない。旧体制の共産党官僚の責任を追及するよりも現在のリトアニアには焦眉《しょうび》の課題がたくさんある」

「だから、シュベードの責任は追及しない」

「そうなる。そのような小人物にかかわっている暇はリトアニア検察にはない。こういう話でどうだろうか」

「ライモンダス、ありがとう」

「マサルに礼を言われる覚えはない。僕は自分の信念に基づいて行動しただけだ」

二日後にライモンダスから、「シュベードがリトアニアに入っても逮捕、拘束されることはない。不動産、自動車の売却も問題なくできる。何か困ったことがあったらいつでもマサルを経由して連絡してくれ」との電話があった。

シュベードはビリニュスに戻り、家と別荘、自動車を売り払い、ベラルーシ東部のビテブスク市に移住した。家具販売業は思ったよりも障害が多く、あきらめざるをえなかったようだ。その代わりにベラルーシの企業家とロシアの政治家、企業家をつなぐコンサルタント業に従事するようになった。

二、三カ月に一回くらいモスクワを訪ねてきたので、ソコロフをはじめとして、旧ソ連共産党幹部で現在は銀行や企業の幹部になっている財界人といっしょに懇談した。シュベードは「政治にはもう関与しない」と言っていたが、ベラルーシの政界、経済界に人脈を張り巡らし、客観的に見ればフィクサーの役割を果たすようになっていった。

当時のベラルーシは、個人に権力が集中する大統領制をとらず、シュシュケービッチ最高会議議長、ケービッチ首相による穏健改革路線が進められていた。この路線はシュベードの信念とも近いので、シュベードはベラルーシに安住の場を見つけたと私は見ていた。しかし、そうではなかった。

九四年にベラルーシにも大統領制が導入され、六月に大統領選挙が行なわれた。その結果、誰もが予測しなかったルカシェンコが当選する。ルカシェンコは国営農場の支配人だったが、九〇年にベラルーシ最高会議議員に当選。九三年には最高会議汚職追及委員会議長に就任し、要人の特権濫用《らんよう》や汚職を暴露し、人気を博した。そういうポピュリズムの波に乗って大統領にまで上りつめたのだった。当選後、ルカシェンコは秘密警察を用いて、野党や少数派に圧迫を加え、民主化に逆行する政策を推進したため、ベラルーシと欧米諸国との関係は急速に悪化した。

九五年三月三十一日に私はモスクワを離れ、日本へ帰国した。三月二十六日に行なわれたお別れパーティーにはシュベードもやってきた。そのときシュベードが、こう述べたのが印象的だった。

「ルカシェンコから大統領府入りしてほしいと誘われているのだけれど、あのポピュリズムはどうしても好きになれない。ジリノフスキーが大統領になったようなものだよ」

日本に帰国した後もシュベードとは年始のカードを交換し続けた。九八年のカードには「息子のコーリャがミンスク国立大学の国際関係学科に入学したので、将来はマサルのような外交官にしたい」と書いてあった。

政治的売春婦

日本に帰国した後も、私はモスクワを頻繁に訪れていた。特に九七年末から北方領土交渉が進捗《しんちょく》する兆《きざ》しが見えてきたので、私はほぼ毎月のようにモスクワ出張を命じられた。

その頃、ソコロフは、エリツィン体制下の新議会、ロシア国家院（下院）議員に当選し、国家院スポーツ観光委員会委員長に就任した。ロシアで議会の委員長は閣僚級の待遇で、情報もよく集まるので、私は二カ月に一回はソコロフと面会した。私はロシア内政に関する情報収集と北方領土問題に関してロシアの政治エリートを日本寄りにするロビー活動に熱中していたので、昔話をする暇がなかった。

一九九九年、ソコロフ家のホームパーティーに呼ばれ、私は久しぶりにドストエフスキー通りにある政治エリートのアパートを訪れた。ちなみに、以前述べたが、ポローシンもこのアパートに住んでいる。シャンペンを空け、密造酒（サマゴン）を飲み、タマーラ夫人のペリメニを御馳走《ごちそう》になったところで、私はふとシュベードのことを思い出し、ソコロフに質問した。

「最近、ブラードの噂《うわさ》を聞かないけど、ビテブスクで元気にやっているのかな。それともミンスクに出てきたのかな」

ソコロフは、少し沈黙した後に答えた。

「モスクワにいるよ」

「エッ、何をしているんだい」

「自民党の副総裁をしている。あいつはジリノフスキーに魂を売った。僕は交際を断った」

普段は温厚で、男たちの話に割り込んでこないタマーラが少し興奮した口調で述べた。

「コーリャが大学生になって、学費が結構かかるようになったの。ミンスク国立大学で勉強させるならば一年に三千ドルはかかるわ。ブラジスラフはこのままだとコーリャを中退させなくてはならなくなると言って、悩んでいたわ。そこで誰かの紹介でジリノフスキーのところに行ったの。性格もすっかり変わってしまったわ」

「サーシャもずっと会っていないのか」

「もう一年以上、顔を見てない。あいつは家族のためといって、結局、カネのために良心を売った。そんなことは家族のためにならないと思う。マサルはロシア共産党第二書記だったイリインのことを覚えているだろう」

「確か二年前に亡《な》くなったよね」

「もう五年になるかな。ブラジスラフはイリインとは全く逆の選択をした。きっとマサルの前に顔を出すこともできないんだよ」

当時、私はロシア自民党選出の国家院議員の数人と親しく付き合っていた。ロシア自由民主党のジリノフスキー総裁は、モスクワ国立大学法学部出身のインテリだ。しかし、反ユダヤ主義、コーカサス少数民族蔑視《べっし》の過激な排外主義的言動で、大衆の支持を得ていた。

「日本人がクリル（北方領土）を欲しがるならば、再び広島に原爆を落としてやる」というのはジリノフスキーの悪名高い発言だ。

ジリノフスキーは、ジャーナリストに「あなたは排外主義的発言ばかりしているけれど、いったい両親は何者だ」と聞かれると、「私の母親はロシア人で父親は法律専門家だ」とユーモアたっぷりに答えた。実はジリノフスキーの父親はユダヤ人なのである。ペレストロイカの時代にジリノフスキーは当初、自民党をユダヤ人政党にしようと考えていた節がある。ロシア革命前、帝政ロシアには「ブント（同盟）」というユダヤ人社会主義政党があった。ソ連時代にも「反シオニスト委員会」という民間団体があったが、これはソ連当局がユダヤ人を糾合するために組織した団体だった。その後、ソ連が反イスラエル政策を放棄した後は、「反シオニスト委員会」のメンバーがイスラエルとの関係改善派になった。

さらに、ソ連共産党が一党独裁制を放棄した後、当局は自分たちが統制可能な野党を創設することを考えた。ソ連自民党も、そもそものために創《つく》られた政党の一つだった。ジリノフスキーはイスラエルと関係を強めようと目論《もくろ》んだが、ユダヤ教の伝統は母系なので父親のみがユダヤ人では、正統なユダヤ人とはみなされない。そこで、ジリノフスキーはそのことを逆手にとって反ユダヤ主義をカードにした。ロシア人のナショナリズムにうったえ、ポピュリズムを基盤とする政治運動を始めたのである。

一方、半分ユダヤ人の血が流れているがために、ジリノフスキーの過激な反ユダヤ主義的言説に対して、ユダヤ人が心底憤慨することはあまりない。「あれは人気取りのための方便だ」と冷静かつ鷹揚《おうよう》に受け止めてくれるという面もある。

自民党の中で私がいちばん信頼していたのは外交官出身のアレクセイ・ミトロファノフ国家院議員だった。ミトロファノフは戦略家で、劇作家でもあり、テレビキャスターもつとめるという多芸多才の人物だ。根っからの極右というわけではなく、ジリノフスキーに知恵を切り売りして、その代わりに権力を手に入れたのだった。

ミトロファノフは私より二歳年下の一九六二年生まれで世代的に近く、また哲学・思想書の愛好家という点でも波長が合った。九九年にミトロファノフが訪日したときには、熱海《あたみ》の温泉旅館に誘い、しみじみと語り合ったものだ。

「リョーシャ（アレクセイの愛称）、どうしてジリノフスキーの党から国家院議員になったんだい。政権与党から出ればリョーシャの能力をもってすれば、すぐに認められ、大統領府高官や閣僚に転出できたと思うのに」

これは社交辞令ではなく、私の正直な印象だった。

「サトウさん、僕のような若手外交官が政治の世界に打って出ようと思っても、与党からでは、選挙区調整でなかなか出馬できない。それに当選しても上に官僚上がりや著名な学者、経済人がつかえている。共産党のような敵対的野党から出ても現実に影響を与えない。現実に影響を与えない政治には意味がないよ。ロシアにはいかなる政治勢力も掬《すく》いあげることのできない有権者層が八％から一五％はいる。マルクスの用語を借りればルンペン・プロレタリアートだ。何かに対して不満をもち、いつも怒っている。ジリノフスキーにはこういう人々の潜在意識に働きかけ、投票所に連れて行く天才的能力がある。ジリノフスキー一人のカリスマで、最低十五名、最大五十名の議員を当選させることができる。ジリノフスキーは政治を商売と考えている。商売人は絶対に権力者と喧嘩《けんか》しない。その意味で自民党は本質的に与党なのだが、野党を装っている」

「しかし、いつも駆け引きばかりしていると疲れないかい」

「外交官だって駆け引きの連続じゃないか。政治家よりも疲れるぜ。それにマサルだって日本の外務省で本当に信頼できる人間が何人いるか」

「能力だけじゃなくて、人格も含めると少ないなぁ。十人もいないよ」

「十人いればたいしたものだよ。僕がソ連外務省時代に本当に信頼していた同僚は二人しかいなかった」

話をシュベードに戻そう。ソコロフの家でシュベードの消息を聞いた翌日、私はなぜ彼が自民党副総裁になったのか、ミトロファノフに聞いてみることにした。

私はモスクワ市中心部プーシキン通りの日本レストラン「富士」でミトロファノフと会った。「富士」は連邦院（上院）の隣にある日本の民芸居酒屋風の作りの高級レストランだ。ミトロファノフは寿司《すし》とステーキが大好物だ。私は築地《つきじ》から空輸されたマグロの大トロの握りとウニの軍艦巻きを注文し、梅酒を一本頼んだ。ロシアでは梅酒はシャンペンのドンペリ並みの高級酒として取り扱われている。

「マサル、今日はえらく奮発してくれるけれど、特別に聞き出したいことがあるのかな」

私は「リョーシャ、相変わらず勘がいいな。実はちょっと自民党の内部事情で教えて欲しいことがある」と前置きして、私とシュベードの関係について、率直に話をした。

ミトロファノフの話は、ざっと次のような内容だった。

シュベードは一年少し前にジリノフスキーの周辺にアプローチしてきた。その後、またたく間にジリノフスキーの信任を得て、副総裁に任命された。自民党の人事は表面上党大会や幹部会での選挙の体裁をとるが、実際はすべてジリノフスキーによる任命で決まる。ジリノフスキーは同じ課題を複数の側近に与えて競わせるので、側近相互の関係はよくない。派閥争いに巻き込まれたくないと考えていたミトロファノフは、自民党幹部とは極力個人的付き合いを避けるようにしていたため、シュベードのことを個人的には知らない。シュベードは基本的に自民党の組織網を全ロシアに整備する作業に従事しているが、外交にも関与している。具体的には、イラク、新ユーゴ、北朝鮮と自民党の関係を担当している――。

「リョーシャ、北朝鮮、イラク、新ユーゴなんてゲテモノばかりじゃないか。何を考えているんだ」

「マサル、隙間《すきま》産業だよ。外交だってビジネスだ。対米協調を基本にするエリツィンが取り組めない諸国との関係をわれわれが担当するんだ。補完外交だよ」

ミトロファノフと食事をした後、私はシュベードに連絡をすべきか否《いな》か迷っていた。するとと翌日、思わぬ人物から「警告」が入った。

警告してきたのは、ブルブリス国家院議員だった。ブルブリスは、初期エリツィン政権の知恵袋で、国務長官を務め、ソ連崩壊のシナリオを描いた人物である。誰もがブルブリスの聡明《そうめい》さには一目置いていたが、その極端な能力主義、さらには政敵をありとあらゆる手段を用いて徹底的に叩《たた》き潰《つぶ》す手法は周囲から敬遠され、人望はなかった。最後にはエリツィン自身が「もしかすると俺はブルブリスにいいように操られているのかもしれない」という猜疑心《さいぎしん》を強め、九二年十一月に国務長官職を廃止するとともに、ブルブリスを権力の中枢《ちゅうすう》から遠ざけた。しかし、ブルブリスが遠ざけられると、途端にエリツィンは国家戦略が描けなくなり、迷走を始めることになる。私はなぜかブルブリスにはひじょうに気に入られ、事務所のみならず、自宅や別荘への出入りも自由だった。ブルブリスのネットワークは、ＦＳＢ（連邦保安庁）、ＳＶＲ（対外諜報庁《ちょうほうちょう》）、大統領警護局などにも張り巡らされているので、私がモスクワに来て誰とどのような話をしているかについても主要なところは押さえている。ブルブリスは、私の方から相談すれば意見を述べるが、自分から意見を言うことは滅多になかった。それだけに彼の警告はひじょうに気になった。

「昨日、リョーシャに会ったか」

「会いました」

「シュベードと会おうとしているのか」

「そうです」

「あいつは政治的売春婦だ。会うと後でどのような話を作られるかわからない。慎重に行動した方がいい。北方領土問題でジリノフスキーと仕事をしたいのならば、ミトロファノフの窓口のみに絞った方がいい。あるいはマサルが直接ジリノフスキーと会って話をつけた方がいい。余計な奴《やつ》を、特に政治的売春婦を巻き込むと面倒なことになる」

ブルブリスとミトロファノフは親しい。そもそも、ミトロファノフと知り合ったのも、ブルブリスの紹介だった。昨日の私の話をミトロファノフはさりげなくブルブリスに伝えるとともに、シュベードと会うことを思いとどまらせた方がよいという意見もあわせて述べたのだろう。ブルブリスは、私が北方領土問題絡《がら》みでシュベードにアプローチして、ジリノフスキーに対して工作をかけようとしていると勘違いしているようだ。

私はブルブリスに、シュベードとの過去十年以上の関係について説明し、「旧友のことが、とにかく心配なので、一度会いたいのだ」と言った。これは私の偽らざる心情だった。

「マサル、処女が売春婦になると、すれてしまって一番質《たち》が悪くなる。シュベードは政治のプロではない。危険なところに踏み込みすぎている。特にイラクのサダム・フセインとの関係に深入りしすぎている。また、自民党の地方組織は地場のマフィアと一体化している。友人としてシュベードと会うのはよいことかもしれない。しかし、一緒に仕事をするのは危険すぎる」

ブルブリスの警告を聞いて、私は逆に是が非でもシュベードに会わなくてはならないと思った。自民党本部に電話をすると「シュベード副総裁は海外出張中で、帰国は一週間後になる」ということだったので、私は名刺をシュベード宛《あて》に郵送した。

一週間ほどして、東京の居酒屋で知り合いの新聞記者と鍋《なべ》をつつきながらたわいもない話をしていると、私の携帯電話が鳴った。通知不可能と表示されている。イスラエルからの国際電話かと思って受信ボタンを押すと懐《なつ》かしいシュベードの声が聞こえてきた。

「マサル、もっと早く連絡をくれれば出張を取りやめたのに」

以前と全く同じ口調だった。私は翌月のモスクワ出張日程を伝え、その場でシュベードとのアポイントを取り付けた。シュベードは自民党本部にはレストランもあるので、そこで食事を準備するということだった。

自民党本部はモスクワ北部にあった。かつてのソ連共産党地区委員会の四、五階建てのビルをそのまま使っているようだった。シュベードの執務室は小学校の教室くらいの大きさで、部屋の中心には長方形の会議用机が、また部屋の奥に横幅が二メートルくらいある樫《かし》の木の立派な事務机が置かれていた。その隣に電話が数台とコンピューターが三、四台並び、そのまた隣には青地にLDPR（ロシア自由民主党）と書かれた大きな旗が三脚につけられ立っていた。

ブレザーを着たシュベードは、以前より少し太ったようだった。トレードマークだった牛乳瓶の底のような眼鏡をしていない。私たちは抱き合って右頬、左頬、唇にキスをした後、席についた。

「ブラード、眼鏡はどうしたんだい。コンタクトレンズに替えたのかい」

「いや、フョードロフ研究所で視力回復手術を受けた。今は裸眼で全く不自由ない」

フョードロフ研究所では角膜にレーザーメスで傷をつけ、視力を回復する手術を行なっている。手術自体は十五分で終わるが、術後のケアが悪いと、効果が出ないこともあるという。

会議用机の上には、バタークリームをウエハースではさみ、さらにチョコレートで包んだ「ミーシュカ（小熊《こぐま》）」という菓子が置いてあった。その名の通り、水色の包装紙には三匹の小熊の絵が描かれている。また、「ラーク（ザリガニ）」という、包装紙に赤いザリガニの絵が描いてあるキャンデーも置いてあった。どちらもソ連時代の高級菓子で、かつては街の一般商店で入手することはできなかったものだ。クレムリンやロシア共産党中央委員会に遊びにいくと、これらの菓子が山ほどでてくるので、ときどきスーツのポケットに入れて持って帰ったりした。

菓子の隣に置かれたミネラル・ウオーターは、グルジアの「ボルジョミ」だ。以前は、日本の米酢の瓶に似た容器に入っていたが、今ではペリエのような洒落《しゃれ》た緑色の瓶に替わってしまった。ただし、味は昔のままだ。どれも私の好物である。

「マサル、最近、モスクワは何もかも外国製品ばかりなので、ロシア製の菓子やミネラル・ウオーターが手に入りにくくなったんだけど、クレムリンの晩餐会《ばんさんかい》では相変わらず国産愛用だ。クレムリンに納入している食料品店から手に入れた」

細身で背の高い金髪のウエイトレスがワゴンのようになった移動式のテーブルを運んできた。その上にチョウザメの薫製《くんせい》、さらにどんぶりのような鉢にキャビアが山盛りにしてある。それにキノコのマリネやキュウリの浅漬けなど、私が好きな物だけを選んでいる。細かいところまでシュベードが指示しているのだろう。シュベードは執務机の後ろの扉を開け、箱入りのコニャックを取り出した。三十年物のモルドバ産コニャック「アイスト（コウノトリ）」である。

「マサル、覚えているかい」

「もちろん。あのときは、『オクチャーブリ第二ホテル』のブラードの部屋で、このコニャックを飲みながらブラードの遺言を聞いた。僕は出張のときは今もあのホテルに泊まっている」

「僕は昔を思い出したくないので、あのホテルには極力行かないようにしている。でも、政府や議会のレセプションがときどきあそこで行なわれるので、レストランには何回か行った。マサルのことを懐かしく思い出すよ。いろいろなことがあった。しかし、人生はなるようにしかならない」

　政局や外交の話はほとんどせずに、二人で思い出話と身辺で起きた変化についてしみじみと語り合った。私はモスクワから帰国した後、離婚し、シベリア猫は前妻が引き取ったこと、そして父が癌《がん》で長期入院したことを話した。

「コーリャはミンスク国立大学の大学院に進んだ。外交官になるか、外国貿易省につとめるか考えているところだ。マサルの影響を強く受けて、国際関係で仕事をしたいと言っている。インナは専業主婦だ。家政婦も雇っているので悠々自適の生活だよ」

「二人をモスクワに呼び寄せないのかい」

「インナはモスクワとミンスクを行ったり来たりしている。モスクワは涙を信じない。

結局のところモスクワは他人を利用しようとする人間だけが集まった肉食獣の街だよ。コーリャにはベラルーシ人として生きて欲しい。こんな生活は僕で最後にしたい」

シュベードはしみじみとそう語った。そのとき突然、扉をノックする音がした。

「ブラジスラフ・ニコラエビッチ（シュベードの敬称）、ちょっと急いで見ていただきたい書類が……」

そう言って、中年の男が部屋に入って来ようとしたその瞬間、シュベードが腹の底から響くような声で怒鳴りつけた。

「おいクズ、大事な会談があるんで部屋には入ってくるなと言っただろう。ウラジミール・ボリフォビッチ（ジリノフスキーの敬称）の電話以外は一切取り次ぐなと言っただろう。うすら馬鹿《ばか》、同じことを何度も言わせるな」

私は過去にシュベードが他人を怒鳴りつける姿を一度も見たことがなかったので、少し驚いた。シュベードは温厚な口調に戻って言った。

「マサル、文化だよ。ここにはここに合った文化がある。人間には強い者、弱い者の差があって、その差は一生埋まらない。運のいい者はずっとツキ続け、運の悪い者に幸せはやってこない。怒鳴られる人間は怒鳴られるような運命に生まれてきたんだよ。そして、一生怒鳴られ続ける」

私は特に相づちも打たずにシュベードの話を聞いていた。シュベードの人格が変化したのではない。自分のことは諦《あきら》めてしまって、一人息子の将来にすべてを懸けているように思えた。

「マサル、僕はシェフ（ジリノフスキー）と出会ってわかった。シェフの望むことを僕は提供する。それに対して対価をもらう。それ以外は自分の生活を守る。それでいいじゃないか。僕たちがどう頑張っても、あるいは怠けても、ロシアはこれから良くも悪くもならないよ。ずっとこのまま進んでいく」

「ブラード、給料は月にいくらだ」

「最低保障が七千ドル（約八十万円）だ。それに加えてボーナスがでる。いいときはボーナスだけで一万ドルを超える」

当時、モスクワの中学校教師の給与が月三十ドル程度なので、七千ドルの給与は破格の値段だ。

「ビテブスクの家はブラードが煉瓦《れんが》を積んで、自分で建てたんだろう。売り払ったのか」

「交換という形にして、少しカネをつけてミンスクの高級アパートを手に入れた」

「それはよかった。モスクワではどこに住んでいるんだい」

「北の方にまああの住宅をもらった」

「シェフからか」

「そうだ。今、改装をしている。コンクリートの壁に貼《は》られた壁紙はどうしても好きになれないんだ。だから壁一面に板を貼っている。ロシアの農家のような雰囲気にしたいんだ。しかし、部屋にはエアコンを入れて、それからインターネットもつながるようにする。本棚も手作りにしたい。家が完成したらマサルを招待するから、絶対に来てくれよ」

「もちろん」

私たちは鉢一杯のキャビアをたいらげた。メイン・ディッシュはちょっと大きめのウクライナ風餃子《ぎょうざ》「バレンニキ」だった。皮の中に肉ではなく、キャベツやジャガイモが入っている。本格的な田舎料理で、これがなかなかウオトカと合う。シュベードは執務机後ろの棚を再び開けて「エストンスカヤ」という黒ラベルのエストニア製のウオトカを取り出した。帝政ロシア時代、水が良いせいかエストニアのウオトカは人気があったそうだ。

「ブラード、エストニアか。懐かしいな。最後に沿バルトに行ったのは一九九一年だ。もう九年になる」

「僕も家を整理しに帰ってから、一度も行っていない。ブロキャビチュス（元リトアニア共産党第一書記）とユルモラビチュス（同幹部会員）は国家反逆罪で有罪になり禁固刑になった。まだ獄中と思う。リトアニア政府は二人の獄死を望んでいるよ。政治とはそういうものだ。マサルにはほんとうに感謝している」

「僕は何もしていないよ。ユラビチウス参事官とビチュカウスカス大使がリスクを冒したんだよ」

「いや、マサルに言われたから連中は動いたんだよ」

「それだけじゃ動かないよ。ブラードがリトアニア国家とリトアニア人の敵ではないことがわかっていたからだよ。その後、二人の消息について何か聞いているかい」

「ビチュカウスカスは検事総長になった。ユラビチウスはアメリカかイギリスに留学したと聞いている。ビリニュス大学の教授になるんじゃないか」

バレンニキを食べ終え、ウオトカを飲み干したところで、ウエイトレスがメレンゲのケーキ「鳥のミルク」をもってきた。もちろん鳥からミルクは出ない。この名前は「存在しないほどおいしい」という意味だ。さらに、チョコレート・ケーキ「トルト・プラガ(プラハ風のケーキ)」を持ってきた。どちらも日本大使館のすぐそばのアルバート通りの入り口にある「レストラン・プラガ」の名物で、私の大好物である。

「マサル、グルジアかクラスノダルの紅茶を探したんだが、どうしても見つからなかった。その代わりロンドンのフォートナム・アンド・メーソンの紅茶がある。これで我慢してくれ」

「仕方がない。今回はイギリス帝国主義者の紅茶で妥協しよう。ブラード、少し、仕事の話をしてもいいか」

「もちろん」

「イラクで何をしているんだ。サダム・フセインに近付くリスクは計算しているのか」

「確かにリスクはある。ジリノフスキーはサダムと協力する見返りに、原油の割り当てを受けている」

「割り当てを受けたって、国連決議による制裁があるから、実際に石油には化けないじゃないか」

「それが化けるんだ。サダム・フセイン政権が潰《つぶ》れるにせよ、今後、アメリカと折り合いをつけるにせよ、いずれイラクの石油はよみがえる」

「しかし、予測が立たないじゃないか」

「マサル、僕たちは石油屋じゃない。原油割り当てをいつまでも抱えたりしない。イラク政府から受けた割り当ては既にルークオイル社に売却した。イラクはカネになるんだよ。エリツィン政権だってイラクを支える気持ちなんか小指の先ほどもない。イラクで戦争が起きれば、アメリカ、イギリス、ロシアで石油利権を再分配する。そのときに備えてロシアのカードを増やすことが僕たちの仕事だ」

「ブラード、イラクで戦争が起きると思うか」

「それはイスラエル次第だろう。イスラエルが本気で戦争を起こそうと思えばそうなるよ。ユダヤ人は平和よりも生き残りを望む。イラクで戦争が始まれば、アメリカは泥沼から抜け出せなくなる。そうすれば、イスラエルはアメリカの虎《とら》の威を借りて何でもする」

「僕もそう思う。イラクよりもイスラエルは強い。だから日本はイスラエルにチップを置くべきだと思う」

「それはそうだ。ロシアもイスラエルにチップを置いている。自民党が行なっているのは隙間《すきま》を埋める作業さ。歴史には残らない意味のない作業だよ。しかし、カネになる」

「ブラード、でもそれは商人の論理で、政治家の論理じゃないよ」

「いや、マサル、商人の論理も政治家の論理も一緒だよ。所詮《しょせん》は取り引きだ。それ以上でもそれ以下でもない」

政治の話をこれ以上しても気まずくなると思い、話題を変えた。

「カナダの妹さん夫妻はどうしているかい」

「元気にしている。生活は楽ではないが、何とかやっていけているようだ」

私はソコロフのことについて切り出そうか否《いな》か躊躇《ちゅうちょ》したが、意を決して聞いてみることにした。

「先月、サーシャと会った。そのうち三人で飲もうか」

「マサル、正直に教えて欲しいのだけれども、サーシャは僕のことをどう言っていた」

「ブラードは家族の生活のためにジリノフスキーの側近になったとサーシャは思っているよ」

私はソコロフから聞いた話を少しまるめて話した。それを聞いたシュベードはしばらく黙り込んでいたが、やがてこうしゃべり始めた。

「確かにサーシャはまじめだ。ジュガーノフ（共産党議長）だってクプツォフ（共産党副議長）だってまじめだぜ。しかし、ああいう政治はもう有効性を失っているんだよ。ユートピアとか怨念《おんねん》で動くような政治はロクなものじゃない。政治はもっといい加減なものなんだ。だから政治に携わる人間はもっといい加減にならなくてはならないんだ。権力とカネは交換可能なんだ。その場、その場で臨機応変の対応を積み重ねていく。それでいいんだ。

そうでなく、まじめに国家だとか民族を考えるとイリインみたいに内側から壊れてしまう。ジュガーノフだってソコロフだって、イリインよりはずっと僕に近い。僕と同じ狡《ずる》さをもっている。しかし、狡さを隠そうとしている。狡さや欲望を隠すところからソ連みたいな全体主義国家が生まれてくるんだよ。ジリノフスキーから全体主義国家は絶対に生まれてこない。なぜなら、体制の補完物としての自分の場を選んだからだ」

「ブラード、それじゃ永遠に漂流し続けることになる」

「それでいいじゃないか」

その日は、それで別れた。その後、シュベードとは半年に一回くらい食事をともにしたり、カラオケ・バーでソ連時代のポップスや軍歌を歌ったりしたが、深刻な話は何もしなかった。結局、私とソコロフとシュベードの三人が席をともにすることはなかった。

ソ連共産党VS.ロシア共産党

次にシュベード、ソコロフの二人に色濃く影を落としているイリイン旧ロシア共産党第二書記について述べることにする。イリインについては前著『国家の罠《わな》』のプロローグで、一九九一年八月のクーデター未遂事件のときに「ゴルバチョフが生きている」という貴重な情報を教えてくれた人物として紹介したので、ご記憶の読者も多いと思う。そこでも書いたことだが、このイリインこそ私が親しくした数多くのロシア人政治家のなかでも、最も印象に残る人物の一人なのである。

私がアレクセイ・ニコラエビッチ・イリインと初めて会ったのは、九〇年七月のことだった。七月二日から十三日まで、クレムリン大会宮殿でソ連共産党第二十八回大会が開催された。この大会でエリツィンが共産党脱党を宣言した。一方、ゴルバチョフは連邦構成共和国第一書記を政治局員とする民族に配慮した改組を行い、ソ連共産党がナショナリズムを封じ込めることに一応、成功したかに見えた。この大会が最後のソ連共産党大会になると予測していた大会代議員は、一人もいなかっただろう。

その直前にロシア共産党が創設された。専門家以外にあまり知られていないことだが、ここまでの記述で分かるようにソ連にはリトアニア共産党、アゼルバイジャン共産党など連邦構成共和国別に共産党が組織され、それぞれ中央委員会や第一書記などのポストが置かれていた。そして、リトアニア共産党員ならば自動的にソ連共産党員となる。ただし、各共和国のなかで、ロシアだけは共産党組織をもっていなかった。もともとソ連共産党はロシア社会民主労働党（ボルシェビキ）から発展した政党であるが、そもそも共産党は国民国家を超克することを目標としたので、ソ連共産党の中核となるロシア人共産党員はロシア民族とかロシア共和国にこだわるべきではないと考えたのだろう。ゴルバチョフ時代になって、ロシア共産党が存在しないことについて、二つの解釈がされるようになった。

第一は、エストニア共産党、アゼルバイジャン共産党といっても、実際にはロシアのハバロフスク地方共産党委員会、イルクーツク州共産党委員会と同じレベルの組織にすぎない。ソ連共産党は大ロシア共産党で、連邦構成共和国の共産党は大ロシア共産党の支部に過ぎないという解釈だ。沿バルト三国の共産党員がこのような解釈をしていた。

第二は、ロシア人がプロレタリア国際主義という理想に走りすぎたため、ロシア民族の利益が毀損《きそん》されているからロシア共産党が存在しないという解釈だ。共産党だけでなく、各共和国は独自の科学アカデミー、作家同盟をもっているが、ロシアだけがもっていない。ロシア民族を復興させるためにロシア共産党を創設する必要があるという考え方だ。

この考え方に基づいて、ソ連共産党第二十八回大会直前の九〇年六月にロシア共産党創設大会が行なわれ、ポロスコフが第一書記、イリインが第二書記に就任した。

ポロスコフは典型的な党官僚で精彩を欠いていた。それにロシア民族復興とともにマルクス・レーニン主義を強調し、反欧米主義的傾向が強いロシア共産党にたいして大多数のロシア人インテリが嫌悪感《けんおかん》をもった。

ソ連共産党に所属するロシア共和国に居住する党員で、ロシア共産党への帰属を拒否する党員が少なからず出てくるようになった。これはソ連共産党規約違反であるが、中央統制委員会は党規違反に目をつぶった。ゴルバチョフはロシア共産党の政治路線が、ペレストロイカ政策に対するブレーキになることを感じ取っていたのだ。

ロシア共産党もゴルバチョフ指導部からの冷たいシグナルを察知し、それに反発するように逆に教条的マルクス・レーニン主義者、民族ボルシェビキ主義者を導き入れた。民族ボルシェビキ主義者というのも聞き慣れない言葉だが、大ロシア民族主義者だが共産主義者なので宗教には冷淡な人々のことである。トルストイやドストエフスキーの文学作品をロシア人の優秀さを示す知的遺産として賞賛するが、ロシア正教に関する要素は無視するという考え方である。ブレジネフ時代の党官僚には民族ボルシェビキ主義者が多かった。

ロシア共産党の雰囲気はこのようなものだったので、幹部たちも西側外交団との交流には消極的だった。また、西側外交団はゴルバチョフ一辺倒で、ロシア共産党にはまったく関心を向けなかった。在モスクワの日本大使館も例外ではなかった。ほとんどの外交官はゴルバチョフ派党官僚や知識人との人脈作りに熱中し、中心から外れた「右派」のエリツィン派、「左派」のロシア共産党についてはキワモノ扱いで、誰も積極的に付き合おうとしなかった。

私はゴルバチョフ派の官僚に、霞《かすみ》が関《せき》官僚と同じ臭《にお》いを感じていた。権力者の動向や目先の利益には敏感だが、信念がない。言葉と行動が乖離《かいり》している。これに対して、エリツィン派、ロシア共産党は、それぞれ世界観や政治路線は対峙《たいじ》しているが、自らの発した言葉に責任をもつという姿勢では共通していた。

ソ連崩壊後、ゴルバチョフ派は雲散霧消し、エリツィン派が権力の座につき、ロシア共産党の系譜を引く人々が野党勢力の核になったが、私は両勢力の中枢《ちゆうすう》に有力な人脈をもつことになった。一般論として、一流の政治家は駆け出しのときから付き合ってきた友人を大切にする。エリツィン派にもロシア共産党にも、そのような一流の政治家が多かったのである。

ロシア共産党創設の動きをいちばん最初に教えてくれたのはリガのサーシャ・カザコフだった。八九年末、私がプラハに出かける直前にサーシャと会ったときのことだ。

「マサル、ソ連共産党にロシア・ビューローができた」

「『プラウダ』で読んだよ。しかし、ロシア・ビューローは確かフルシチョフ時代にもできたよね。ゴルバチョフは、フルシチョフの政策を党機構改革においても適用するということかな」

「マサル、ピントが完全に外れている。フルシチョフ時代は、ロシア共産党の党籍も作らず独自の中央委員会も組織しなかった。党籍を作れば党費が入る。中央委員会ができれば官僚組織が独自の意思をもつようになる。ソ連共産党が割れるぞ。ソ連解体に向けて一歩前進する」

「そうだろうか。逆にロシア・カードをロシア共産党組織を通じてゴルバチョフが握り、ソ連国家が強化されるのではないだろうか」

「それはないよ。ロシア・ビューローには民族ボルシェビキ主義者とスターリン主義者が集まっている。従って、反ユダヤ主義的色彩が強くなる。特にゴルバチョフのブレインを務めるアレクサンドル・ヤコブレフ（政治局員）をターゲットにするだろう。ゴルバチョフの敵対勢力になることは間違いないよ」

サーシャの見通しは正しかった。九一年八月に起こった非常事態国家委員会によるクーデター未遂事件のイデオロギー的基盤がロシア共産党によって育《はぐく》まれたことは、ほぼ確実だと思われるからだ。

「サーシャ、ロシア正教会はどうでるだろうか」

「割れると思う。レニングラードのイオアン府主教は民族ボルシェビキ主義者に好意的だ。教会の下位聖職者には反欧米気運と反ユダヤ主義が強い。このような坊主《ぼうず》たちをロシア共産党が丸め込む可能性がある」

こうしたサーシャの分析を基にして、自分なりにインテリジェンス戦略を考えてみた。共産党守旧派官僚のロシア正教に対する関心は、単なる知的好奇心だけでは済まされない。それは政治権力基盤の強化と直結した問題だと言えるだろう。共産党はマルクス・レーニン主義イデオロギーに立脚している。そして、マルクス・レーニン主義は科学的無神論を基本原則にしている。科学的無神論を維持したまま、ロシア正教会と手を握ることはできない。この捻《ねじ》れを解消するためには、イデオロギー的な操作をする必要がある。それを行なうのは共産党中央委員会のイデオロギー担当官僚だ。この人物を割り出し、懇意になる必要がある。さて、どの切り口からアプローチしたらよいだろうか。しばらく考えているうちに最適の人物を思いついた。ソ連科学アカデミー民族学人類学研究所のセルゲイ・チェシュコ副所長である。

チェシュコは、モスクワ国立大学歴史学部を卒業した後、民族学人類学研究所の大学院で学び、アメリカ先住民研究で大きな業績を残した。その後、コムソモール（共産青年同盟）の専従職員になったが、研究所に戻り、三十歳代前半で学術書記になった。学術書記とは科学アカデミーとソ連共産党中央委員会をつなぐ要職だ。

三十四歳で副所長に抜擢《ばってき》された直後に私はチェシュコと知り合った。チェシュコは私より六歳年上で、年齢が比較的近いこともあってとても気が合った。科学アカデミーは、ソ連共産党中央委員会やソ連政府の委託研究を受けているので、入場が厳しく管理され、「ビューロー・プロプスク（通行証発給所）」で事前に面会申請をして許可を取らなくてはならないが、私には一年有効の特別許可証が発給された。

チェシュコ副所長に私の意図を率直に話した。

「マサル、いいところに目をつけたね。ロシア・ビューローは党組織に発展するよ。東欧崩壊はソ連共産党のイデオロギー官僚に大きな衝撃を与えた。ポーランドはもとより、チェコや東ドイツで宗教が社会主義離脱において、あれだけ大きな役割を果たすとは思わなかった。特に東ドイツの衝撃は大きい」

チェシュコ副所長は、東ドイツのライプチヒ生まれなので、東ドイツについては事情通だった。

「東欧崩壊は予測できましたか」

「できなかった。民族の力がマルクス・レーニン主義を押しのけた。だからイデオロギー官僚はナショナリズムでソ連を防衛しようとしている」

「しかし、ソ連人なんていないじゃないですか。ソ連はナショナリズムを超克した国家という建前で来たのではないですか。どうやってソ連ナショナリズムを作るのですか」

「マサル、ソ連人はいるよ。だけど、ソ連ナショナリズムなんてありえない。ナショナリズムを超えた新しい人がソ連人なんだ。だから、あるとすればロシア・ナショナリズムだ。しかし、そうなるとソ連は崩壊する」

「そうすると、ロシア共産党は、主観的にはソ連国家の強化を意図しながら、客観的にはソ連の解体を促進する役割を果たすことになるのですか」

「残念ながらそうなる。これが歴史の弁証法だよ」

「ゴルバチョフにはそれが見えていないのでしょうか」

「見えていないと思う」

「共産党中央委員会のイデオロギー官僚にも見えていないのでしょうか」

「それは見えていると思う。だから、必死になってロシア・ナショナリズムを共産党に取り込もうとしている」

「そのときの鍵《かぎ》になるのが、ロシア正教会というわけですね」

「そうだ。だから近未来に共産党は科学的共産主義から科学的無神論を放棄すると思う。

無神論に代わって宗教学や神学がモスクワ大学で教えられる時代になるよ」

チェシュコ副所長の予測は正しかった。その三年後に私がモスクワ国立大学哲学部の宗教史宗教哲学学科（旧科学的無神論学科）で、弁証法神学を講義することになるのである。

「セリョージャ（セルゲイの愛称）、ロシア・ビューローで誰にアプローチしたらいいでしょうか」

「誰と言うよりもイデオロギー担当の責任者と会ったらいい」

早速、「Embassy of Japan, Moscow」というレターヘッドのついた公用便箋《びんせん》に、「ロシア・ビューローでイデオロギーを担当する専門家と意見交換をしたい」という手紙を書いて、ソ連共産党中央委員会国際部に宛《あ》てて送った。手紙を送ったのは八九年初めだったが、返事が来ない。何回か照会したが、「手紙は確かに受領した。現在、関連部局で検討中」という返事だった。半年ほど待っても返事が来ないので、この方法では接触できないと諦《あきら》めていたところに、ソ連共産党中央委員会ロシア・ビューローから連絡があった。ツベトコフ・イデオロギー人文部長が面会するということだった。

当時、ロシア・ビューローはスターラヤ・プローシャジ（旧《ふる》い広場）のソ連共産党中央委員会の裏側にある最新の鉄筋コンクリート製の建物にあった。後にここがロシア共産党中央委員会となる。九一年九月二十日、クーデター未遂事件の最中にこの建物を訪れ、イリイン第二書記に会うことになろうとは、そのときは夢にも思っていなかった。指定された入り口に行くと、ツベトコフ氏が私を待っていた。通常、このような場合、補佐官が出迎えるのであるが、部長自ら足を運ぶというのは、私に対する敬意の表れであった。

執務室を訪れると、足の踏み場もないほど、雑誌や書籍が山積みになっている。「ソ連共産党中央委員会通報」、「コムニスト」、「党生活」のような共産党イデオローグが読む雑誌ばかりでなく、「新世界」、「われらの同時代人」のような文芸誌、さらに「哲学の諸問題」や「モスクワ国立大学紀要哲学編」のような学術誌も積まれていた。赤や緑のボールペンであちこちに印がつけられ、付箋がたくさんつけられていた。本棚を見るとフランスのYMCA出版社から出されたベルジャーエフ選集が並んでいた。確かこの本は去年まで輸入が禁止されていた筈《はず》である。私は自己紹介を終えるとツベトコフに尋ねた。

「大学と大学院での御専攻はなんでしたか」

「私は総合大学は出ていません。技術大学を卒業した後、労働組合の専従活動家になり、その後、ソ連共産党中央委員会高等党学校とソ連共産党中央委員会付属社会科学アカデミーで哲学を勉強しました」

労働者出身の叩《たた》き上げのイデオロギー専門家である。実はソ連ではイデオロギー部門で幹部になるのは、アカデミズムから転身した学者肌の官僚ではなく、このような叩き上げの労働現場をよく知った党官僚だ。ブレジネフ時代に灰色の枢機卿《すうきけい》と恐れられ、ゴルバチョフを書記長に引き上げる過程で重要な役割を果たしたスースロフ政治局員も叩き上げのイデオロギー官僚だった。

ツベトコフの考え方は、マルクス・レーニン主義を「人間が人間の力で人間らしい社会を作っていく」という一種のヒューマニズムの思想に還元することだった。そして、その視点から、「神を信じる立場から、平和と正義を追求する勢力」としてキリスト教を再評価し、共産党とロシア正教会が手をつないでいく形でロシアを強化することを考えていた。

「サトウさん、わたしたちはあまりにもロシアについて知らないのです。例えば、一九二〇年代に外国に追放してしまったベルジャーエフやブルガーコフなどの最も優れたロシアの知性をロシアに取り戻すことです。また、長らく共産党が無視していたロシア正教思想についても、肯定的要素を共産党のイデオロギーに取り入れていかなくてはなりません」

この考えは基本的に一九六八年の「プラハの春」で提唱された、チェコの改革派マルクス主義者の枠組みだ。すなわち「人間の顔をした社会主義」である。しかし、ソ連型共産主義に「人間の顔」をさせることは可能なのか。この疑念について私は率直に質《ただ》してみた。

「サトウさん、いわゆるヒューマニズムに立脚することは不可能です。人間は悪事を行なう動物です。人間を手放しで賛美することはできない。きちんとした階級意識をもった新しい人間をロシアの伝統から見いだしていくのです。コルホーズ（集団農場）にしても、みんなで一緒に仕事をするのが好きだというのがロシア農民の伝統なのです。また、拝金主義を憎み、カネ以外に人生の価値を置くことを尊ぶのもロシアの伝統なのです。この伝統があるから、ロシア人は共産主義を受け入れたのです」

「ツベトコフ部長、伝統的価値とは保守になりますよね。そうなると一九一七年十一月のロシア革命は社会主義革命ではなく、保守革命ということになりませんか」

「サトウさん、それは定義の問題です。私たちロシア人はそのような伝統の回復を共産主義と呼んだのです」

「ゴルバチョフ書記長が進めるペレストロイカもそのようなロシアの伝統に回帰しようとしているのでしょうか」

ツベトコフは私の質問には答えずに、「進歩という幻想から私たちは離れなくてはなりません」と答えた。

ツベトコフとの意見交換は実り豊かだった。ツベトコフは正規のアカデミズムの訓練は受けていないが、独学者にありがちな偏狭な見方や、極端な思い込みもない。ツベトコフにとって学問は、食うための手段や知的遊戯ではなく、ロシアが生き残っていくための武器なのだ。その武器を、敵である西側陣営に属する日本外交官の私との意見交換を通じて強化しようとしているのだ。実はそういう方法論はサーシャ・カザコフと同じだ。ただし、サーシャの場合、ソ連を壊そうとしている。しかし、それもロシアを生き残らせるためなのだ。政治的に両者は全く逆に位置しているが、突き放して見るならば、どちらも生き残ろうとするロシアという生き物によって踊らされていると言えるだろう。

私がツベトコフと会ってから一カ月後にロシア共産党創設大会が開かれた。党大会でツベトコフは正式にロシア共産党イデオロギー人文部長に任命された。そして、その直属の上司はジュガーノフ書記になった。

ジュガーノフはソ連崩壊後、再建されたロシア連邦共産党の議長になり、一九九六年、二〇〇〇年の大統領選挙でいずれも次点になった。私はツベトコフの縁でジュガーノフとも知り合った。その後、九六年にはジュガーノフの博士論文をまとめた『ロシアと現代世界』(自由国民社)を日本語に翻訳(共訳)し、親しく付き合うようになる。この本で、ジュガーノフは、ユーラシア主義に基づく地政学戦略を展開するが、この本を訳しながら、私はツベトコフの色濃い影を感じた。

九〇年七月半ばにソ連共産党第二十八回大会が終了し、ロシア人たちは二カ月間の長い夏休みに入った。ただし、全員が一緒に休んでしまうと業務が麻痺《まひ》するので、三カ月の間に分けてとる。九月末にツベトコフがモスクワに戻ってきたので、私は挨拶《あいさつ》に行った。ツベトコフは復古主義的な思想をさらに推し進め、ロシア共産党と教会が連携して、欧米から入ってくる資本主義の脅威からロシア国家を防衛することを考え始めていた。

そこでツベトコフが私に意外な提案をしてきた。

「ロシア共産党の幹部と会ってみませんか」

「会っているじゃありませんか。ツベトコフさんだって幹部じゃないですか」

「いや、私のような事務官僚ではなく、政治判断ができる幹部ですよ」

政治を担当する外交官が政治エリートと知り合いになる機会を断ることはない。ツベトコフはそれをわかった上で誘っているのだ。

「それはよろこんでお会いしたいです。具体的に誰ですか。ジュガーノフ書記ですか」

「ジュガーノフ書記にも紹介しますが、イリイン第二書記と会われるとよいでしょう」

私はシュベードにツベトコフからの提案を話した。シュベードはツベトコフとは面識がなかったが、賛成した。

「イリインは第二書記だが、実質的にロシア共産党を取り仕切っている。ポロスコフ第一書記よりも力がある」

「リトアニア共産党におけるブロキャビチュス第一書記とシュベード第二書記の関係のようなものか」
「いや、ブロキャビチュスには現実的な影響力があるが、ポロスコフは視野が狭いのであまり影響力がない。ブレジネフ時代の党官僚そのものだ。ジュガーノフも視野が狭い。オリユール教育大学の教授だったので、学者肌が抜けていない。政局の現状をジュガーノフの話から判断すると間違える。僕が見るところロシア共産党で最も優れているのは、イリインと農業問題担当のソコロフの二人だ。この二人とは親しくなっていた方がよい」

イリインは、ソ連共産党中央委員とソ連最高会議議員も兼任していた。このクラスは、通常では各国の大使か公使が会う人物なので、私はまず大使館幹部を連れて行った。その後、非公式の意見交換ということで私は頻繁にロシア共産党中央委員会に出入りするようになった。ちょうど同じ時期、私はポローシンやサーシャ・カザコフの紹介で知り合ったエリツィン大統領の側近と会うために、「ホワイトハウス」(当時はロシア最高会議とロシア政府の合同庁舎)も訪れていた。偶然にも敵対する二勢力の幹部たちと親しく付き合うことになったのである。

時間が経《た》つにつれ、ロシア共産党とソ連共産党の関係は険悪になっていった。ある晩、シュベードを訪ねて「オクチャーブリ第二ホテル」を訪れた帰りに偶然、イリインとすれ違った。イリインが「時間があるか」と言うので、私は「あります」と答えた。イリインは私をホテル一階のバーに誘った。キャビアとサラミソーセージをつまみにウオトカを飲みながら雑談をしたが、そこでイリインは奇妙なことを聞いてきた。

「ユダヤ・フリーメーソンの陰謀について、サトウさんはどう思うか」

「そんなものはないと思います。今世紀初めに流行した『シオンの議定書』だって、偽《にせ》文書だということで、評価が定まっているじゃないですか」

「そりゃ、百年に一回、世界中のユダヤ人が集まって陰謀を企てるようなことはないだろう。私が聞いているのはそういうような陰謀話ではなくて、国家とか党、あるいは教会という枠組みを超えて存在するユダヤ人のネットワークだ」

「それはわかりません」

「ソ連共産党中央委員会の様子がおかしい。ユダヤ系の党員が独自のネットワークを作り始めている。それから夫人の役割だ」

「どういうことですか」

「ユダヤは母系社会だ。夫人のネットワークを通じて、公《おおやけ》とは別の権力ができ始めている。夫人が政治に容喙《ようかい》し始めている。細君たちが政治に関与するようになると国家は滅びる。ベッドの上で政治が決まり始めている。最高指導者がおかしくなると国家が崩壊する」

その日、イリインはかなり酔っていた。しかし、酔っても話していいことといけないことの仕分けが崩れるような人物ではない。イリインは固有名詞をあげなかったが、最高指導者とはゴルバチョフのことで、ベッドの上で政治に容喙する人物がライーサ夫人であることは明白だった。ソ連共産党とロシア共産党の溝は外部から観察しているよりもずっと大きいことがわかった。

イリインから特に口止めもされなかったので、私はイリインから聞いた話をシュベードに伝えた。

「よくそこまで話を聞き出せたな」

「聞き出した訳じゃないよ。向こうから話したんだ」

「マサルはイリインに信頼されているんだよ。イリインの情報の背後にはKGBがいると思う。KGBがゴルバチョフを含め盗聴を行なっているのは公然の秘密だが、その情報を使い始めている。ユダヤ・ロビーが動き出していることも事実なのだろう。ゴルバチョフのライーサ夫人のみならず、故サハロフ夫人のボンネル、さらにエリツィン夫人のナイーナもユダヤ人だ。この辺を結びつければ、どんな話だって作ることができるだろう。スターリン時代の末期を思い出してくれ。『白衣の陰謀事件』のことを」

「白衣の陰謀事件」とは一九五〇年代初め、ユダヤ人の顧問医師団がスターリン暗殺を企てたという捏造《ねつぞう》事件で、多くの人々が逮捕、拷問《ごうもん》されたが、一九五三年にスターリンが死去した後、冤罪《えんざい》であることが明らかにされ、関係者は釈放された。しかし、この事件を契機に、当初、親イスラエル政策をとったソ連の路線が反シオニズム、反イスラエルに転換する。その後、チェコスロバキアやハンガリーでもユダヤ人共産党幹部の粛清裁判が起こり、社会主義陣営における反ユダヤ主義が定着することになる。

「もちろん知っている。あの事件を契機にソ連・東欧諸国は反ユダヤ主義に転換した」

「いやな雰囲気だ。ユダヤ人も少しやりすぎているが、ロシア共産党の反ユダヤ主義は病理現象だよ」

九一年七月二十日、エリツィン大統領は、ロシア連邦社会主義共和国の領域内の国家機関においていかなる政党も活動してはならないという大統領令を公布した。国家機関の政治的中立性を担保するというのが口実だったが、ロシア共産党の活動を封じ込めるのが目的であることが明白だった。

ロシア共産党は、エリツィンの挑発に対して、ゴルバチョフがソ連全土に非常事態を導入すべきだと主張した。しかし、ロシア共産党の主張は通らなかった。八月初めに開催されたロシア共産党臨時中央委員会でポロスコフ第一書記が解任され、ゴルバチョフの信任が厚いクプツォフ・ソ連共産党政治局書記がロシア共産党第一書記に就任した。ポロスコフが更迭《こうてつ》されれば、イリイン第二書記が第一書記に昇格すると誰もが見ていた。クプツォフ人事の背後にゴルバチョフの強い意思が働いていることは明白だった。

クプツォフが第一書記に就任した翌日、私はイリインの執務室に遊びに行った。

「イリイン先生、なんと言ったらいいのか、残念でしたね。誰もがイリイン先生が第一書記になると思っていました」

「サトウさん、それは私だって党官僚だよ。第一書記になりたくなかったと言えば嘘《うそ》になる。しかし、私がロシア共産党第一書記になって、ゴルバチョフと対立することを誰よりも望んでいるのは、ソ連解体を志向する沿バルト三国やトランスコーカサス（アゼルバイジャン、アルメニア、グルジア）の民族主義者たちと欧米の反ソ主義者たちだ。私たちにはそれが見えている。『敵の前で汚れた下着を洗ってはならない』と言うじゃないか。このような意外な人事を行なう必要があるんだよ」

クプツォフがロシア共産党第一書記に就任したことで、ソ連共産党とロシア共産党の間で一応の「手打ち」が行なわれたと誰もが理解した。続いて、連邦制度の改変について、ゴルバチョフとエリツィンの間で折り合いがつき、一九九一年八月二十日に新連邦条約が調印されることになった。

それまで、ソ連の正式国名は「ソビエト社会主義共和国連邦」だったが、新連邦の名称は「ソビエト主権共和国連邦」とされた。「社会主義（ソツィアリスチチェスカヤ）」が「主権（スベレンナヤ）」に変わるのだが、略称はロシア語で「CCCP」、英語では「USSR」のままにするという「配慮」もされていた。ソ連は社会主義を放棄することで生き残るという方向性を明確にしたのだ。

ゴルバチョフもソ連共産党書記長としてではなくソ連大統領として生き残るという選択をしたのである。それと歩調を合わせるようにソ連共産党中央委員会の官僚たちは、ソ連大統領府や最高会議、政府に転職し始めた。ソ連が社会主義を放棄すれば、ソ連共産党中央委員会がリストラされることが明白だったからだ。

ロシア共産党は、ソ連の国名から社会主義が排除されることに対しては強い抵抗感をもっていた。しかし、ロシアの国名はロシア・ソビエト連邦社会主義共和国で社会主義の名前がきちんと残っている。ロシア最高会議でエリツィン派は三分の一、ロシア共産党は四分の一だが、中間派の連中を引き寄せ、共産党勢力が過半数を獲得することは可能と見ていた。ロシアをゴルバチョフの反社会主義政策に対抗する砦《とりで》にしようと考えていたのである。

第九章　運命の朝

三人への電話

一九九一年八月十九日早朝、電話が鳴り続けるので目が覚めた。時計を見ると午前六時二十分だ。電話を取ると日本大使館政務班の長内《おさない》敬《たかし》参事官からだった。

「東京から電話があったのだけれど、ゴルバチョフが健康上の理由で執務不能になったとの情報が流れている」

「正確な筋の話なのですか」

「タス通信が報道したということだ」

私は妻に大声で「ちょっと、テレビのスイッチを入れてくれ」と言った。テレビではバレイ「白鳥の湖」が映し出されていたが、すぐにアナウンサーが出てきて「非常事態国家委員会（ゲー・カー・チェー・ペー）」の声明を読み上げた。

「長内さん、いまニュースで確認しました。情報収集態勢を整えてから、すぐに大使館に行きます」と言って私は受話器を置いた。

たいへんなことになった――。

私はすぐに数カ所と連絡を取ることにした。まずは、リガのサーシャ・カザコフのところに電話をかけると、カーチャが出た。

「サーシャは昨日から扁桃腺《へんとうせん》を腫《は》らし、三十八度五分の熱を出し、入院している」とのことだった。ロシアでは、入院基準が日本と異なり、三十八度以上の熱が出ると半強制的に入院させられるというのが実情だ。事実、その方が病気の治りも早い。カーチャは落ち着いた声で答えた。

「過去一カ月、リガの（沿バルト）軍管区の様子が緊張し、将校が休暇を切り上げて戻ってきていたので、何かあるとは思っていたけれど、こんな乱暴なことをするとは思わなかったわ。ゴルバチョフは殺されたの？」

「わからない。健康上の理由で執務が不能になったというのが公式発表だ」

「きっと殺しているわね。軍政が敷かれるかもしれない。ラトビアでは内戦になるかもしれないわ」

「カーチャ、サーシャを連れて早く国外に出た方がいいんじゃないか。まだ国境は開いているだろう」

「考えてみるわ」

「国際電話が遮断されるかもしれない。モスクワと連絡がつかないときは日本に電話してくれ。サーシャには僕の日本の住所と電話番号を伝えてある。ゆっくり話せば母は英語がわかるので、連絡先を残してくれ。二人を助けるために全力を尽くす」

「ありがとう。必要になったら遠慮しないでマサルの助けを頼むわ」

その日の晩からラトビアとの電話が一切通じなくなった。サーシャの顔が何度も頭に浮かんできた。

次に、当時はまだリトアニア共産党の幹部だったビリニュスのシュベードに電話をかけた。

シュベードは、「何（シトー）！」と短く呟《つぶや》いたきり、しばらく黙り込んだ。それから、「マサル、何も聞いていない。モスクワで動きがあったら些細《ささい》なことでもいいから、連絡して欲しい」と言って電話を切った。

十九日の晩からラトビアとの電話は不通になったが、リトアニアとの回線はつながったままだった。この差がどこから出てきたかは未《いま》だに謎《なぞ》だ。とにかく、シュベードとは二、三時間に一回連絡を取り合うことが出来た。

そして、この八月十九日の早朝に、私が三番目に電話をかけたのは、チェシュコ民族学人類学研究所副所長の自宅だった。チェシュコ副所長は民族問題に関して、ソ連共産党中央委員会民族問題部、KGB、内務省からの諮問《しもん》を頻繁に受けている。頭と勘のいい人物なので、彼の話だけは是非聞いておきたいと思ったのだ。ベルが十回以上鳴ったところでオリガ夫人が電話をとった。

「マサルです。朝早く済みません。テレビでも流れていますが、ゴルバチョフ大統領が健康上の理由で執務不能になったので、ヤナーエフ副大統領が大統領代行に就任しました」

オリガが「なんてことなの！（ニチェボー・セベェー）」と叫んだ。ロシア人が本当に驚いたときに叫ぶ言葉だ。そして、「セリョージャ、セリョージャ」と夫の名前を連呼した。

しばらくして、電話口に出てきたチェシュコに、私はこう切り出した。

「チェシュコ先生、これはクーデターなのでしょうか。ゴルバチョフは生きているのでしょうか」

「マサル、慎重に判断することだ。通信が遮断されていないのは不思議だ。そう、三日間様子を見た方がいい。七十二時間だ」

日本でも「三日天下」と言うが、チェシュコのこの見立ては実に的確だった。非常事態国家委員会によるクーデター騒ぎは文字通り三日間で収まったのである。

思いがけない小銭の威力

三本の電話を掛け終え時計を見ると、午前七時を少し回ったところだった。車を運転し大使館に行く途中、私は新聞売りのキオスクに何軒か立ち寄り、一コペイク、二コペイク硬貨をできるだけ入手した。

ソ連では、情報提供者が接触してくるときには自宅の電話ではなく、公衆電話を使うのが常識だった。当局による盗聴を恐れてのことである。公衆電話は二コペイクだが、一コペイク硬貨二枚か二コペイク硬貨しか使えない。当時、インフレが進み硬貨はほとんど流通しなくなっていたため、公衆電話用のコインが不足し、二コペイク硬貨が闇《やみ》で五十コペイクから一ルーブルというべらぼうな価格で取り引きされていた。通勤途中で、私はふとそのことを思い出したのだった。

キオスクで「一コペイク、二コペイク硬貨を百倍の一ルーブル、二ルーブルで買う」と売り子に声をかけると、みんな喜んで取り分けてある硬貨を売ってくれた。

三、四軒キオスクに立ち寄ったところで、五百回以上の通話が可能な硬貨が集まった。当時、一ルーブルは十五円程度にまで下落していたので、日本円にすれば二万円程度の出費だった。これらの硬貨が、あとで大きな威力を発揮することになる。

大使館に着くと、緊急のミーティングが始まった。大島正太郎公使（政務班長）から、「あなたの人脈を駆使して自由に動いてほしい。車の借り上げやカネは全《すべ》て手当てするので、遠慮は一切しないでいい」と言われた。

私は基本的に大使館に詰めていることにした。当時、モスクワでは携帯電話が全く普及していなかった。そのため、私が動いてしまうと、情報提供者が大使館の私宛《あて》に電話をかけてきても、情報を逃してしまうことになる。したがって、基本的に大使館から身動きせずに、これまで培《つちか》った人脈を信頼して、情報が来るのを待った。

この手法は正しかった。普段、良好な人間関係を構築しておけば、クーデターや内乱のような緊急事態が発生したときに、情報は電話でとれるものだ。二年後の一九九三年十月にはモスクワ騒擾《そうじょう》事件が起こったが、このときも情報源からの電話をひたすら待つという手法が、大きな効果を上げた。

また、情報源である高官だけでなく、秘書官や電話交換手やタイピストと親しくしておくことが重要だ。私は秘書官や電話交換手の誕生日には必ずシャンペンを届け、高官の事務所の女性職員に対しては三月八日の国際婦人デーに必ずバラの花と口紅を贈った。このように陰徳を積み重ねておくと、いざというときに上司に電話をつないでもらうことができるのである。

私は親しくしているタス通信社や沿バルト諸国の新聞記者数名に電話をかけて、定期的な情報提供を要請した。それから、ソ連外務省プレスセンターで知りあったモスクワ大学の学生新聞会が、「学生通信」というファックス通信を出していることを思い出し、「少し弾むから、まず日本大使館にファックスを送ってそれから、他のマスコミに連絡してくれ」と依頼した。

この九一年八月の事件では、ロシア共和国最高会議建物（ホワイトハウス）が、クーデターを引き起こした「非常事態国家委員会」に反対する民主派や急進改革派の政治家、市民らの牙城《がじょう》となったが、この学生たちも「ホワイトハウス」に籠城《ろうじょう》し、内部の様子を定期的に伝えてくれたのでとても役に立った。

午前九時を少し回ったところで、沿バルト紙の青年記者から電話がかかってきた。私は大使館から徒歩三、四分のところにある喫茶店でこの記者と待ち合わせ、その朝入手した公衆電話用硬貨を全て渡して、情報提供を依頼した。後で何人かの日本人記者から、せっかく情報提供者を雇っていたのに、公衆電話用の硬貨が入手できなかったために、提供者たちが情報を伝えられなかったケースが多かったという話を聞いた。まさに、わずか三十銭の硬貨が、明暗を分ける形となったのである。

午前中に、エリツィンが軟禁されている、逮捕されたという噂《うわさ》が何度も流れ、その情報が外電でキャリーされた。東京の外務本省も執拗《しつよう》にこの件を照会してくる。

私以外の大使館関係者はエリツィン側近との人脈を作っていなかったので、このとき私がもっていた二つの人脈が役に立った。一人はロシア最高会議幹部会員だったあの怪僧ポローシンである。もう一人は、当時エリツィンの首席補佐官をつとめていたツァレガロッツェフだった。手帳に控えたツァレガロッツェフの直通電話の番号を回すと本人が出てきた。

「エリツィン大統領は執務室にいますか」

「まだ来ていません」

「非常事態国家委員会に逮捕されたのではないでしょうか。そういう憶測情報が外電で報道されています」

「こちらにそのような情報はありません」

「エリツィン大統領の安否を日本人は心配しています。大統領がホワイトハウスに到着したら、直ちに連絡してください」

私は大使館の代表電話番号と政務班の直通電話番号を伝えると、ツァレガロッツェフは「必ず連絡する」と約束した。

それから一時間も経《た》たないうちに、ツァレガロッツェフの秘書から電話がかかってきた。

「ツァレガロッツェフさんからの伝言ですが、今、エリツィン大統領が執務室に入りました」

私は「どうもありがとうございます」と言って受話器を置いたが、エリツィン側による情報操作の可能性もあると思い、少し時間をおいてツァレガロッツェフと電話で話してみることにした。

ツァレガロッツェフとは既に何回か会い、ある程度気心は知れている。嘘《うそ》をついているならば、電話を通じてでもその気配は察知できると考えた。何度、ダイヤルを回してもお話し中である。三十分くらい経って、ようやく連絡がついた。ツァレガロッツェフ本人からの電話がかかってきた。ツァレガロッツェフは嬉《うれ》しそうな声で、私に話しかけてきた。

「サトウさん、エリツィン大統領は生きていますよ。扉を一つだけ隔てたところにいます。是非、日本大使に面会に来ていただけると嬉しいです」

「枝村純郎《すみお》大使は現在、休暇で日本にいます」

「それは残念です。臨時代理大使に来てもらうように話してください。これは憲法手続きを無視したクーデターです。西側諸国が非常事態国家委員会を支持せず、目に見える形で抗議の意を表明することが重要です。助けてください」

「わかりました。この話は必ず臨時代理大使に伝えます」

ゴルバチョフは生きているのか？

私はそれまでに入ってきた情報に基づいて、頭の中で情勢を分析し始めた。エリツィンと日本大使を引き合わせたいということは、エリツィンが「ホワイトハウス」にいるということだ。このようなことで嘘をついてもすぐに露見する。ツァレガロツェフは稚拙な嘘をつくような人物ではない。エリツィンは非常事態国家委員会と徹底的に対決をするつもりだ。ただし、「ホワイトハウス」に籠城しても、ＫＧＢが本気になって「アルファー特殊部隊」を突入させれば、数時間でエリツィンは逮捕されるに違いない。

それにしても、ゴルバチョフはどうなったのだろうか。もう、殺されてしまったのだろうか。それから、ヤナーエフ副大統領はどうしているのだろうか。クレムリンの執務室で「マルボロー・ライト」をチェーンスモーキングしているのだろうか。クレムリンや「オクチャーブリ第二ホテル」で会ったときのヤナーエフの顔としぐさが思い浮かんだ。

ゴルバチョフの安否を誰が知っているだろうか。ゴルバチョフは外界との連絡が絶たれていると見るのが妥当だろう。したがって、ゴルバチョフ派からゴルバチョフの現状に関する正確な情報を知ることはできない。エリツィン派もゴルバチョフとアクセスする手段をもっていない。そうなると、ゴルバチョフの生死について正確な情報をもっているのはクーデターを行なっている側だけだ。

一般論として、機微な情報を得る場合、留意することは二つだけだ。第一は、その人物がこちら側が必要とする情報をもっているかということだ。シュベードはクーデター に関する情報を知らない。イリイン・ロシア共産党第二書記とルビックス・ラトビア共産党第一書記ならば知っている可能性がある。

第二は、その人物が知っている情報をこちらに正確に伝えてくれるかである。ルビックスが積極的な嘘をつくことは考えられないが、ほんとうのことを全て語ってくれるとは思えない。イリインならば教えてくれるかもしれない。

私はイリインの直通電話の番号を回した。十回以上ベルが鳴った後で、レオーノフ補佐官が電話をとった。

「アレクセイ・ニコラエビッチ（イリイン）は会議中で、電話に出られません」

「日本大使館の佐藤優です。お願いです。電話をつないでください」

「サトウさん、現状で電話をおつなぎできるかは約束できませんが、サトウさんから電話があったことはすぐにメモを入れて伝えます」

「頼みます。正確な状況を知りたいのです。助けてください」

「メモを入れた後、イリイン同志の返答は必ず伝えます」

そう言って、レオーノフは電話を切った。

念のためにルビックスにも連絡してみることにした。既にモスクワを発《た》っている可能性は高かったが、ダメもとで「オクチャーブリ第二ホテル」のルビックスの部屋の電話番号にかけてみた。

もちろん、第一書記や第二書記の直通電話の番号は公表されていないが、ホテルの電話技師と親しくなって、部内使用の電話帳を見せてもらい、部屋を年間契約している共産党幹部の電話番号を書き写しておいたのだ。普段ならば、教えられたわけでもないのに要人の直通電話にかけたりしたら不興を買うだけなのでやらないが、今は非常事態だ。背に腹は替えられない。私は腹を括《くく》ってダイヤルを回した。ルビックスが電話に出た。幸い突然の電話に腹を立てている様子はない。

「サトウさん、これからリガに帰ります。憲法秩序を回復するのです。慌《あわ》てる必要は何もありませんよ。落ち着いたらサトウさんもリガに遊びに来てください」

「どうもありがとうございます。ところで、ゴルバチョフさんはどうなったのでしょうか」

「健康上の理由で執務不能になったと聞いています。それ以上の情報はありません」

これ以上、ルビックスに問い質《ただ》しても心証を悪くするだけだと思い、私は「どうもありがとうございます。リガには友だちがたくさんいるので、また訪れたいと思います」と答え、受話器を置いた。

電話が終わると、政務班の同僚が「イリインという人からコールバックがあった」と伝えてくれた。私はすぐにイリインに電話をすると、数回のコールで本人が出た。

「イリイン先生、いったい何が起きているのですか。西側ではあなたたちがクーデターを起こしたと言っていますよ」

「サトウさん、電話で話す内容じゃありませんよ」

「ゴルバチョフは生きているんですか」

「それも電話で話す内容じゃありません」

「短時間でも会ってもらえませんか」

「もちろんいいですよ。ただ、政治局の会議が延々と続いているので、いつ時間があくかわからない。しかし、君とは必ず会う。約束するよ」

電話は最後には親しい者が使う「ナ・ティ（俺・お前）」の口調になった。

受話器を置くと、すぐにベルが鳴った。今朝、コペイク硬貨を大量に渡した青年記者からだった。伝えたい情報があるという。私は記者とタス通信社前のカフェで待ち合わせた。

タス通信社は大使館に面したカラシュヌィー通りとゲルツェン通りの交差するところにあり、このカフェは鶏のグリルとレーズンを中に入れた牛肉ロールの二つしかメニューがないが、なかなかおいしいので、若者に人気のある店だった。国営店だが値段が高いので昼食時でも行列ができることがない。

「サトウさん、硬貨に感謝します。他の記者たちも外国メディアのストリンガー（情報提供者）をしているんですが、硬貨がなくて公衆電話を使えないので、困っていたのですが、私が分けてあげたので、とても感謝し、いい情報を教えてくれます」

「それはよかった。いったいどうなっているんだ」

「ホワイトハウスにはバリケードが築かれ、エリツィンは徹底抗戦するつもりです。議員たちの話では、ヤナーエフ副大統領が首謀者ではなく、シェイニン書記、クリュチコフKGB議長が中心的役割を果たしています。パブロフ首相も中心人物ではない」

「ホワイトハウスに実力行使が行なわれるだろうか」

「わかりません」

「ゴルバチョフは生きているのか」

「情報が錯綜《さくそう》しています。殺されたという説と監禁・軟禁説が半々です。ただし、病気で執務不能になったという説を信じている人は一人もいません」

逃げ出したポローシン

カフェから戻ると、私はポローシンに電話をかけた。

「スラーバ、ホワイトハウスの中はどうなっているのか」

「興奮状態だ。ただし、秩序は維持されている」

「エリツィンとは会ってきたのか」

「会ってきた。建物の防衛はルッコイ（副大統領）に任されている。ハズブラートフ（最高会議議長）、ブルブリス（国務長官）が中心になって大統領を支えている」

「正教会に動きはあるか」

「様子見だ。僕は最後まで戦う」

　その日、私はポローシンと何度も電話をしたが、午後十時以降、ポローシンの直通電話も秘書の電話も誰もとらなくなった。最後の電話は次のような内容だった。

「窓の外から戦車、装甲車と兵員輸送車が見えるよ。ルッコイが作ったバリケードなんか五分で蹴散《けち》らせる。僕も兵役に行っているからそれくらいのことはわかる」

「非常事態国家委員会側は威嚇《いかく》しているだけか、それとも襲撃を本気で考えているのか」

「わからない」

「ホワイトハウスの中は平穏か」

「平穏かだと！　平穏なわけなどないじゃないか。こっちに来てみろ。火炎瓶や手榴弾《しゆりゆうだん》がゴロゴロしている。それに猟銃をもっている奴《やつ》らもいる。どうなるかわからない」

　ポローシンが怯《おび》えているのが、手に取るようにわかった。

　クーデター二日目（八月二十日）には、何度電話をしてもポローシンとは連絡がつかなかった。

三日目（八月二十一日）の昼前にポローシンと電話がつながった。

「エリツィン大統領とともに作戦本部にいたので、連絡がとれなくて済まない。われわれは勝利するまで一歩も引かない」

「火炎瓶や手榴弾が暴発する危険性はないか。それから銃撃戦が行なわれることにはならないか」

「ホワイトハウス内に火炎瓶や手榴弾、それに自動小銃が隠されているというのは悪質なデマだ。われわれは非武装で抵抗している。このことを国際社会に知らせてほしい」

「『火炎瓶や手榴弾がゴロゴロしている。それに猟銃をもっている奴らもいる。どうなるかわからない』と言って俺を心配させたのはお前じゃないか」という言葉が喉《のど》までかかったが、「エリツィン大統領たちが非武装で抵抗していることを日本政府に必ず伝える」とだけ答えた。

三日目の夜、エリツィン側の勝利が確実になると、ポローシンは黒色の神父服を着て、エリツィン大統領やブルブリス国務長官のそばで神に感謝の祈りを捧《ささ》げていた。

このときポローシンの補佐官を務めていた美人の法律専門家がいた。彼女は、後にポローシンと仲違《なかたが》いし、政府高官になったのだが、ポローシンのクーデター未遂事件三日間の立ち振る舞いについて後に私に教えてくれた。

「危機になると男の本性が見えてくるわ。シラーエフ首相は怖くなって逃げちゃったの。ブルブリスは命を懸けて徹底抗戦。サムライ精神があるわ。ビャチェスラフ（ポローシン）は最低だったわね。初めはエリツィンやルツコイの前で威勢がよかったのに、戦車の姿を見たら怯えてしまい逃げ出しちゃったわ」

「作戦本部にいたんじゃないのか」

「私はブルブリスと一緒に昼間はずっと作戦本部にいたけれど、ビャチェスラフが出てきたのは、クリュチコフ（KGB議長）からエリツィンにホワイトハウスへ突入しないという連絡があった後からよ。一晩目も二晩目も夜は逃げ出して家に帰っていたわ。臆《おく》病者《びょうもの》なんだけど、外からは戦っているように演出するのが上手なので、みんなビャチェスラフが三日三晩、籠城《ろうじょう》して抵抗していたと信じているの。私は真相を知っているわ。ビャチェスラフは中国人百人分くらい狡《ずる》いの。マサルも騙《だま》されないように気を付けた方がいいわ」

まさに、ポローシンの本領発揮と言ったところだろうか。

ふやけたクーデター

一日目の夕刻に話を戻す。再び青年記者から連絡があったので、私は記者をゲルツェン通りで拾い、そこから車で五分ほどのクトゥーゾフスキー大通りとドロゴミーロフスカヤ通りが交差するところにある、当時、ソ連で唯一《ゆいいつ》のピザ専門店「ピザ・ハット」に連れて行った。

半分がルーブル席で残り半分が外貨席だった。ルーブル席はいつも長蛇の列だが、外貨席はガラガラだ。サラダバーがあり、モスクワでは滅多に口にすることのできないミネストローネスープやレタスやコーンがあったので、ビタミンと繊維補給に重宝した。日本を含む外国新聞社の支局は、「ピザ・ハット」から歩いて四、五分のクトゥーゾフスキー大通り七／四番にあったので、ここでよく各国の記者たちと意見交換をした。

青年記者は外貨レストランに行くのは初めての経験のようで、少しはしゃいでいた。そういえばモスクワの街全体に非常事態令が公布され、クーデター派と反クーデター派の間で激しい攻防戦が行なわれているにもかかわらず、何か一種のお祭り気分で、モスクワっ子たちもはしゃいでいるのである。

ホワイトハウスには続々と若者が集まり、籠城に加わる。七カ月前、ビリニュスの最高会議建物に籠城し、死の恐怖から夜中にセックスをするカップルまでいたあの緊張感がモスクワでは感じられない。

「サトウさん、戦車、装甲車、兵員輸送車が出てきました。しかし、突入する気配はありません。ホワイトハウスの電話回線も遮断されません。インターファックスはエリツィン側の情報を各国のマスコミに流しています。ラジオ放送局『エコー・モスクワ』も小型発信機を持ち込んで二十四時間の実況中継を行なっていますが、KGBは妨害電波を出していません。こんなふやけたクーデターがあるのでしょうか」

「どうしてこんなことになっているのだろう」

「わかりません。ただ言えるのは、非常事態国家委員会のソ連政府とエリツィンのロシア政府が、二重権力状態になっているということです」

「いつまでこの状態が続くのだろうか」

「リトアニアのように相当長期間、二重権力状態が続くようになるかもしれません。KGBや軍出身の議員は核管理を心配しています。ビリニュスと違ってモスクワは核大国の首都です。二重権力状態がいつまでも続くと何が起こるかわからないので、西側が介入してくるのではないかという見方もでています」

「軍の動きについて情報はあるか」

「ありません」

「KGBについては」

「ジェルジンスキー通りのKGB本部は特にいつもと変化なく、仕事をしています。報道局も電話での照会に普通に対応しています」

「ピザ・ハット」から戻ると、名前を名乗らない電話がかかってきたが、声から面識のあるソ連科学アカデミー傘下《さんか》研究所の老学者だということがわかった。公衆電話からかけてきているのだろう。老学者はモスクワ市南部の高級住宅地の高層ビルに住んでいるが、そこからKGBの施設が見える。公表されていないが、特殊部隊の施設だ。

「私の家の前の建物に制服を着た人たちと私服の人が集まっている。兵員輸送車も停まっている」

KGBも準備を整え、いつでも出撃できる態勢にあることは間違いない。誰かが指令を出せば、KGBの暴力装置が動きだす。どうして誰も機械のスイッチを押さないのか。それとも何か事情があって押したくても押せないのか。私は考えを巡らしたが、答えはでてこない。

果たしてこのクーデターは成功するのだろうか。そもそもこれはクーデターなのだろうか――。

モスクワで権力の空白が生じ始めていることが、肌で感じられた。何よりの証拠に、普段は街角の至るところに立っている交通警官（GAI・ガイー）が姿を消している。

もう一度、イリインに電話した。レオーノフ補佐官が電話を取ったが、すぐにイリインにつないでくれた。

「サトウさん、まだ仕事をしているんですか」

「あなたたちが仕事を終えるまで私の仕事は続きます。お話をうかがいたいのですが」

「電話でお話しする内容はありません。必ず時間を作ります。約束します」

私は「イリイン先生は約束を守る人であると信じています」と答えたが、内心、この状態で私のために時間を割いてくれるとは思わなかった。しかし、それは間違いだった。イリインはリスクを負って私との約束を守ったのである。

その日は、深夜零時を少し回ったところで帰宅した。一月のビリニュス事件では、最初の二日間、興奮して徹夜したために三日目からは睡眠不足がたたって仕事の能率が低下したので、長丁場に備えて体力を温存することにした。健康管理も実力のうちなのである。

帰宅途上、共産党中央委員会がある「スターラヤ・プローシャジ」、クレムリン周辺、さらに「ホワイトハウス」周辺を視察した。「ホワイトハウス」周辺にはバリケードが作られていた。しかし、リトアニアの最高会議建物周辺に張り巡らされたバリケードと比較すると、おもちゃのようなもので、簡単に突破できそうだった。

生存確認

八月二十日も午前八時前に大使館に到着した。徹夜で勤務している同僚数名の眼は充血していた。昨日、十数名の協力者に情報提供を依頼しておいたので、ひっきりなしに電話がかかってくる。その内、重要なものを暗号電報にして東京の外務本省に報告する。

そうしているとあっという間に時間が過ぎていく。

午前十一時頃、レオーノフ補佐官から電話がかかってきた。

「午後一時半にロシア共産党中央委員会の通用門に来てください。イリイン第二書記がお会いする用意があります」

その日は正午に「ホテル・ペキン」の外貨レストランでスビャトスラフ・フョードロフ・ソ連最高会議議員と会食することにしていた。著名な眼科医であるフョードロフはホテルとカジノの経営者としても有名な人物で、ゴルバチョフのブレインの一人と見られていた。このような事態なのでフョードロフは会食をキャンセルするであろうが、政治家と約束したことを私の方から反故《ほご》にするのはよくないと思い、十二時十五分前に大使館を出た。途中で車が使えなくなるような事態を想定して、私は大使館が借り上げたハイヤーを使った。

「ホテル・ペキン」は環状道路とゴーリキー通りが交差したマヤコフスキー広場にある。広場にはエリツィンを支持する千名以上の市民が集まっていた。「非常事態国家委員会を打倒せよ」、「ソ連共産党を打倒せよ！」などのプラカードをもった人もいる。ハンドマイクで誘導する活動家の指示に従ってデモ参加者は整然と行動している。「ホテル・ペキン」の裏側には内務省の人員輸送車が二十台以上停まっていた。警官も数百名はいる。いつでもデモ参加者を逮捕、拘束する準備が整えられていた。

前に述べたように市内から内務省傘下の交通警官は姿を消してしまった。しかし、内務省の治安部隊は行動を展開している。いったいどうなっているのであろうか。内務省が統一した行動をとっていないことも明らかだ。後でわかったことだが、交通警察は内務省傘下と言っても実質的にモスクワ市の影響下にあるので、エリツィン支持の姿勢を鮮明にしたガブリエル・ポポフ市長と内務省が行なう指令が矛盾しているために、結果として機能不全に陥ったということのようだ。

十五分待ったがフォードロフはやって来ない。道路事情もよくないので、私は「スターラヤ・プローシャジ」のロシア共産党中央委員会に向かうように運転手に指示した。

ゴーリキー通りとマルクス大通りの交差点を左に曲がり、「ゴスプラン（国家計画委員会）」を通り過ぎ、ボリショイ劇場の前に差し掛かったところで、人混みと交通混雑で車が先に進めなくなった。私は運転手に「僕はこの先歩いて行くから、大使館に戻ってくれ」と指示し、車を降りた。

大きなカール・マルクスの石像の台座に、「自由を！」、「国民に権力を！」、「非常事態国家委員会を打倒せよ！」、「エリツィン支持！」と書いたビラが貼《は》られている。これまでマルクスの石像やレーニンの銅像にビラが貼られることはなかった。このビラを見て、タブーが崩れたということを実感した。

「メトロポーリ・ホテル」の横を通り抜け、KGB本部のあるジェルジンスキー広場を越えて、十五分くらいで「スターラヤ・プローシャジ」についた。通用門はソ連共産党中央委員会かロシア共産党中央委員会の職員しか通行を認められないので、果たしてうまく中に入れるか不安に思っていたが、通用門の横でレオーノフ補佐官が待っていた。警備の民警に、私の特別通行証と思われる書類にイリインが署名し、大きなゴム印を押した書類を渡した。民警は私の「外交官身分証」に書かれた名前と書類の名前を照合し、サインをしてレオーノフに書類を戻した。

ロシア共産党中央委員会第二書記執務室前の事務室では、電話交換手、タイピスト、補佐官たちがいつもと変わらぬように仕事をしている。特に緊張した雰囲気もなく、冗談を言い合ったりしている。レオーノフは私をイリインの執務室に案内した。

「サトウさん、イリイン同志は会議中なので、いま呼び出してきます」

「無理をしないでください。会議が終わるまで待ちます」

「会議はいつになったら終わるかわかりませんよ。イリイン同志からはサトウさんが着いたら呼び出してほしいと言われています」

入れ替わりに女性秘書がやってきて「コーヒーにしますか、紅茶にしますか」と尋ねた。私の経験では、急進改革派はコーヒーを好むが、共産党守旧派は紅茶を好む傾向がある。イリインは紅茶党だ。私は「紅茶をお願いします」と言った。

秘書が紅茶とビスケットを運んできたが、私は口をつけず立ったままイリインを待った。十分くらい経《た》った頃、イリインがやってきた。疲れた顔をしている。それに灰色の瞳《ひとみ》がどことなく淋《さび》しそうだ。

「サトウさん、待たせて済まない。さあさあ腰掛けて」

「どういたしまして。お忙しい中、時間をつくっていただきありがとうございます」

イリインは公式の会談では丁寧語つまり、「ナ・ウィ（私・あなた）」を使うが、今日は飲み会のときのようなざっくばらんな言葉遣い「ナ・ティ（俺・お前）」だ。友人として私を招いているというシグナルである。

レオーノフ補佐官がメモをとろうとすると、イリインは「今日は記録はいらない」と言った。気を利《き》かせてレオーノフが席を外そうとすると、「ここにいてくれ」と指示して、あえて同席させた。

「イリイン先生、端的にお聞きします。これはクーデターなんですか」

「違う。これはクーデターではない。今日（八月二十日）署名する予定になっていた連邦条約のことは君も知っているだろう」

「はい、もちろんです」

前に述べたように、この連邦条約が署名されると、ソ連は「ソビエト社会主義共和国連邦」ではなく「ソビエト主権共和国連邦」と呼ばれるようになり、ロシア語の略称は

ＣＣＰでこれまでと同じだが、国名から社会主義が外されることになる。イリインは熱を込めて続けた。

「われわれがペレストロイカを進めるのは、社会主義国家ソ連を強化するためで、それを解体するためではない。この連邦条約が調印されれば、ソ連はもはやソ連ではなくなってしまう。われわれはゴルバチョフ抜きでペレストロイカを推進することにした。だから、これはペレストロイカ政策の継続であり、決してクーデターではない」

私も興奮して言葉遣いがぞんざいになる。

「ゴルバチョフは生きているの」

「生きている」

「端的に聞くけれど、殺されたんじゃないか」

「違う。生きている。基本的に元気だ」

「公式発表だと、ゴルバチョフが病気で執務不能になったということだけど、意識はあるのか」

「ある」

「病名は何か」

「ラジクリートだ」

「ラジクリート？」

「そうだ。しばらく経てば回復する。ミハイル・セルゲービッチ（ゴルバチョフ）は生きている」

イリインが補佐官に「今日は記録はいらない」と言ったのは、この会見は「存在しない会見」なので、私にもメモを取るなという意味と受け止め、私はノートもペンも取り出さずに注意深く話を聞き、記憶に焼き付けた。

「ラジクリート」という単語の意味を私は知らなかったので、大使館に戻ってから辞書を引いたところ、「radikulit［医］脊椎《せきつい》神経根炎、ギックリ腰」ということだった。大統領が執務不能になった病気が「ギックリ腰」であるというのは噴飯物だが、ゴルバチョフの安否を正確に知りうる立場にいるクーデター派高官から、「ゴルバチョフは生きている」という確度の高い情報をとったことは大きな成果だった。

後にこの情報について当時、ソ連課長だった東郷和彦氏から「ゴルバチョフの生存を確認する非常に早い情報だった」と評価された。

ここまで話したところでイリインは、「クプツォフ同志（ソ連共産党政治局員兼ロシア共産党第一書記）を待たしているので、今から会議に戻るけど、少し待っていてくれればもう一度抜け出してくる」と言って中座した。

私としては、「ゴルバチョフは生きている。殺されていない」という情報をとったので、一刻も早く大使館に戻って報告電報を打たなくてはと思ったが、イリインが「もう一回抜け出してくる」と言ってくれた以上、それを断るのは失礼だ。秘書が紅茶を差し替えてくれた。それを飲み終わらないうちにイリインが戻ってきた。手にA4判四、五枚の書類をもっている。

「サトウさん、この書類を見てごらん」

その書類には「ソ連国民に対する呼びかけ」というタイトルが書かれ、あちこちにペンや鉛筆で加筆や削除がなされたもののコピーだった。

「明日の『ソビエツカヤ・ロシア』紙（ロシア共産党中央委員会機関紙）に、この声明文が掲載されればわれわれは勝利する」

「必ず掲載されるでしょう。僕はあなたたちの勝利をお祝いしたらよいのだろうか」

「いや、状況はそう単純じゃない。いわゆる民主派の策動を許してしまった。これはわれわれが勝つか奴《やつ》らが勝つかという次元ではなく、ソ連邦が生き残るかどうかという死活的問題なんだ。民主派の策動を許してしまったので、どうなるかわからない。サトウさん、明日の『ソビエツカヤ・ロシア』を見れば状況を正確に予測できる」

「必ず読む」

イリインは最後にこう述べた。

「しばらくは忙しくなるので君に会えないかもしれない。あるいはこれで最後になるかもしれないが、君との話は実に愉快だったよ。成功を祈る」

イリイン氏は私を引き寄せ、右頬、左頬、そして最後に唇にキスをした。そして、「クプツォフ第一書記に叱《しか》られるので、会議に戻る」と言って部屋を後にした。再びレオーノフ補佐官が通用門まで私に同行した。別れ際《ぎわ》にレオーノフは「イリイン同志のあんな様子を見たのは初めてです。アレクセイ・ニコラエビッチはあなたのことがほんとうに好きなんですね」と言った。

ロシア共産党中央委員会の建物を出ると、私は駆け足で「赤の広場」へと向かった。「赤の広場」の横には巨大な「ロシア・ホテル」があるが、そこに知り合いの白タク運転手がいた。もちろん、白タク運転手はマフィア組織の末端に位置していることは知っていたが、むしろその方が安心だった。

当時、マフィアにとって白タクは外貨獲得のための貴重な商売《シノギ》だったので、マフィア系の白タク運転手が外国人観光客やビジネスマンから追い剝《は》ぎをしたり、暴利を貪《むさぼ》ることはない。「金の卵を産む鶏」である外国人が怯《おび》えて寄りつかなくなると商売が成り立たなくなるからだ。ホテルの北口で、知り合いの白タク運転手を見つけた。

「旦那《だんな》さん（バーリン）、タクシーですか」

「頼む。思いっきりはずむよ。十ドル出す」

当時、モスクワの中心部ならば白タクでも二ドルが相場だった。

「OKです。どこまででも行きますよ」

「日本大使館までだ」

「ゲルツェン通りに行って、タス通信社の前のカラシュヌィー通りを入ればいいですね」

「ただ、こっちから行っても環状道路が封鎖されているので入れないかもしれない。とにかく急いでいる」

「旦那さん、大丈夫です」

運転手はポンコツの「ジグリ」（前に述べた一九七〇年代初頭のフィアットのコピー）に案内し、「これがあれば大丈夫だ」とトランクから青い回転灯を取り出し、車の屋根につけた。

「どこで手に入れたんだ。こんなもの使って大丈夫か」

「闇市《やみいち》で簡単に手に入りますよ。旦那にお譲りしますか」

「またの機会にしておく」

運転手は青い回転灯をつけ、ときおりサイレンを鳴らしながら、人混みや渋滞を掻《か》き分けて私を大使館に送り届けた。

オフィスに戻ると、私はワープロのキーボードを大急ぎで叩《たた》き、外務本省に公電で会談内容を報告した。

イリインからの情報を電報にまとめた直後、電話交換手が「佐藤さん、東京から国際電話です」と言ってつないでくれた。猪木寛至《いのきかんじ》（アントニオ猪木）参議院議員からだった。

「佐藤さん、おめでとうございます。ヤナーエフさんがついにクーデターを起こしましたね。引き合わせてもらってほんとうによかったです。この前会ったときヤナーエフは何か考えていると思ったが、こんなでかいことを起こすとは思っていなかった」

「猪木先生、最終判断はまだ早いです。流れがどうなるか見えていません」

「佐藤さん、ソ連にはゴルバチョフのようなお喋《しゃべ》りよりもヤナーエフの方が似合っているように思う。共産党の難しい人たちが権力についたら、普通の外交官じゃ付き合えないだろうから、佐藤さんの活躍の場は前よりも増えると思いますよ」

そんな会話を交わしながら、この前猪木議員を招待したボイチェフスキーたちは、エリツィン派だが、今頃何をしているだろうかとふと思った。

ソ連解体を演出したブルブリス
翌八月二十一日の「ソビエツカヤ・ロシア」に、イリインが私に見せてくれた声明は掲載されなかった。

結局、クーデター未遂事件は三日間で幕を下ろしたのである。

二十一日の夕刻からテレビのアナウンサーが入れ替わり、報道が徐々にエリツィン寄りになってきた。夜になり例の青年記者から電話がかかってきた。

「ホワイトハウスから群衆がKGB本部に向かっています。KGB本部と共産党中央委員会を襲撃するのではないかという憶測情報が流れています」

「わかった。現場の様子を見て、教えてくれないか。特に共産党中央委員会とKGB本部の警備状況がどうなっているのかに関心がある。まだ電話用の硬貨はあるか」

「あります」

エリツィン派の市民が暴徒化するかもしれない。私は襲撃されるKGB本部を見てみたいという好奇心に駆られたが、それを押さえた。状況はテレビで同時中継されている。公開情報で得られる情報を、あえて危険を冒して取りに行くのはプロではない。

テレビ映像を注意深く見ると、KGB本部の入り口にはエリツィン側が送った自警団が群衆が突入しないように入り口を警護し、若者たちが暴走しないように説得している。エリツィン派も秩序維持には細心の注意を払っているようだ。「スターラヤ・プローシャジ」の中央委員会はどうなっているのだろうか。テレビからでは情報が得られない。

そのとき再び青年記者から電話がかかってきた。

「サトウさん、共産党中央委員会の周辺には人はそれほど集まっていません。熱気もありません。ほとんどの群衆はKGB本部だけに集まっています。酔っ払いも多いです。建物に突入しようと気勢をあげる人たちもいますが、組織化されていません」

「無理しないで、危なくなったらすぐに逃げてくれよ」

「わかりました」

「テレビの映像ではエリツィン側の自警団がKGBの各入り口を守っているようだが、僕の印象は間違っていないか」

「あなたのおっしゃる通りです」

一応、統制はとれているようだ。ただ、このまま睨《にら》み合いが長く続くと、不測の事態が生じかねない。KGBの内部はどうなっているのか。私は「オクチャーブリ第一ホテル」の売店で購入した電話帳に、KGB本部の電話番号が出ていないかと探した。すると、「当直（ジェジュールナヤ）」という番号があったので、その番号にかけてみた。十回程ベルを鳴らしたところで、誰かが受話器をとった。

「当直です」

「KGBの当直ですか」

「そうです。あなたはどなたですか」

「在モスクワ日本国大使館三等書記官の佐藤優と申します。教えていただきたいことがあるのですが」

「私に授権された範囲内のことでしたらお答えします」

「クリュチコフKGB議長が逮捕されたという報道がなされています。事実でしょうか」

「確認できません」

「いま多くの群衆がKGB本部建物を取り囲んでいると承知していますが、不穏な事態に発展するのでしょうか」

「わかりません。われわれは通常通りに任務を遂行しています」

当直の声からは動揺している様子は、全くうかがわれなかった。

再びテレビ画面に神経を集中していると、そのうちに大きなクレーン車とトラックが出てきた。KGB本部の前にある広場は「ジェルジンスキー広場」と呼ばれている。この名前は、KGBの前身である「チェ・カー（非常事態委員会）」初代長官フェリクス・ジェルジンスキーに由来しており、広場の中心には彼の巨大な銅像が、まるで辺りを睥睨《へいげい》するように鎮座していた。

ジェルジンスキーはユダヤ系ポーランド人で、反革命勢力に血の弾圧を加えたが、同時に子供好きの良いおじさんという一面もあった。その関連でKGBの隣には「子供の世界（ジェーツキー・ミール）」というおもちゃや子供服専用のデパートがある。このデパートの前からクレーン車がジェルジンスキーの銅像に近づき、大きな爪《つめ》で銅像を掴《つか》み上げた。台座から白い煙が立ち、初代秘密警察長官の銅像が宙に浮いた。それを見た群衆は拍手喝采《かっさい》した。しばらくして、倒されたジェルジンスキーの銅像はトラックに移され、車は走り去っていった。それを合図にして、まるで潮が引くように群衆は去っていった。

二年後にこの演出はブルブリスによるものだったという裏話を、本人から聞いた。

「あのときは危機的だった。群衆の統制が利《き》かなくなると軍が動き出す危険があった。KGB本部にホワイトハウスの防衛隊を回し、群衆が襲撃や放火をしないように統制したんだ。それから、KGBによる抑圧のシンボルであったジェルジンスキー像を取り去った。これで群衆のガス抜きができた」

テレビで群衆が去って行く様子を見た後、私はイリインがいるロシア共産党中央委員会を、どうしても訪れたいという欲求を抑えられなくなった。今日は大使館の公用車も二十四時間使える態勢だが、私はあえて昼間乗り捨てた借り上げハイヤーを頼んだ。運転手に一言礼を言いたかったからだ。

「昼間は危ない場所にひるまずに行ってくれてどうもありがとう」

「サトウさん、仕事ですから。こんな夜遅くどこに行くんですか」

「スターラヤ・プローシャジに行ってくれ」

道路は空《す》いていた。十分も経《た》たずに車はロシア共産党中央委員会の建物の横についた。イリインの執務室は道路側からは見えない。イリインも逮捕されたのだろうか。私は車から外に出て、イリインの執務室の方を見ながら二、三分空気を吸った。私服のKGB職員と思われる人物が近づいてきた。

「失礼します。ここで何をしておられるんですか。ここは進入禁止地域に指定されています。許可証をもっていますか」

「持っていません。ちょっと道に迷ってしまいました」

「わかりました。すぐに退出してください」

「済みませんでした」

私は車に乗って大使館に戻った。

八月二十二日深夜、ゴルバチョフが軟禁されていたクリミア半島の避暑地フォロスから戻ってきた。テレビに映ったのは仕立てのよい背広をパリッと着こなしたゴルバチョフ大統領ではなく、憔悴《しょうすい》し、髪の毛もとかしておらず、ジャンパー姿のひ弱な初老の男だった。

この瞬間からロシア人もリトアニア人もアゼルバイジャン人も、ソ連に住む全《すべ》ての人々がゴルバチョフを哀れと思っても、怖いとは感じなくなった。ゴルバチョフに着替

え と身だしなみを整える機会を与えずにテレビの前に出すというのもブルブリスの演出だった。権力はゴルバチョフからエリツィンに移った。

しかし、そのことに気付いていない政治家が一人いた。ゴルバチョフ・ソ連大統領その人である。ゴルバチョフは非常事態国家委員会によるクーデター未遂事件の結果、政治改革や経済改革を推進する上での障害がなくなったので、ペレストロイカを一層進めることが可能になったと考えた。

ゴルバチョフは、九月六日に沿バルト三国の独立を承認した。これまでかたくなに拒んできた独立を認め、あえて寛容さを示すことで、ソ連は話のわかる魅力的な国家体制に変わったということを内外にアピールし、その上で新連邦条約を締結すれば、自分の求心力が甦《よみがえ》ってくると考えたのだ。ゴルバチョフの言動は政治的実効性を失って、ただ滑稽《こっけい》に見えるばかりだった。

エリツィン本人は、ロシア、ウクライナ、ベラルーシのスラブ系諸国とカザフスタンを核にする刷新されたソ連を作るか、ソ連を完全に分解するか、明確な戦略を立てきれずにいた。ここで、ソ連崩壊を決定的に方向付けたのがブルブリス国務長官だった。

ブルブリスは政界に入る前はウラル国立大学哲学部教授で、弁証法的唯物論《ゆいぶつろん》を教授していた。弁証法の達人で、黒を白と言いくるめることなど朝飯前だ。前にも少し述べたが、ブルブリスが聡明《そうめい》で、実行力があることは誰もが認めたが、極端な能力主義者で、陰険な手法で敵対者を徹底的に潰《つぶ》すので、人望はなかった。

ブルブリスは民主主義は衆愚政治と考えていたので、国家にとって重要な決定は全《すべ》てエリツィンと密室で決定し、官僚組織を無視した。「俺が教えた通りにやれ」というのがブルブリスの口癖だった。やがてエリツィン自身が、「もしかすると俺はブルブリスにいい調子で操られているのかもしれない」と思うようになった。

クレムリンで次のような小話が囁《ささや》かれるようになった。

「ウラジーミル・イリイチ（レーニン）はシフリス（梅毒）が原因で死んだ。ボリス・ニコラエビッチ（エリツィン）はブルブリスが原因で死ぬことになる」

私は後にエリツィンの側近から、この小話の作者はエリツィン大統領自身であると教えられた。

九二年十一月末、エリツィンは国務長官職を廃止するという形でブルブリスを政権中枢《ちゅうすう》から遠ざけた。その後、エリツィンは国家戦略のシナリオを立てられなくなり、迷走し始めたということはすでに述べた。

私は、ある時期からブルブリスとひじょうに親しくするようになった。政治や国際情勢をどう見るか、哲学をどう学ぶかについて、私がブルブリスから受けた影響はとても大きいのであるが、この経緯の詳細については別の機会に読者に説明したいと思う。

ここではソ連崩壊の原因について、ブルブリスが私に示した見解を述べておくことにする。九三年二月のある日、私はブルブリスに執務室奥の休憩室に呼ばれ、昼食を御馳《ご ち》走《そう》になった。当時、ブルブリスは菜食に凝っていたので、赤いビーツにスメタナ（サワークリーム）をかけて食べるだけだ。私にはキャビアやサラミソーセジ、自家製チーズ、キュウリの浅漬けに黒パン、そしてウオトカを用意してくれた。もっとも、ブルブリスは相当酒が強く、ウオトカを四、五本飲んでも全然乱れないのだが、エリツィン側近集団が酒を飲みながら重要事項を決定するという文化を崩そうと考えていた。そのため、当時は全くアルコールを摂《と》らず、生オレンジジュースか生グレープフルーツジュースしか飲まなかったのだ。私は少しウオトカの酔いが回ったところでブルブリスに尋ねた。

「結局のところ、ソ連はどうして崩壊したのでしょうか」

ブルブリスは少し考えてから答えた。

「自壊だよ。ソ連帝国は自壊したんだ。一九九一年八月の非常事態国家委員会によるクーデター未遂事件は、政治的チェルノブイリ（原発事故）だ。ソ連という帝国の最中心部、ソ連共産党中央委員会という原子炉が炉心融解を起こし、爆発してしまったということさ。ゴルバチョフはゴミだ。あいつは共産全体主義国家であるソ連の維持しか考えていなかった。そして、ソ連という欠陥発電所の原子炉を締め上げることで、電力が確保できると勘違いした。その結果、国家が崩壊した」

「ブルブリス先生がエリツィンを焚《た》きつけて壊したんじゃないですか」

「それは違う。ゴルバチョフが一九八五年に権力の座に就いたときに、既にソ連は崩壊していたんだ。俺の貢献はエリツィンにその現実を理解させたことだけだ。崩壊したソ連の汚染物を処理しながら、新しいロシアという国家を建設しなくてはならないのが、現在この国が直面している困難なんだよ」

少し先を急いだようである。もう一度、クーデター未遂事件直後に戻りたい。

カミカゼ攻撃

非常事態国家委員会によるクーデターが失敗したことが、日本を含む西側諸国にとっては歓迎される事態であったことは言うまでもない。私個人としてもポローシンやツァレガロッツェフなどいわば「先物買い」として付き合っていた人々が急速に力をつけたのは仕事を進める上で大いにプラスになった。

しかし、何とも言えぬ淋しさが胸の中に残っている。テレビや新聞では、ヤナーエフはアルコール中毒者で、ソ連共産党中央委員会は「悪の巣窟《そうくつ》」であるという報道を繰り返していた。ゴルバチョフはソ連共産党中央委員会書記長を辞任し、中央委員会の解散を宣言したものの、ソ連大統領職を手放す気はさらさらなかった。

一方、エリツィンはロシア領域内でのソ連共産党とロシア共産党の活動を禁止したので、イリインもソコロフも非合法政党の幹部になってしまった。シュベードやアルクスニスも故郷で苦しい思いをしているだろう。

ソ連維持派の人々も人間として決して不愉快な人々ではなかった。確かに彼らの信念や世界観は私とは異なる。しかし、ブレジネフ時代は科学的共産主義者、ゴルバチョフが登場するとペレストロイカ派、そしてゴルバチョフからエリツィンへの権力移行が明白になるとゴルバチョフを口汚く罵《ののし》り、反共民主改革派に変貌《へんぼう》する主流派のエリート官僚たちよりは少なくとも人間として魅力があった。

当時、共産党守旧派官僚にとって日本の外交官と付き合うことによって得られる利益はなかった。事実、彼らは日本を含む西側の外交官とはほとんど付き合わなかった。前にブロキャビチュス・リトアニア共産党第一書記がシュベードと私の交遊を牽制《けんせい》する発言を会議で行なったことについて言及したが、守旧派が私と付き合うことは、彼らの陣営の掟《おきて》に馴染《なじ》まない。つまり、リスクを冒してまで私と付き合ってくれたのである。そんな人々が危機的状況に陥っているときに、私もリスクを負って彼らを助けるのは人間として当然のことと思った。

もっとも、心情面とは別に情報屋としての計算が働いていたことも事実だ。かつてリスクを負って私と付き合い、情報面で日本の国益のために貢献してくれた人々を、政治的力関係が変化したからという理由で完全に遠ざけてしまうならば、彼らは日本人についてどう思うだろうか。

「日本人は友人を装《よそお》って近寄ってはくるが、所詮《しょせん》、情報欲しさに過ぎない」と確信するだろう。このような噂《うわさ》はすぐに広まる。そしてロシアの政治エリートたちは日本の外交官との付き合いに慎重になる。ここは逆転の発想が必要だ。守旧派の連中は政治家として優秀だ。彼らは政治犯であり、追い剝《は》ぎや盗人《ぬすっと》ではない。再び浮かび上がることはないとしても、「権力の文法」を知っているこれらの人々から情報をとったり、評価を聞くことには実務上の利益もある。

アメリカ人やドイツ人はそもそも守旧派との人脈が細い。この細い人脈が切れてしまうだろう。その隙間《すきま》にも入り込んで、守旧派系の人脈を日本大使館に取り込んでしまおうと考えたのだ。

ただし、エリツィン派が守旧派をどの程度、弾圧するかが見えない。KGBはテクノクラート集団だ。昨日までエリツィン派を監視、抑圧していたKGB官僚は今日からは守旧派を弾圧し、ゴルバチョフ派を監視、抑圧している。このような状況で、私が守旧派との関係を従来通り続けていると、摘発され、国外追放になるかもしれない。KGB第二総局（国内担当の防諜《ぼうちょう》機関）が私を警戒しているという情報はいくつもの筋から入っている。私は腹を括《くく》って枝村純郎大使と直談判《じかだんぱん》することにした。

「大使、私は従来通り、アルクスニス、イリインやシュベードなど、今回のクーデター未遂事件に連座して逮捕されるかもしれない連中とも付き合い続けようと思うのですが、よろしいでしょうか」

「どうして」

「権力を失ったからといって離れていくと、連中は日本の外交官とは所詮は情報欲しさでサムライ精神を装っているに過ぎないと受け止めます。日本人がそのように見られるのが嫌なのです」

枝村大使は少し考えてから言った。

「いままで通りきちんと付き合いなさい。何かあった時の責任は全て俺がとる。君は君の信念に従って行動しなさい」

「どうもありがとうございます」

「なあ君、アルクスニスなんて奴《やつ》と俺が会うことはできないからな。大使にはできないことで君にはできることがあるから、そこはよろしく頼むよ」

枝村大使は約束を守ってくれたので、私は守旧派の人々と付き合い続けることができた。このことが後にある程度の成果をもたらすことになる。一九九三年頃から共産党や民族愛国派など非主流勢力の政治力が増してきたのだ。主要国の大使館はこれら勢力との人脈を構築しようとしたがうまくいかなかった。このとき日本大使館は野党勢力と有力な人脈を持つ稀有《けう》の大使館になった。さらに、二〇〇二年頃までは北方領土問題で共産党や民族愛国派から反日キャンペーンが展開されることもなかったのである。

一九九一年八月二十四日朝、私は「黒い大佐」アルクスニスが定宿にしている「モスクワ・ホテル」の部屋に電話をした。この日の午後、ソ連最高会議が予定されていた。アルクスニス本人が出た。

「マサル、マサルか。もう電話はかかってこないと思った」

「そんなことはありませんよ。御機嫌はいかがですか」

「最高だよ（ルーチュシエ・フセッフ）！　マサル、昼飯を一緒に食べようか。ただし、今日は最高会議があるので、少し早く、そう十一時半に落ち合おう。ホテルのレストランでいいか」

「ビクトル、勝利に驕《おご》った〝民主派〟の連中を見ながら食事をしてもメシがまずくなるだけだ。中華レストランに行かないか」

「よろこんで」

私が車を運転し、アルクスニスと協同組合の中華レストラン「金龍」に行った。

八月十九日にアルクスニスは高熱を出してリガの病院に入院していたのだという。その日の非常事態国家委員会の行動はアルクスニスからすれば全面的に支持できるものなので、直ちに支持声明を書いて行動しようとしたのだが、熱が下がらないので身体《からだ》がついていかない。

十九日の晩から電話が通じなくなってしまい、他の議員との連絡もとれず、状況も把握できないので、汽車に乗ってモスクワに出てきた。モスクワ到着は二十一日朝で、既に形勢はエリツィン派優位に傾いていた。非常事態国家委員会と連絡をとろうとしたが、誰とも連絡がとれない。そうこうする内に非常事態国家委員会は自壊し、関係者はみな逮捕されてしまった――。

このような話をした後、アルクスニスは私に相談を持ちかけた。

「マサル、今日の午後のソ連最高会議で、僕はあくまでもソ連維持のために結集することを呼びかけようと思うんだ。非常事態国家委員会は共産党の腐敗官僚が行なったからこんなザマになった。ソ連に共産主義はいらない。必要なのは国家だけだ。非常事態国家委員会の連中はソ連体制を守っただけで、ソ連憲法に違反するようなことは何もしていない。次々と大統領令を繰り出してソ連国家を破壊しているエリツィンのやり方こそがクーデターだ。僕はあくまでもソ連擁護の論陣を張りたい。それが政治家として、ひとりの男として正しい生き方と思う。マサルはどう思うか。率直なところを聞かせて欲しい」

「ビクトルはビクトルの信念に基づいて行動すればいいよ。立場は違っても信念に基づいて行動する人を日本人は尊敬する。私の母は十四歳で沖縄戦に従軍した。約三カ月の地上戦の後、日本軍の司令官は一九四五年六月二十三日に切腹自決した。最後の戦闘は小さな岬の、それこそ二キロ四方のエリアで行なわれたが、母親が捕虜になったのは約二週間後のことだった。手榴弾《しゅりゅうだん》をもって自決するつもりだったが、横にいた伍長《ごちょう》が手を上げてアメリカ軍に投降したので、捕虜になった。それから、父親は日本陸軍航空隊の通信兵で、第二次世界大戦中は中国にいた」

「僕はミグ25の整備兵だから、航空兵同士で同僚だ」

「ビクトルは士官だけど、僕の父は兵卒だった。終戦時に蔣介石《しょうかいせき》(中国国民党)軍から軍属として残らないかと誘われたが断った。日本に帰国した後、仕事がないので、アメリカ軍の軍属になり、沖縄に行き、米軍航空基地の建設に従事した。母親とは沖縄で知り合った。子供の頃から戦争のことはよく聞かされた。沖縄戦で展開されたカミカゼ攻撃の話だ」

「ソ連軍の歩兵もスターリングラードで地雷を背負って、ドイツの戦車部隊にカミカゼ攻撃をした」

「カミカゼ攻撃の責任者を含めた何人かは、日本が無条件降伏した八月十五日の後に特攻機に乗って沖縄沖に出陣した。父は政治が嫌いで、戦後は技術者として生き、趣味は絵を描くことだった。母は戦後キリスト教に帰依《きえ》し、政治的には反戦平和、非武装中立論者で社会党の熱心な支持者だった。

父と母の論理からすれば、カミカゼは日本軍国主義による無謀な攻撃だが、父も母もカミカゼのことだけは尊敬していた。カミカゼで死んでいった人たちに申し訳ないという気持ちを今ももっているし、自分たちもカミカゼになれなかったことを恥じている。もっとも、母が手榴弾で自爆するか、父が最後のカミカゼになっていたら、僕は生まれてこなかったけどね。

今回のクーデター未遂事件後、プーゴ内相夫妻とアフロメーエフ参謀総長が拳銃自殺《けんじゆう》したけれど、ソ連国家に文字通り命を懸けた人々がいたということは今後も語り継がれると思う。ビクトルが政治家としてぶれないことは、僕はとてもよいことだと思う」

ちなみに、シュベードから聞いた話であるが、KGB捜査官がプーゴ内相邸を逮捕のために訪れると、プーゴは「ちょっと待ってくれ。着替えをする」と言って奥の間に入った。その後、銃声が二発した。KGB捜査官があわてて部屋に入るとプーゴ夫妻が血を流して倒れており、横に蒼白《そうはく》になった家政婦が立っていた。家政婦によれば、プーゴは夫婦仲がひじょうによく、プーゴが自決しようとすると夫人が必死に「まず私を撃ってくれ」と頼み込んだということだ。

プーゴという名前を聞いて、アルクスニスがこう言った。

「マサル、プーゴはラトビア人だからね。名誉のために死を辞さないというラトビアの部族社会の掟が今も残っているんだよ。ただ、僕はキリスト教徒だから絶対に自殺しない。ただし、カミカゼ攻撃は自殺ではない。あくまでも、死を代償として行なわれる攻撃作戦の一環だ」

「僕もそう思う」

アルクスニスはその日午後の最高会議で、ただ一人だけソ連擁護の演説を行ない、それは全世界に放映され大顰蹙を買った。ロシア国内ではアルクスニスに対するメディア・バッシングが起きた。しかし、アルクスニスはひるまなかった。前に述べたように、この演説から八年後にアルクスニスはロシア国家院（下院）議員に当選し、奇跡の国政カムバックを遂げ、現在も国会で活躍している。

別れの宴

アルクスニスもイリインもソ連人民代議員だったので、私はアルクスニスに「最高会議でもしイリインを見かけたら、日本大使館の佐藤優が連絡をとりたがっていたと伝えてくれ」と頼んだ。しかし、イリインからの連絡はなかった。

事件から一カ月以上が過ぎた九月末になって、ようやくイリインから大使館に電話がかかってきた。私は「平和大通り（プロスペクト・ミーラ）」の高級日本レストラン「サッポロ」の三階全部を貸し切りにし、楽団まで入れてもらった。

イリインには、仕事の話や現在の状況については、一切尋ねずに、昔話に花を咲かした。酔いが回ると、ロシア民謡やソ連軍歌を一緒に歌い、楽団にはジプシー音楽やイーディッシュ（ユダヤ）語の歌をリクエストした。テーブルには刺身、鶏《とり》の唐揚げ、サラダ、ステーキ、天麩羅《てんぷら》、しゃぶしゃぶなどを山盛りにし、二人でウオトカの五、六本も飲んだだろうか。そんな調子で、午後七時頃から日付が替わり、店が閉まるまで大騒ぎしたのだった。

当然、支払いはかなりの額になった。私は領収書を二つに分けて、ひとつには事務次官や大使クラスの接待費の限度額を書いてもらい、経費で落とすことにした。もちろん、それで足りるわけもない。残りは自分のポケットから出した。

イリインは既に公用車をもってないので、ハイヤーも借り上げ、待たせておいた。店の玄関でイリインを見送っていると、イリインが私を車に招き込んだ。

「これからいいところに連れて行ってやる。俺の住宅だ」

「奥様にご迷惑をかけるので、別の機会にしましょう」

「いや、今、俺は一人で住んでいる。それになぁ、今まで話していなかったが、俺はエリツィンと同じアパートに住んでいるんだ。セキュリティーが厳しいので、外国人はアクセスできない。エリツィンがどんなところに住んでいるか見てみたくないか。職業的好奇心を掻《か》き立てられるだろう」

「もちろんです。それではおじゃまします」

私は車に乗り込んだ。

レストラン「サッポロ」から環状道路を経て、白ロシア駅の方向に向かった。ゴーリキー通りから少し脇《わき》に入り、書店「政治書籍の家（ドム・ポリチーチェスコイ・クニーギ）」の前で車は一時停止した。

「サトウさん、この本屋に来たことがあるか」

「もちろんです」

私は、共産党中央委員会総会や人民代議員大会の後で速記録や資料集を、いつもこの本屋に買いに来ていた。年末には、店長のクルバーノフ氏にカレンダーをプレゼントし、政治関係文献は日本大使館用に一セット取り置いてもらうように手配していた。

この本屋の入ったビルの三階以上が特権階層（ノメンクラトゥーラ）用住宅となっていた。さらにしばらく車を走らせて、本屋の反対側にあるイリインのアパートの入り口に着いた。

「この建物はロシア共和国の高官用に建てたものだ。当時はロシア共産党とロシア政府がこんな対立を引き起こすとは誰も思っていなかったので、両方の勢力の人々が住んでいるんだよ」

イリインはそう言って車を帰した。アパートの建物の敷地は高い塀と鉄柵《てつさく》で囲まれており、事前に登録した車両しかこの建物の中庭には入れないからである。鉄柵の下に扉があり、オートロックになっていた。イリインがナンバーを押し、扉を開いて中に入ると民警の詰め所がある。少し歩いてアパートの一番入り口に行った。さらに、そこもオートロックになっていて、番号を押し、鍵《かぎ》を差し込まないと扉が開かない。その上、アパートの一階にはもう一つ詰め所があり警備員が控え、こちらを監視している。

「こう警備が厳重だと外国人はもとより愛人を連れてくることもできない。ただ、今はここにいるKGBの連中は警備はしているが、記録をつけ、報告することはサボっている。下手に報告して、今後、政局が変化して責任追及でもされたらかなわないという気持ちになっているんだ。サトウさん、すべてが内側から壊れていくんだよ。もっとも、だからこそ僕もサトウさんをこうやって連れてくることができるんだけれどね」

エレベーターで八階か九階に上がった。イリインの住宅は五LDK、百四十平方メートルくらいの広さで、旧ソ連の基準では豪邸だった。ソ連では、一人あたり九平方メートルが住宅割り当ての基準だが、廊下、台所、風呂《ふろ》・トイレ、玄関などの床面積は別計算となるので、四人家族ならば三LDK、六十平方メートルくらいの自宅を国家から割り当てられる。そう考えると、この部屋はかなり広いことになる。

しかも、イリインの住居は煉瓦《れんが》製で、天井が高い特権階層用の特別住宅だ。応接間の天井にはボヘミア・クリスタルのシャンデリアがぶら下がっている。応接間と居間には新聞紙が敷かれ、ペンキの酸《す》っぱい臭《にお》いがする。

「今までプスコフ（ロシア西北部）に住んでいた家族を呼び寄せようと思って、妻の好みに合わせて壁紙を貼《は》り替えたり、シャンデリアや家具を入れている途中なので、こんな状態で済まない」

「構いませんよ。ご家族はいつでてくるんですか」

「改修工事が済み次第だ。ロシア共産党はなくなったけれど、ソ連最高会議議員にはとどまるので、とりあえず飢えることにはならない」

そう言いながらイリインは窓の方に私を誘い、少し下の階の窓を指した。

「あそこがエリツィンの家だ。奥さんと娘の姿が見えるだろう。エリツィンはここのところ家には帰っていない。アルハンゲリスクの別荘で寝泊まりしている」

ロシアでは三階以上にカーテンをつける習慣がない。つけてもレースのカーテンくらいなので、夜になると屋内の様子が外からよく見える。エリツィン家も例外でなかった。

「ブルブリスやルツコイもここに住んでいるのですか」

「二人は別の場所に住んでいる。イリューシン補佐官（後の首席補佐官でエリツィンの最側近の一人）はこの下の階に住んでいるので、ときどきエレベーターで一緒になるよ」

「挨拶《あいさつ》はするんですか」

「それはするよ。僕たちは子供じゃない」

それから、しばらくの沈黙の後、「少し飲もう」と言って、イリインは私を寝室に誘った。そして、台所からサラミソーセージ、キュウリのピクルスとウオトカを二、三本持ってきたのだった。普通のウオトカは五〇〇cc、輸出用は七五〇ccだが、イリインが持ってきたウオトカは三五〇ccの瓶に入っていた。瓶にはロシアでいちばんポピュラーな銘柄である「スタリチュナヤ（首都のウオトカの意）」のラベルが貼ってある。

「サトウさん、こんなウオトカは見たことがないだろう」

「ありません」

「プスコフの地酒だ。ロシア革命前は各地にウオトカがあった。それが、ソ連時代に『スタリチュナヤ』とか『プシェニチュナヤ（穀物のウオトカの意）』などに統合されてしまった。地酒の伝統が失われ、製法は同じになったけれど、水は変えられない。これはプスコフの水で作ったウオトカなんだ。飲んでごらん」

イリインはコップにウオトカを半分くらい注いだ。私はそれを一気に飲み干した。モスクワの「スタリチュナヤ」に較《くら》べ、口当たりがまろやかだ。

「サトウさん、プスコフはプーシキンゆかりの地だ。プーシキンはプスコフのウオトカを愛したんだよ」

イリインは目を細めた。

「イリイン先生、毎日どんな生活をしているんですか」

「残務整理と取り調べだ」

「取り調べも続いているのですか」

「続いているよ。ロシア共産党中央委員会建物の三分の二は検察庁に接収された。検察はロシア共産党の犯罪を立証するために証拠を探し出したり、尋問を続けている」

「今回の非常事態国家委員会に関連してですか」

「クーデター未遂事件だけじゃない。そもそも、共産党という団体が犯罪組織だったことを立証しようとしている」

「いくらなんでもそれは無理でしょう。ソ連国家と共産党は一体だったではないですか」

「無理なことを立証するのはそう難しくない。スターリン時代を思い出してごらん。当時の基準では検察はいつも完璧《かんぺき》な立証をしていた」

「イリイン先生が追及から逃れることはできますか」

「できないと思う」

「逮捕される危険性もありますか」

「覚悟はしている。全《すべ》てはボリス・ニコラエビッチ（エリツィン大統領）がどう判断するかだ」

「エリツィンはどういう判断をすると思いますか」

「わからない。しかし、僕はエリツィンに助命を嘆願するつもりはない」

「生き残るためには、時には命乞《いのちご》いをすることも必要じゃないですか。家族の生活もあるし」

「そういう考え方もある。僕はエリツィンに助命を嘆願する人たちを非難するつもりはない。ただ、僕はそれをしない。僕は悪いことをした覚えはない。ソ連の法律も共産党員としての義務も完全に守った。エリツィンに対して頭を下げる必要はない。サトウさんはミハイル・ブルガーコフの『巨匠とマルガリータ』を読んだか」

「読みました」

「あのなかに、『強い者に対してお願いをしてはいけない』という行があるだろう。僕は今弱い立場にいる。エリツィンは強い立場だ。だから自分のことに関しては、僕の方からは絶対にお願いしない。もっとも他人のことに関してはいろいろお願いをしているけどね」

「どういうことですか」

「ロシア共産党中央委員会に勤務している運転手やタイピスト、電話交換手、清掃職員などの政治に関係がない技術職員を、ロシア政府や最高会議に再就職させてくれとエリツィン側に頼んでいる。この人たちが今回のクーデター騒ぎで今後、生活の目処《めど》が立たなくなるような事態だけはどうしても避けたいんだ」

「エリツィン側は聞く耳をもっていますか」

「それは大丈夫だ。エリツィンだって一流の政治家であることは間違いないよ」

自らのためには頭を下げないが、部下のためならばいくらでも頭を下げ、再就職を頼み込んだのはイリインだけではなかった。クプツォフ・ロシア共産党第二書記やジュガーノフ書記、ソコロフ書記もみな同じような態度をとった。

エリツィンは、クーデター未遂事件に対する責任追及を極力限定するという方針をとった。非常事態国家委員会はごく数名の陰謀家から構成され、それに関与した連中はアルコール中毒者や時代錯誤の守旧派、さらに権力を誇示することに執着するサディストというような物語にクーデター未遂事件は押し込まれていった。そのため、イリイン、ソコロフなどのロシア共産党幹部は逮捕も刑事訴追も免れたのだった。

共産党秘密資金の行方

一九九一年の晩秋、疲れが蓄積したせいか、私は体調を崩して日本に一時帰国した。二カ月ほど静養し、九二年一月末にモスクワに戻ったが、すでに十二月二十六日にソ連は崩壊し、私は新生ロシア連邦で勤務を再開することになった。

二月初め、私はソコロフの家族とシュベードを誘って、快気祝いのパーティーを「オリンピック・ペンタ・ホテル」のレストランで開いた。このホテルはドイツのルフトハンザ航空が本格的に経営に参加したので、西欧の雰囲気を味わえる数少ないホテルだった。

ソ連が解体し、これまで地方議会の一つにすぎなかったロシア最高会議が国会に昇格した。ソ連時代、二つまでならば国会議員と地方議員を兼職することが認められていた。ロシア共産党のクプツォフやイリインはソ連最高会議議員に選出されていたが、ロシアの議会については軽視して立候補しなかったので、公職を失うことになった。ジュガーノフはそもそも党務に専心するということで議席をもとうとしなかった。結果として、旧ロシア共産党幹部でロシア最高会議に残ったのはソコロフだけになった。

食事をしている内に、共産主義イデオロギーに殉じるソ連共産党中央委員会の官僚が一人もいなかったということは、共産主義が空洞化していたことの証左だとソコロフとシュベードが話していた。私が割り込んだ。

「しかし、クリュチナ・ソ連共産党中央委員会総務部長は飛び降り自殺をしたじゃないか。この死には共産主義イデオロギーに殉ずるという面があったのではないだろうか。あるいは、秘密を知りすぎていたために逮捕され、余計なことを話すと仲間に迷惑をかけることを恐れて自殺したのだろうか」

私の話を聞くと、ソコロフとシュベードは顔を見合わせた。シュベードが口を開いた。

「マサル、クリュチナの話についてほんとうのことを聞いていないのか」

「報道は事実じゃないのか」

ソコロフが続けた。

「マサル、クリュチナの自殺には深入りしない方がいい。報道はインチキだ。クリュチナはソ連共産党中央委員会の表と裏のカネを全て扱っていた。クリュチナの金庫には工作用のドル札やマルク札が山積みにされていたんだ。共産党の海外秘密預金口座もクリュチナしか全貌《ぜんぼう》を知らない。要はソ連共産党中央委員会でカネ絡《がら》みの話は全部クリュチナが知っているということだ。その意味ではマサルが言うように、クリュチナは秘密を知りすぎた男だった」

シュベードが続けた。

「それから、ソ連共産党中央委員会の秘密指令もクリュチナのサインなくして下部組織に伝えることはできない。情報面でも全てを知る男だ」

さらに、ソコロフが付け加えた。

「クーデターが失敗して数日後の早朝、クリュチナのアパートの呼び鈴を何度もしつこく押す者がいたんだ。夫人が扉を開けると屈強な男が七、八人、土足で家に入ってきて、寝室に押し入り、ベッドからクリュチナを連れ去り、窓から外に放り出した。クリュチナは即死した。夫人に男たちは『余計なことを話すと次はお前が窓から投げ出されるぞ』と言って立ち去っていったという。夫人は黙っているとかえって危ないと判断して、信頼できる友人にはこの事実を話した。そのときソ連共産党中央委員会の金庫は、すでに空っぽになっていた。預金もどうなっているかわからない」

ソ連共産党中央委員会だけではなく、コムソモール（共産青年同盟）中央委員会の資金も行方不明になり、その問題については追及されないまま、時が過ぎていった。一方、ソ連崩壊後、共産党やコムソモールの幹部で金融界に転出した者は多いが、その原資がどこから得られたかについては実に不透明だ。たとえば、非常事態国家委員会に加わったパブロフ首相も、恩赦を受けた後に商業銀行の頭取になっている。

その他にも、プーチン政権と対決したため、現在は獄中で生活することを余儀なくされている石油王ホドルコフスキー「ユコス」前社長も、そもそもはコムソモール幹部を務めた人物だ。ソ連崩壊後、ホドルコフスキーは「ミナテップ」銀行を創業。その後、七人の寡占《かせん》資本家（オリガリヒヤ）の一人となり、さらに企業買収で石油王にまで登りつめたのだった。ただし、ホドルコフスキーが銀行を立ち上げた際の原資をどこから入手したかについては、現在に至るまで謎《なぞ》に包まれたままである。

イリインの補佐官をつとめたレオーノフも商業銀行の幹部になり、資金面からロシア共産党の再建に協力した。レオーノフの援助を受け共産党再建を担《にな》ったのはジュガーノフ、クプツォフらだった。

前に述べた通りクプツォフはゴルバチョフの側近で、守旧派の牙城《がじょう》であるロシア共産党に目付として送り込まれた人物だった。しかし、クーデター未遂事件を契機に、守旧派陣営に軸足を移した。時流に合わせて守旧派共産党からエリツィン派、ゴルバチョフ派からエリツィン派に移行した例はたくさんあったが、クプツォフのような選択は希有《けう》の例だった。

その後、私はクプツォフと親しくなった。九三年十月のモスクワ騒擾《そうじょう》事件後、十二月に行なわれた国家院（下院）選挙で再編されたロシア連邦共産党は健闘し、第三党に躍進。このときクプツォフはあえて一歩引き、選挙に出馬せず、共産党副議長として組織固めに専心した。ジュガーノフ共産党議長は旧共産党時代のクプツォフ第一書記の部下だったが、クプツォフは献身的にジュガーノフに仕えた。このような例もロシア政治エリートの世界では珍しい。クプツォフの努力でロシア共産党は与党よりも力をつけ、九五年十二月の国家院選挙では、なんと第一党になった。今度はクプツォフも国家院議員に選出された。

九八年秋にクプツォフを団長とする共産党代表団が訪日した。私はクプツォフたちを連れて、京都鞍馬《くらま》の鉱泉に行った。露天風呂《ぶろ》はロシア人の異国趣味を満足させる。さらに、私はあえて大部屋をとって、日本人観光客の間に入ってビールとかわき物で一杯やった。

「マサル、これは最高だよ。いい思い出になる。これからビールの『おっぱい飲み』をしよう」

何事かと思って見ていると、「ラッパ飲み」のことだった。兵隊用語で瓶から直接飲むのが乳首から飲むように見えるので、そう言うそうだ。クプツォフはビールの中瓶をあっという間に飲み干した。クプツォフは同行したフィリポフ共産党国際部長に「コムソモール時代の旅行を思い出すな」と話しかけ、御満悦だった。このタイミングを逃してはいけないと思い、私はクプツォフに以前から聞きたかったことを尋ねた。

「クプツォフ先生、以前から聞きたかったことがあるんですが……」

「何だい」

「何でゴルバチョフ書記長の側近だった先生が、ソ連崩壊後、より教条的な人たちの多いロシア共産党で活動することにしたのですか。心境の変化があったとしか思えないのです。その理由をお聞かせ願えないでしょうか」

クプツォフは少し目を細めてから言った。

「ゴルバチョフはソ連の理念に殉じるべきだったんだよ。エリツィンなんかに擦り寄らないでね。確かに僕はゴルバチョフとペレストロイカに懸けた。それでソ連が真の社会主義国になると思ったからだ。そもそもあいつ（ゴルバチョフ）は社会主義を信じていなかったんだよ。そういう奴《やつ》がソ連共産党のトップになった。そして国家が崩壊した。現在のロシア共産党がやろうとしていることには、いくつも時代錯誤的なことがあるよ。それでも人間の平等と尊厳を求める共産主義の理念を掲げ続けることには意味があると僕は考える。僕は共産主義の理念とロシア国家に残りの人生を捧《ささ》げることにしたんだ。こういう生き方があってもいいんじゃないだろうか」

「よくわかります」

「サトウさんと話していると ソ連崩壊前後のことを思い出すよ。あの苦しいときにもサトウさんと日本大使館の人たちは僕たちに偏見をもたずに付き合ってくれたからね。共産党だけでなくみんな見ていたよ。日本人は筋を通す国民だと言うことを」

「筋を通すということの重要性を私はロシア人から教えられました。結局、筋を通す生き方をした方が幸せなのだと思います」

「個人的には確かにそうだろうね。僕もそういう生き方が好きだ。しかし、政治とは現実に影響を与えることだからね。そうなるとどこかで妥協しなくてはならない。建前論のように聞こえるかもしれないけれど、国家と国民の利益に適《かな》うかどうかが唯一《ゆいいつ》の基準だと思う。政治の世界で、建前論は案外重要なんだ」

クプツォフの話を聞きながら、私はイリインが徐々に酒に溺《おぼ》れ、内部から崩壊していった様子を思い出した。

イリインの死

部下の再就職先の世話に奔走していたイリインは、検察が訴追を断念した後は、政治から距離を置き、共産党再建運動を行なっている人々とも接触しなくなった。銀行や石油会社の顧問にならないかという誘いも全て断った。「他人に依存する生活はしたくない」というのがその理由だった。そして、モスクワ郊外のコルホーズ（集団農場）から衣替えした農業コンツェルンの理事に就任したが、実質的な仕事は何もせずに隠遁《いんとん》生活に入ったのだった。

もっとも、イリイン自身は積極的に政務情報を集めることはしなくても、自然にいろいろな情報が入ってくる。実際、私が集めた情報をイリインに伝えて分析してもらうと、実に的確な評価をしてくれた。

「マサル、チェチェンについて、クレムリンはあえて無法地帯を作り出しているんじゃないだろうか。無法地帯となっているチェチェン経由ならば関税を払わずにモノが外国から入ってくる。それから武器がチェチェンから外国に密輸出される。この利益の一部が政治エリートに流れていると思う。チェチェン問題は政権を根っこから腐らせる深刻な問題になるよ」

イリインがこの分析を私に述べたのは一九九二年夏、誰もチェチェン問題に関心を向けていなかった時期のことだ。彼には「クレムリン権力の文法」がわかるのだ。

私は半年に一回はイリインと会って痛飲した。あるとき二人でウオトカを六本飲み干した後、私が尋ねた。

「ゴルバチョフが生きているとか、明日の『ソビエツカヤ・ロシア』に声明文が載らなければ非常事態国家委員会の計画は失敗するというような、あんな重要な秘密を、僕みたいな西側の、それも下っ端《したっぱ》の外交官に教えてくれた理由は何ですか」

「理由だって。サトウ、わかるかなぁ、人間は生き死ににかかわる状況になると誰かにほんとうのことを伝えておきたくなるんだよ。真実を伝えたいという欲望なんだ。子供を作りたいという気持ちに似ている」

その話を聞いて、私は九一年一月、バリケードで封鎖されたリトアニア最高会議建物のなかでセックスをする男女の毛布が怪しげに揺れている姿を見たことを思い出した。

「イリイン先生、その誰かが僕だったんですか。なぜ僕にそう話そうと思ったのですか」

「そうだな。それは君がイデオロギーの力を知っているからだよ」

「どういうことですか」

「マルクス・レーニン主義でもキリスト教でも、あるいは愛国思想でも、信奉しているイデオロギーは何でもいいんだが、信念をたいせつにする人と信念を方便として使う人がいる。君は信念をたいせつにする人だからだ。周囲に他にそういう人が見あたらなかった。非常事態国家委員会の試みは失敗してよかったと思う」

「どうしてですか」

「もしこのクーデターが成功していたら、ソ連はKGBと軍の影響力が肥大しただろう。ソ連は再びとても息苦しい社会になった。しかし、経済的には市場経済、資本主義の方向へ向かっていったと私は見ている。一種の開発独裁国家にロシアはなったと思う」

「社会主義を維持することは不可能だったと考えているのですか」

「不可能だった。これは西側の陰謀が成功したからではない。ゴルバチョフ時代のグラースノスチ（公開制）でロシア人の欲望の体系が変容してしまったんだ。たとえば『31（サーティ・ワン）アイスクリーム』だ。ロシアのアイスクリームは『エスキモー（チョコレートをコーティングした、棒についたアイスクリーム）』、『スタカンチク（ウエハースのカップに入ったアイスクリーム）』で誰もが満足していた。しかし、ひとたび西側から三十一種類のアイスクリームが入ってくると、子供のみならず大人もみんなそれを欲しがる。車にしてもラジカセにしても欲望が無限に拡大していく。この欲望を抑えることができるのは思想、倫理だけだ。社会主義思想は欲望に打ち勝つ力をずっと昔に無くしていた」

「いつから社会主義思想は欲望に打ち勝つ力を無くしてしまったんですか」
「ずっと以前にだよ。フルシチョフ時代に一時期西側に開かれていた窓をブレジネフが閉ざしたのは、このまま窓を開けておくと、西側の大量消費という欲望の文化が入ってくることに気付いたからなんだよ。ブレジネフは頭がよかった。ソ連人を支配するのは唯物論（マテリアリズム）ではなく物欲（ベシズム）だということを理解していた。非常事態国家委員会の連中もゴルバチョフのことを嫌っていたが、物欲に取り憑《つ》かれていた。だからヤナーエフやシェイニンが権力を握ったら、KGBと軍が腐敗して、利権漁《あさ》りを徹底的に行なったよ。もっとも今のロシアは中南米の腐敗国家みたいになりつつある。ロシアは衰退期に入っているのだと思う。どんなに足掻《あが》いても、よい方向には進んでいかない。こういうときは余計なことをせずに世の中の流れをじっと観察していることだ」

イリインの酒量は時の経過とともに増えていった。私がモスクワを離任する直前の九五年三月半ばに私はイリインと夕食を共にしたが、イリインがまたたく間にウオトカ三本を飲み干し、その後、コニャックを二本飲む姿を見て、少し心配になってきた。

そのときイリインは三月二十六日の私のお別れパーティーには必ず出席すると言った。しかし、当日、イリインは来なかった。翌二十七日の未明、電話が鳴り続けるので時計を見ると午前四時だった。何事かと思って受話器を取るとイリインだった。酔っていて呂律《ろれつ》が回らない。

「サトウさん、昨晩はパーティーに行かずにほんとうに失礼した。義理を欠いてしまい済まなく思っている。ただ、昔の同志たちと顔を合わせたくなかったんだ。わかってくれ。君が今度モスクワに来るときは必ず声をかけてくれ」

東京に帰国した後、モスクワに出張してイリインと会ったのは一回だけだった。二回目以降は夫人が電話に出て「イリインは療養所で静養している」という話だった。慢性アルコール中毒の治療を始めたのである。

九六年夏、国家院（下院）スポーツ観光委員会委員長に就任したソコロフを団長とするロシア代表団が、箱根で開かれる国際温泉学会に出席するために訪日した。私はソコロフに会うために会場となっている「箱根富士屋ホテル」を訪ねた。こういう場合の旅費や出張費は外務省予算からは出ないので、私は自腹を切ってホテルに一泊し、早朝のロマンスカーに乗って始業時間に外務省に登庁することにした。

ホテルのカラオケには知っている歌が少ないので、ロシア人は退屈し、ソコロフの部屋で酒盛りを始めた。午前三時頃に散会した後、私はソコロフと共通の知人の消息について話をした。

「イリインはどうしているのか。相変わらず隠遁生活をしているのか」

そう尋ねるとソコロフは、一瞬沈黙した後に低い声で言った。

「アルコール中毒で入退院を繰り返している。このままだと廃人になる」

「そんなに悪いのか」

「退院するとすぐにアルコールに依存してしまう。家族も疲れ果てている」

九八年夏、日本を訪れたロシア共産党所属の国家院（下院）議員から前年にイリインが死去したと教えられた。その後、出張したときにモスクワでソコロフからイリインが死んだときの様子について詳しく聞いた。

「イリインは病死か、事故死か。ほんとうは自殺したんだけれど隠しているんじゃないのか」

「自殺じゃない。心臓麻痺《まひ》だ。マサルも知っているように、イリインは最後の二年間は、アル中患者専用病院の入退院を繰り返していた。家族も見放していたよ。最後は別荘に別棟を建てることにエネルギーを注いでいた。

ある夕方、建築現場でウオトカをたくさん飲んで、その後は、敷地で車を乗り回していた。家族は『また酔っぱらっている』と放って、そのまま寝てしまった。翌朝、奥さんが庭に出てみると夫が車の中でぐったりしていた。心臓麻痺だった。

モラルの高い男だったので、自分が崩れていく姿を共産党時代の同僚には見せたくなかったのだと思う。それだからみんなとの交遊を断っていたんだよ。ロシア共産党第二書記時代、イリインはマサルについて『ああいう人材が党のイデオロギー部にいれば有り難いんだけど』といつも冗談半分に言って、あなたと会うことを楽しみにしていたよ」

決別

新米外交官だった私に、ソ連は崩壊するという話を初めて真剣に語ってくれたサーシャ・カザコフは、その後、どうなったのであろうか。

クーデターの一カ月後、一九九一年九月末にサーシャとカーチャがモスクワにやって来た。サーシャは扁桃腺《へんとうせん》の高熱で、結局四日間入院し、クーデター騒ぎの間は何の活動もできなかったと少し悔しがっていた。沿バルト三国の独立をモスクワが認めたことで、ソ連崩壊は時間の問題だと確信していた。事実、その三カ月後にソ連は崩壊というよりも自壊してしまう。

その後、サーシャはロシア・キリスト教民主運動からも、少しずつ距離を置くようになった。

あるとき、サーシャは、「これからはビジネスの時代になるよ。僕はマフィアになる。モスクワの喧噪《けんそう》な雰囲気は嫌いなので、リガを拠点にビジネスを始めたい」と言い出した。私は彼一流のジョークだと受け止めていたが、本人は大まじめだったようだ。九二年末頃からサーシャからの連絡が途絶えがちになった。私の情報網も拡大し、仕事が忙しくなったので、気がついてみるとサーシャからの連絡が一年近く途絶えていた。九四年の五月末、トーポリ（泥柳）から出るタンポポのような綿がモスクワの街中を舞っている時期にサーシャから連絡があった。私は地下鉄「クロポトキンスカヤ」駅のそばにある露米合弁のスパゲティー・レストラン「トレンモス」を指定した。クロポトキンスカヤ通りには古本屋や外貨店「本のベリョースカ（白樺《しらかば》）」があったので、モスクワ大学時代に私はサーシャとよくこの通りを散策し、政治や思想について語り合った。サーシャに「前を歩いている二人連れが僕たちの様子を観察している」と言われ、「尾行」は後からだけでなく、前からも行なわれるということを知ったのもクロポトキンスカヤ通りでの出来事だった。

サーシャが先にレストランに着いていた。正確に言うとサーシャたちで、私が知らない身長一六〇センチくらいの小綺麗《こぎれい》な外国製スーツを着た二十代前半とおぼしき女性が同席していた。サーシャは髭《ひげそ》を剃り落とし、ヨーロッパ製のブレザーを着て、緑色の洒落《しやれ》たネクタイをしていた。手にはアタッシェケースをもっている。

「マサル、久し振りだね。この娘は僕の婚約者だ」

私は「何人目の婚約者だ」と聞き返そうと思ったが、やめた。もちろんサーシャはこの女性の名前を私に伝えたが、現時点ではどうしても私の記憶庫から引き出すことができない。不愉快な出来事の記憶に関しては、ときどきこのようなことがある。私たちが近況について少し話したところで、サーシャが本題に踏み込んできた。

「マサル、実はカネを貸してもらえないか。三カ月以内に返す」

「いくらだ」

「三万ドルだ」

「なんのためのカネだ。高利貸しに追われているのか」

「違う、違う。今、リガとユルモラ（ラトビアのバルト海沿いの保養地）にアパレルの小さな店をもっている。事業を拡張したいと考えているのだけれど、資金が足りないんだ」

「そういう話ならば断る。僕は外交官だ。ウイーン条約で商業活動から隔離されている。ビジネスには協力できない」

「ウイーン条約ときたか。そんなもの君が屁《へ》とも思っていないことを僕はよく知っている」

「いや、今回は君があまりに不愉快な話をもってくるのでウイーン条約を援用することにしたんだ。だいたい、これまでサーシャにカネを貸して、一度でも戻ってきたことがあるかな」

「……」

「そうだろう。僕も初めから返してもらおうなどという気持ちはなかった。だから別に文句はない。生活費や政治活動費ならば支援する。しかしビジネスに関しては断る。これは僕にとって原理原則の問題だ」

「マサル、生活費や政治活動費としてカネを出すのと事業にカネを出すのに何か違いがあるのか。僕にはそれがわからない」

「ある。僕にとっては本質的な違いだ。サーシャが新しい生活を始めるので家を買うということならば考えてもいい。あるいは家庭菜園付き別荘を買うということならば、協力する。しかし、事業については断る。僕は資本主義国の人間だ。投資は利潤が確実に見込まれるところにしかしない。僕はサーシャを学生時代から知っている。サーシャのように銭金に執着しない男は珍しい。事業なんかできる筈《はず》がない。無駄なことには資本主義国の外交官の良心に誓って投資しない」

ロシア人の不文律では、友人間にカネの貸し借りはない。「貸してくれ」というのは、「うまくいったときは返すが、そうでないときはくれ」ということだ。したがって、「カネを貸してくれ」というのは「カネをくれ」というのとほぼ同義だ。私の場合、ロシア人にカネを貸したことは百回以上あるが、戻ってきたのは二回だけだ。

ちなみにロシア人が、日本人の言う意味でカネを借りるときは、「高利貸し」から借りる。「高利貸し」は、相手からどれくらいの金額が回収可能なのかを瞬時に判断し、その範囲でカネを貸す。この場合、カネを返さないとマフィアが取り立てにくる。状況によっては、「高利貸し」がカネを借りる人物に生命保険をかけ、元本を担保することもある。

「マサル、それじゃ僕はリガに家を買うことにした。そのために三万ドルが必要だから貸してくれ」

「最初からそう言えば貸した。しかし、真相を知った以上、このカネは貸せない」

「友人だから正直に言ったじゃないか」

「あたりまえだ。でも今、家を買うといって僕に嘘《うそ》をついた。僕は嘘つきは嫌いだ」

「……」

雰囲気が険悪になってきたので、「婚約者」が気を利《き》かせて、ちょっと席を立った。

「サーシャ、生活費に困っているのか」

「マサル、それはない。大丈夫だ。仕事はうまく回っている。ただ事業を拡張することが今の資金繰りではできない」

「サーシャ、変な奴《やつ》からカネを借りて、マフィアに追われているんじゃないだろうな。それならば考える」

「大丈夫だ。それはない。新しい事業をしたいので、その資金繰りを頼んでいる」

「それはダメだ。これは原理原則の問題だ」

「そこを何とかしてほしいと言っている」

「嫌だ。断る。もうこの話にはピリオッドを打つ。ところで、ミンスクのレーナはどうしているのか。君の新しい『婚約者』のことを知っているのか」

「知っている。レーナは結婚した。相手は金融資本家だ。経済的にも恵まれている」

「それはよかった」

しばらくして、「婚約者」がテーブルに戻ってきたので、私たちは差し障《さわ》りのない話題に切り替えた。私はかつてリガでサーシャに紹介してもらった人々の消息を尋ねた。九二年初めに、沿バルト三国の担当は在モスクワの日本大使館からヨーロッパ諸国にある大使館に変更されていた。そのため、ソ連崩壊前後に身内の如《ごと》く親しくしていた沿バルト三国の民族独立派の人々とも、すっかり疎遠《そえん》になってしまったのだった。

ラトビアはストックホルムの在スウェーデン大使館の担当になった。エストニアは、言語、民族が近い在フィンランド大使館が、そして、リトアニアは在デンマーク大使館が担当することになった。もっとも、現在は、沿バルト三国にはそれぞれ、独立の日本大使館が設けられている。

「サーシャ、アレックスはどうしている。ときどき会っているのか」

「全く会っていない。アレックスはラトビア同性愛者同盟の代表になった」

「エッ、どういうことなの」

「アレックスはもともとホモだった。ソ連で同性愛は刑事犯で、最初、アレックスはラトビア共産青年同盟（コムソモール）のエリートコースを歩んでいたのだが、ホモ・スキャンダルで失脚しそうになった。そこで人民戦線に乗り換え、最初はうまくいった。しかし、人民戦線が排外的民族主義に傾くにつれて、父親がラトビア人だが母親はロシア人で、ラトビアの血が半分しか入っていないアレックスに上昇のチャンスはなくなった。そこで今度は同性愛者であることを前面に出して、社会活動家になったんだ。欧米の同性愛者団体からの資金援助もあるので、経済的には豊かだ」

「イワンス人民戦線議長はどうしているんだい」

「政界を完全に引退した。イワンスは仕事の鬼で家庭をおろそかにした」

「女でもできたか」

「違う。イワンスの警護官と奥さんができて、駆け落ちしてしまった。イワンスはひどいショックを受けて公的活動から一切身を引いて、誰とも会わなくなってしまった」

「ルビックス・ラトビア共産党第一書記はどうしている」

「未《いま》だに獄中にいる。ロシア系住民はルビックスを大統領候補に擁立しようとしているので、政権側が危機感をもって外に出さない。獄中で病死することを狙《ねら》っているのだと思う」

「酷《ひど》いじゃないか」

「マサル、そうかな。政治とはそんなものだよ。巻き込まれるのが嫌ならば、近寄らなければよい。そうすれば身の安全に危害を加えられることはない」

その後、ロシアの政局について水を向けたが、サーシャからまともな返事はなかった。新聞の政治面もきちんと読んでいないようだった。

「カーチャはその後どうしているか」という質問が喉《のど》から出かかったが、サーシャの新しい「婚約者」の前で口にすることはできなかった。

食事の席でサーシャはカネの話を蒸し返すことはなかった。しかし、別れ際《ぎわ》にサーシャは私に「無理は承知でのお願いだが、もう一度、カネについて検討してくれ」と言ったので、私は即座に「俺はファシスト・サムライだ。サムライ（武士）に二言はない。カネの問題についてはすでに答えた」と応答した。「ファシスト・サムライ」というのはスターリン時代の日本人に対する畏怖《いふ》と軽蔑《けいべつ》が混ざり合った表現だ。サーシャは「わかった。無理を言って済まなかった」と答えた。

このような対応をしたものの、私は内心サーシャにカネを「貸す」つもりでいた。もちろん戻ってこなくてもかまわない。自宅に帰って、私の手許《てもと》にあるカネを数えてみたら、二万ドルほどあった。私の口座があるストックホルムの銀行に指示を出して、一万五千ドルを引き出し、外交伝書使（クーリエ）に頼み、モスクワに運んでもらった。当時、大使館員はスウェーデンのストックホルムに個人口座をもち、給与もこの口座に振り込まれていた。外交行嚢《こうのう》に個人使用の現金を入れて持ち込むことは、国際法違反だが、慣行として行なわれていた。

以前にサーシャが残したモスクワの連絡先に電話をしたが、そこにはサーシャやその仲間とは全く別の人が住んでいて、サーシャにつながる手掛かりは得られなかった。私はしばらく考えた後、意を決してリガのカーチャにも電話をして、「サーシャに貸してある本がどうしても必要になったので、連絡先を知りたい」と尋ねた。

しかし、カーチャの答えは「サーシャとは全然連絡をとっていない。ドイツにいると思うが、捜してみる」というものだった。

どうやら、サーシャがヨーロッパとリガを往《ゆ》き来していることを知らないようだ。私はカーチャに「先週、モスクワでサーシャと会った」ということはどうしても切り出せなかった。翌日、カーチャから電話があった。

「リガのインテリたちに聞いてみたが、誰もサーシャの居所を知らない」という返事だった。

サーシャの居所について、ブルブリス国家院議員に頼めば、内務省か連邦保安庁（F

SB＝秘密警察）を通じて調べだしてくれるだろう。しかし、そうすると秘密警察がサーシャに関心を持ち始める。サーシャに関する旧ソ連KGBのファイルは恐らくFSBにも引き継がれているだろう。今回はカネ絡《がら》みの話だ。サーシャに迷惑がかかるかもしれない。そう考えて、私はブルブリス・チャネルを用いることを差し控えた。

ほんとうにカネが必要なら、サーシャからもう一度連絡があると思った。しかし、サーシャから連絡はなかった。そして、これが私がサーシャと会った最後になってしまった。何とも後味の悪い記憶だけが残った。

結局、サーシャとは連絡がつかず、九五年三月二十六日の私のお別れパーティーにも顔を出さなかった。パーティーには、サーシャが私に紹介してくれたポローシン神父、ロシア科学アカデミーのポリャコフ教授も来ていた。二人にサーシャの消息を聞いてみたが、「過去一年以上、連絡がない」ということだった。

その年の四月から私は外務本省の国際情報局分析第一課で、ロシアとCIS諸国情勢を担当した。ロシア情勢や沿バルト情勢について難しい問題に遭遇するといつもサーシャだったらどう答えるだろうかと考えた。

デリート

一九九七年十一月、西シベリアのクラスノヤルスクで橋本龍太郎総理とエリツィン大統領が非公式会談を行ない、「東京宣言に基づき、二〇〇〇年までに平和条約を締結するよう全力を尽くす」という約束をした（「クラスノヤルスク合意」）。

北方領土問題を解決することなくして平和条約は締結できない。首脳が約束したということは、日本国家とロシア国家が約束したということだ。日ロ外交の進展に対する期待感はピークに達し、総理官邸も日本外務省も、これまでにないほど熱気に満ちてきた。その過程で、ロシアの政治、経済、学術エリートに人脈をもつ私の省内における位置づけも大きく変化し、多忙を極めるようになった。平均すれば一カ月に一回くらいモスクワを訪れ、ロシア要人との人脈の維持、強化に努めた。その度にサーシャを知る人に消息を尋ねたが、誰も何も知らなかった。

二〇〇二年一月、アフガニスタン復興東京会議に一部のNGOが参加できないようにとの圧力を鈴木宗男衆議院議員がかけたのではないかという疑惑を契機に、私を取り巻く環境が再び一変した。田中眞紀子外相は、鈴木氏の関与があったと国会で答弁した。鈴木氏はもとより、野上義二外務事務次官も「鈴木氏の関与はない」と断言した。

拙著『国家の罠《わな》』で詳しく述べたが、鈴木氏が「NGOの参加を認めるな」という圧力をかけたという事実はない。外務省幹部が、過去にカネで問題があった二つのNGOを参加させないという外務省の決定を鈴木氏に伝え、鈴木氏は「それでいいよ」と答えただけのことだった。

しかし、世論は田中女史の言い分を真実と見なし、鈴木氏と野上氏が嘘をついていると激しく非難した。鈴木宗男氏に対するバッシングが始まった。一月末に喧嘩《けんか》両成敗の形で田中外相、野上外務事務次官が更迭《こうてつ》され、鈴木氏も国会混乱の責任をとって議院運営委員長を辞任した。小泉総理は喧嘩両成敗の形で決着をつけようとしたが、田中女史に同情的な世論はそれで収まらなかった。

外務省サイドは田中女史と一緒に鈴木宗男氏の影響力を外務省から排除しようと、外交秘密文書を民主党や共産党に渡したり、鈴木氏に不利な情報を内密に新聞記者に流し始めた。一部の外務省幹部は私に「鈴木攻撃に加われ、そうすれば生き残ることができる」と助言したが、私は断った。ソ連崩壊前後の人間模様を見た経験から、盟友を裏切る人間は決して幸せな一生を送ることができないと確信していたからだ。

二〇〇二年二月二十二日、私は六年十一カ月勤務した分析第一課から外交史料館に異動になった。川口順子《よりこ》外相は、「一ポストに三年以上勤務させないとの人事の新原則を適用したので、更迭ではない」と述べた。しかし、真相は私を外交秘密や省内の情報から遮断された外交史料館に異動し、鈴木宗男氏に近いと目された外務官僚の粛清を本格的に行なうという外務省新執行部の意思表示だった。

二月末に、「竹内行夫事務次官（現経団連顧問）の指示で外務省が私に関する資料を東京地方検察庁に自主提出し、それに基づき東京地検が私と親しかった外務省員に対しても任意の事情聴取を行い始めた」との正確な情報が、ある外務省幹部から入ってきた。

粛清は外務本省にとどまらなかった。モスクワの日本大使館でも私に親しいと目された人々は周辺国に異動になった。あるとき、某国の大使館につとめる友人から電話がかかってきた。

「佐藤さんと別の人がやりとりしている電子メールが、間違って私のところに入ってきました。データの流れをチェックしてみましたが、外務省が佐藤さんのメールを覗《のぞ》いているときに初歩的な操作ミスをして、こちらに流れてきたのだと思います。要注意です」

それと同じ時期に西欧につとめる元上司からも「佐藤に送ったメールが別の所に流れた。メールの検閲が行なわれているから、十分警戒しろ」という連絡があった。

私はもともと電子メールは常に覗かれているという前提で通信をしていたので、特に注意することはなかったが、むしろ電子メールの傍受すらスマートにできない外務省の体制に驚かされた。

四月が終わり五月に入っても、鈴木宗男バッシングの嵐《あらし》は止《や》まなかった。それと同時に五月に入ってからは、これまで親しくしていた外務省幹部から私への連絡もほとんどなくなった。そんなある日、モスクワの後輩から電話がかかってきた。

「大使館に佐藤さんの連絡先が知りたいといって、ラトビアのリガから何度も電話がかかってくるんです。『取りつぐな』と現地職員（ロシア人スタッフ）に言っているのですが、現地職員もその昔、佐藤さんがモスクワ大学で指導していた大学院生かもしれないというので、私が電話に出てみました。先方はアレクサンドル・ユリエビッチ・カザコフというラトビアのジャーナリストです。十五年前、モスクワ大学でサトウマサルと同級生だったと言っています。『リガのサーシャがマサルと話をしたがっていると本人に伝えてくれ』と切々と訴えるのですが、連絡先を教えてもいいですか」

「よく知っている奴《やつ》だ。メールアドレスと住所を教えてやってくれ」

その翌日、サーシャからローマ字打ちのロシア語で電子メールが届いた。

〈マサル、もう何年会っていないことだろうか。元気にしていることと思う。モスクワ国立大学で初めて会ってからもう十五年だ。時の流れは速い。奥さんは元気か。チーコ（シベリア猫の名前）は何歳になったか、元気にしているか。〉

サーシャは私が離婚したことも、モスクワから連れてきた雄のシベリア猫がその年の一月に病死したことも知らない。

〈僕は生きているし、元気だ。いろいろなことがあったが、ここ（リガ）の小さな世界でなんとか生きている。ジャーナリストになった。生活はのんびりしている。これでよかったと心底思っている。

日本の状況がよくわからないので、立ち入ったことは聞かないが、何かたいへんなことに巻き込まれているのではないか。みんな心配している。できることがあれば何でもする。連絡をよこせ。

尊敬と愛情を込めて。サーシャ（カザコフ）。〉

私は何度もそのメールを読み返した。しかし、返事は書かなかった。何を書いたらよいか、どこから話し始めたらよいか、自分で整理がつかなかったからだ。

二〇〇二年五月十四日午後二時少し前、外交史料館長が血相を変えて私の側に飛んで来た。

「検事が来る」

いよいよ特捜（東京地方検察庁特別捜査部）との勝負が始まる。母親や最後まで私と行動を共にしてくれた外務省の仲間、親しい学者、ジャーナリストに「僕は数十分以内に逮捕される。これまでの厚情に感謝する。特捜の対応にもよるが、早ければ二十三日、遅くても三カ月くらいで出てくるだろう」と電話で連絡した。しかし、この「読み」は大きく外れ、私は五百十二日間の独房生活をすることになる。

私は、小菅《こすげ》の東京拘置所ではコーヒーを飲むことができないものと信じ込んでいたので（実際は平日は二回、休日は一回、インスタント・コーヒーを飲むことができる）、給湯室にインスタント・コーヒーを入れに行った。マグカップを持って私は机に戻り、ノート型パソコンを開き、サーシャから届いた電子メールをデリート（削除）した。サーバーには、サーシャのメールのデータも残っているかもしれない。しかし、それは厖大《ぼうだい》なデータの中の一つである。私が検事だったら、フロッピーディスクやCドライブのハードディスクに残っているデータが、本人にとって重要なデータと思うだろう。それを計算した上で、フロッピーディスクやCドライブからはデータをほとんど消さずに、検察にあえて手がかりを残すようにしておいた。サーシャを含め、モスクワ時代の友人に迷惑をかける可能性があるメモ類は全《すべ》て整理してある。もはや、サーシャに関する記録は私の頭の中にしか残っていないのも同然だった。

午後二時過ぎに検察官たちがやってきたが、外交史料館長室に籠《こ》もり、館長、副館長と打ち合わせをしている。少し時間の余裕があるようなので、私はもう一杯コーヒーを飲むことにした。給湯室に行きネスカフェ・ゴールドブレンドを三匙《さじ》、クリープを二匙、黒色の「オペラ座の怪人」の絵がついたマグカップにいれ、熱湯を注ぎ、サッカリン錠を二つ落としてかきまぜた。泡を立てて小さなサッカリン錠が消えていく。コーヒーを半分くらい飲んだところで、外交史料館長が扉を開けた。

「佐藤君、ちょっと来てくれ」

私はマグカップを机の上のノート型パソコンの左横に置いて、特捜検事が待つ館長室に向かった。

あとがき

前著『国家の罠《わな》―外務省のラスプーチンと呼ばれて』を昨二〇〇五年三月に上梓《じょうし》したとき、私はこの本が読書界に広く受け入れられることにはならないと予測していた。東京地方検察庁特別捜査部が無謬《むびゅう》であるとの神話は根強く、また川口順子《よりこ》外相―竹内行夫事務次官時代に外務省が執拗《しつよう》に展開した「鈴木宗男―佐藤優が私的外交を展開し、日本の国益を毀損《きそん》した」という宣伝・煽動《せんどう》の力を侮《あなど》ることができないと考えていたからだ。

しかし、私の予想は外れ、『国家の罠』はベストセラーになり、新聞、雑誌、テレビ、ラジオやブログなど、さまざまな媒体で取り上げられただけではなく、第五十九回毎日新聞出版文化賞特別賞を受賞するという想定外の事態まで起きた。また、私の著作により、「国策捜査」という業界用語が市民権を得たというのも不思議な感じがする。

『国家の罠』の読者から手紙や口頭で多くの感想や意見を聞かせていただいた。その中で、『国家の罠』で書かれた以前の、私のモスクワ時代の活動に対する関心が強いことを知って驚いた。最初、モスクワ時代の回想録を書くつもりはなく、中世ラテン語の勉強やチェコ・プロテスタント神学書の翻訳に取り組もうと思っていたのだが、読者との双方向性を維持したくなり、回想録執筆に取りかかった。その結果、筆者の生活も少し変化した。『国家の罠』では、保釈後の生活について「公判闘争にエネルギーの四分の一、残りは読書、思索、著述と気の合う人々と話をすることに使うようになった」（三七九頁《ページ》）と述べたが、この比率に少し変化が生じた。公判闘争にエネルギーの一〇％、著述に五〇％、読書、翻訳、気の合う人々と話をすること、猫と遊ぶことに四〇％を費やしている。

『国家の罠』出版後に私の身辺で起きた変化について記しておく。実は母が癌《がん》で一時は重篤《じゅうとく》な状態になったが、『国家の罠』を読んだ母の友人たちから「息子さんの事件の背後に何があったかよくわかりました」という話が聞こえてくるようになると免疫力《めんえきりょく》が回復し、現在は退院して普通に生活している。

私は〇五年五月に再婚し、引っ越した。東京都内ではあるが、武蔵野《むさしの》の自然が残っていて、近所には用水路や池もあり、真鴨《まがも》がやってくる。住居から徒歩十五分くらいのところに仕事場を設けた。そこで雄猫を飼っている。

現在は猫を膝《ひざ》に抱きながら、南北朝時代の南朝側の歌集『新葉和歌集』（岩波文庫、一九四〇年）を読んだり、十五世紀の神学書ヤン・フス『教会についての論考』(MISTR JAN HUS, TRACTATUS DE ECCLESIA, PRAHA, 1958）を中世ラテン語から少しずつ訳している。中世ラテン語は難しいが、幸い学術的水準の高い現代チェコ語訳があるので、立ち往生することはない。

〇五年九月十一日の衆議院議員選挙で「新党大地」を立ち上げた鈴木宗男氏が四十三万票を獲得して当選した。東京地方裁判所の判決で鈴木氏は懲役二年の実刑判決を言い渡されたが、有権者は国策捜査に対して別の審判をしたのだ。私の控訴審も〇六年二月十五日に東京高等裁判所刑事第五部で開始された。

人間関係にも恵まれている。私の公判支援を同志社大学神学部出身の滝田敏幸氏（千葉県印西市議）、阿部修一氏（民間会社員）が中心となって精力的に展開している。言論活動については、「月刊日本」、「月刊BOSS」、「SAPIO」、「正論」、「文藝春秋」、「週刊文春」、「月刊現代」、「週刊現代」、「新潮45」、「週刊新潮」、「週刊プレイボーイ」、「文學界」、「世界」、「一冊の本」、「週刊金曜日」、「情況」、「en-taXi」等の編集部が私に機会を与えてくれる。

ソ連崩壊により東西冷戦が終結してから十五年が経《た》つのに、いまだ日本の論壇には「左」、「右」という「バカの壁」がある。これを打ち破るために、書き手と編集者が少しだけリスクを冒す必要があると考えるのだが、私の意見に賛同し、実際にリスクを負う編集者がここで名前をあげた編集部にはいる。日本国家と日本人が生き残るために活字文化の役割は重要と思う。

もともと、人見知りが激しいので、講演会やテレビ、ラジオへの出演は基本的に辞退しているが、書店主催の講演会だけは積極的に引き受けている。書き手として、活字文化の維持、発展のために少しだけでも具体的な貢献をしたいと考えているからだ。

本書では当初、ソ連崩壊期だけでなく、私のイギリスでの研修時代、またソ連崩壊後のロシア事情、特に一九九三年十月のモスクワ騒擾《そうじょう》事件について記録に残そうと考えていたのだが、私の筆力不足で一部しか実現できなかった。

ソ連崩壊については、作家の宮崎学氏、にんげん出版社長の小林健治氏らと一年以上にわたる研究会を行ない、その結果を〇六年三月ににんげん出版から『国家の崩壊』として上梓した。本書『自壊する帝国』と内容的重複はない。本書『自壊する帝国』では人間の物語という切り口からソ連崩壊を描いたが、『国家の崩壊』においては理論的側面から同じテーマの解明につとめた。併読していただくと、ソ連崩壊過程がより立体的に見えてくると思う。

また、鈴木宗男氏、東郷和彦氏（元外務省欧州局長、現米国プリンストン大学客員研究員）等と私が橋本龍太郎、小渕恵三《おぶちけいぞう》、森喜朗《もりよしろう》の歴代三総理の指示に基づいて進めた日露交渉についてもきちんとした回想録を残すべきだとの意見を読者から受けるが、外交秘密に触れずかつ真実を国民に伝えることは現在の私の筆力では難しいというのが正直なところだ。

今回も新潮社の伊藤幸人氏、加藤新氏、原宏介氏にはたいへんお世話になった。編集者は筆者以上に、テキストの意味を理解していると思い知らされる局面が何度もあった。深く感謝します。

二〇〇六年五月

佐藤　優

文庫版あとがき——帝国は復活する

　私はいまでもときどきロシア語で夢を見る。そのときによくでてくるのが、本書『自壊する帝国』の中心人物であるサーシャ（アレクサンドル・ユリエビッチ・カザコフ）だ。場所は、モスクワ国立大学哲学部の教室だったり、学生寮のこともある。それから、サーシャと二人で、古本を漁《あさ》りながら歩いたクロポトキンスカヤ通りやアルバート通りのこともある。サーシャは、私より四歳年下の一九六四年生まれだったが、私の親友であるとともに恩師でもある。サーシャと初めて会ってから二十年以上の歳月が流れたが、夢の中にでてくるサーシャの姿、声は、とても鮮明だ。

　私は一九八七年八月から一九九五年三月まで、モスクワの日本国大使館で勤務した。着任したときの官職は、在ソビエト社会主義共和国連邦日本国大使館三等理事官で、離任するときは在ロシア連邦日本国大使館二等書記官だった。一九九一年十二月にソ連が崩壊したので、勤務した場所は同じであるにもかかわらず、国名が変化したのだ。

　結局、「あの国」に私は七年八カ月間、連続して勤務した。二十七歳から三十五歳まで、青年期の後半をほぼモスクワで過ごしたことになる。このときの経験は、私の人生観、世界観に少なからぬ影響を与えた。モスクワ暮らしの初期に私にいちばん影響を与

がサーシャだ。

現役外交官時代に、外務省の後輩たちや親しくする新聞記者たちから、「佐藤さんがロシアであれだけ人脈をもつことができたのはどうしてですか」とか「ロシア人の魂をつかむコツは何ですか」などということをよく聞かれた。それに対して、いつも断片的な話しかできなかった。いつかまとめておかなくてはならないと思っていたが、なかなかその時間を見いだすことができなかった。

拙著『国家の罠《わな》―外務省のラスプーチンと呼ばれて』（新潮文庫）に詳しく書いたので、重複は避けるが、二〇〇二年初頭から吹き荒れた鈴木宗男衆議院議員に対するバッシングの嵐《あらし》の中で、同議員と親しいと目された私も同年五月十四日に「鬼の特捜」（東京地方検察庁特別捜査部）によって逮捕、起訴された。全面否認を貫いていたら、「小菅《こすげ》ヒルズ」（東京拘置所）の独房に五百十二日間、閉じこめられることになった。私の場合、罪証湮滅《いんめつ》の可能性が高いということで、勾留《こうりゆう》の全期間、接見等禁止措置がつけられ、弁護人以外との面会、文通は、家族を含め、一切認められなかった。それだけでなく、新聞の購読（東京拘置所で未決勾留者は朝日新聞か読売新聞の私費による購読を認められている）や週刊誌の購入も認められなかった。弁護人が、拘置所の指定売店で購入して差し入れる「日刊スポーツ」の社会面と拘置所のラジオがときどき流すニュース番組が、外界の情報を入手する手段だった。もっとも、入ってくる情報が限られていても、推察力を働かせれば、外界の政治情勢の流れをとらえることはできた。それに外交官時代には、インテリジェンスなどという神経をすり減らす業務を担当していたので、正直言うと、職責から解放された獄中生活はとても快適だった。独房は、私は、この与えられた条件を、知的営為のため最大限に活用することにした。独房は、読書と思索にとって最適の場であった。書籍については、私が購入することは認められないが、弁護人を通じて差し入れることは認められた。はじめに差し入れてもらったのは、日本聖書協会が発行する『新共同訳　聖書　旧約聖書続編つき　引照つき』だった。この聖書は、テキストの各行に、他のテキストのどの部分に関連の事項が書いてあるかについて、詳細な記述がなされている。神学者や牧師が使う聖書で、この一冊があれば、半年くらいたいくつせずに聖書の世界を探索できると思ったからだ。もっとも、この聖書にも暗号が仕組まれているのではないかという疑いがかかり、全二千三百六十四頁《ページ》検査、レントゲン検査などで、私の手許にとどくまでに二週間もかかった。

人間は易《やす》きに流れるものである。そこで、私は小説を独房に持ち込まないことにした。そして、学術書を中心に二百二十冊を読んだ。読書をするとともにB5版のノートに、書籍からの抜き出し、それに関連したメモ、手紙の下書き、語学や数学の練習問題の解答案、思索メモなどをつづった。ノートは全部で六十二冊になった。

ノートに向かいながら、モスクワ時代のことが、いろいろと記憶によみがえってきた。

そのこともときどきノートに記した。

私のモスクワ時代は、だいたい四期に分かれる。これはソ連崩壊の年表とは必ずしも一致していない。段階ごとに人脈、ロシアに関する知識も質的、量的に向上していった。

第一期は、一九八七年八月から一九八八年末くらいまでのことだ。そのうち、一九八八年五月まで、私はモスクワ国立大学言語学部でロシア語を研修していた。その後、大使館政務班に配置され、翻訳や雑用（コピーとりや書類運び。ときどき便所掃除もあった）を担当していた。一九八八年六月に後輩が政務班に配置されたので、雑用係からははずれたが、大使館の内勤で、新聞やソ連国営タス通信（現ロシア国営イタル・タス通信）の報道を日本語に訳し、東京の外務本省に公電（外務省の公務で用いる電報）で、送ることが仕事のほとんどだった。

第二期は、一九八九年初めから一九九〇年末までだ。政務班での私の担当は、ソ連内政と民族問題だった。一九八九年に入ると、沿バルト三国（リトアニア、ラトビア、エストニア）やトランスコーカサス（グルジア、アルメニア、アゼルバイジャン）をはじめとして、ソ連各地において民族紛争が深刻になってきた。これらの民族紛争は住民の宗教感情とも結びついている。そこで、基礎教育が神学で、宗教勘がある私が、大使館の外に出て、情報収集活動に従事することが多くなった。著名な学者や、ソ連共産党中央委員やソ連最高会議（国会）議員とも人脈ができるが、政局を動かすような権力中枢《ちゅうすう》の政治エリートとの面識はまだできなかった。

この第一、二期の頃は、時間的余裕もあったので、サーシャとよく遊び歩いた。

第三期は、一九九一年初めから、一九九二年末までだ。この間に一九九一年八月のソ連共産党守旧派によるクーデター未遂、同年十二月のソ連崩壊が起きた。それまで、ソ連の連邦構成共和国の一つに過ぎなかったロシアが独立国家となり、これまで地方議員だったロシア人民代議員が国会議員としての地位を占めるようになった。この時期に、私は、ヤナーエフ・ソ連副大統領と面識をもつようになり、ルビックス・ソ連共産党政治局員（ラトビア共産党第一書記）、イリイン・ロシア共産党第二書記など守旧派の側でソ連政治に大きな影響を与える人々と懇意になった。そしてソ連体制の内在的論理を少しずつ覚えていった。同時に、ツァレガロッツェフ・エリツィン大統領首席補佐官、ポローシン・ロシア最高会議幹部会員（ロシア正教会神父）など、エリツィン大統領の周辺に友人を増やした。これによって、ソ連を打倒し、新たなロシアを作ろうとする陣営の中核に食い込むことができた。この人脈は、私がクレムリン（大統領府）や議会にネットワークを作る上でとても役に立った。この人脈のほとんども端緒はサーシャによって作られたものだ。

第四期は、一九九三年初めから、一九九五年三月に離任するまでだ。一九九三年一月、私はロシア科学アカデミー哲学研究所が主催した国際学会にパネラーとして参加し、基調報告を行ったブルブリス前国務長官と「偶然」知り合う。偶然にカギ括弧をつけたのは、私と親しいロシアの知識人たちが、日本に対して警戒心をもつブルブリスと私がうまく知り合う機会をつくってくれたのだ。この知識人たちともサーシャの紹介で知り合った。

ブルブリスは、ソ連崩壊のシナリオを描いた人物だ。モスクワ暮らしの後半で、私に強い影響を与えたのがブルブリスである。正直に言うが、いまも私はブルブリスから受けた影響から抜け出すことができていない。私は、これまでの人生でこれほど聡明《そうめい》な人間と会ったことがない。もともとはウラル国立大学で哲学の教授をつとめていた。専門は弁証法的唯物論《ゆいぶつろん》だった。弁証法を政治や社会に適用すると、観念が実際の力になるということを、私はブルブリスを見て確信した。誰もがブルブリスの聡明さを認め、戦略家としての実力を認めていたが、人望がなかった。「俺は馬鹿《ばか》は嫌いだ」と公言し、能力のない官僚や政治家を満座で面罵《めんば》し、一旦《いったん》、敵対すると情け容赦なく、相手を徹底的に打ちのめすという手法が嫌われた。最後は、エリツィン大統領が「俺はこの男に操られているのではないか」という猜疑心《さいぎしん》をもつようになって、権力の中枢から遠ざけられてしまう。権力の中枢から遠ざけられた後も、ブルブリスの政局分析はいつも正確だった。浮き沈みが激しいロシア政界で、いまも連邦院（上院）議員として生き残っている。なぜか私はブルブリスに気に入られた。ブルブリスの事務所だけでなく、自宅、別荘に出入りすることが認められた。外国人でこのような扱いを受けたのは、私だけだったということだ。

ブルブリスを通じ、エリツィンと直接接触することができる政治エリートやクレムリンの医師団などと面識をもつようになった。そして、ロシアの政治権力の中枢を内側から観察する機会を私は得た。『自壊する帝国』の次は、「ブルブリスの物語」を書くことに決めたのだが、あまりに多くの出来事があり、そのどれを文字にすればよいのか、決断がつかず、作業が遅々として進んでいないのである。

ロシアの場合、クレムリンの中枢に一人でも友人ができると、その後、人脈が自然に拡大していく。社会主義から資本主義への道を進む過程で、旧国有財産の分捕り合戦が生じた。文字通り、ハイリスク・ハイリターンの世界で、私が直接知る金融資本家が数名いたが、一人はカラシュニコフ銃で蜂《はち》の巣にされ、もう一人は拳銃で射殺された。この競争で生き残った人々はオリガリヒヤ（寡占《かせん》資本家）と呼ばれるようになり、政局を裏で動かすようになった。ブルブリスは、オリガリヒヤの政治介入を嫌った。私の仕事は、ロビー活動によって日本の味方を作ることだったので、実際に権力があるところに擦り寄っていった。プーチンが大統領になるとインテリジェンス機関や軍の影響力が強まった。そこで私はSVR（露対外諜報《ちょうほう》庁）や国境警備隊や軍との関係を強化した。

私は、モスクワで生まれ育ったロシア人が話すような流暢《りゅうちょう》なロシア語を話すわけではない。しかし、ロシアの政治家や官僚から、「他の日本の外交官、新聞記者、学者と話しているのと比べ、君と話しているとロシア人と話しているような感じがする」とよく言われた。「どこがそうなのか」と私が尋ねると、「物事に対する反応、ちょっとひねった受け答え、人間関係の距離の取り方などがロシア人的だ」と言われた。そういえば、いまでもロシア語で話すときの方が、自分が考えていることを率直に表現することができる。また、どんなに酔っぱらっても、話してはいけないことを話さない自信がある。

それから、普段はそれほど几帳面《きちょうめん》でなくても、「ここ一番」となったときのしつこさなどは、確かにロシア人に似ているかもしれない。

私に、このロシア的感覚を教えてくれたのがサーシャなのだ。サーシャのこの感覚は、ブルブリスにも通じる。本書の読者から、第二章「サーシャとの出会い」で登場していきいきと活躍していたサーシャが第五章「反逆者たち」で、私の物語から消えてしまったのは少し淋《さび》しいという感想を聞いた。実をいうと、私もここでサーシャを消してしまいたくはなかったのだが、ソ連帝国の自壊というテーマに即して話を進めるならば、私の人脈が第三期に入ったところで、サーシャを中心に話を回すことが、私の筆力ではできなくなったというのが正直なところである。

もし、サーシャの物語を中心に書き進めていったならば、ソ連崩壊よりも、どの時代においても、鋭敏な危機意識をもち、この世界と人間の双方を変容することを試みるが、挫折《ざせつ》を繰り返すロシア知識人について書くことになったと思う。しかし、そのような良心的知識人の世界ではなく、良心を殺し、政治ゲームに入っていった人々の世界を私は描きたかった。

今回、この解説を書くにあたって、サーシャについての記憶を整理してみた。そして、『自壊する帝国』で読者に伝えたかったのだが、伝えきれなかったサーシャと私の関係について、文庫版のあとがきで記すことにした。この作業を進めていると、モスクワ大学哲学部で出会った学生時代の頃の記憶がもっとも鮮明によみがえってくる。

サーシャは、ベルナツキー大通り添いの学生寮に住んでいた。この寮は五～六人の相部屋で、部屋ごとに男女別という建前になっていたが、実際は、部屋の中に適宜ついたてを作って同棲《どうせい》しているカップルも多かった。サーシャにはいつも取り巻きが数人いた。そのほとんどが女子学生で、サーシャはときどきセックスをしているようなのであるが、ハーレムという感じではない。この寮の部屋で、サーシャを中心に哲学や思想について、学生たちが深夜までさまざまな議論をしていた。

サーシャは、私と話すときは、きちんと理解できるようにゆっくり話してくれるのだが、学生たちを相手に話すときは、ひどく早口で、しかもときどきどもる。話の内容を聞き取りにくいのである。当時、学生たちの間では、ニコライ・ベルジャーエフの思想が人気を博していた。

ベルジャーエフは、レーニンによって追放され、パリで客死した宗教哲学者だ。私がモスクワ大学に留学して、サーシャのいた頃はベルジャーエフの著作は禁書目録に入っていた。しかし、現代ブルジョア哲学を批判するとか、宗教思想を批判するという名目ならば、これらの禁書を借り出すこともできた。

ベルジャーエフは、ソ連体制をロシア共産主義と名づける。そして、マルクス主義からロシア共産主義を導き出すことは不可能と考える。マルクスやエンゲルスとレーニンの間には断絶があると考えるからだ。ロシア共産主義は、ロシア正教の修道院においてときどき現れる異端派の伝統を引いているとベルジャーエフは考える。超人的な禁欲によって神の秩序をこの世界で実現しようとするのである。もっともこのような発想は、異端派だけでなく、ロシア正教の伝統でもある。カトリックやプロテスタントの場合、神が人間になるためにひとり子であるイエス・キリストをこの世界に派遣したことを強調する。人間は罪によって堕落しているので、究極的に神の恩寵《おんちょう》によってしか救済されない。救済については、神から人間へのベクトルしか存在しないのである。

ロシア正教の救済観はこれと異なる。神が人になったのは、人が神になるためであると考えるのである。ある人は禁欲的な修行によって、別の人は特別な才能によって人間から神になることができるのである。特にロシア正教では佯狂者《ようきようしや》と呼ばれる、見たところ精神に障害があるように見える人に特別の救済能力があると考えることが多い。人間の救済は、個人が悟りを開いて安楽な境地に至るということではない。この世界から悪が除去され、地上に天国が実現しなくてはならないのである。従って、人から神へのベクトルにおいては社会革命が不可避なのである。

伝統的にロシア正教の異端者は、人が神になるために、地上に革命を呼び起こそうとした。十九世紀ロシアの革命家は、神を失った。しかし、人間を救済したい、そのために社会を変容したいという気持ちは残ったのである。この伝統に立って、レーニンたちはロシア革命を起こしたとベルジャーエフは考えた。要は、ロシア共産主義は、「裏返されたロシア正教」なのである。ベルジャーエフ自身のことばを引く。

〈ロシアの共産主義が理解しにくいのは、その二面的性格のためである。一方では、それは国際《インタナショナル》的であり、一つの世界的な現象であるが、他方ではそれは民族的であり、ロシア的である。西欧の人々にとっては、「ロシア共産主義のこの民族的な根源を理解すること、そのさまざまな制約を決定し、その性格を形づくったものがロシアの歴史であった、という事実を理解することが特にたいせつである。マルクス主義の知識はこの場合に助けにならないであろう。ロシア民族は、その精神的体質からいって、東方民族である。ロシアはキリスト教的東洋であって、しかもこの国は二世紀にわたり西欧の力づよい影響のもとにあり、その教養ある階級はあらゆる西欧的観念を同化していた。歴史におけるロシア民族の運命はまことに不幸であり、苦悩にみちていた。ロシア民族はその文明の型をつくるあいだに中断と変化とをこうむりながら、破局的なテンポで発展して来たのである。〉(ニコライ・ベルジャーエフ〔田中西二郎／新谷敬三郎訳〕「ロシア共産主義の歴史と意味」『ベルジャーエフ著作集第七巻』白水社、一九六〇年、十頁)

私がモスクワ暮らしを始めた一九八七年時点で、マルクス・レーニン主義がもはやロシア人の魂をつかまえることができなくなっていることは明白だった。ベルジャーエフは、マルクス主義とレーニン主義を切り離す。そして、レーニン主義をロシア正教の異端と位置付ける。ここでロシア人が神を再発見して、ロシア正教に回帰するならば、ソ連には別の発展可能性が生まれる。このことにロシアの知識人たちは魅力を感じていた。ベルジャーエフの『ロシア共産主義の歴史と意味』は禁書だったが、タイプ打ちのサムイズダート(自費出版)が流通していた。当時、ベルジャーエフはモスクワ大学で哲学を勉強する学生たちの中でもっとも人気がある思想家だった。ソ連当局も、ベルジャーエフについては一九八八年には、事実上、禁書目録から外した。そして、ソ連崩壊一年前の一九九〇年に、パリのYMCA出版の『ロシア共産主義の歴史と意味』の複写版が老舗《しにせ》出版社「ナウカ(科学)」から刊行された。ベルジャーエフは完全に復権されたのである。

私は同志社大学の神学部と大学院で勉強したときにベルジャーエフの著作はかなり読み込んだ。そこでサーシャとその友人たちの会話に、たどたどしいロシア語で加わった。私が、日本ではロシア文学が相当詳しく紹介され、またロシア宗教哲学についてもベルジャーエフ著作集やシェストフ著作集が刊行され、ウラジーミル・ソロビヨフの『神人論』や『三つの会話』などが訳されていることを話すとロシア人学生たちは驚いた。さらに日本では『資本論』の研究が進んでおり、マルクス経済学が独自の発展を遂げている話をすると、それにも興味を示した。サーシャたちが驚いたのは、「それだけロシア宗教思想やマルクス経済学の研究がなされているのに、その話がロシアにはまったく入ってこない。西欧のロシア研究やマルクス主義研究については、現代ブルジョア哲学批判という形でモスクワ大学やソ連科学アカデミーなどの表の機関で扱うとともに、ドイツ、フランス、ベルギー、イギリスなどからやってくる研究者を通じて、口頭で情報が入ってくる。日本からは情報がまったく入ってこない。日本の留学生と挨拶《あいさつ》やちょっとした立ち話をしたことはあるが、ロシア思想やマルクス主義の話をしたことはない。しかし、マサルの話を聞いていると、研究は相当進んでいるようだ。それにもかかわらず、それが外部世界に知られていないということは、閉鎖的な知の体系が日本に存在しているということだ。これは面白い」ということだった。

私はサーシャたちに「閉鎖的な知の体系が日本に存在している」と言われ、侮辱されたのかと思い「日本の知の世界は決して閉鎖的ではない。外国との交流を積極的に行っている」という説明をしたら、サーシャから「誤解するな。閉鎖的というのはよい意味なんだ、自己完結した自らの知の世界があるというのは、その民族が世界史的意義を果たすということなんだ。ヘーゲルがいう〝体系的〟ということだ」と言われ、ロシアの知識人が欧米の知的影響を受けても、それをロシア独自の知に消化し、自己完結する体系を作ることにあこがれているのだということを私は理解した。

学生寮でのサーシャのゼミに参加して驚いたことは、サーシャがベルジャーエフに対してきわめて批判的なことだった。

「みんな、ベルジャーエフはボリシェビキだということを忘れてはならない」とサーシャは強調する。

ボリシェビキとは共産党員のことだ。ベルジャーエフは、レーニンによってソビエト・ロシアから追放された反革命のレッテルを貼《は》られた人物である。それがなぜボリシェビキなのであろうか。サーシャはこう続ける。

「ボリシェビキ、すなわちロシア共産主義とマルクス主義の間に断絶があるというのはベルジャーエフの言うとおりだ。そして、ロシア正教の狂信的な異端のような少数者によって、革命が引き起こされ、社会は少数のエリートによって指導されると信じるところにボリシェビキの特徴があるというのもベルジャーエフの言う通りだ」

「それじゃ、サーシャはベルジャーエフのロシア共産主義論のどこが間違えていると考えるんだ」と私は質《ただ》した。

「それは、ベルジャーエフが、ボリシェビキ、つまり少数エリートによる大衆の支配が正しいと考えていることだ。ベルジャーエフにとって、大衆は政治的に受動的で、ただエリートに従っていればいいということになる。この理論はソ連共産党中央委員会の官僚にとって魅力的だ。ソ連帝国を生き残らせるために党官僚がベルジャーエフを使おうとしている。現在起きているベルジャーエフ・ブームの背後には、ソ連共産党中央委員会のイデオロギー部の戦略があると僕は見ている」

「サーシャ、言っていることの意味がよく分からない。日本人である僕にもわかるように説明してくれ」

「来年（一九八八年）は、ロシアへのキリスト教導入千年にあたる。この機会にソ連共産党はロシア正教会と和解し、ソ連国家のイデオロギーに正教を導入していくことになると僕は見ている」

「キリスト教的ソ連ということか」

「そうだ。ソ連帝国を生き残らせるためにはそれしかないというノメンクラトゥーラ（特権階層）たちの発想だ。しかし、それではロシアが帝国として生き残ることはできない」

「どうやったらソ連帝国が生き残ることができるのか」

「ソ連帝国が生き残ることはできない。人工的なソ連帝国は滅びなければならない。ソ連帝国が滅びることがロシアが帝国としてよみがえるために必要なんだ」

私はサーシャが何を言おうとしているのか一層わからなくなった。

一九九三年に、「ロシアが大国としてよみがえるためにソ連帝国の崩壊が必要だった」というブルブリスの話を聞いたときに、私はモスクワ大学に留学したときにサーシャから聞いた話を思い出した。

サーシャは、ベルジャーエフの言説のどこに満足していないのだろうか。

「マサル、ベルジャーエフは、反共主義者だけどボリシェビキだ。われわれは共産主義だけでなくボリシェビズムも打倒しなくてはならない」

ボリシェビキとは、多数派という意味だ。一八九八年にロシアで初のマルクス主義政党「ロシア社会民主労働党」が創設された。一九〇三年に当初ブリュッセル、その後ロンドンで第二回党大会が開催された。そのときに党員資格をめぐって議論が対立する。マルトフを中心とする主流派は、党員資格は「党を支持すること」だけで十分と考えた。それによって労働者、大衆に幅広く根をおろした政党をつくろうとしたのである。これに対して、レーニンたちの反主流派は、党員資格は、党を支持することだけでは不十分で、「党組織の活動に参加すること」を掲げた。組織的に訓練された職業革命家の党をつくろうとしたのである。

党大会全体では、レーニンを支持する者は少なかったが、党大会で選出された執行部でレーニン派が過半数を占めた。そこでレーニンたちは自らをボリシェビキと名づけた。この命名がよかった。「ボリシェ」というのは、「ちょっと多く」という意味だ。ウオトカをちょっとおまけして多く注いでもらうという雰囲気がある。これに対してマルトフたちの主流派は、メンシェビキと呼ばれるようになった。「メンシェ」というとウオトカを誤魔化されたり、賃金をピンハネされるような感じがする。レーニンは言葉づかいの天才だ。革命によってできた政権をソビエトと名づけた。ソビエトとは会議とか評議会という意味だ。労働者と農民が自発的に集まって、合意し、行動する新しい政治形態にレーニンは共産主義や社会民主主義ではなくソビエトという言葉をみつけた。ソビエトは、「スベート（光）」、「ソーベスチ（良心）」というような、よい意味をもつ言葉を連想する。ソビエト政権というだけで、これまでの政府とは異なる何かいいもののような感じがするのである。

広範な労働者や農民の利益を代表していると主張するレーニンたちは、民衆を操作可能な対象と考えていた。それだから、レーニンは、ボリシェビキやソビエトなどという、ちょっといい雰囲気がする言葉を多用し、民衆の支持を惹《ひ》きつけたのである。この手法をサーシャは、レーニンによる根源的な民衆蔑視《べっし》であり、シニシズム（冷笑主義）ととらえた。シニシズムをともなうエリート主義でもある。

ベルジャーエフがマルクス主義を否定するにもかかわらず、ボリシェビズムを肯定的に評価するのは、ボリシェビキがエリート主義を採用しているからだ。サーシャはこのことが気に入らないのだった。しかし、サーシャ自身がモスクワ大学に合格するソ連体制のたいへんなエリートだ。ソ連社会の常識では、日本の中高校生に相当する生徒はほぼ全員、コムソモール（共産青年同盟）に加盟する。しかし、サーシャはコムソモールに所属しなかった。そういう思想的に問題のある生徒は、成績が抜群でないとモスクワ大学に入学することはできない。サーシャは、まさにそういう超エリートだった。

「サーシャは、ベルジャーエフのエリート主義が嫌いと言うけれど、サーシャ自身が超エリートじゃないか。サーシャは（モスクワ大学）哲学部や（ソ連科学アカデミー）哲学研究所の教授たちのことを〝本質的なところで頭が悪い〟と馬鹿にしているじゃないか。僕はサーシャと話しているとベルジャーエフのエリート主義を想起する」

「ベルジャーエフ程度の人物と一緒にされては不愉快だ。エリートによる支配などということを公言するベルジャーエフやオルテガ（スペインの哲学者）たちはほんもののエリートではない」

「それじゃ、ほんもののエリートの特徴は何だとサーシャは考えるんだい」

「自分の限界を知って、エリートが民衆を動かすなどということを考えない知識人だ。人知の限界を知って、神の意志に最終的に自らの命を委《ゆだ》ねることができる人だよ」

「ひどく宗教的じゃないか。そんな発想が二十世紀の現代に通用すると思っているのか。生活のすべての領域が世俗化されていくんだぜ」

「そうだ。しかし、生活のすべての領域が世俗化されていくわけではない。世俗化が徹底的に進行すると、逆に決して世俗化されない領域が見えてくる。ここから僕たちは超越性を感じるのだと思う。そもそもマサルだってプロテスタントのキリスト教徒じゃないか。自らの命を最後のところでは神に委ねているんじゃないか」

「それはそうだ。ただ、ロシア正教のように、人が神になるというベクトルはないと思っているよ。神が人になる、父なる神が子なる神(イエス・キリスト)をこの世に派遣するという上から下への方向しかないと僕は思っている」

「その点についての僕の考えは違う。神が人(イエス・キリスト)になったのは、人が神になるためだという正教の伝統の方が、キリスト教の救済観を正確に表現していると思う。ただ、ここのところでマサルといくら議論をしても収斂《しゅうれん》しないし、お互いに考えを変えることもないと思うので、この話は意見が違うということを確認して、話を先に進めないか」

「いいよ」

いつもこんな調子で、私はサーシャと話をしていた。

結局、サーシャが、ベルジャーエフに対して示していた忌避反応は、知識人、ロシア語で言うインテリゲンチヤ（интеллигенция）のアイデンティティーの問題だった。インテリゲンツィアは、有識者（intellectual）とは異なる。この点について、ベルジャーエフはこう述べている。

〈西欧の人々が、もしロシアのインテリゲンツィアを西欧で intellectuels（知識人）という言葉で知られている人々と同一視するならば、それは誤りであろう。《インテレクチュアルズ》とは知的労作をする人々、知的創造にたずさわる人々、それはなによりも学者、著作家、芸術家、教授、教師、等々、といった人々である。ロシアのインテリゲンツィアはこれとはまったく別種の集団である。そのなかには、なんら知的な仕事に従事していない人々も属しているであろうし、また一般的にいって特に知的ではない者も属してさしつかえない。そしてロシアの多くの学者や作家たちは、インテリゲンツィアという言葉の正確な意味では全くその数に入れることができない。インテリゲンツィアは、そのきわめて非寛容な倫理といい、それ自身に必須の人生観があることといい、生活態度にも習慣にも、特定の肉体的外形にすら独特のものがあり、それによっていつでもインテリゲンツィアの一員であることがみわけられ、他の社会集団から区別することができることなど、むしろ修道院の教団や宗派を連想させるものがある。〉（前掲書二八頁）

サーシャは高度な有識者《インテレクチュアル》でもあった。しかし、その性格は基本的に知識人《インテリゲンツィア》なのである。社会の主流派の中では息苦しさを感じ、適合できない。社会的境界線、サーシャの場合、反体制活動家としてＫＧＢ（ソ連国家保安委員会）に逮捕されるか、されないかというぎりぎりの範囲で、境界線の内側にいるときに充実感を覚えるようだ。友人として見ている私からするといつもひやひやして仕方がない。サーシャを取り囲んでいた女子学生たちも同じような思いでサーシャを見ていたのであろう。この危なさがサーシャの魅力であった。

ベルジャーエフの知識人の定義に、私は全面的に同意しているわけではない。ロシアの知識人は〈一般的にいって特に知的ではない者も属してさしつかえない〉というベルジャーエフの規定は間違っている。知識人である大前提としては、知によって生み出された何かを生死の原理にするからだ。ベルジャーエフが〈特に知的ではない者〉と切り捨てる中に、制度化された大学や科学アカデミーで知的訓練を受けていない知識人が多く含まれている。そのような知識人からも優れた知は生まれる。しかし、制度化されないので、それを継承、発展させることがむずかしいのである。

しか
サーシャも制度化された知の場であるモスクワ大学には息苦しさを感じていた。しかし、そこで体系的な知を習得することは重要であると認識し、ビザンツ（東ローマ）哲学史というきわめて難解で、語学力を必要とするテーマを選んだのである。しかし、一九八七年十一月、エリツィンのモスクワ市共産党第一書記からの解任に反対する学生集会に参加した学友が兵役免除を停止され、徴兵されたことで、サーシャの心の中で、爆発が起きた。当時はまだアフガン戦争が続いていた。兵役にとられるということは、「死の可能性」を意味する。もっともソ連社会の超エリートであるモスクワ大学の学生たちを一兵卒として戦場で殺すような人材の無駄遣いをソ連当局はしなかった。それでも、学生に対する抑止効果は大きかった。その後、ペレストロイカが進捗《しんちょく》し、「赤の広場」や「革命広場」では、数十万人規模の政治集会が行われるようになったが、モスクワ大学で学生は静かに勉学にいそしんだ。

東ドイツやチェコスロバキア、あるいはルーマニアの社会主義政権が打倒される過程で大学生が大きな役割を果たした。しかし、一九九一年八月のソ連共産党守旧派によるクーデターに対する抵抗、その後のソ連解体過程で主要な役割を果たしたのは三十代後半から四十代の人々だった。私が見るところ、東欧と比較して、ロシアの民主革命では、主体となった人々の平均年齢が十五歳くらい高いのである。ロシアで学生は、保守的傾向が強いのだ。

サーシャは、自分の親友たちを戦場に送り込もうとするソ連当局に対して怒り心頭に発した。そこで規格外のことを考える。「ソ連を壊してやろうと思う」という。本文にも少し書いたが、あのときの状況をもういちどよく思い出してみた。一九八八年三月末だが、まだ冬の気配が残る寒い日だった。私はイギリスのアクアスキュータム製のアイリッシュツィードのオーバーコートを着ていた。外国人だということはすぐ分かる。サーシャはラトビア製の厚手のハーフコートを着ていた。右手にマネージュナヤ（帝政時代の馬置き場、現在は展示会場）が見え、左側にモスクワ大学の旧校舎が見える辺りのところで、二人は歩調を緩め、本書にも記したが、次のような話をした。

〈「サーシャ、これからどうする」

「リガに帰ることにした」

「リガ大学に転校するのか」

「あそこはレベルが低くて話にならない。沿バルトで大学の名に値するのはエストニアのタルトゥー大学だけだ。学籍はモスクワ大学に残しておこうと思う」

「それがいい。一年休学してまた戻ってくればいい」

「ミーシャ、もうモスクワ大学に戻ろうとは思わない。ただ、モスクワ大学に籍を置いておかないと、当局から嫌がらせをされてモスクワに出てくる鉄道切符が買えなくなる可能性があるから、形だけ学籍を置いておく」

「それで何をやるつもりだ」

「ひとことで言うとソ連を壊してやろうと思う。まず沿バルトからだ」

「本気か。そんなことができると思っているのか」

「ソ連は壊れる。時間の問題だ。ただ、この体制が生きながらえれば、生きながらえるほど、ロシア人もラトビア人も苦しむ。だからできるだけ早くソ連を破壊するのだ。〉（一一三〜一一四頁）

本書では、〈だからできるだけ早くソ連を破壊するのだ〉までで、記述をやめた。実際はそれに続け、サーシャは〈ソ連を壊すことでロシアを回復するのだ〉と言った。実は、草稿段階で、この部分を残すか、抹消するか、何度も考えた。その結果、抹消することにした。〈ソ連を壊すことでロシアを回復するのだ〉という文言を入れると、作品の幅がソ連崩壊を超え、一九九二年以降のロシアについて本格的に記さなくてはならなくなり、それを盛り込むと作品の長さが膨大になってしまうからだ。

その後、二人で老舗レストランの「スラビャンスキー・バザール」に行ってウオトカをしこたま飲んだ話を書いた。このときの話の内容も、あれから二十年以上が経《た》つのに正確に覚えている。話の流れが崩れるのでうまく盛り込めなかったのだが、サーシャはこのレストランが何度も火事にあったという話をした。そのほとんどが放火である。レストランでロシアの貴族がウオトカを飲んで大暴れをする。酩酊《めいてい》したロシア人の大暴れは、ソ連時代でも相当の迫力だったが、帝政ロシア時代はもっとスケールが大きかったという。テーブルクロスを引っ張って、皿やグラスを壊すことはもとより、椅子《いす》を部屋の食器棚や、上着を入れる洋服ダンスに振り降ろして破壊するなどということも頻繁《ひんぱん》にあったという。店側はそのような狼藉《ろうぜき》を歓迎する。食器や食器棚の買い換え費用や、破損した部屋の修理代を実費の数倍請求するからだ。そのような狼藉がエスカレートして、火をつける貴族もいる。もちろんとてつもない請求書が届くが、きちんと払ってくれるので、よいお客さんなのだ。

ソ連崩壊後、さすがに放火は刑事犯として逮捕されるのでやる者はいないが、それ以外の狼藉を目撃したことは何度かある。ただし、不思議なことに、どんなに酩酊しても殴り合っている姿はあまり見かけない。器物損壊は黙認しているウエイターや周囲のロシア人も、殴り合いになるとすぐ仲裁に入り、収拾がつかないようだと警察を呼ぶ。この辺の一種の「秩序を維持した破壊行為」に私はロシア人の特徴があると見ている。

本書では、私がサーシャと適宜、筆談を交えて、エリツィンやサハロフとソルジェニーツィンについて議論したことを記しておいた。それ以外に、特に盗聴されていても問題はないので、ロシア思想史について筆談ではなく話をした。サーシャは、ベルジャーエフを批判した後で続けた。

「僕はロシアの将来にとって、ベルジャーエフは、結局、役に立たないと思う。ソ連体制を『結局はあれしか現実のロシア国家は存在しない』と擁護することも、エリートが歴史を動かすと考えていることも間違えている。ロシアは現在の親欧米路線を転換することを余儀なくされることになる。そのためにはイワン・イリインの思想をよみがえらせることだ」

「申し訳ない。イリインの名前ははじめて聞いた。いつの時代の人か」

「ベルジャーエフとほぼ同時代だ。ロシアにおけるもっとも優れたヘーゲル哲学の解釈者だよ。ベルジャーエフの思想はボリシェビキと和解可能だ。イリインの思想は、ボリシェビキと絶対に和解できない」

このときは、これくらいのやりとりだった。しかし、その後、サーシャと会うと私はいつもサーシャのイリイン研究の進捗状況について報告を受けた。同志社大学神学部と大学院にいるころ、私はヘーゲルの『イエスの生涯』、『キリスト教精神とその運命』などの初期神学論考と、『大論理学』は読んだ。しかし、それ以上、本格的にヘーゲルの著作に取り組むことはなかった。サーシャからイリインについての話を聞くことで、私はヘーゲルの『エンツィクロペディー』、『法の哲学』、『哲学史講義』などを真剣によむようになる。そして、二〇〇二年に逮捕されたときは小菅（東京拘置所）の独房で熱中して『精神現象学』を読んだのである。私の思想遍歴においてサーシャから聞いたイリインのヘーゲル研究の影響は大きいのである。しかし、このことも『自壊する帝国』の流れを崩してしまうので、うまく書き込むことができなかった。

イワン・アレクサンドロビッチ・イリイン（一八八三〜一九五四）が二十世紀ロシアが生んだ知の巨人であることは間違いない。生粋の貴族出身だ。一九〇六年にモスクワ大学法学部を卒業するとともに同学部で教鞭《きょうべん》をとるようになる。一九一八年に『神人の具体性に関する言説としてのヘーゲル哲学』というテーマで博士号を取得した。イリインは、マルクス主義にも通暁《つうぎょう》していたが、マルクス主義者にはならなかった。マルクス主義が、この世の全《すべ》ての問題の原因を社会だけに還元し、人間そのものが抱えている悪の問題から逃げていると考えたからである。しかし、当時、急速な資本主義の発展によりロシアで顕著になった社会的格差や貧困問題の解決については熱心で、社会主義を支持した。政治的には、立憲民主党（カデット）に近かった。

一九二二年、レーニンは、反共活動を行ったという口実で百六十名の哲学者、思想家を国外に追放するが、ベルジャーエフ、ブルガーコフたち道標派とともにイリインも含まれていた。一九二三年から一九三四年、ドイツのベルリンで、ロシア学術研究所の教授をつとめる。イリインは、ナチズムをボリシェビズムと並ぶ文明の病理現象と考え、ヒトラーを徹底的に批判した。ただし、ヒトラーのファシズムとイタリアのファシズムを区分し、ファシズムについては、知的水準が比較的高く、資本主義がもたらす社会問題を共産主義以外の処方箋《しょほうせん》で解決しようとするものと認めるが、個人の自由を侵害するので、採用すべきでないとする。むしろファシズムから学びファシズムを超克しようとするのである。

イリインのことばをいくつか紹介しよう。

〈ヒトラーとは誰か？

ヒトラーは、ドイツにボリシェビキ化の過程を根づかせた。この意味でヨーロッパ全体に対して最大の影響を与えた。〉（『ナチズム。新しい精神』一九九三年［出典・http://iljinru.tsygankov.ru/works/vozr170533.html］）

ナチズムは、荒唐無稽《こうとうむけい》な人種神話に基づく。この神話に基づいて暴力による支配を貫徹しようとするのであるから、それに対抗する共産主義の影響力がヨーロッパで拡大するのは当然のことだ。ナチズムがあれだけ出鱈目《でたらめ》をしなかったならば、共産主義がヨーロッパ全域で勢力を伸張するようなこともなかったのである。

ファシズムはナチズムと根本的にことなる。共産主義革命を阻止《そし》するための国家の本能がファシズムを生み出したのである。

〈ファシズムは、ボリシェビズムに対する反動として生まれた。国家治安基幹の力をすべて右翼陣営に結集することだ。左翼による混乱と左翼による全体主義が台頭している時点で、ファシズムは健全だった。〉（前掲ＨＰ）

ファシズムは、動員型の政治によって、国家の内側を固める。国家の内側において、国家が強権を用いて、富める者から社会的弱者への再分配を実現する。また、「生産の哲学」を基本とするファシズムは、金融ゲームや利子所得による収益を国家に極力回収しようとする。金融資本が肥大し、国家政策を左右することを国家の暴力を発動させることで制御しようとする。そして、帝国主義戦争に勝利することによって、植民地からの収奪を強め、国家を豊かにして、資本家、労働者、地主、農民など国民全体の生活を向上させようとする。

ただし、ファシズム国家が一つの方針を定めて動員を行うと、個人がそれに反対する自由はない。全体の利益に反するからだ。

イリインは、個人の自由をあくまでも担保し、「生産の哲学」によって国内の生産性を向上させることを基本に、植民地からの収奪という形をとらない形態にファシズムを転換しようとしたというのが、サーシャの解釈だった。ロシア国家指導部は、ときどきの情勢を正確に把握したうえで国民に動員をかける。この動員に積極的に参加する者は、民族的帰属がロシア人、ウクライナ人、グルジア人、ユダヤ人であろうとも、極端な事例でいえば日本人であっても「広義のロシア人」なのである。この動員に背を向ける者は、民族的にロシア人であっても非国民である。非国民であることを認めるファシズムを創造することを、イリインの影響を受け、サーシャは考えていた。それと同時に一種の重農主義（農本主義）を導入して「生産の哲学」をロシアに回復することである。共産主義ソ連において、国民は国家から何を分捕るか、分配にしか関心がない。「分配の哲学」はエゴイズムと享楽主義をもたらすだけだ。ロシア人の連帯性を回復するためには「生産の哲学」が必要で、そのためには国家が適切なシンボル操作を行って、生産に向けて国民を動員することが必要とサーシャは考えていた。そのシンボル操作には、過去の伝統から、なにかを持ち出さなくてはならない。従って、保守主義的表象が必要になる。しかし、この保守主義は、動員型で、しかも非国民になることを認める。ある頃から、サーシャは、「自由主義的保守主義」という形容矛盾のような表現で、自分の思想を表現しようとした。ちなみにこの自由主義的保守主義という言葉を、一九九二年頃から、ロシア科学アカデミーの哲学研究所の研究者たちがよく用いるようになったのを耳にした。そしてその概念が当時国務長官をつとめていたブルブリスに影響を与えたのである。

さて、イリインは、反ナチスの姿勢を明確にしていたので、ヒトラーの政権掌握後、職場を追われ、逮捕、投獄される。一九一八年にアメリカに亡命した作曲家、ピアニスト、指揮者として有名なセルゲイ・ラフマニノフ（一八七三〜一九四三）の助力でイリインは釈放され、一九三四年にスイスのジュネーブに亡命した。一九五四年、スイスのツォリコンで没する。遺言は、いつかモスクワのドンスコエ修道院附属墓地に葬ってほしいということだった。二〇〇五年十月にこの遺言は実行され、現在、イリインの墓はそこにある。

さて、現在、イリインの思想は、ロシアの現実政治によみがえっている。ウラジーミル・プーチン前大統領（現首相）がイリインの信奉者だからである。二〇〇五年四月二十五日の連邦議会（連邦院［上院］・国家院［下院］）に対する大統領年次教書演説で、プーチンはイリインに言及してこう述べた。

〈偉大な哲学者であるイワン・イリインは次のように書いている。「国家権力には、まさに外部から人間に接する権力であるがゆえの限度がある。……愛、自由並びに善意を前提としている心と精神の創造的状態は国家権力の指導を必要としないし、国家権力の命令を受けることはできない。……国家は市民に信仰、祈り、愛、善良さ並びに信念を要求することはできない。国家は学術、宗教並びに芸術の活動を規制することはできない。……国家は宗教生活、家庭生活及び日常生活に干渉すべきでないし、極度の必要なくして人々の経済的自主性や経済的創作活動を制限してはならない。」このことを忘れないようにしようではないか。

ロシアは、国民の意志によって民主主義を選んだ国である。ロシアは自らこの道を歩み始めたのであり、自由と民主主義の原則を如何《いか》に実現するかは、一般に受け入れられている全ての民主主義的規範を遵守《じゅんしゅ》しつつ、自己の歴史的・地政学的その他の特性を考慮したうえで、ロシア自身が決めることになる、ロシアは主権国家として、民

主主義の道へ進むための期間も条件も自分たちで決める能力があるし、そうするであろう。〉

一見すると、イリインを引用しながらプーチンが、国家による個人の自由や信仰、創造活動、経済活動への介入を誡《いまし》める欧米的な価値観を説いているように見える。しかし、実際はそうではない。国家が動員をかけ、それに応じた個人が自発的に国家のために献身し、ロシア社会を束ねるという大前提の上で、国家による強制で、国民を受動的に従わせることではロシア国家は強化されないとプーチンは説いているのだ。国民一人ひとりが積極的に行動するような環境を作るためには、私生活に国家が過度に介入すると逆効果になると説いているのである。イリインが唱えるところの改良されたファシズムをプーチンは前提として議論をしているのだ。

私が、ロシア情勢に関して、ロシアが一種のファシズムの方向に向かっているという論評をするようになったのは、ロシアの政治エリートがイリインの思想を現実政治に生かそうとしているからである。二十年前にサーシャと話した議論が、こうして現在の私の仕事にも影響を与えているのだ。

サーシャについての記憶を整理していると、次から次へと私の青春時代の記憶がもどってくる。外交官になってよかったと思うのは、二つの青春を送ることができたことだ。日本での大学生、大学院生時代の青春については『私のマルクス』(文藝春秋、二〇〇七年)で書いたが、ここで物語は完結している。モスクワ大学に留学してから、ソ連が崩壊し、さらに一九九三年十月にエリツィン大統領側がホワイトハウス(最高会議建物)に戦車で大砲を撃ち込む「モスクワ騒擾《そうじよう》事件」までが、私の心の中では、第二の青春なのである。この物語は、日本での第一の青春とは基本的に断絶した別の物語なのだ。このときの重要なパートナーがサーシャだった。

サーシャと遊び歩くことの中で、いちばん面白かったことは、二人でモスクワの新刊書店や古本屋、また、これら「表の本屋」にきちんとした本が流通していなかったソ連時代の、本の闇《やみ》屋から、神学書、哲学書を入手することだった。当時、ルーブルは米ドルに対してきわめて弱かったので、文字通り二束三文で、欲しい本を何でも手に入れることができた。現在も私の本棚にサーシャと一緒に見つけた本がたくさん並んでいる。また、サーシャからもらった本も何冊も本棚に並んでいる。これらの本をどこで入手したか、本の表紙を見ると記憶が正確によみがえってくるのである。

「スラビャンスキー・バザール」で痛飲した二カ月くらい後のことだ。私の記憶では一九八八年五月のことだ。しばらく振りにサーシャがリガからやってきたので本屋巡りをした。当時、私は自家用車をもっていなかった。大使館の二等書記官で、ゴルバチョフの通訳をつとめているロシア語の達人から、「研修期間中は自家用車を持たない方がいい。地下鉄、トロリーバス、ときには白タクなどを利用して、できるだけモスクワの普通の人々の感覚を知るようにした方がいい。また、ベリョースカ（外貨ショップ）やヘルシンキやストックホルムから食料品や日用雑貨を取り寄せるのではなく、できるだけモスクワの商店やルイノク（自由市場）を利用して、ロシア人が日常生活で、どのような物がないとイライラし、何を手に入れるとよろこぶかを皮膚感覚でとらえるようにするといい」と言われたので、私はそれを励行していた。

その日、サーシャと私は大きな袋をもって、新刊書店や古本屋をいくつも回った。ソ連時代、客が本を手にとって見ることは原則としてできない。当時、モスクワ最大の書店だったカリーニン大通り（現新アルバート通り）の「ドム・クニーギ（本の家）」は、十八世紀以前のロシア文学、十九世紀のロシア文学、二十世紀のロシア文学、マルクス・レーニン主義古典、ドイツ哲学、科学的無神論など、コーナーが区切られており、十名までの入場制限が設けられていた。マルクス・レーニン主義やソ連共産党史、科学的無神論のところは客がほとんどいないので、いつでも自由に入ることができたが、文学書、哲学書のコーナーのところには三十分くらい待つ行列ができている。ドストエフスキーやプラトーノフなど人気作家の本が出るときは一時間以上、待たされることもある。

売り場に入ってからも一苦労だ。日本の書店のように、本を手にとって見ることができないのである。閉架式で、店員（九九％が女性で、しかもきわめて無愛想である）に頼んで、本を見せてもらう。買う本を数冊、決める。店員が大きな算盤《そろばん》で計算して、値段を口頭で告げる。これが早口で、外国人にはなかなか聞き取りにくい。親切な店員にあたると紙に数字を書いてくれる。そして売り場を離れて、レジ（カッサ）で代金を支払って、レシートを受け取る。このレシートをもって、再び売り場に行って、店員から包装紙に包んだ本を受け取る。

このときお客が「スパッシーボ（ありがとうございます）」と店員に言う。

それを受けて店員が「パジャールスタ（どういたしまして）」と言う。

資本主義国の人々には皮膚感覚で理解しにくいが、ソ連では、商品をもっている売り子の方が消費者よりも立場が強かったのである。

最後に回った本屋が「アカデミヤ」だった。「アカデミヤ」には、科学アカデミーの正会員と準会員しか立ち入ることができない特別売場がある。そこでは体制側が歓迎しない本や、発行部数が少ないので一般書店での入手が事実上不可能な学術書がたくさん並んでいた。サーシャは「アカデミヤ」の店長とうまく話をつけて、特別売場にも入れるようになっていた。

その日は「アカデミヤ」で思わぬ収穫があった。十九世紀末から二十世紀初めに活躍した宗教哲学者ウラジーミル・ソロビヨフ（一八五三〜一九〇〇）の二巻本の『著作集』を古本コーナーで手に入れた。アカデミー会員用コーナーでは、電話帳くらいの大きさがある『世界の宗教と神話』という二巻本の百科事典を手に入れた。この本は、日本の神道についても詳しい。いずれも滅多に手にすることができない本だ。サーシャはこれらの本をすでに持っている。私の手にはいるように、サーシャが店員にコネをつけ、特別に手配してもらったのだ。

ほんとうによい本には独得の魔力がある。友人にその本を読ませたくなるのである。ソ連時代、書籍の刊行も計画経済に組み込まれていたので、本を重版することはなかった。そこで、ロシアの知識人はよい本が出ると、同じ本を五冊も十冊も買う。そして、その本を喜んで読むような友人に寄贈するのだ。そのときにカネは取らない。私にもその習慣が伝染し、いまでもよい本を見つけると二、三冊購入し、友人に送る。ちょうど仔猫《こねこ》が生まれると、一匹一匹を誰のところに預けるのがその仔猫にとって幸せなのかを考えるときの感覚に似ている。そういう場合、決して対価を受け取らない。このようにして、知的情報の流通に関して、商品経済と異なる領域を意図的につくることが、経済合理性のみに拘束されるのではない思想の自由を担保する上で重要と私は考えている。

この日、『ソロビヨフ著作集』を二セット手に入れた。本の解説を読みたいという気持ちと、余部の一セットを誰に寄贈したらよいか話し合うために、「アカデミヤ」の帰りに喫茶店に立ち寄ることにした。ソ連時代、喫茶店は反革命陰謀をくわだてる場になりやすいということで、ほとんど閉鎖されてしまっていた。カフェというのは、安レストランか、立ち飲みのコーヒーショップかのいずれかだった。ただし、一九八八年頃になると店ごとの独立採算制が導入されたので、国営カフェでも立ち飲みコーヒーショップから、椅子《いす》とテーブルを置いて、オープンサンドウイッチやケーキ、サラダなど付加価値がついたものを出して、採算を上げようとする動きがでてきた。「アカデミヤ」から十分くらい歩いたレーニン大通りに面したビルの一階にもそういう国営カフェがあった。食べ物や菓子はおいしいのだが、肝心のコーヒーが当時は不足していた。一般のカフェで出るのはコーヒーといっても、藁《わら》と大豆を煎《い》って作った代用コーヒーに牛乳を入れたものだ。熱ければカフェオーレに味が似ているので、何とか飲むことができる。しかし、カフェインが入っていないので、眠気覚ましにはならない。

店にはいると、幸い、客はほとんどいなかった。サーシャと私は端の方の席に座って、代用コーヒー、チーズとサラミのオープンサンドウイッチ、そしてカシューナッツが入った板チョコを注文した。

深緑色の『ソロビヨフ著作集』の表紙を開けてみる。ソロビヨフの主著『神人論』が収録されている。それから、日本の台頭が世界に危機をもたらすとする『反キリスト物語』もある。結局、余部については、「もう少し時間をかけて、この本がいちばん幸せになる嫁入り先を見つけよう」ということで二人の見解は一致した。その後、この本を誰に寄贈しようかという話をサーシャとし忘れてしまったので、この本はいまも私の本棚に並んでいる。

代用コーヒーをおかわりして飲みながらサーシャが言った。

「マサルは、神学書や学術書は好きだけど、小説は読まないのか」

「小説は、高校生と、大学浪人のときは、熱中して読んだ。だけど今は読まない」

「どうして」

「小説を読む時間的、精神的余裕がないからだ。大学二回生のときに、小説を遠ざけた。シュライエルマッハーも言っているように神学は、その時代の哲学の衣装を着ている。だから神学を勉強するには、同時代の哲学についても勉強しなくてはならない。それに基本的な哲学書は日本語に訳されているが、神学書については、需要が少ないので、翻訳があまりない。だからドイツ語と英語で神学書を読むのに結構時間をとられる。小説を読んでいては、神学がものにならないと思ったから、そういう決断をした」

「でも、少しは小説も読み続けたんだろう」

「よくわかったな。隠れて読んだことがある」

「自分自身から隠れて読んだということか」

「まあそうだ」

「それで、『イワン・デニソビッチの一日』は読んだか」

「読んだよ。中学校のときにちょうどソルジェニーツィンの国外追放事件があったので、そのときに読んだ。サーシャももちろん読んでいるだろう」

「もちろん。パリのYMCA出版社版で読んだ」

先ほども『ロシア共産主義の歴史と意味』の版元としてでてきたYMCA出版社とは、パリに本社がある思想系、宗教系に強い出版社だ。亡命ロシア人宗教哲学者のニコライ・ベルジャーエフがこの出版社と深い関係をもっていた。

「そんな本を持っていると捕まるんじゃないか」

「YMCA版だったら大丈夫だ。ただし、同じソルジェニーツィンでも版元が『ポセーフ』だとまずい。捕まる可能性が高くなる」

「どうして」

「HTC（エヌ・テー・エス）との関係があるからだ」

HTC（Народно-Трудовой Союзナロードノ・トルドボイ・ソユーズ［国民労働同盟］）とは、西ドイツのフランクフルト・アム・マインに本部を置く反ソ・反共団体で、ソ連体制を転覆する運動を展開していた。『ПОСЕВ（ポセーフ）』とは、ロシア語で「種」を意味するが、この団体の機関誌名でもある。同名の出版社をもち、反ソ・反共文献や宗教文献を印刷し、ソ連国内にこれらの出版物を送る工作をしていた。ソ連を転覆する種を播《ま》くということだ。ＹＭＣＡ出版社のロシア語書籍は表紙が印刷されているが、『ポセーフ』の出版物は、表紙に何も印刷されておらず、一見、厚手のノートのように見える本もある。ソ連当局の検閲をくぐりぬけることを意図しているからだ。

「確か、ジョレス・メドベージェフ（イギリスに亡命したソ連の反体制派生物学者）の『ソルジェニーツィンの闘い』（新潮選書）という本の中で、ＫＧＢがソ連国内における『国民労働同盟』の活動をあえて泳がせて、異論派（ディシデント）絡《がら》みの事件を作るということが書いてあった」

「実態とそう離れていないと思うよ。『ムーソル（ロシア語でゴミの意味。民警やＫＧＢ職員を指す）』どもに難癖をつけられないようにしなくてはならない。ところで、マサルは『イワン・デニソビッチの一日』で、イワン・デニソビッチ・シューホフ（主人公）が、建設現場で働くところの描写がでていたのを覚えているかい」

「もちろん覚えているよ。囚人労働なのに、なんであんなに一生懸命に仕事をするのか、不思議に思った」

アレクサンドル・イサエビッチ・ソルジェニーツィン（一九一八年生れ）は、二〇〇八年八月三日、八十九歳で逝去した。『収容所群島』がソ連当局によって問題視され、一九七四年二月十二日に逮捕され、国外に追放されるとともにソ連国籍を剥奪《はくだつ》された。

『イワン・デニソビッチの一日』は、ソルジェニーツィンのデビュー作だ。

サーシャが言った建設現場の描写では、ブロック（煉瓦《れんが》）積みのところが秀逸だ。〈ブロックはどれひとつをとっても、みんな形が変っている。縁のかけたもの、ゆがんだもの、いや、とびだしたものもある。だが、シューホフは一目でその特徴をのみこんで、そのブロックがどんな具合に寝たがっているか見抜いてしまう。いや、壁のどの部分がそのブロックを待ちこがれているかまで、見破ってしまう。

シューホフは湯気のたっているモルタルをコテですくいながら、てきぱきと壁へなすりつけ、と同時に下段ブロックのつぎ目がどこかちゃんと頭にとめておく（そのつぎ目が上段ブロックのまん中にくればいいのだ）。彼はきっかりブロック一個分だけのモルタルをなすりつけていく。それからブロックの山から目ざす一個をえらびだす（といっても、慎重にえらびだす。へまをするとブロックの角で手袋をやぶく怖《おそ》れがある）。それからもう一度、コテでモルタルをならし、その上へブロックをペタン！とおく。と思ったら、たちまち、ブロックのむきをなおさなければならない。ちょっとでもまがっていれば、コテの柄で叩《たた》いてなおす。外側の壁が縦横どちらも、下鉛の線と同じく、垂直になっていなければならない。いや、そんなことをしているうちに、ブロックはもうコチコチに凍《い》てついてしまっている。

さて、今度は、もしブロックの下からモルタルがはみだすようなことがあれば、コテの背で手早くそれをけずり、壁から払いおとさなければならない（夏ならその分を次の煉瓦に使うこともできるが、今はそれどころの話ではない）。つぎにまた、下段ブロックのつぎ目をたしかめる。時にはそこに縁の欠けたブロックがあるからだ。そのときはモルタルを少し余分になすりつける。特に、片側が厚目になるように。ブロックの積み方にしても、ただ平らにおくのではなく、ちょっと傾斜をつけなければいけない。そうすれば自然に、となりのブロックとのあいだの余分なモルタルが押しだされてしまうからだ。さて、最後に片目をつぶって垂直と水平の線をたしかめる。もうモルタルはかたまっている。さあ、お次ぎの番だ！

仕事に油がのってきた。二段も積めば、前のときのでこぼこもなおって、仕事はさらに調子づいてくるだろう。しかしまだ、油断は禁物だ！

シューホフは外側の列をどんどんセンカのほうにむかって積んでいった。センカもむこうの隅で班長と別れて、ひとりでこちらへ進んでくる。

シューホフはモルタルの運び役に目くばせした。おい、モルタルだ、もっと近いところにおいてくれ、たのむぜ！　仕事が調子づいてくれば鼻をかむ暇もない。

間もなくセンカと落ちあって、一つの桶《おけ》からモルタルを使いはじめると、あッという間に底をついてしまった。

「モルタル、たのむぞォ！」と、シューホフは壁ごしにどなった。

よっぴりで、

「いまやるぞォ！」と、パウロが叫んだ。

一桶運ばれてきた。が、それもすぐ空になった。凍てついてないところはほんのちょっぴりで、あとはみんな桶のふちにこびりついてしまっているのだ。さっさと、はがしてきやがれ！　いまに疥癬《かいせん》かきみてえになりやがって、上へのぼったとたんに、下へ降りなきゃならん羽目になるぞ。さっさといきやがれ！　さあ、お次ぎの番だ！

シューホフをはじめほかの石工たちも、もう酷寒《マローズ》を感じていなかった。何しろ、機敏な作業をしているので、たちまち、全身がほてってきて、ジャケツの下も、防寒服の下も、上下のシャツの下も、じっくりと汗ばんできた。しかし、連中は一刻も休むことなく、次々にブロックを積みあげていった。やがて、一時間もすると、再び全身がかっかっしてきて、ふきでた汗を乾かしてしまう。両の足も酷寒《マローズ》を感じなくなった。〉（アレクサンドル・ソルジェニーツィン［木村浩訳］『イワン・デニーソヴィチの一日』新潮文庫、二〇〇八年、一三七〜一四〇頁）

囚人たちが、いくら一生懸命労働をしても、決して当局によって評価され、処遇が改善されるわけでもない。適当に、最低限のノルマだけ、当局から叱責《しっせき》を受けないぎりぎりのところまで手を抜いて行うというのが囚人哲学のように思えるが、そうではない。極寒の下、囚人たちは、創意工夫をこらして、一生懸命、ブロック積みを行うのである。

ロシア人には、対価を求めずに一生懸命働くところがあるというソルジェニーツィンのこの描写を、ロシア人は誇りにしている。

事実、その後、私が見た経験からしてもロシア人は勤勉だ。ソ連崩壊後、一九九二年のロシアのインフレ率は年二五〇〇％を超えた。産業は破壊され、市民の貯金は意味をなさなくなった。ハイパー・インフレを抑えるためにロシア政府は極端な緊縮財政を行う。その結果、公務員を含め、給与が二カ月から半年も遅配することが一九九四年頃まで常態化した。日本人ならば、給与を三カ月も払わないような職場ならば、まず、出勤しなくなるであろう。このような状態が半年続けば、東京で騒擾《そうじょう》事件が起きてもおかしくない。当時、ロシア人が受けていた給与は、そもそも定期に支払われていても、それだけでは生活していくことができない低水準の給与だ。それでもロシア人は職場にきちんと通った。そして、週末は別荘（ダーチャ）で、ジャガイモやキュウリ、トマトを育てて糊口《ここう》をしのいだのである。その様子を見て、ロシア人は実に勤勉だと思った。

『イワン・デニソビッチの一日』でソルジェニーツィンが描いた建設現場について、シベリアの地方都市をモデルにしているのだと私は思っていた。サーシャが私の過《あやま》ちをただしてくれた。これはモスクワでの出来事なのだ。

「マサル、この喫茶店が入っている建物は建てつけがいいだろう」

「第二次世界大戦後、ドイツ人捕虜によって建てられたんだろう」

「そうだ。ただし、ドイツ人捕虜だけでない。ソ連の政治犯もここで働いていたんだ」

「ふうん」

「その中にソルジェニーツィンもいたんだ」

「えっ、この喫茶店が入っている建物は、ソルジェニーツィンがブロック積みをしてできたのか」

「そうだよ。ただし、ソルジェニーツィンが担当したのは、レーニン大通り添いではなく、奥の方だと言われている」

「はじめて知った。その経験を作品に生かしたわけだ」

「そういうことだ。だから、あの場面はシベリアではなく、実はモスクワなんだ」

「モスクワも収容所群島の一部だったわけだ」

「そうだ。この国は、すべてが形を変えた収容所なんだ。ソルジェニーツィンは、『収容所群島』でそのことを描きたかったんだ」

「『収容所群島』を読んだのか」

「もちろん。（パリで発行されている）YMCA出版社版で読んだ。現代のフォークロアだと思う」

「フォークロアだというのは、現実と異なるということか」

「そうだ。僕は矯正収容所から帰ってきた連中を何人も知っている。ソルジェニーツィンが『収容所群島』で描いたような高潔な人物は一人もいない。現実は『収容所群島』よりもずっとひどいということだ。ソルジェニーツィンは、自分が見たいと思い、紹介したいと思う部分だけを作品にまとめた」

「そういうことか。ところでサーシャ、ソルジェニーツィンは、帰国するだろうか」

「ゴルバチョフ次第だ」

「それは当たり前だ。サーシャ、それじゃ僕の質問に対する答えになっていない」

「ゴルバチョフがどういう国家路線を選ぶかだ。今年、ロシアへのキリスト教導入千年祭を機に、ゴルバチョフは宗教政策を転換する。共産党とロシア正教会幹部が手を握る。ロシア正教会は、本質において保守的だ。帝政ロシアであれ、スターリン政権であれ、常に体制を支持してきた。しかし、これまでの共産党指導部は、教会の支持を体制強化のために用いることができなかった」

「マルクス・レーニン主義の科学的無神論が障害になるわけだ」

「その通り。しかし、ゴルバチョフは、科学的共産主義から無神論をはずそうとしている」

「宗教批判を抜きにしたマルクス・レーニン主義なんて存在するのか」

サーシャは、にやにやしながら言った。

「弁証法的発展ということだ。マルクス・レーニン主義が発展したものが科学的共産主義だ。発展の結果、共産主義から無神論が抜け落ちた。そして、共産主義とキリスト教が手を握るシナリオが準備された」

「サーシャ、それはマルクス・レーニン主義の原則から逸脱しているんじゃないか」

「逸脱しているよ。だから、この流れを促進するんだ」

「サーシャの言っていることの意味がよくわからない」

サーシャは、不思議な男である。ソ連共産全体主義体制を心の底から嫌っている。ゴルバチョフのことも典型的な共産党官僚で、あんなものはインテリではないと軽蔑《けいべつ》している。ゴルバチョフが、社会主義国家ソ連を強化するために進めているペレストロイカ政策も小馬鹿《こばか》にしている。成功するはずなどないと思っているのだが、熱心にペレストロイカ政策を支持している。それは、サーシャがペレストロイカ政策を進めれば、ソ連崩壊が加速すると信じているからである。

「マサル、ゴルバチョフはほんものの馬鹿だ。ペレストロイカを進めれば進めるほどソ連が弱体化する。ゴルバチョフは生産を重視して、社会を活性化させようとする。共産主義者は、分配にしか関心がない。ここで、生産を刺激すれば、共産主義体制の枠組みが崩れる。宗教やナショナリズムにしてもそうだ。これまでの抑圧政策を改めれば、それはソ連を解体する方向に作用する。だから僕は、ゴルバチョフの個々の政策で、ソ連の弱体化に貢献する政策は支持することにしている。徐々に僕が支持する政策が増えている。これはいいことだ」

「反国家思想じゃないか」

「どの国家に反対するかということだ。人造国家、ソ連に反対しているだけだ。ロシア国家に反逆しているわけではない」

「ロシア国家なんてどこにあるんだ。ロシアはソ連と一体化しているじゃないか」

「それは違う。ロシアとソ連は別の国だよ。見えないロシアがいまここに存在している」

「サーシャ、僕にはそんなロシアは見えない」

「僕には見える。ソルジェニーツィンが戻ってくれば、それが見えるようになる。ソルジェニーツィンは、反ソ・反共だが、ロシア大国主義者だ。だから、民族問題専門家たちは、ゴルバチョフがソルジェニーツィンに傾斜していることに対しては、警戒心をもっている」

「サーシャ、三月に『スラビャンスキー・バザール』で二人で大酒を飲んだときに、ソルジェニーツィン神話に騙《だま》されてはいけない。ソルジェニーツィンは反ユダヤ主義者だと言った。反ユダヤ主義を掲げるキリスト教はほんものじゃないと言った。覚えているか」

「覚えている」

「ソルジェニーツィンに対する評価が変わったのか」

「変わっていないよ。いいか、マサル。世の中に悪だけで凝り固まった人間はいない。それと同時に完全に善い人間もいない。それだけのことだ。ソ連が解体する過程でロシアが復興する。その随伴現象として反ユダヤ主義が生じる。僕は反ユダヤ主義をキリスト教によって正当化するのは間違っていると考えている。反ユダヤ主義を唱える民族や思想家は病んでいる。それだけのことだ」

サーシャは、私の見方が善悪二分法であると苛立《いらだ》っていた。ロシア人を相手にするときは、こういうときサーシャは「君は何を考えているのか。現実政治が真っ白な世界と真っ黒な世界に分かれるとでも思っているのか。そんなとんまな頭でよく恥ずかしくもなく生きているな」などとまくしたてる。私に対しては、恐らく「外国人割引」を適用し、サーシャがこういう調子の物言いをすることはなかった。

サーシャは続けた。

「マサル、これからは民族問題がソ連の運命にとって鍵《かぎ》を握ることになる。沿バルト三国（リトアニア、ラトビア、エストニア）は国際法と史実を武器にソ連からの独立を勝ち取っていく。それと同時にトランスコーカサス（グルジア、アルメニア、アゼルバイジャン）情勢が鍵を握る」

「（アゼルバイジャンの一部であるがアルメニア人が集中的に居住する）ナゴルノ・カラバフ自治州の紛争がソ連崩壊の引き金をひくということか」

「ナゴルノ・カラバフだけならば、モスクワの力で封じ込めることができる。しかし、グルジアの民族紛争が拡大するとソ連体制を震撼《しんかん》させることになる」

「グルジアで民族紛争が起きているのか」

「新聞でも少しずつ報道され始めているが、グルジア人とアブハジア人の関係がおかしくなっている」

「深刻な問題なのか」

「いまの内に封じ込めておかないと深刻な問題に発展する」

「なぜ、アゼルバイジャンやアルメニアよりもグルジアの民族問題の方が深刻とサーシャは考えるのか」

「それは、グルジアがあの地域における唯一《ゆいいつ》の正教世界で、ロシアにとっての同盟者だからだ。ロシア革命後、ボリシェビキは、正教を押さえて、ムスリム（イスラーム教徒）を味方につけてソ連体制を維持しようとした。そのときのツケがきている。グルジアがソ連から離反すると、コーカサス全域に対するモスクワの統制が及ばなくなる」

二〇〇八年八月八日、北京《ペキン》オリンピックの開会日に勃発したロシア・グルジア戦争は今後の国際秩序に大きな変化を与える可能性がある。今回の戦争の遠因は一九八〇年代末、まさにサーシャが私にソ連における民族問題の重要性について説明した頃にさかのぼる。

サーシャが言うことの背景事情を説明しておこう。

コーカサスは、北コーカサスとトランスコーカサスによって構成される。北コーカサスとトランスコーカサスの間にはコーカサス山脈が横たわっている。日本アルプスのような山岳地帯を想像していただければよい。歴史的にこの地域では、言語、民族、宗教が複雑に入り組んでいる。オセチア語はペルシア語系の言語だ。アゼルバイジャン語はトルコ語の方言のような感じだ。それに対して、グルジア語、チェチェン語、イングーシ語などのコーカサス系言語は、他の言語とはまったく異なる独立系言語である。通常の言語は、日本語、英語、ロシア語、中国語、アラビア語など、いずれも主格―対格の構造になっている。しかし、グルジア語はまったく別の能格構造になっている。この辺は、文法学の実に難しい話なのだが、言語学者の千野栄一氏がチェコのプラハで、コーカサス語の専門家であるバーツラフ・A・チェルニー博士を訪問したときの記録をよむと、概要がわかる。以下、チェルニー博士が千野氏に説明した内容だ。

〈グルジア語ではラテン語や古代ギリシャ語に見られるような動詞のパラダイム（動詞の変化表）は不可能であるらしい。一万ほどありうる変化形のうち、それぞれの動詞で違った形が実現されるので、一見すべての動詞が不規則に見えるが、本当はきちんとした体系をなしているという説明がなされた。そして、一万という数に驚いた私に博士は、「チェルケス語には二・五ミリアルドの形がありえますよ」と、いって、にっこりされた。私は耳を疑ったので、失礼をかえりみずもう一度、「二・五ミリアルドですね」（これはすなわち二五億という意味である）と、たしかめると、「そう二五億です」という返事が戻ってきた。〉（千野栄一『プラハの古本屋』大修館書店、一九八七年、六七〜六八頁）

言語構造と思想には密接な関係がある。今回、国際秩序に大混乱をもたらすきっかけを作ったグルジアのサーカシビリ大統領やソ連の独裁者スターリン、さらに日本でも翻訳が出されている現代ロシアの小説家ボリス・アクーニン（本名グリゴーリー・チハルチシビリ、アクーニンは日本語の〝悪人〟からとったペンネーム）などは、グルジア語を母語にしているので、他の言語を母語とする人々とは違った天才的な発想がでてくるのだろう。

コーカサス地域で、民族が政治的意味をもつようになったのは遅く、十九世紀末のことだ。それまでは人間集団を分ける指標として、宗教が大きな意味をもった。

コーカサス地域の宗教事情を簡潔に説明しておく。アゼルバイジャン人がイスラーム教のシーア派（イランと同じ十二イマーム派）で、チェチェン人、イングーシ人、カバルディア人、チェルケス人などの北コーカサスの山岳民族のほとんどはイスラーム教のスンニー派（シャフィイー法学派）である。アルメニアはキリスト教だが、五世紀にキリストの神性しか認めない（正統派神学ではイエス・キリストは、まことの神で、まことの人なので、神性と人性をもつ）「異端」と断罪された単性論派（アルメニア教会）だ。

ここで、「北コーカサスの山岳民族のほとんど」として、「すべて」としなかったのは、北コーカサスの北オセチア共和国（ロシア領）とトランスコーカサスの南オセチア自治州（グルジア領）の宗教事情が特殊だからである。南オセチアは、一方的にグルジアからの独立を宣言し、二〇〇八年八月二十六日にロシアのメドベージェフ大統領が南オセチアと同じくグルジア領のアブハジア自治共和国を一方的に「独立国」として承認し、二〇〇八年九月現在、国際情勢を混乱させる大問題を引き起こしている。

宗教的にオセチア人はもともと他の山岳民族と同じスンニー派だったが、十八世紀後半から十九世紀前半にロシアがコーカサスに進出する過程でロシア正教に改宗した。世界史でもイスラーム教からキリスト教に改宗するという稀《まれ》な例で、現在、正確な統計は存在しないが、オセチア人の九割以上が正教徒と見られている。

グルジア人は、ロシア正教と教義を同じくするグルジア正教を信じている。ちなみにロシアがキリスト教を導入したのは、九八八年、キエフ・ルーシのウラジミール公が洗礼をうけたときとされている。グルジアに関しては、三一七年に東グルジアに存在したイベリア王国がキリスト教を受け入れている。キリスト教受容についてグルジアはロシアよりも六百七十一年も先輩なのである。

コーカサスにおけるグルジアとオセチアは、ロシアにとって重要な同盟者なのである。ロシア帝国はグルジア人、オセチア人の協力者を通じて、コーカサス支配を行う。一九一七年の社会主義革命後もグルジア人、オセチア人はソ連共産党中央委員会、KGB（国家保安委員会）、内務省などに強力なロビーを形成し、それはソ連崩壊後の現在に通じているのである。

一九八八年五月の喫茶店に話をもどす。

「サーシャ、グルジアはスターリンを生み出した国だろう。そこから分離運動が生まれるとは信じがたい」と私は言った。

「マサル、もう一度、一九一九年から一九二〇年代初頭のレーニン全集とスターリン全集を読んでみろ。グルジア問題をめぐってレーニンとスターリンの間で深刻な論争が起きている。その結果、一時期、レーニンはスターリンと絶交している」

「その話は日本でも有名だ。しかし、この対立は本質的問題のように思えない。グルジアをソ連に結合するのにスターリンが性急であったのに対し、レーニンは現地の同意を得ながら、多少時間をかけてでも摩擦が少ない形で行われた方がよいという、時間と手法をめぐる戦術的対立だったのではないか」

「違う。スターリンは、時間をかけるとグルジアに分離傾向が生まれ、ソ連から離れていくと考えた。それだからグルジア併合を急いだんだ」

「レーニンは、スターリンを批判して、『ときとして少数民族出身者は大ロシア人以上に大ロシア的だ』と批判したが、スターリンはロシア植民地主義者だったということなのだろうか」

「マサル、それはまったく頓珍漢《とんちんかん》な解釈だ。スターリンは、民族主義者ではない。スターリンは共産主義者だ。レーニン主義という神話に基づく帝国を作ろうとした。この神話に帰依《きえ》しない者はロシア人でもグルジア人でも徹底的に弾圧した」

「スターリンの最終学歴はチフリス（現トビリシ）の正教神学校中退だったよね。神学教育はスターリンに影響を与えているのだろうか」

「もちろん与えている。当時の正教神学は、カトリック神学の枠組みで正教神学を教えようとした。スターリンはむしろ正教側がとりあえずの方便と考えたカトリック神学の枠組みから影響を受けたように思う。特に、状況に合わせて、本質と関係のない部分については、いくらでも妥協してよいというイエズス会の神学の影響を受けていると僕は思う。それだからスターリンはロシアにとって異質なんだ」

「そう言われてみると、そんな感じがする。スターリン主義はカトリック的だ。明確な教義（ドグマ）が存在して、真理を体現した共産党という名の教会が存在する。そして、教会（共産党）に所属する以外に救いの道は存在しない」

「そういうことだ」

その日は、喫茶店が閉店になる午後九時まで二人で話し込んだ。サーシャの政治情勢に対する洞察には天才的な「何か」があった。本書に私はこう記した。

〈その年（一九九五年）の四月から私は外務本省の国際情報局分析第一課で、ロシアとCIS（独立国家共同体、沿バルト三国を除く旧ソ連諸国）諸国情勢を担当した。ロシア情勢や沿バルト情勢について難しい問題に遭遇するといつもサーシャだったらどう答えるだろうかと考えた。〉（本書五一四頁）

鈴木宗男事件に巻き込まれ、情報屋の仕事から離れて、もう六年半になるが、今回のロシア・グルジア戦争のような事件が起きるとサーシャとグルジア情勢について話したときのことが思い浮かぶ。

一九八九年三月、アブハジア人民戦線がグルジアからの独立、ロシアへの帰属替えを要求し、アブハジア自治共和国の幹部も人民戦線の要求を支持した。そして内戦が勃発《ぼっぱつ》する。この事件を契機にロシアとグルジアが緊張関係に入る。グルジアの対露感情は、基本的に良好だった。アブハジア人はグルジア西部に住む山岳民族だ。グルジア・ソビエト社会主義共和国内にアブハジア自治・ソビエト社会主義共和国をもち、建前上はアブハジア人の自治が保証されていた。アブハジアは黒海に面しており、観光地としての開発が進んだ。この過程でグルジア人の入植が進んだ。アブハジア自治共和国の首都スフミでは、一九七〇年代に市の人口の過半数をグルジア人が占めるようになった。地名がアブハジア語からグルジア語に変更され、道路標識や住所もグルジア語で表記されるようになった。

ゴルバチョフのペレストロイカ政策が進む過程で、アブハジア人は自民族の言語と文化の保全を訴え、地名、住所などのアブハジア語表記の復活を訴えた。しかし、アブハジアに居住するグルジア人が強く反発し、トビリシのグルジア中央政府もグルジア系住民の感情に配慮して優柔不断の態度をとった。これに対してアブハジア人は苛立ちを強めた。

このような状況で、アブハジア人とグルジア人の衝突が発生したのだ。この衝突が発生すると同時に、トビリシでも昼夜を問わず、数万人のグルジア人が政府建物前に座り込んで、グルジア政府に対してアブハジアに強硬な政策をとることを要求した。これは、ソ連体制に対するグルジア人の政府への不満が、アブハジア問題を契機に吹き出したというのが実状で、仮にグルジア政府がアブハジアに対して強硬策をとっても、政情が安定することにはならないことは明白だった。

グルジア政府は、国民の激しい感情に当惑し、何の態度表明も行わなかった。統治能力が失われつつあった。このような政府の態度に住民は憤《いきどお》り、共産党政権打倒を訴えるようになった。その結果、ソ連軍が乗り出すことになった。

一九八九年四月九日、政府建物前で集会を行っていた住民とソ連軍の間に衝突が起き、住民側に十九人の死者が発生した「トビリシ事件」だ。高橋清治東京外国語大学教授は、「トビリシ事件」についてこう記す。

〈89年4月、トビリシではアブハジア自治共和国の離脱要求への批判がきっかけとなって《4月闘争》と呼ばれる大衆運動が始まり、4日にはグルジアの独立回復とソ連邦脱退の要求を掲げるハンストが開始された。連日の大規模な集会がこれに結合し、多くの民族諸組織がかかわった。9日未明、この集会に対してソ連軍、ソ連内務省治安軍が出動し、多数の死傷者を出した。連邦中央の公式説では、過激派の暴動鎮圧、狂暴な抵抗による圧死とされた。これに対して、グルジア最高会議内の改革派知識人の主導する調査委員会が調査報告を発表し、共和国の第一書記、第二書記（第一書記はグルジア人だが、第二書記はロシア人。事件後、総督制と批判される）、ソ連国防省第一次官、ザカフカース軍管区司令官が集会中止作戦を決定したことを明らかにし、主に次の点を批判した。①集会は平和的性格のもので、ソ連軍投入、集会中止の法的根拠も必要性もなかった。②集会参加者の排除ではなく懲罰作戦であり、現場での死者19名の惨事《さんじ》を招いた。③鋭利な工兵シャベルと有毒ガスを使用した。④軍当局は当初は有毒物質の使用事実を否定し、認めざるをえなくなった後も詳細の回答を拒否した。委員会はさらに、保守派リガチョフなどの関与事実を挙げて、責任者の究明、処罰を迫った。

事件直後からの報道・情報統制も深刻で、全国紙で最初に公式説と異なる報道がなされたのは半月後であり、事件の報道をめぐってソ連のマスコミの分岐が露呈した。大会の連邦中央では、5月に第1回ソ連人民代議員大会で調査委員会が設置された。大会の論戦でザカフカース軍管区司令官の過激派暴動鎮圧発言が拍手を浴びたことは、諸民族の動きにいらだつロシア・ナショナリズムの高まりを示していた。12月の第2回人民代議員大会では、トビリシ事件をめぐり保守派、軍部が巻き返しを図った。しかし過激派暴動説を繰り返した軍事検察当局の副報告に対し、諸民族の代議員、ロシア人改革派が抗議退場した。結局ゴルバチョフが、共和国指導部だけではなく連邦指導部の誤りも認め、暴力行使を非難する修正を容《い》れて、決議が採択された。この89年のトビリシ事件は、ペレストロイカで噴出した諸民族の運動に対する最初の大規模な軍事弾圧であり、90年1月のバクー事件、5月のエレヴァン事件（アルメニアの首都での治安部隊による民族組織攻撃）、91年1月のリトアニア、ラトヴィアへの軍事行動などにつらなっていくことになる。〉（高橋清治「トビリシ事件」『世界民族問題事典』平凡社、一九九五年、七九三頁）

一九八九年五月下旬のことと記憶している。サーシャとクレムリン近くの「ホテル・ナツィオナーリ」のレストランで、いつものようにウオトカの杯を傾けながら、話をしていた。サーシャは、「トビリシ事件」に遭遇した「グルジア人の友人から聞いた話だ」と前置きをして、こう続けた。

「ソ連軍が暴力装置としての本質を剥《む》き出しにした。工兵用のシャベルを武器にした」

「シャベルなんか武器になるのか」

「工兵用のシャベルの先端を研いでおくと、白兵戦では、サーベルよりも強力な武器になる。女子学生の腹が切られ、内臓が飛び出して、死んでいたという話を聞いた」

「なぜ、催涙ガス弾や放水車を用いて、集会を解散させるという手法をとらなかったのだろうか」

「ソ連では大規模な抗議集会が行われたことがないので、集会を解散させる技法を当局がもっていないからだ。あえて乱暴な鎮圧をしたのではなく、慣れていないので、残《ざん》虐《ぎゃく》な結果を生み出したのだ。グルジアの反ソ感情は極点に達している。共産党政権ではもはやグルジアを統治することができなくなる。このままだと沿バルト三国よりもグルジアの方が早くソ連から離脱することになるかもしれない」

「事態はそれほど深刻なのか」

「深刻だ」

サーシャの予測は現実になった。翌一九九〇年十一月のグルジア議会選挙の結果、民族排外主義者のガムサフルディアが最高会議議長に就任し、南オセチア自治州とアジャール自治共和国（イスラーム系のグルジア人が居住する）を廃止した。ここから南オセチア・グルジア間で内戦が勃発する。ロシア語に「エトノクラチア（этнократия）」という術語がある。直訳すると「民族支配」ということだが、自民族が居住する地域では、政治、経済、文化などの権利をすべて自民族で独占しようとする傾向である。「自民族独裁主義」と意訳した方がいいだろう。ガムサフルディアは、オセチア人はもともとロシア領北オセチアの版図に住んでいたのであり、南オセチアにオセチア人が住むようになったのは、共産政権が同地域にオセチア人を移住させたからであると主張する。グルジアが独立を回復した以上、人工的に作られた南オセチア自治州は撤廃されるべきであるというのがガムサフルディアの理屈だった。このようなグルジアの自民族独裁主義的傾向が強まるにつれて、オセチア人も同程度の自民族独裁主義的傾向を強めた。こうして、民族浄化を目指す内戦がはじまった。

ガムサフルディア政権に対するサーシャの評価は極めて厳しかった。一九九一年一月十三日未明、リトアニアの首都ビリニュスのテレビ塔付近でソ連軍と独立派系住民が衝突して、住民十三名、軍人一名が死亡したビリニュス「血の日曜日」事件から二週間くらい経《た》ったときのことだ。サーシャとゴーリキー通り（現トベーリ通り）の「インツーリスト・ホテル」のビアホールで情勢分析をしていたときのことだ。サーシャはこう言った。

「コーカサスや沿バルト三国は、現地の土着民族がロシア人、さらにユダヤ人と、長い間、共存、共生していた地域だ。土着民族のナショナリズムに対する評価は二義的だ。ソ連を解体する過程では、この力を肯定的に評価し、用いることができる。しかし、ソ連崩壊が現実になっている状況では、土着民族の自民族独裁主義をもたらすだけだ。これは民族浄化（エトノクレンジング）と戦争をもたらす。ロシアは民族以外の理念で国家を統合しなくてはならない。イリインが述べるように、国民の内心を統制しない、国家を統合する神話が必要なのである」

「それは共産主義のような神話になるのか」

「そうじゃない。共産主義ではない。ソ連崩壊は時間の問題だ。ロシアの国家体制を組み立てる思想が必要だ。そして、ロシアが周辺諸国のロシア人を保護する責任を果たさなくてはならない」

「サーシャはどんな思想を考えているんだ」

「わからない。しかし、ロシアを帝国として維持し、発展させる思想を僕たちロシア人は必ず見出《みいだ》すことになる」

ロシア・グルジア戦争におけるメドベージェフ大統領の発言を見ると、ロシアは、新帝国主義と形容することが恐らく適当であると思われるような、周辺諸国並びに国際秩序を本質的に混乱させる思想を提示した。二〇〇八年八月八日、グルジア軍が南オセチア自治州の州都ツヒンバリを目指して軍事攻勢をかけたのに対応して、同日、クレムリンで行われた臨時安全保障会議におけるメドベージェフ大統領の発言を国防省機関紙が紹介している。あえて直訳調の表現で示す。

〈われわれの国は、コーカサスにおける同胞の死に対して懲罰が行われないままになることを看過しない。〉（八月九日露国防省機関紙「赤星」［電子版］）

紛争は、南オセチア自治州で起きているのである。最大限、拡大してもグルジアの紛争であるにもかかわらず、メドベージェフは、トランスコーカサスを含む「コーカサス」という言葉をもちいている。トランスコーカサスのグルジア、アルメニア、アゼルバイジャン三国は、国連に加盟している主権国家である。これらの国家において、同胞、すなわちロシア国籍保持者が殺害された場合、ロシアが国家として懲罰を加えるということだ。

外交の世界では、言葉のちょっとしたニュアンスが大きな意味をもつことがある。ここで、メドベージェフが「ロシア人の死に対して」ではなく「同胞（ソオオチェストベンニキ cоотечественники）の死に対して」という表現を用いていることも要注意だ。「ソオオチェストベンニキ」とは、「祖国を共通にする人」という意味である。ロシアは、グルジアのアブハジア人、オセチア人にロシア国籍を付与し、国内パスポートを発行している（十四歳以上のロシア国民は、全員、国内パスポートをもっている。十四歳に満たない児童は両親いずれかの国内旅券に写真が貼られ、氏名が登録されている）。ロシアの国内パスポートを所持している者はすべて同胞なのである。正確な統計は存在しないが、アブハジア人、オセチア人の過半数はロシア国内パスポートをもっていると言われている。これらのアブハジア人、オセチア人がグルジア軍によって殺害された場合も、メドベージェフは、〈懲罰が行われないままになることを看過しない〉と言っているのだ。

この「赤星」記事では、メドベージェフの以下の発言も伝えている。

〈ロシアは、グルジアの領域に完全に合法的根拠をもって駐留してきたし、駐留している。そして、（関係者によって）合意された協定にもとづいて平和維持活動を遂行している。われわれは、平和を維持することが、最重要課題であったし、いまもそうであると考えている。ロシアは歴史的に、コーカサス諸民族の安全の保証人であった

し、ありつづける。〉

動詞の過去形と現在形をたたみかけるように重ね、ロシアがコーカサス諸国情勢に関与し続ける強い意志を表明している。率直に言って、プーチン前大統領（現首相）よりもメドベージェフ現大統領の方が帝国主義的だ。

歴史は反復する。ロシアが現在、グルジアに対して行っていることは、四十年前にソ連がチェコスロバキアに対して行ったことに酷似している。一九六八年八月二十日深夜、ソ連軍を中心とするワルシャワ条約五カ国軍がチェコスロバキア全土に軍事侵攻し、全土を占領した。当時、チェコスロバキアでは「プラハの春」と呼ばれる民主化運動が展開されていた。「プラハの春」のスローガンは、「人間の顔をした社会主義」で、あくまでも社会主義体制を維持するという前提で展開された民主化運動だった。一九五六年のハンガリー動乱では、ハンガリーは社会主義圏から離脱しようとし、一部に武装抵抗闘争も展開されていたので、ソ連軍の介入は予想された事態だった。これに対して「プラハの春」は、社会主義の枠内の、非暴力改革運動だったので、当時のチェコスロバキア共産党指導部もソ連軍が介入することをまったく想定していなかったのである。

そのときソ連は、西側世界で「ブレジネフドクトリン」と呼ばれるようになった制限主権論を主張する。その内容は、「社会主義共同体の利益に反する場合、個別国家の主権が制限されることがある」というものだ。八月八日の安全保障会議でメドベージェフが述べたのは、「ロシア帝国の利益に反する場合、個別国家の主権が制限されることがある」という「ネオ・ブレジネフドクトリン」であると私は見ている。ロシアによるトランスコーカサスに対する制限主権論を適用する動きをいまのうちに封じ込めておかないと、対等の主権国家によって構築されるという建前になっている既存の国際秩序が崩れはじめ、不安定化につながる。制限主権論を核とする新帝国主義をロシアに定着させないことが、現下国際社会の責務と思う。国際法に抵触するロシアの行動を厳しく批判するとともに、ロシアを孤立させ、イラン、シリア、北朝鮮のような「ならずもの国家」に接近させないようにエンゲージメント（関与政策）を強めることが重要である。そのためには、ロシアだけではなく、武力による自民族独裁主義によって南オセチア自治州を併合しようとしたグルジアのサーカシビリ政権も厳しく批判されるべきである。ロシア・グルジア戦争の被害者は、普通のグルジア人であり、オセチア人である。これに対して、自民族独裁主義のサーカシビリ政権は、新帝国主義のロシアとともに加害者なのである。

私は、サーシャに「モスクワ大学に復学して、大学教授か科学アカデミーの研究員になれ」とか「政治をやるならば、小政党のイデオローグのような中途半端なことをせずに選挙にでて国会議員になれ」と何度も勧めた。事実、サーシャにはその能力があった。幾人もの有力政治家がサーシャに立候補を勧めたが、サーシャは断った。

いまになって、私はサーシャが何を考えていたのかがよくわかる。サーシャは、あくまでもロシア的知識人（インテリゲンチヤ）であることにこだわったのだ。大学や科学アカデミーという制度的な「知の体制」に組み込まれたり、国会議員や官僚になることと知識人であることは基本的に両立しないと考えたからだ。それと同時に、サーシャは自分の知的能力に根源的な自信があったので、大学教授や政治家にならないでも、知的活動を中心に生活を営んでいくことができると考えていたのだ。

本書で書いたようにサーシャと最後に直接会ったのは、一九九四年五月末、トーポリ（泥柳）から出るタンポポのような綿が街中を舞っているときのことだった。サーシャが事業用のカネを無心してきたことにすっかり腹を立てた私は、かなり冷たい態度をとった。観念を追いかけるタイプのサーシャが、銭金を追いかける世界に転出したことに淋《さび》しさを感じたから私はそういう態度をとったのだと思う。冷たい態度をとったが、ほんとうは私はカネを貸すつもりだったというか、サーシャにあげてしまうつもりだった。サーシャが必要とする三万ドルも用意した。サーシャが最後に私に言った言葉は、「わかった。無理を言って済まなかった」だった。これがサーシャとの別れになってしまった。嫌な記憶だけが残った。

いまになって振り返ると、サーシャは、小企業の経営者として生活基盤を安定させた上で何かやりたいことがあったのだと思う。あのときサーシャの夢について、なぜきちんと聞いておかなかったのかと私は後悔している。

最後にサーシャから連絡があったのは、これも本書に書いたことだが、二〇〇二年五月十四日に私が逮捕される十日くらい前のことだった。鈴木宗男疑惑はロシアでも大きく報じられた。その関連で、私の名前もロシアのメディアに頻繁《ひんぱん》にでた。何か胸騒ぎがしたのであろう。リガからサーシャはモスクワの日本大使館に執拗《しつよう》に電話をかけた。気《き》を利かせた大使館のロシア人職員が私と親しい若手外交官にその事実を知らせた。その外交官がモスクワから電話で私に対応を尋ねてきたので、私は後輩に連絡先を教えるようにと指示した。翌日、サーシャからローマ字で書いたロシア語の電子メールが届いた。

そのメールの末尾には、

〈僕は生きているし、元気だ。いろいろなことがあったが、ここ（リガ）の小さな世界でなんとか生きている。ジャーナリストになった。生活はのんびりしている。これでよかったと心底思っている。

日本の状況がよくわからないので、立ち入ったことは聞かないが、何かたいへんなことに巻き込まれているのではないか。みんな心配している。できることがあれば何でもする。連絡をよこせ。

尊敬と愛情を込めて。サーシャ（カザコフ）。〉（本書五一八～五一九頁）

結局、私はこのメールに対して返事を書かなかった。何を書いたらよいか、どこから話し始めたらよいか、私自身の中で整理がついていなかったからである。逮捕直前にサーシャからのメールは消去してしまったので、裁判が終わり東京地方検察庁に押収されているそのパソコンが還付されても、保存されたデータからサーシャに関する手掛かりをみつけることはできないと思う。

『自壊する帝国』が上梓《じょうし》された後、モスクワに住む数名の知り合いにサーシャの消息を電話で尋ねた。確実な情報は一つもなかった。その中に二つほど、二〇〇四年十月にラトビアから、ロシア語学校の権利を擁護する運動を行っている団体の代表でアレクサンドル・カザコフという人物が追放されたが、父称がわからないので、サーシャかどうか確定的なことは言えないという情報があった。

ロシア人は、名字と名の間に父親の名前を変化させた父称を入れる。サーシャの父称はユリエビッチだ。父親の名前はユーリーということだ。しかし、サーシャは、アルコール依存症で日常的に暴力を振るう父親のことを憎んでいた。いつも父称は名乗らなかった。この人物がサーシャかもしれない。かつてソ連を崩壊させるためにラトビアの民族主義者とともに反体制運動を展開したサーシャが、独立を達成したラトビア国家から、「ロシアの手先」として追放されるというのも歴史の弁証法かもしれない。そういえば、私もかつて文字通り寝食を忘れ、命を懸けて北方領土問題を解決しようと考え、行動した。その私も日本国家から国策捜査で断罪された。

裁判が続いている間は、自由に外国に出ることはできない。裁判で有罪が確定すると、執行猶予《ゆうよ》期間中も自由に外国に出ることはできない。私の執行猶予期間は四年である。

それから、ソ連崩壊前後のロシアで私が見聞きし、体験したことについては、あと最低三冊は本にまとめなくてはならない。その前にモスクワに行き、旧友たちと再会すると、恐らく私の心の中で、「あの話を書くと迷惑をかけることになるな」という声が起きてくることは必至だ。とにかく作品を仕上げることにすべての力を集中したい。あと五年で、この作業は完成すると思う。

その後は、サーシャを探す旅に出かけたいと考えている。そして、一九九四年五月にクロポトキンスカヤ通りのスパゲティー・レストランで別れた後、お互いの身の上に何が起きたかについて、モスクワ大学の学生時代のようにウオトカを酌《く》み交わしながら語り合いたいと思っている。

起訴休職外務事務官・作家　佐藤　優

（二〇〇八年九月二十六日脱稿）

解　説

恩　田　陸

佐藤優という人がいきなり完成された形で思いもよらぬところから現れ、書くもの書くものが面白く、あっというまに出版・言論界を席巻《せっけん》するのを目にした時、私は奇妙な感想を持った。

当時の読書メモにも書いてあるのだが、その感想とはこうだ。

「日本は、まだツキがある」。

もちろん、ご本人は五百十二日間も勾留《こうりゅう》されたくなかっただろうし、こういう真っ当で有能な方には、ちゃんと外交官として、我々の知らない第一線で活躍していただいたほうがよっぽど日本のためになるのであろうが、それでもなお、この時期このタイミングで佐藤優という人が我々の目の前に弾《はじ》き出されてきたことに、そういう感想を抱いたのである。

それにしても、TVに映し出される、この国の偉い人らしき人たちは、いつからかくも幼稚になったのであろう。「思慮深さやしたたかさ」とか、「先憂後楽」とか、「国家百年の計」などというものからは果てしなく遠く、むしろ幼児のような無邪気さすら感じるのは私の気のせいだろうか。

あのう、私たち、そんな大したことは望んでいないんです。別に、空中で三回転しろとか、金の斧《おの》を泉から拾ってきてくださいとは言っていません。頼むから、フツーの庶民がやっているように、本来自分がすべき職務を、せめて給料のぶんくらいは、まともにやっていただきたい。そう望んでいるだけなのであるが、どうやら彼らの考えている「自分がすべき」「給料に見合う」「仕事」についての価値観が、我々とは根本的に異なるのではないかという疑念を、公務員やらキャリアやら政治ゴッコをしている皆さんに薄々感じ始めているのである。

元々、ニュースになるのは異常なものであり、ニュースになるくらいなのだから異常な行為であり、同じ職に就く他の大部分の人はまともにやっているのであろう（と信じたい）。しかし、いっぽうで、一匹ゴキブリを見かけたらそのウン十倍はいるという俗説が正しいように、もしかしてこれは氷山の一角なのでは、と思うのも人情というものである。

しかし、『自壊する帝国』を読む限り、「なんだ、外務省にもまともな人がいるんじゃん、ちゃんと働いてる人もいるんじゃん、ちゃんと信念を持ってる人もいるんじゃん」とまずはホッとできたのである（が、こういう人を弾き出しちゃったということについては、また別の話だ）。

そして、私が何よりホッとさせられたのは、体系立てて修めた学問や、付け焼刃ではない教養というものが、世界と戦い、仕事をしていく上で、今もちゃんと武器になるということを佐藤氏が証明してくれたことだったのだ。

なにしろ、教養というものが消滅したと言われて久しい。国立大学ですら「独立採算」だ、「産学連携」だ、「実学」だと浮足立っており（要は「カネにならんことはするな」ということらしい）、また、そういう「世間」に敏感なワカモノたちも、「何も知らない、等身大のこのボクを愛して」「アタシって、本読まないヒトだから」と子犬のような目で尻尾《しっぽ》を振るのである。

水は低きに流れる。

かくて、ぎりぎり矜持《きょうじ》を保っていたはずの大人たちも、しょせん自分たちの教養が付け焼刃であったことに後ろめたさを持っていたから、それがハリボテであったことを認めてしまい、ウンウン、教養なんてウザイよね、と頷いてしまった。つまり、世の中はなんにも知らなくてもちっとも構わないし、なんにも知らないワカモノに媚《こ》びることで経済活動が成立してしまうようになったのだった。

となると、ただでさえ小心者で、常にマイノリティであった私は、「そうなんですか、やっぱりいらないんですか、教養」と徐々に疑心暗鬼になっていったのである。

そんな時に、佐藤氏という強力な反論が現れたのだ。私は、氏が身をもって教養の普遍性を実証してくれたことに、本当に感謝している。

佐藤氏の核が神学であるというところがまた面白い。それこそ、今のニッポンでは「実学」から最も遠いところにあるものとして一蹴《いっしゅう》されるであろう分野だからである。

私が初めて佐藤氏の著作に接した『自壊する帝国』のなかで、自分の学んだ神学を基準として、ソビエトやその周辺諸国で知識人に人脈を広げていくところは痛快であった。若い時に思考の訓練をし、自分の判断基準を持っている人がいかに社会に出てからも強いかということを、私は社会人二十年目にして、改めて佐藤氏の著作から教わったのだった。

さて、その『自壊する帝国』を、この解説を書くにあたり再読した。

この本は、初読時からいろいろな読み方ができるなと感じてはいたが、再読して全く印象が異なることに驚いた。

初めて読んだ時、私はこの本を面白いエスピオナージュものとして読んだ。元々、私がこの本を手に取ったのも、「ソ連崩壊の過程を内側から描いた話」と聞いたからだった。昔から、スパイものとか国際謀略ものが好きだったので、その延長として楽しんだのである。

なにしろ、本物のエスピオナージュなのだ。「おお、実際にはこんなことをするのか」と驚き、記憶に残ったのも、ロシア語を学ぶためにイギリスの陸軍学校に行くとか、いかに賄賂《わいろ》を効果的に使うかとか、小銭を大量に買って情報を集める、などという「インテリジェンス」の細かいテクニックに感心した箇所であった。

また、「冷戦中のソビエト、共産主義、周りはみんな敵」みたいな場所で情報収集に当たる任務の内幕ということで、何かの雑誌で紹介する時には、「未知の土地で顔を繋《つな》ぎ、人脈を築いていくビジネスマンにも役立つのではないか」と、ビジネス書としての読み方を勧めた覚えがある。

しかし、改めて読んでみると、それらの印象はすっかり薄れてしまった。

その後の氏の著作を何冊も読み、ますます理路整然とした記述が凄味《すごみ》を増す近作に接しているせいか、改めて読む『自壊する帝国』は実にみずみずしく、爽《さわ》やかだった。

この本は、一人の青年が日本国の外交官として起《た》つ自覚を深め、また、一人の知識人として成長していく、瓦解《がかい》するソ連を舞台としたビルドゥングス・ロマンなのである。いかにして佐藤優青年が、現在の佐藤優になっていったか。その基礎が、歴史の流れで否応《いやおう》なしに崩壊していくソ連の中で築かれたさまが、周囲の個性的な人々への不思議な愛《いと》おしさを伴って、読む者に迫ってくる。

中でも、文庫版あとがきでも言及されている、サーシャの印象は強烈だ。その精神的不安定さも含め、日本では出現しえないタイプの天才で、刻々と変わる政治的状況を読む勘の凄《すさ》まじさが興味深い。ぜひ、氏にもう一度ロシアに行ってサーシャと再会してもらいたいと望む読者は多いのではなかろうか。

そして、その頃、この『自壊する帝国』は、また違う読まれ方をすることになるだろう。

現在も着々と進む、プーチンの「偉大なるロシア復活の道」が、その頃までに形になっているだろうからだ。となれば、ソ連崩壊の内幕と、そこから零《こぼ》れ落ちていった人々の記録として、新たなロシアの体制の根っこを探る検証材料として、この本が改めて注目を浴びることになるはずだ。暴力的なものを内蔵する国家、その国家がいったんなす術《すべ》もなく崩れ落ちていったのを、再びどうやって威信を取り戻していくのか。『自壊した帝国、その後』を佐藤優の目を通して再び読みたいと思う。

さて、私がかつて読書メモに書いた「日本にツキがある」のかどうかは、佐藤優がもはや目の前に現れてしまった以上、我々の側に掛かっていることは確かである。ほんとうに、日本にはまだツキがあるのだろうか。私たちは、まだ間に合うのだろうか。今はまだ、誰にも分からない。

（二〇〇八年十月、作家）

この作品は平成十八年五月、新潮社より刊行された単行本に、
文庫版あとがきを大幅に加筆したものである。

新潮文庫最新刊

「NHKあの人に会いたい」刊行委員会編
あの人に会いたい
昭和を支えた巨人たちの言葉は時を越えて万人の胸に響き、私たちに明日を生きる力を与えてくれる。NHKの人気番組が文庫で登場。

「週刊新潮」編集部編
「週刊新潮」が報じたスキャンダル戦後史
人は所詮、金と女と権力欲——。昭和31年、美談と常識の裏側を追及する週刊誌が誕生した。その半世紀にわたる闘いをここに凝縮。

「新潮45」編集部編
悪魔が殺せとささやいた
—渦巻く憎悪、非業の14事件—
澱のように沈殿する憎悪、嫉妬、虚無感——。誰にも覚えのある感情がなぜ殺意に変わるのか。事件の真相に迫るノンフィクション集。

企画・デザイン 大貫卓也
マイブック
—2009年の記録—
これは日付と曜日が入っているだけの真っ白い本。著者は「あなた」。2009年の出来事を毎日刻み、特別な一冊を作りませんか？

久恒辰博著
脳は若返る
—最先端脳科学レポート—
脳細胞は一日10万個ずつ死ぬ——はウソ。脳は歳をとるほどどんどん良くなる。読めば元気の出る科学エッセイ。「脳年齢テスト」付。

川津幸子著
100文字レシピ おかわり。
簡単、ヘルシー、しかも美味しいお料理を、たった100文字でご紹介。毎日のごはんやおもてなしにも大活躍の優秀レシピ、第二弾。

自《じ》壊《かい》する帝《てい》国《こく》

新潮文庫　さ - 62 - 2

平成二十年十一月一日発行

著者　佐《さ》藤《とう》優《まさる》

発行者　佐藤隆信

発行所　株式会社 新潮社

郵便番号　一六二―八七一一
東京都新宿区矢来町七一
電話 編集部(〇三)三二六六―五四四〇
読者係(〇三)三二六六―五一一一
http://www.shinchosha.co.jp

価格はカバーに表示してあります。

乱丁・落丁本は、ご面倒ですが小社読者係宛ご送付ください。送料小社負担にてお取替えいたします。

印刷・錦明印刷株式会社　製本・錦明印刷株式会社

ISBN978-4-10-133172-0 C0195